빈칸·삽입
순서·삭제

다음 중 빈칸에 들어갈 말로 가장 적절한 것은?

주어진 문장이 들어갈 위치로 가장 적절한 곳은?

주어진 문장 다음에 이어질 글의 순서로 가장 적절한 것은?

다음 중 문맥상 글의 흐름과 맞지 않는 문장은?

문제를 보자마자 걱정이 앞서는 분들이 많을 것이라고 생각합니다.

빈칸 추론, 문장 삽입, 순서 배열, 문장 삭제 유형으로, 우리 수험생들이 독해 문제를 풀 때 가장 어려워하고, 힘들어하는 유형들이고, 실제로 해당 문제들 때문에 상담하시는 분들도 많습니다.

문제를 어떻게 푸냐고 여쭤보면 "순서 문제는 A, B, C 다 해석해 보고 말 맞게 대충 연결해요.", "문장 삽입/삭제 문제는 대략 ②, ③번에 답이 많은 것 같아서 빈칸 앞뒤만 해석하고 대충 찍어요.", "빈칸은 어떻게 풀어야 될지 몰라서 그냥 찍어요."라고 대답하시는 경우가 흔합니다.

본 교재는 이러한 수험생들의 어려움을 해소하기 위해 출간하였습니다.

우선은, 충분히 해결해 낼 수 있는 유형이라는 것을 스스로 되뇌어 주세요.

그리고 제가 알려드리는 대로만 잘 수행해 주시면 늘 발목을 잡던 '빈삽순삭' 유형들을 확실히 잡고 가실 수 있을 겁니다.

해당 유형들 또한 본질적으로는 독해 문제이므로, 정확한 해석이 기반이 되어야 하는 것은 당연합니다.

지문을 정확하게 해석하면서, 글의 전반적인 내용을 파악하고 알려드리는 접근법을 적용하시면,

빈삽순삭, 한방에 해결하시리라 믿어 의심치 않습니다.

여러분의 합격을 언제나 응원합니다.

조태정

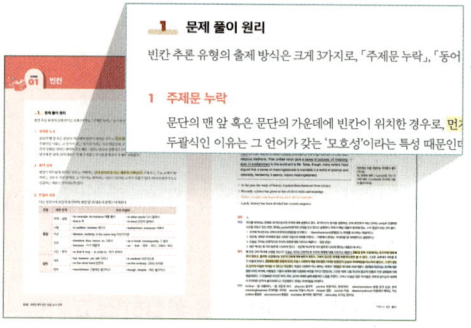

한눈에 보는 이론 설명

공무원 영어 독해에는 빈칸/삽입/순서/삭제 유형의 문제들이 있습니다. 이에 따라 각 파트의 시작 부분에 한눈에 볼 수 있는 유형별 풀이 방법을 제시하였습니다. 이는 뒤이어 수록된 문제를 푸는 데 필요한 기본기를 잘 다지는 데 기초가 될 것입니다.

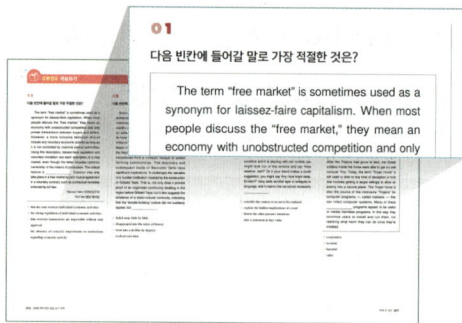

최신 출제 트렌드를 반영한 문제 구성

앞서 배운 이론을 최신 출제 트렌드를 반영한 다양한 문제에 적용해 봄으로써 출제 경향을 한눈에 파악할 수 있게 하였습니다. 이렇듯 네 가지 독해 유형에 기반한 문제 풀이 요령 학습은, 앞으로 출제될 높은 난도의 문제에 자연스럽게 대비하는 데 도움이 될 것입니다.

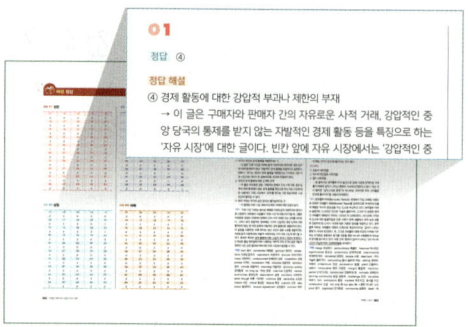

친절하고 꼼꼼한 설명

입문자 및 혼자 공부하는 수험생들도 어려움 없이 학습할 수 있도록 짧은 지문이라도 빠짐없이 해석과 해설, 중요구문 등을 제시하였고, 다양한 기출 어휘와 예상 어휘들을 제시하여 암기하게 함으로써, 빠르고 정확한 독해를 도울 뿐만 아니라 손쉽게 정답을 찾을 수 있게 하였습니다.

Contents 이 책의 차례

Study Plan   4회독을 위한 4주 완성 학습 계획

	DAY	PAGE	학습내용	1회독	2회독	3회독	4회독
week 1	1	~					
	2	~					
	3	~					
	4	~					
	5	~					
	6	~					
	7	~					
week 2	1	~					
	2	~					
	3	~					
	4	~					
	5	~					
	6	~					
	7	~					

	DAY	PAGE	학습내용	1회독	2회독	3회독	4회독
week 3	1	~					
	2	~					
	3	~					
	4	~					
	5	~					
	6	~					
	7	~					
week 4	1	~					
	2	~					
	3	~					
	4	~					
	5	~					
	6	~					
	7	~					

TYPE 01

빈칸

빈칸 · 삽입 · 순서 · 삭제

1 문제 풀이 원리

빈칸 추론 유형의 출제 방식은 크게 3가지로, 「주제문 누락」, 「동어 반복」, 「연결어 추론」이 있다.

1 주제문 누락

문단의 맨 앞 혹은 문단의 가운데에 빈칸이 위치한 경우로, <mark>먼저 빈칸에 선택지를 넣고 해석해 본다.</mark> 영어가 두괄식인 이유는 그 언어가 갖는 '모호성'이라는 특성 때문인데, 주제문을 배제하고 뒤의 내용만 읽어서는 글의 정확한 의미를 파악하기가 매우 어렵다. 따라서 선택지를 주제문의 빈칸에 넣어 보고, 주제문을 먼저 완성해 본 뒤에, 뒤의 내용을 통해 근삿값을 찾으면 문제 풀이가 매우 쉬워진다.

2 동어 반복

빈칸이 뒷부분에 위치한 경우로, 이때에는 <mark>앞서 반복되고 있는 내용에 주목한다.</mark> 주제 혹은 주요 소재가 반복되는 경우가 가장 많지만, 그 이외에도 반복되는 내용이 있다면 그것이 정답이 된다. 따라서 반복적으로 언급되는 내용을 찾아내도록 한다.

3 연결어 추론

다음 연결어의 쓰임에 유의하며, 빈칸 앞·뒤 내용의 관계를 따져본다.

유형	세부 관계	주요 연결어	
동일	주제 – 설명	• for example, for instance 예를 들어 • that is 즉	• in other words 다시 말해서 • in short 간단히 말해서
	나열	• in addition, besides 게다가	• furthermore, moreover 더욱이
	비교	• likewise, similarly, in the same way 마찬가지로	
	인과	• therefore, thus, hence, so 그래서 • because ~이기 때문에	• as a result, consequently 그 결과 • so … that ~ 매우 …하다, 그래서 ~하다
	수단 – 목적	• so that S may ~, in order to ~하기 위하여	
상반	대조	• but, however, yet, still 그러나 • on the other hand 반면에	• in contrast 대조적으로 • on the contrary 그와는 반대로
	양보	• nevertheless 그럼에도 불구하고	• though, despite ~에도 불구하고

1 주제문 누락

빈칸에 들어갈 문장으로 가장 적절한 것은?

2019 국가직

Why bother with the history of everything? _____.
[예시] In literature classes you don't learn about genes; in physics classes you don't learn about human evolution. So you get a partial view of the world. That makes it hard to find meaning in education. The French sociologist [현대에 대한 부정적 묘사] Emile Durkheim called this sense of disorientation and meaninglessness anomie, and he argued that it could lead to despair and even suicide. The German sociologist Max Weber talked of the "disenchantment" of the world. [현재와 대조되는 과거에 대한 설명 시작] In the past, people had a unified vision of their world, a vision usually provided by the origin stories of their own religious traditions. That unified vision gave a sense of purpose, of meaning, even of enchantment to the world and to life. Today, though, many writers have argued that a sense of meaninglessness is inevitable in a world of science and rationality. Modernity, it seems, means meaninglessness.

> 현재 우리는 문학 수업에서 유전자에 대해 배우지 않고, 물리학 수업에서 인간의 진화에 대해 배우지 않는다. 결국 세계에 대해 부분적으로 배우게 됨.

> 현재(⊖): 무의미함, 방향 감각 상실, 환멸감

> 과거에는 사람들이 단일화된 비전을 가지고 있었음.

> 과거(⊕): 의미 있음, 황홀감

> ⇩

> 빈칸에는 이를 포괄하는 주제문이 들어가야 함.
> 즉, 현재에 대해 ⊖(partial)로, 또는 과거에 대해 ⊕(unified)로 묘사하는 내용이 들어가야 함.

① In the past, the study of history required disenchantment from science

② Recently, science has given us lots of clever tricks and meanings

③ Today, we teach and learn about our world in fragments

④ Lately, history has been divided into several categories

정답 ③

해설 역사를 바라보는 현재와 과거의 방식의 차이에 대해 설명하고 있다. 과거의 인식 방식을 설명하는 것의 포인트가 되는 단어는 unify로 단일화된 시선을 취하고 있는 반면, 현대는 partial(부분적인) 관점을 갖고 있다고 설명한다. 따라서 해당 내용이 정리돼 있는 ③이 정답이 되는 것이 옳다.

① 과거에 역사연구는 과학으로부터의 환멸감을 연구했다.(→ 'disenchantment(환멸감)'는 현재를 묘사하는 개념이다.)
② 최근에, 과학은 우리에게 많은 교묘한 속임수와 의미를 주었다.(→ 지문에서 현대는 '무의미함'을 의미한다고 설명한다.)
③ 오늘날, 우리는 단편적으로 우리의 세계에 대해 가르치고 배운다.(→ 정답 문장)
④ 최근 역사는 몇 가지 범주로 나뉘어져 있다.(→ 최근에 역사가 몇 가지 범주로 나뉘게 됐다는 내용은 아니다.)

해석 왜 모든 것의 역사에 신경을 쓰는가? 오늘날, 우리는 단편적으로 우리의 세계에 대해 가르치고 배운다. [예시] 문학 수업에서는 유전자에 대해 배우지 못하고, 물리학 수업에서는 인간의 진화에 대해 배우지 못한다. 그래서 당신은 세계를 부분적으로만 볼 수 있다. 그것은 교육에서 의미를 찾기 어렵게 만든다. [현대에 대한 부정적 묘사] 프랑스 사회학자 에밀 뒤르켐은 이러한 방향감각 상실과 무의미함을 아노미라 불렀고, 그것이 절망과 심지어 자살로 이어질 수 있다고 주장했다. 독일의 사회학자 막스 베버는 세계의 "환멸감"에 대해 이야기했다. [현재와 대조되는 과거에 대한 설명 시작] 과거에, 사람들은 그들의 세계에 대한 단일화된 비전을 가지고 있었는데, 그것은 대개 그들 자신의 종교적 전통의 기원 설화들에 의해 제공되었다. 그 단일화된 비전은 목적, 의미, 심지어 세계와 삶에 황홀적인 느낌을 주었다. 그러나 오늘날 많은 작가들은 과학과 합리성의 세계에서 무의미한 감각이 불가피하다고 주장해왔다. 현대는 무의미함을 의미한다.

어휘 bother ~을 괴롭히다, ~을 귀찮게 하다 physics 물리학 partial 부분적인, 편파적인 disorientation 방향 감각 상실; 혼미 meaninglessness 무의미함; 무의미 anomie 무질서, 아노미 despair 절망 suicide 자살 disenchantment 미몽에서 깨어남, 각성 unified 통일된 enchantment 황홀감 inevitable 불가피한, 필연적인 rationality 순리성, 합리성

2 동어 반복

빈칸에 들어갈 문장으로 가장 적절한 것은?

2021 국가직

Social media, magazines and shop windows bombard people daily with things to buy, and British consumers are buying more clothes and shoes than ever before. [현대 소비자들의 쇼핑 동향] Online shopping means it is easy for customers to buy without thinking, while major brands offer such cheap clothes that they can be treated like disposable items—worn two or three times and then thrown away. In Britain, the average person spends more than £1,000 on new clothes a year, which is around four percent of their income. That might not sound like much, but that figure hides two far more [소비 동향에 대한 부정적 인식] worrying trends for society and for the environment. First, a lot of that consumer spending is via credit cards. British people currently owe approximately £670 per adult to credit card companies. That's 66 percent of the average wardrobe budget. Also, not only are people spending money they don't have, they're using it to buy things _____. [현대 소비자들이 옷을 대하는 방식] Britain throws away 300,000 tons of clothing a year, most of which goes into landfill sites.

> 소비자들이 (자신들의 필요에 대해 생각해보지 않고) 생각 없이 구매를 하고, 두세 번 입고 버릴 옷을 구매하는 추세에 대해 설명.
>
> ⇩
>
> 결국 소비자들은 자신들에게 필요하지 않은 물건들을 구매하고 있는 것.
>
> ⇧
>
> 매년 엄청난 양의 두세 번 입고 버려지며, 이는 재활용되지도 않음.

① they don't need

② that are daily necessities

③ that will be soon recycled

④ they can hand down to

정답 ①

해설 본문은 영국 소비자들의 소비 동향에 대해 설명하고 있는 글이다. 글의 전반부에서는 소비자들이 (자신의 필요에 대한 고려 없이) 생각 없는 소비를 하고 있으며, 이렇게 구매된 옷은 두세 번 입고 버려질 것들이라고 설명한다. 빈칸 뒤의 내용으로는, 영국에서 해마다 30만 톤의 옷이 매립지에 버려진다는 것이 설명되므로, 옷이 버려지는 원인으로써 '필요하지 않은' 옷을 산다는 설명이 문맥상 자연스럽다.

① 그들이 필요로 하지 않는다(→ 정답 문장)

② 생활 필수품인 것(→ 생활 필수품이라면 두세 번 사용하고 생각 없이 버리는 일은 없을 것이다. 따라서 답이 될 수 없다.)

③ 곧 재활용될 것(→ 지문의 마지막 문장에서 버려진 옷은 재활용되지 않고 쓰레기 매립지로 가게 된다고 설명한다.)

④ 그들이 다른 사람에게 물려줄 수 있다(→ 얼마 안 입은 옷을 버린다는 설명은 있으나, 그 옷들을 다른 사람에게 물려준다는 설명은 없다.)

해석 소셜 미디어, 잡지, 상점의 유리창 너머에는 매일 사람들이 사야 할 물건들로 가득 차 있고, 영국 소비자들은 그 어느 때보다도 더 많은 옷과 신발을 사고 있다. [현대 소비자들의 쇼핑 동향] 온라인 쇼핑은 고객들이 생각 없이 쉽게 구매할 수 있다는 사실을 의미하고, 주요 브랜드들은 두세 번 입고 나서 버릴 수 있는 일회용품 취급이 가능한 값싼 옷을 제공한다. 영국에서, 보통 사람들은 일 년에 1,000파운드 이상을 새 옷에 소비하는데, 이것은 그들의 소득의 약 4%에 해당한다. 그렇게 큰 수치로 들리진 않겠지만, 그 수치는 사회와 환경에 대해 훨씬 더 [소비 동향에 대한 부정적 인식] 걱정스러운 두 가지 동향을 숨기고 있다. 첫째, 소비자 지출의 많은 부분이 신용카드를 통해 이루어진다. 영국인들은 현재 신용카드 회사에 성인 1인당 약 670파운드의 빚을 지고 있다. 이는 평균 의상비 예산의 66%에 해당한다. 또한, 사람들은 수중에 있지 않은 돈까지 쓸 뿐만 아니라, 필요하지 않은 물건을 사기 위해 그 돈을 사용하고 있다. [현대 소비자들이 옷을 대하는 방식] 영국은 1년에 30만 톤의 의류를 버린다. 그것의 대부분은 쓰레기 매립지로 들어간다.

어휘 daily 매일 일어나는, 매일의 bombard (질문 등을) 퍼붓다, 공격하다 disposable 일회용의, 쓰고 버리는 average 평균의 income 소득, 수입 environment 환경 approximately 거의, 대략 landfill 쓰레기 매립지

3 연결어 추론

(1)

밑줄 친 (A), (B)에 들어갈 말로 가장 적절한 것은?

2020 지방직

Assertive behavior involves standing up for your rights and expressing your thoughts and feelings in a direct, appropriate way that does not violate the rights of others. It is a matter of getting the other person to understand your viewpoint. [단호한 행동에 대한 긍정적 묘사] People who exhibit assertive behavior skills are able to handle conflict situations with ease and assurance while maintaining good interpersonal relations. _____(A)_____ , [공격적인 행동에 대한 부정적 묘사] aggressive behavior involves expressing your thoughts and feelings and defending your rights in a way that openly violates the rights of others. [공격적인 사람들의 특징] Those exhibiting aggressive behavior seem to believe that the rights of others must be subservient to theirs. _____(B)_____ , [공격적인 사람들의 특징으로 인한 결과] they have a difficult time maintaining good interpersonal relations. They are likely to interrupt, talk fast, ignore others, and use sarcasm or other forms of verbal abuse to maintain control.

단호한 행동을 보이는 사람들 (⊕)
: 갈등 상황을 잘 처리하며, 대인 관계가 좋다.

공격적인 행동을 보이는 사람들 (⊖)
: 타인의 권리를 공공연하게 침해한다.

공격적인 행동을 보이는 사람들의 특징 (⊖)
: 타인의 권리가 자신의 권리에 종속되어야 한다고 믿는다.

결과 (⊖)
: 그래서 공격적인 행동을 보이는 사람들은 대인 관계를 잘 유지하지 못한다.

⇩

(A)에는 역접의 접속부사가, (B)에는 결과의 접속부사가 들어가야 함.

	(A)		(B)
①	In contrast	⋯⋯	Thus
②	Similarly	⋯⋯	Moreover
③	However	⋯⋯	On one hand
④	Accordingly	⋯⋯	On the other hand

정답 ①

해설 (A) (A) 앞에서는 Assertive behavior 즉, 단호한 행동에 대한 설명이 제시되고 있으며, 제시된 설명을 살펴보면, 그들은 본인 주장도 잘할뿐더러 상대방과 "좋은" 유대 관계를 유지한다고 설명되어 있다. (A) 뒤에서는 aggressive behavior 즉, 공격적 행동에 대한 설명이 제시되어 있는데, 앞선 Assertive behavior와는 다르게 다른 사람의 권리를 생각지 "않음"을 명시하고 있으므로 (A)를 기준으로 앞뒤 문맥이 달라짐을 알 수 있다. 따라서 (A)에는 역접을 나타내는 표현인 In contrast가 들어가는 것이 옳다.

(B) (B) 앞에서는 공격적 행동을 보이는 사람들에 대한 설명이 제시되어 있고, 이들은 다른 이들의 권리를 무시한다고 설명하고 있다. 그리고 (B) 에서는 이러한 이유로 대인 관계 유지에 "어려움"을 겪는다고 설명하고 있으므로, 결과를 나타내는 Thus가 들어가는 것이 옳다.

해석 단호한 행동에는 자신의 권리를 옹호하고 자신의 생각과 감정을 타인의 권리를 침해하지 않는 직접적이고 적절한 방식으로 표현하는 것이 포함된다. 그것은 다른 사람에게 당신의 관점을 이해시키는 것의 문제이다. [단호한 행동에 대한 긍정적 묘사] 단호한 행동을 보이는 사람들은 좋은 대인 관계를 유지하면서 갈등 상황을 쉽고 확실하게 처리할 수 있다. (A) 이와는 대조적으로, [공격적인 행동에 대한 부정적 묘사] 공격적인 행동은 다른 사람들의 권리를 공공연히 침해하는 방식으로 자신의 생각과 감정을 표현하고 자신의 권리를 보호하는 것을 포함한다. [공격적인 사람들의 특징] 공격적인 행동을 보이는 사람들은 다른 사람들의 권리가 그들의 권리에 종속되어야 한다고 믿는 것 같다. (B) 따라서, [공격적인 사람들의 특징으로 인한 결과] 그들은 좋은 대인 관계를 유지하는 데 어려움을 겪는다. 그들은 통제력을 유지하기 위해 방해하고, 빠르게 말하고, 다른 사람들을 무시하기 쉽다.

어휘 assertive 적극적인, 확신에 찬   violate 위반하다, 침해하다   exhibit 전시하다, 보이다   ease 쉬움, 용이함, 편의성   assurance 확언, 장담, 확약   interpersonal 대인 관계에 관련된   aggressive 공격적인   interrupt 방해하다, 중단시키다   sarcasm 빈정댐, 비꼼

(2)

밑줄 친 (A), (B)에 들어갈 말로 가장 적절한 것은?

2022 국가직

Beliefs about maintaining ties with those who have died vary from culture to culture. For example, maintaining ties with the deceased is accepted and sustained in the religious rituals of Japan. [호피족의 장례 관습] Yet among the Hopi Indians of Arizona, the deceased are forgotten as quickly as possible and life goes on as usual. _____(A)_____, [호피족의 장례 관습에 대한 추가적 설명] the Hopi funeral ritual concludes with a break-off between mortals and spirits. The diversity of grieving is nowhere clearer than in two Muslim societies — one in Egypt, the other in Bali. Among Muslims in Egypt, [이집트의 장례 관습] the bereaved are encouraged to dwell at length on their grief, surrounded by others who relate to similarly tragic accounts and express their sorrow. _____(B)_____, in Bali, [발리의 장례 관습] bereaved Muslims are encouraged to laugh and be joyful rather than be sad.

← 호피족의 장례 관습
: 고인은 빨리 잊혀지며, 삶은 평소와 같이 흘러감.

← 호피족의 장례 관습에 대한 부가적 설명
: 장례식은 인간과 영혼과의 단절로 끝남.

← 이집트의 장례 관습
: 슬픔을 오랫동안 곱씹도록 권장됨.

← 발리의 장례 관습
: 슬퍼하기보다는 (이집트와는 대조적) 웃고 기뻐하도록 권장됨.

⇩

(A)에는 '사실'을 의미하는 접속부사가, (B)에는 역접의 접속부사가 들어가야 함.

	(A)		(B)
①	However	······	Similarly
②	In fact	······	By contrast
③	Therefore	······	For example
④	Likewise	······	Consequently

정답 ②

해설 (A) 빈칸 앞에서는 호피 인디언들 사이에서는 고인이 빨리 잊혀지고 삶이 평소와 같이 흘러간다고 설명하며, 빈칸 뒤에서는 같은 맥락에서 호피족의 장례 의식은 인간과 영혼이 단절되는 것으로 끝난다고 설명한다. 앞서 언급한 호피 인디언들의 장례 의식에 대해 이어서 설명하는 것이므로 빈칸에는 In fact(사실)가 들어가는 것이 적절하다.

(B) 빈칸 앞에는 가능한 긴 애도의 기간을 갖는 이집트 이슬람교도들의 장례 관습이 제시되며, 뒤에는 발리 이슬람교도들의 장례에서는 슬퍼하기보다는 웃고 기뻐하는 태도가 권장된다는 내용이 제시된다. 빈칸을 기준으로 내용이 상반되므로 빈칸에는 역접의 접속부사인 By contrast(반대로)가 들어가는 것이 적절하다.

해석 죽은 사람들과의 관계를 유지하는 것에 대한 믿음은 문화마다 다르다. 예를 들면, 일본의 종교 의식에서는, 고인과의 관계를 유지하는 것이 받아들여지고 유지된다. [호피족의 장례 관습] 그러나 애리조나 호피 인디언들 사이에서 고인은 가능한 빨리 잊혀지고 삶은 평소와 같이 흘러간다. (A) 사실, [호피족의 장례 관습에 대한 추가적 설명] 호피족 장례 의식은 인간과 영혼의 단절로 끝난다. 애도의 다양성은 이집트와 발리의 두 이슬람 사회에서 가장 명확하다. [이집트의 장례 관습] 이집트의 이슬람교도들 사이에서 유족들은 비슷한 비극적인 이야기에 공감하여 그들의 슬픔을 드러내는 다른 사람들에게 둘러싸여 그들의 슬픔을 오랫동안 곱씹도록 권장된다. (B) 반대로 [발리의 장례 관습] 발리에서는 이슬람 유족들이 슬퍼하기보다는 웃고 기뻐하도록 권장된다.

어휘 tie (유대) 관계   vary 다르다, 다양하다   maintain 유지하다   deceased 죽은, 고인이 된   sustain 유지하다, 지속시키다   religious 종교적인   ritual 의식   funeral 장례(식)   mortal 인간   diversity 다양성   bereaved 유족, 사별한   dwell 머물다, 곱씹다   at length 오래, 길게   tragic 비극적인

01

다음 빈칸에 들어갈 말로 가장 적절한 것은?

The term "free market" is sometimes used as a synonym for laissez-faire capitalism. When most people discuss the "free market," they mean an economy with unobstructed competition and only private transactions between buyers and sellers. However, a more inclusive definition should include any voluntary economic activity so long as it is not controlled by coercive central authorities. Using this description, laissez-faire capitalism and voluntary socialism are each examples of a free market, even though the latter includes common ownership of the means of production. The critical feature is _____. Coercion may only take place in a free market by prior mutual agreement in a voluntary contract, such as contractual remedies enforced by tort law.

*laissez-faire 자유방임주의
*tort law 불법 행위법

① that the state restricts individual economic activities

② the strong regulation of individual economic activities

③ that overseas transactions are impossible without state approval

④ the absence of coercive impositions or restrictions regarding economic activity

02

다음 빈칸에 들어갈 말로 가장 적절한 것은?

Boncuklu Tarla has emerged as a place of extraordinary historical significance, potentially overshadowing Gobekli Tepe, renowned as the world's oldest temple. Boncuklu Tarla dates back an astounding 12,000 years, making it older than its more famous sibling, Göbekli Tepe, by at least a millennium. The excavation of this site, which began in 2012, is yielding invaluable insights into the Neolithic period, a time when human societies transitioned from a nomadic lifestyle to settled farming communities. The discovery and subsequent study of Boncuklu Tarla have significant implications. It challenges the narrative of a 'sudden civilization' marked by the construction of Göbekli Tepe. That is, not only does it provide proof of an organized community dwelling in the region before Göbekli Tepe, but it also suggests the existence of a socio-cultural continuity, indicating that the 'temple-building' culture did not suddenly appear, but _____.

① faded away little by little

② disappeared into the mists of history

③ went into a decline dy degrees

④ evolved over time

03

다음 빈칸에 들어갈 말로 가장 적절한 것은?

Language is ambiguous. Although language is governed by rules, and you cannot make words mean anything you like, many of the rules are quite loose and there is often more than one way of interpreting a sentence. As we know, context may help you to decide what someone 'really means.' For example, irony, the saying of one thing in order to mean the opposite, shows just how problematic language in action can be. Despite the oddity of using a sentence which literally means X in order to suggest not-X, irony is something that is found in all cultures. If the weather forecast predicted sunshine and it is pouring with rain outside, you might look out of the window and say 'Nice weather, heh?' Or if your friend makes a dumb suggestion, you might say 'Any more bright ideas, Einstein?' Irony adds another layer of ambiguity to language, and it means that we cannot necessarily _____.

① consider the context so as not to be confused

② explore the hidden implications of a word

③ distort the other person's intentions

④ take a statement at face value

04

다음 빈칸에 들어갈 말로 가장 적절한 것은?

As told in Virgil's Aeneid, a famous epic poem, the Greeks had tried to conquer the ancient city of Troy and the Trojan people who lived there for over 10 years. They finally succeeded, thanks to a devious bit of trickery. The Greeks, under the guidance of Odysseus, built a huge wooden horse — the horse was the symbol of the city of Troy —and left it at the gates of Troy. They then pretended to sail away. They pulled the giant wooden horse into the middle of the city. They didn't realize that the Greeks had hidden a select group of soldiers inside the horse. That night, after the Trojans had gone to bed, the Greek soldiers inside the horse were able to get out and conquer Troy. Today, the term "Trojan horse" is still used to refer to any kind of deception or trick that involves getting a target willingly to allow an enemy into a secure place. The Trojan horse is also the source of the nickname "Trojans" for computer programs — called malware — that can infect computer systems. Many of these _____ programs appear to be useful or merely harmless programs. In this way, they convince users to install and run them, not realizing what harm they can do once they're installed.

① cooperative

② accurate

③ harmful

④ valid

05

다음 빈칸에 들어갈 말로 가장 적절한 것은?

The Industrial Revolution was a transformative period that unfolded from the late 18th century to the 19th century. Characterized by a shift from manual labor to mechanized production, this era marked a significant shift from agricultural and manual labor-based economies to mechanized production and industrialization. One of the key driving forces behind this period was the invention and widespread use of the steam engine. Fueled by coal, the steam engine played a huge role in powering machinery, revolutionizing manufacturing, mining, and transportation. It provided a reliable and efficient source of energy, allowing for the mechanization of previously labor-intensive processes and enabling the _____ of factories and production capabilities.

① contraction

② regression

③ decay

④ expansion

06

다음 빈칸에 들어갈 말로 가장 적절한 것은?

Sunday became the most important family day of the week, epitomized by the big family dinner. Christmas also became ritualized as a family occasion. The Christmas tree, gift giving, and Santa Claus were introduced as new rituals that celebrated family life. In the past, children's involvement with Christmas had been minimal. Now they, and their relations with their parents, were placed at the center of the new Christmas. Previously, Christmas had been a communal occasion, and hospitality and gifts had flowed from the rich to the poor. But the new family Christmas _____. Gift exchange was limited mainly to family members, and children were the main beneficiaries. Through Christmas rituals men gained symbolic access to the world of childhood, and thus to the feelings and connections that were missing in their working lives. By playing Santa, most fathers would gladly exchange their everyday role as workers for that of Santa.

*epitomize ~의 전형을 보여주다

① frustrated society

② became competitive

③ suffered pain

④ turned inward

07

다음 빈칸에 들어갈 말로 가장 적절한 것은?

Democratic leadership, also known as participative leadership or shared leadership, is a leadership style in which members of the group take a participative role in the decision-making process. This type of leadership can apply to any organization, from private businesses to schools to the government. With a democratic leadership style, everyone is given the opportunity to participate, ideas are exchanged freely, and discussion is encouraged. While _____, the democratic leader is still there to offer guidance and control. The democratic leader is also charged with deciding who is in the group and who gets to contribute to the decisions being made.

① this process tends to focus on a small number of opinions

② this process tends to focus on group equality and the free flow of ideas

③ this process tends to induce unequal opportunity and discrimination

④ this process tends to be entirely determined by the leader's judgment

08

다음 빈칸에 들어갈 말로 가장 적절한 것은?

Amazingly, many businesses evaluate their customer service strategy by the number of complaints they get. 'We have very few complaints from our customers, so we don't need customer service training at the moment.' I am told this regularly when prospecting for new clients. Either that or, 'The number of complaints has dramatically decreased this year and we are very pleased, it seems our customer service initiatives are working'. Companies using this type of measure are in denial. Although it is tempting to bury your head in the sand and believe _____, trust me, if customers are not complaining to you, then they are complaining to other people or they are just never using your business again.

① you don't need customers

② the number of issues is increasing

③ no news is good news

④ you need more customer service

다음 빈칸에 들어갈 말로 가장 적절한 것은?

Water is one of the worst places to be when there's lightning nearby. When you're swimming in open water, you're probably the highest point around, you're wet, and you're surrounded by an excellent conductor of electricity on all sides. That's just asking for trouble. However, pools are somewhat safer, since swimmers _____. There have been cases of death or injury from swimming pool lightning strikes, but most of the news accounts make clear that the victims were lounging outside the pool or dipping their feet. To protect yourself from lightning, going inside the pool is the best way. And yet, even many indoor pools insist on emptying the pool if there's the slightest rumble of thunder in the area. The YMCA's policy nationwide is to pull swimmers out of indoor pools until thirty minutes after the last thunder is heard, in accordance with the guidelines of the National Lightning Safety Institute. But even NLSI president Richard Kithil concedes that his organization "could find no reports of death or injuries in indoor pools related to lightning causes."

*conductor 전도체

① have to come out of the pool if there's thunder

② are surrounded by points much taller than their own heads

③ always have a towel to dry their body after the swimming

④ may be closest to lightning when there's thunder

다음 빈칸에 들어갈 말로 가장 적절한 것은?

Functional categories in the brain can have either hard or fuzzy boundaries. Triangles are an example of a hard boundary category. To be a member of the category, an object must be a two-dimensional closed figure with three sides, the sum of whose interior angles must equal exactly 180 degrees. Another hard boundary is the outcome of a criminal proceeding — with the exception of hung juries and mistrials, the defendant is found either guilty or not guilty; there is no such thing as 70% guilty. However, an example of a fuzzy boundary is the category "friendship." There are clear and obvious cases of people who you know are friends, and clear cases of people who you know are not strangers, for example. But friendship is a category that, for most of us, has fuzzy boundaries. It depends to some degree on _____. We consider some people to be friends for some purposes and not for others. We invite different people to our homes for a neighborhood barbecue than for a birthday party; we'll go out for drinks with people from work but not invite them to our homes.

*hung jury 의견이 엇갈려 판결을 못 내리는 배심원단

① objectivity

② principle

③ context

④ breach

11

다음 빈칸에 들어갈 말로 가장 적절한 것은?

By definition, climate change is the periodic modification of Earth's climate due to changes in the atmosphere and interactions between the atmosphere and other geologic, chemical, biological, and geographic factors within the Earth system. All living things respond to climate and changes in the climate, even if these changes are subtle and temporary. Some of the most noticeable examples include the shedding of leaves by flowering plants when water availability is low and shelter-seeking behaviors and dormancy in animals in response to colder or drier conditions. It seems that life on Earth _____, and this is evidence that climate changes, but our own experience of climate throughout our lifetimes, along with scientific records, also proves that climate change is happening.

*dormancy 휴면

① is evolved into a new species in line with climate change

② is adapted to tolerating a changing climate to some degree

③ has become extinct because it couldn't withstand climate change

④ is expected to lose its place in life due to climate change

12

다음 빈칸에 들어갈 말로 가장 적절한 것은?

We all care what those around us think, and our beliefs about the world are strongly influenced by our peers. Indeed, peer pressure, the pressure to conform to do what others are doing, can be powerful and hard to resist. This is particularly apparent in the case of fashion, where we take our cues from other people about what is 'cool'. We may also think that various forms of questionable behavior, such as illegally downloading music or tax evasion, are acceptable on the grounds that everybody does it. However, reversely, since we tend to read things that reflect our prejudices and associate with people who already share our attitudes, we sometimes overestimate the extent to which _____. This is known as the false consensus effect: it is the tendency to assume that one's own opinions, perspectives, beliefs, attributes, or behaviors are much more widely shared and agreed to than is actually the case

① we pretend to agree with others

② other people think as we do

③ unverified information spreads

④ a new social norm is created

13

밑줄 친 빈칸에 들어갈 말로 가장 적절한 것은?

The biggest change in dating between 2004 and 2014 was that one-third of all marriages in America began with online relationships, compared to a fraction of that in the decade before. Half of these marriages began on dating sites, the rest via social media, chat rooms, instant messages, and the like. This change isn't so much because the dating options have changed; it's because _____. In 1995, it was so rare for a marriage to have begun online that newspapers would report it as something weirdly futuristic. Online dating used to be stigmatized as the last resort for the desperate or undatable. However, the initial stigma associated with online dating became irrelevant as a new generation of users emerged for whom online contact was already well known and established. By 2014, twenty years after the introduction of online dating, younger users have a higher probability of embracing it because they've been active users of the Internet since they were little, for education, shopping, entertainment, games, socializing, getting news, and looking for a job.

① the Internet has made people communicate faster

② young people's desire for love has increased

③ newspapers instilled the fantasy of online dating

④ the population of Internet users has changed

14

밑줄 친 빈칸에 들어갈 말로 가장 적절한 것은?

There is nothing _____ about snacking. Many nutritionists today even recommend trying to eat six small meals a day instead of the traditional three large ones. And many people find it easier to avoid overeating at mealtimes if they keep their blood-sugar levels even all day with more frequent 'mini-meals.' But, a 2010 study at the University of North Carolina blamed snacking for the recent weight gain in American kids. The average child in this country now eats 168 more calories' worth of snacks every day than in 1977, enough chips and granola bars to add 13.5 pounds of body fat per year. But, this doesn't mean all between-meals eating is a bad idea. Boredom snacking is a bad idea. Eating only chocolates—because they taste better than dinner—is a bad idea. A healthy snack is fine. The right answer to "I need a snack" isn't "You'll ruin your dinner!" It's probably, "Sure, do you want an apple or a banana?"

① falsely accused

② highly desirable

③ inherently unhealthy

④ necessarily beneficial

15

밑줄 친 부분에 들어갈 말로 가장 적절한 것은?

Confirmation bias refers to a type of selective thinking whereby one tends to notice and to look for what confirms one's beliefs, and to ignore or undervalue the relevance of what contradicts one's belief. For example, if you believe that during a full moon there is an increase in admissions to the emergency room where you work, you will take notice of admissions during a full moon. However, you will be inattentive to the moon when admissions occur during other nights of the month. A tendency to do this over time _____ your belief in the relationship between the full moon and accidents, as well as other lunar effects. This tendency to give more attention and weight to data that support our beliefs than we do to contrary data is especially dangerous when our beliefs are little more than prejudices.

① unconsciously shakes

② unjustifiably strengthens

③ evidently goes against

④ gradually shatters

16

밑줄 친 부분에 들어갈 말로 가장 적절한 것은?

Poppy seeds are the edible nutritious seeds of the opium poppy. The opium poppy is, of course, the source of opium as well as heroin, morphine, and codeine. Although the seeds themselves do not contain opiates, they are frequently contaminated with morphine residue during harvesting. Processing removes much of this residue, but it's not uncommon for trace amounts to remain. Thus, depending on how many poppy seeds were eaten, their country of origin, and the test used, consumption of poppy seeds can indeed cause a urine drug test _____. There are numerous anecdotes of a single poppy-seed-encrusted bagel being enough to cause someone to fail a drug test, and convicts on parole are forbidden from eating poppy seeds altogether.

*poppy 양귀비　*opiate 아편제

① to register insensible for opiates

② to register positive for opiates

③ to register nonreactive for opiates

④ to register negative for opiates

17

밑줄 친 부분에 들어갈 말로 가장 적절한 것은?

One of the most important characteristics of the atmosphere is the way its molecules absorb radiation from the sun. Without protection of the atmosphere, the sun would fry us with its high-energy radiation. We are protected by the atmospheric ozone, which absorbs high energy radiation and thus prevents it from reaching the earth. This explains why we are so concerned that chemicals released into the atmosphere are destroying this high-altitude ozone, which is related to a phenomenon called the greenhouse effect. Unlike the ozone layer, the atmospheric gases such as carbon dioxide do not absorb light. Therefore, the visible light from the sun passes through the atmosphere, and in turn, the earth radiates this energy back toward space as infrared radiation. But the gases strongly reradiate, or reflect, some of this energy back toward the earth, which result in _____. Thus, these gases act as an insulating blanket making the earth's temperature much higher than it would be without them.

① fluctuating position
② strengthening ozone
③ absorbing the energy
④ warming the earth

18

밑줄 친 부분에 들어갈 말로 가장 적절한 것은?

Under-slept employees are not only less productive, less motivated, less creative, less happy, and less effective, but they may be more _____. Reputation in business can be a make-or-break factor. Having under-slept employees in your business makes you more vulnerable to that risk of disrepute. Studies in the workplace have found that employees who sleep six hours or less are significantly more deviant and more likely to lie the following day than those who sleep six hours or more. Seminal work by Dr. Christopher Barns, a researcher in the Foster School of Business at Washington University, has discovered that under-slept employees are more likely to blame other people in the workplace for their own mistakes, and even try to take credit for other people's successful work: hardly a recipe for team building and a harmonious business environment.

① irritable
② complacent
③ unethical
④ invincible

19

밑줄 친 빈칸에 들어갈 말로 가장 적절한 것은?

From the nine times I have made the 5,000-mile journey to the Galápagos Islands, to follow in Charles Darwin's footsteps, the most enduring impression I have gained is of _____. The minute a person steps off any of the tourist trails created by the Galápagos National Park Service and heads into the untamed interior of one of these islands, there is the risk of death under the intense, equatorial sun. On Santa Cruz Island, where the Charles Darwin Research Station is located, 17 people have disappeared since 1990. Some were subsequently found alive after having become hopelessly lost in dense underbrush and rugged volcanic terrain. But most of them perished. One was a young Israeli tourist who lost his way in Santa Cruz's Tortoise Reserve in 1991. A massive, two-month search failed to find him. In fact, some of the searchers themselves became lost and had to be rescued. A sign in the Tortoise Reserve says bluntly: "Stop. Do not go beyond this point. You could die.

① diversity of life

② tenacious vitality of human

③ life's fragility

④ evolution process

20

밑줄 친 부분에 들어갈 말로 가장 적절한 것은?

It is one of the great ironies of modern times that, with all of our time-saving creations, people have less time to themselves than ever before. Life in the Middle Ages is usually portrayed as gloomy, but one commodity people had more of than their successors was leisure time. In Europe through the Middle Ages, the average number of holidays per year was around 115 days. It is interesting to note that still today, poorer countries take more holidays, on average, than richer ones. It has often been the very creations intended to save time that have been most responsible for _____. For example, today's vacuum cleaners and other products have raised peoples' cleanliness standards even higher, and it makes people invest the time needed to propel these products against the suddenly defeatable household dirt and bacteria.

① increasing the workload

② lowering people's expectations

③ providing too much leisure time

④ the stagnation in technological development

21

밑줄 친 부분에 들어갈 말로 가장 적절한 것은?

Animals prefer warm foods over cold foods, partly because the tastes and odors are somewhat stronger when the food is at body temperature or a bit warmer. In animals, just as in humans, _____. Try this little experiment: Cut pieces of crisp apple, hard pear, and raw potato to about the same size. Close your eyes and hold your nostrils closed. Now have someone give you bits of the three items to taste and you will find it virtually impossible to tell the three foods apart, since much of your appreciation of the food is based upon smell rather than taste. This also explains why, when you have a cold and a stuffed nose, most foods are relatively tasteless and the finest wine tastes like a cheap one.

*nostril 콧구멍

① the sense of smell dominates the sense of taste

② the variety of foods has an effect on the taste of food

③ the shape and size of the food affect the taste

④ it is the sense of sight that determines the taste of food

22

다음 빈칸에 들어갈 말로 가장 적절한 것은?

Dolphins have to remain conscious, even when they are sleeping. This is because their breathing is not automatic—it is consciously controlled. That is, dolphins have to actively decide when to breathe, and so they _____. If like us, dolphins went into a deep unconscious sleep, they would stop breathing and suffocate or drown. To get around this, dolphins only allow one half of their brains to sleep at a time; the other half stays alert to enable the dolphin to continue breathing and look out for dangers in the environment. Dolphins only close one eye when they sleep; the left eye will be closed when the right half of the brain sleeps, and vice versa. This type of sleep is known as unihemispheric sleep as only one brain hemisphere sleeps at a time. Dolphins alternate which half of the brain is sleeping periodically so that they can get the rest they need without ever losing consciousness.

① don't need to sleep during the day

② must be continually conscious to breathe

③ need to sleep in groups with other dolphins

④ become overloaded with too many thoughts

23

다음 빈칸에 들어갈 말로 가장 적절한 것은?

In recent research, we investigated whether _____ could disrupt cognitive abilities. In two experiments, nearly 800 people completed tasks designed to measure their cognitive capacity. Our intervention was simple: before completing these tasks, we asked participants to either place their phones in front of them, keep them in their pockets or bags, or leave them in another room. Importantly, all phones had sound alerts and vibration turned off, so the participants couldn't be interrupted by notifications. The results were striking: individuals who completed these tasks while their phones were in another room performed the best, followed by those who left their phones in their pockets. In last place were those whose phones were on their desks. We saw similar results when participants' phones were turned off: people performed best when they were away in a separate room.

① the notification and sound from the smartphone

② merely having one's own smartphone nearby

③ the existence of other people in the same place

④ using own's smartphone while performing a task

24

밑줄 친 부분에 들어갈 말로 가장 적절한 것은?

A recent survey shows that most adults consider themselves "well informed about their own country and the global issues." Yet a regularly taken national poll that asks, "From where do you get most of your information about the world?" has found the percentage of people who reply, "Television" has been increasing steadily over the past decade. The latest questionnaire found that well over 60 percent of the respondents chose television over other media as their major source of information. It is very difficult to _____ these two facts because even a casual study of television news reveals it is only a headline service and not a source of information enabling one to shape a world view.

① reconcile

② ban

③ suppress

④ boast

25

밑줄 친 부분에 들어갈 말로 가장 적절한 것은?

When it comes to building new habits, you can use _____ to your advantage. One of the best ways to build a new habit is to identify a current habit you already do each day and then stack your new behavior on top. This is called habit stacking. Rather than pairing your new habit with a particular time and location, you pair it with a current habit. This method, which was created by BJ Fogg as part of his Tiny Habits program, can be used to design an obvious cue for nearly any habit. The key is to tie your desired behavior into something you already do each day. Once you have mastered this basic structure, you can begin to create larger stacks by chaining small habits together. This allows you to take advantage of the natural momentum that comes from one behavior leading into the next.

① the replacement of an action

② the gradual elimination of behavior

③ the connectedness of behavior

④ the interchangeability of actions

26

밑줄 친 부분에 들어갈 말로 가장 적절한 것은?

We normally think of the expressions on our face as the reflection of an inner state. I feel happy, so I smile. I feel sad, so I frown. Emotion goes inside-out. Emotional contagion, though, suggests that the opposite is also true. If I can make you smile, I can make you happy. If I can make you frown, I can make you sad. Emotion, in this sense, goes outside-in. If we think about emotion this way—as outside-in, not inside-out—it is possible to understand how some people can have an enormous amount of _____ over others. Some of us, after all, are very good at expressing emotions and feelings, which means that we are far more emotionally contagious than the rest of us.

① curiosity

② action

③ fluency

④ influence

27

빈칸 (A), (B)에 들어갈 말로 가장 적절한 것은?

Healthy plant and animal populations in the wild maintain genetic diversity. This diversity can make a population more resistant to disease and environmental changes. Large populations of cloned plants or animals, _____(A)_____, may lack genetic diversity. Farmers around the world already grow many cultivated crops, including corn and rice, that have less genetic variability than their counterparts that grow in the wild. A single virus could wipe out these crops. _____(B)_____, if every cow in a herd came from a single clone, one disease could potentially stamp out the entire herd.

	(A)		(B)
①	for example	······	However
②	on the other hand	······	Similarly
③	on the other hand	······	However
④	for example	······	Similarly

28

밑줄 친 부분에 들어갈 말로 가장 적절한 것은?

Technology has always fueled economic growth, improved standards of living, and opened up avenues to new and better kinds of work. Recent advances in artificial intelligence and machine learning, which brought us self-driving cars, mark the beginning of a seismic shift in the world as we know it. To navigate the unstable labormarket and seize the plentiful opportunities offered by new technologies, we must find a way to more quickly adapt. Whether we like it or not, change is coming, and the worst move of all would be _____.

① to harmonize with technology

② to ignore it altogether

③ to benefit economically from it

④ to adapt and conform to the change

밑줄 친 빈칸에 들어갈 말로 가장 적절한 것은?

The ascent of screen culture has occurred in association with the decline in engagement with nature. The benefits of being in green are being _____ by the powerful pull of the dopamine reward system and the information vortex. There is a personal loss here: we are becoming less aware of the mentally rejuvenating and cognitively restorative benefits of nature. There is also an environmental loss: a collective detachment is not in the interest of conservation. Although there is much talk about environmental awareness and "being green," our society is losing its way. Screen based gadgets are luring us away from nature and all its benefits. True connectivity in any relationship, be it interpersonal or with elements of nature, serves to strengthen empathy and concern. It's not possible to cultivate true concern and empathy for nature while being completely detached from it.

*vortex 소용돌이

① revealed

② denounced

③ obscured

④ complicated

밑줄 친 부분에 들어갈 말로 가장 적절한 것은?

Increasing numbers of Americans are turning to hypnosis to stop smoking or to lose weight. Similarly, arthritis sufferers are using acupuncture, an ancient method of Korean healing, to gain some relief from their pain. Cancer patients have also been using nontraditional treatments like creative visualization to fight their disease. Some cancer sufferers, for example, imagine themselves as huge and powerful sharks. They imagine their cancer cells as much smaller fish that easily fall prey to the larger and more dangerous sharks. Even some businesses are supporting nontraditional medical treatments and encouraging employees to use _____ to ward off migraine headaches and high blood pressure. In their deep state of quiet thought, they can get away from headache.

*acupuncture 침술   *migraine 편두통

① medication

② meditation

③ headache medicines

④ simulation

31

밑줄 친 부분에 들어갈 말로 가장 적절한 것은?

The lesson from the Asian financial crisis is that when corrective decisions are made fast and the policy prescriptions are potent, a severe or prolonged crisis can be prevented. What happened in South Korea shows that economies can _____ again very fast. Their severe adjustments lasted just one year. Yet the Indonesian economy remained sluggish for five to seven years because corrective policies were too long in the making and too weak.

① collapse

② falter

③ recede

④ recover

32

다음 빈칸에 들어갈 말로 가장 적절한 것은?

A group of scientists have developed a new genetically engineered variety of rice which _____. In order to create their improved plant the scientists added sugar genes from a bacterium. Thanks to the genes, the rice can maintain yields when it is stressed by cold, drought and high salt levels. The sugar leaves the chemical composition of the rice grains unchanged. The new crop is expected to help farmers in developing countries be more productive on poor land.

① can grow in all types of conditions

② can change sugar genes into rice

③ is created from a bacterium

④ grows solely in developing countries

33

밑줄 친 빈칸에 들어갈 말로 가장 적절한 것은?

In an experiment, researchers monitored college students taking part in a program to improve their skills at studying. They randomly assigned the students to three planning conditions. One group was instructed to make daily plans for what, where, and when to study. Another made similar plans, only month by month instead of day by day. And the third group, the controls, did not make plans. The researchers predicted that the day-by-day plans would work best. But they were wrong. The monthly planning group did the best in terms of improvements in study habits and attitudes. Why? Daily plans take much longer to make thirty daily plans than a broad plan for the month without any daily details. Another drawback of daily plans is that they _____. They deprive the person of the chance to make choices along the way, so the person feels locked into a rigid and grinding sequence of tasks. Life rarely goes exactly according to plan, and so the daily plans can be demoralizing as soon as you fall off schedule.

① are open-ended

② mobilize judgment

③ require verification

④ lack flexibility

34

밑줄 친 부분에 들어갈 말로 가장 적절한 것은?

Energy _____: chemical, radiant, thermal, mechanical, nuclear, and electrical. Chemical energy is energy stored in the bonds of molecules; for example, food contains chemical energy, and organisms use the energy released when chemical bonds are broken and new bonds form. Radiant energy is energy, such as radio waves, visible light, and X-rays, that is transmitted as electromagnetic waves. Solar energy is radiant energy from the sun; it includes ultraviolet radiation, visible light, and infrared radiation. Thermal energy is heat that flows from an object with a higher temperature (the heat source) to an object with a lower temperature (the heat sink). Mechanical energy is energy involved in the movement of matter. Some of the matter contained in atomic nuclei can be converted into nuclear energy. Electrical energy is energy that flows as charged particles.

① must be converted

② is neither created nor destroyed

③ exists in several forms

④ is an inter-disciplinary concept

35

밑줄 친 빈칸에 들어갈 말로 가장 적절한 것은?

Appearance creates the first impression customers have of food, and first impressions are important. No matter how appealing the taste, an unattractive appearance is hard to overlook. As humans, we do "_____" because our sense of sight is more highly developed than the other senses. The sense of sight is so highly developed in humans that messages received from other senses are often ignored if they conflict with what is seen. Yellow candy is expected to be lemon-flavored, and if it is grape-flavored, many people cannot correctly identify the flavor. Strawberry ice cream tinted with red food coloring seems to have a stronger strawberry flavor than one that has no added food coloring, even when there is no real difference. While as a professional you must train your sense so that they are not trucked by your sense of sight, it is also important to understand how appearance influences your customer's perceptions.

① evaluate food only by taste

② develop our taste the most

③ eat with our eyes

④ push out visual elements

36

밑줄 친 부분에 들어갈 말로 가장 적절한 것은?

Changes in consumer prices can be observed in economic statistics compiled in most nations by comparing changes of a basket of diverse goods and products to an index. In the U.S. the Consumer Price Index (CPI) is the most commonly referenced index for evaluating inflation rates. When the index in one period is lower than in the previous period, the general level of prices has declined, indicating that the economy is experiencing deflation. This general decrease in prices is a good thing because _____. To some degree, moderate drops in certain products, such as food or energy, even have some positive effect on increasing consumer spending.

① it causes consumers to close their wallets

② it makes consumers interested in competitive goods

③ it gives consumers greater purchasing power

④ it provides consumers with the opportunity to save

밑줄 친 부분에 들어갈 말로 가장 적절한 것은?

By the time that Thomas Edison began to tackle the electric light, he was a famous and successful inventor. His first successes had been in telegraphy, the key communications technology of his time, and from those, which he achieved in his mid-twenties, he went on to make contributions to the emerging telephone, invent the phonograph from scratch, and apply himself to a host of other projects. In the course of all this, one of the lessons he learned was to _____ of his work and of that of his growing team of assistants and specialists. By the time we got to the electric light effort, in the late 1870s, the documents kept in Edison's laboratory were thorough, detailed, and often elaborate. We therefore have an extraordinary documentary accounts of one of the most important inventions in history.

① obtain a patent

② ensure adequate financial compensation

③ broaden the field of research

④ keep meticulous records

밑줄 친 부분에 들어갈 말로 가장 적절한 것은?

Just like the cyber security world, the financial investment world is a high stakes and high-risk environment. Just as a guaranteed strategy for full cyber protection does not exist, nor does a guaranteed strategy for making money through investments. Despite what the advertisements of many financial institutions may lead you to believe with pictures of retired couples on beaches, profiles of large stately buildings, or even images of large solid rocks, returns are never guaranteed on investments. Each investment carries a certain amount of risk, and the return on that investment should, at least in theory, be in line with the risk. That is, the bigger the risk, _____.

① the higher the likelihood that the return will be much greater than that

② the more likely it is that the investment will not be recovered

③ the fewer people invest in it

④ the bigger the possible return on the investment should be

39

밑줄 친 부분에 들어갈 말로 가장 적절한 것은?

A number of researchers have examined the looking-glass self in the context of virtual environments. Martey and Consalvo, for example, studied the avatar appearances and subsequent behavior of 211 individuals in a roleplaying video game where players could create virtually any type of avatar as a means of expressing self-identity. To do so, Martey and Consalvo conducted surveys of participants and built on Goffman's theories of how individuals use appearance and behavior to shape others' impressions of them. Ultimately, the researchers found that, despite the virtually unlimited freedom in the appearances and range of behaviors that players could take on, participants cultivated socially _____ appearances that would be interpreted in favorable ways by others in their interactions.

*looking-glass self 영상적 자아

① solemn

② acceptable

③ negligible

④ disgraceful

40

다음 빈칸에 들어갈 말로 가장 적절한 것은?

Mark Twain once said that if the first thing you do each morning is to eat a live frog, you can go through the day with the satisfaction of knowing that is probably the worst thing that is going to happen to you all day long. Your "frog" is your biggest, most important task. It is also the one task that can have the greatest positive impact on your life and results at the moment. If you have many important tasks before you, _____. Discipline yourself to begin immediately and then persist until the task is complete before you go on to something else.

① look for the next best way to handle difficult problems

② cooperate with your competitors to prepare for emergencies

③ start with the biggest, hardest, and most important task first

④ make a specific plan to improve work efficiency

41

다음 빈칸에 들어갈 말로 가장 적절한 것은?

The only way to overcome procrastination is to provide yourself with a sense of urgency. Work expands to fill the time available for its completion. Thus, if you have a particular task due at 3:00 p.m. today, it is usually done by 3:00 p.m. However, if for the same task you are given until the end of the month, it will usually take until the end of the month. When you think in terms of task rather than time limit, perfectionism sets in. You always do a little bit more, another graph or table. You persuade yourself into thinking these add up to excellence. Thus set a deadline for every task and stick to it in order to _____.

① generate a sense of crisis

② adjust your schedules flexibly

③ finish several things at once

④ motivate yourself and other members

42

밑줄 친 부분에 들어갈 말로 가장 적절한 것은?

Imagine your brain as a house filled with lights. Now imagine someone turning off the lights one by one. That's what Alzheimer's disease does. It turns off the lights so that the flow of ideas, emotions and memories from one room to the next lessens and eventually _____.
As anyone who has ever watched a parent, a sibling, a spouse succumb to the spreading darkness knows, there is no way to stop the lights from turning off, no way to switch them back on once they've grown dim. At least not yet.

① stays

② flows

③ resumes

④ ceases

43

다음 빈칸에 들어갈 말로 가장 적절한 것은?

Interest in business ethics is growing rapidly throughout the world as companies balance the demands for economic efficiency and for profit maximization with the need for corporate responsibility. The emerging interest in corporate responsibility is fueled not only by a desire to do what is right, but by _____. Business leaders increasingly recognize a distinct advantage business ethics offers for attracting customers and capital in today's competitive, expanding marketplace: customers and investors increasingly cite corporate practices, values and ethics as primary considerations in their decision-making.

① the separation of church and state
② a keen sense of business pragmatism
③ government interventions for fair trade
④ the conflicting demands of customers and investors

44

빈칸 (A), (B)에 들어갈 말로 적절한 것은?

Many of us spend time finding faults in the people we deal with in our lives. If, ___(A)___, we try to search their character for what we like about them, we'll like them more; and, as a result, they'll like us more. My friend had a very difficult relationship with her boss. Worse still, she truly disliked him as a person. One day, however, she decided to acknowledge his strengths. ___(B)___ her manager was not a kind person in the office, he was a very devoted family man. After focusing on this quality, a little at a time, she started to like him gradually. One day, she told him honestly that she admired how family-oriented he was. Surprisingly the next day, he was in her office, giving her some information that was very useful to her.

	(A)		(B)
①	instead	……	Because
②	similarly	……	Because
③	instead	……	Even though
④	similarly	……	Even though

45

다음 빈칸에 들어갈 말로 가장 적절한 것은?

According to a survey, more than half of the high school students responding to the survey have plagiarized work they found on the Internet. Websites such as schoolsucks.com offer customers the possibility of downloading a paper on nearly any subject for $9.95 per page. Schools have begun to fight Internet plagiarism with the student's own weapons. George Mason High School is one of thousands of schools that have contracted with a company which allows teachers to submit student papers. The company then searches the Web for _____. Within 48 hours, the teacher gets the paper back, color-coded for plagiarism.

① useful information

② matching text

③ educational guides

④ teaching methods

46

밑줄 친 부분에 들어갈 말로 가장 적절한 것은?

The human brain is almost infinitely adaptable. People used to think that our mental network, the dense connections formed among the 100 billion or so neurons inside our skulls, was largely fixed by the time we reached adulthood. But brain researchers have discovered that that's not the case. James Olds, a professor of neuroscience who directs the Krasnow Institute for Advanced Study at George Mason University, says that even the adult mind is very _____. Nerve cells routinely break old connections and form new ones. "The brain," according to Olds, "has the ability to reprogram itself on the fly, altering the way it functions."

① prodigal

② flexible

③ prosaic

④ fixed

47

다음 빈칸에 들어갈 말로 가장 적절한 것은?

A fascinating experiment once took place in a small Australian village. For the past two years, the village had witnessed that the number of street crimes was rapidly increasing. Local residents, alarmed by the increase in street crime, got together and decided that the best way to confront the problem was to remove the offenders from the main street after nightfall. Instead of putting more armed police in the street, they chose to _____. Every single block began piping out the sounds of Mozart, Bach, Beethoven, and Brahms. In less than a week, the town reported a dramatic decrease in crime. The experiment was so successful that the main train station in Copenhagen, Denmark adopted the same approach—with similar results, too.

① prohibit passage at night

② play classical music

③ invite famous musicians

④ openly search for a suspect

48

밑줄 친 빈칸에 들어갈 말로 가장 적절한 것은?

Navigation systems use a form of crowdsourcing. When the Waze app on your smartphone, or Google Maps, is telling you the best route to the airport based on current traffic patterns, how do they know where the traffic is? They're tracking your cell phone and the cell phones of thousands of other users of the applications to see how quickly those cell phones move through traffic. If you're stuck in a traffic jam, your cell phone reports the same GPS coordinates for several minutes, if traffic is moving swiftly, your cell phone moves as quickly as your car and these apps can recommend routes based on that. As with all crowdsourcing, the quality of the overall system depends crucially on there being a large number of users. In this respect they're similar to telephones, fax machines, and e-mail: If only one or two people have them, they are not much good. Their _____ increases with the number of users.

*crowdsourcing 크라우드소싱
(대중들의 참여로 해결책을 얻는 방법)

① charge

② utility

③ design

④ purpose

49

밑줄 친 부분에 들어갈 말로 가장 적절한 것은?

Take the case of two people who are watching a football game. One person, who has very little understanding of football, sees merely a bunch of grown men hitting each other for no apparent reason. The other person, who loves football, sees complex play patterns, daring coaching strategies, effective blocking and tackling techniques, and zone defenses with "seams" that the receivers are trying to "split." Both persons have their eyes glued to the same event, but they are perceiving two entirely different situations. The perceptions are _____ because each person is actively selecting, organizing, and interpreting the available stimuli in different ways.

① identical

② similar

③ different

④ equivalent

50

밑줄 친 부분에 들어갈 말로 가장 적절한 것은?

All people are more or less influenced by the speech, the manners, the gestures, and even the thinking habits of those around them. Let a young man, therefore, associate with men better than himself, and especially those who do not possess the kind of fault that he finds difficult to conquer. Their example is always inspiring. A young man corrects his own conduct by theirs, and becomes a partner in their wisdom. If they are stronger in will or character than he is, he becomes a participator in their strength. This is all possible because men are, by nature, _____.

① leaders

② dominators

③ imitators

③ cowards

MEMO

TYPE 02

삽입

빈칸·삽입·순서·삭제

TYPE
02 삽입

1 유형의 특징

문장 삽입 유형은 순서 배열 유형의 변형으로, 같은 방식으로 문제를 풀 수 있다. 관사, 대명사, 지시사, 흐름을 전환시키는 역접의 어구 등의 연결 고리를 파악하는 것이 핵심이다.

2 문제 풀이 원리

문장 삽입 유형의 문제는 크게 두 가지로 나눌 수 있다.

1 역접의 어구가 없는 경우

역접의 어구가 없는 경우에는 주어진 문장과 본문에 있는 정보들을 활용하여 문제를 푼다. 주어진 문장과 본문에서 다음과 같은 연결 고리들을 찾아 '정보를 통한 문장 삽입'을 해야 한다.

(명 ➡ 대, a/an 명 ➡ the/such 명, 복수 명 ➡ these/those 명, full name ➡ part name 등)

2 역접의 어구가 있는 경우

주어진 문장에 역접의 어구가 있는 경우는 비교적 쉬운 유형으로, 이 역접의 어구를 중심으로 서로 반대되는 내용이 이어진다.

MEMO

1 역접의 어구가 없는 경우

(1)

주어진 문장이 들어갈 위치로 가장 적절한 것은?　　　　2019 국가직

> Some of these ailments are short-lived; others may be long-lasting.

← 대명사 these ailments (이러한 질병들)
→ 앞서 질병들에 대한 언급이 제시되어야 한다.

For centuries, humans have looked up at the sky and wondered what exists beyond the realm of our planet. (①) Ancient astronomers examined the night sky hoping to learn more about the universe. More recently, some movies explored the possibility of sustaining human life in outer space, while other films have questioned whether extraterrestrial life forms may have visited our planet. (②) Since astronaut Yuri Gagarin became the first man to travel in space in 1961, scientists have researched what conditions are like beyond the Earth's atmosphere, and what effects space travel has on the human body. (③) Although most astronauts do not spend more than a few months in space, [우주 비행사들이 경험하는 문제들] many experience physiological and psychological problems when they return to the Earth. (④) More than two-thirds of all astronauts suffer from motion sickness while traveling in space. In the gravity-free environment, the body cannot differentiate up from down. The body's internal balance system sends confusing signals to the brain, which can result in nausea lasting as long as a few days.

← 많은 우주 비행사들이 **생리적, 심리적 문제들**을 경험한다.
→ 질병에 대한 언급이 처음 등장하는 부분임.

주어진 문장은 앞 문장의 problems를 'these ailments'로 받고 있으므로 ④에 들어가야 한다.

정답 ④

해설 우선 주어진 문장의 these ailments가 의미하는 것을 파악해야 한다. these ailments는 말 그대로 "이러한 질병들"이라고 해석되므로, 주어진 문장은 어떠한 질병이나 문제점이 언급된 이후의 위치에 넣어야 한다. 이에 따라 문제를 풀어보면, 보기 ①, ②, ③의 위치에는 ailments라고 말할 만한 것들이 전혀 언급되어 있지 않으며, 보기 ④ 앞에 physiological과 psychological problems 즉 신체 및 심리학적인 문제들을 언급하고 있으며, ④ 뒤에 이어지는 글에서도 멀미, 메스꺼움 등의 좀 더 구체적인 증상들을 언급하고 있으므로, 주어진 문장은 ④에 들어가는 것이 옳다.

해석 수세기 동안 인간은 하늘을 올려다보며 우리 행성의 영역 너머에 무엇이 존재하는지 궁금해 했다. 고대의 천문학자들은 우주에 대해 더 많은 것을 알게 되기를 바라면서 밤하늘을 조사했다. 더 최근에, 일부 영화들은 우주에서 인간의 생명을 유지할 수 있는 가능성을 탐구했고, 다른 영화들은 외계 생명체들이 지구를 방문했을지도 모른다고 의문을 제기했다. 1961년 우주 비행사 유리 가가린이 최초로 우주 여행을 한 이후 과학자들은 지구 대기권 너머의 환경이 어떤지, 우주 여행이 인체에 어떤 영향을 미치는지를 연구해왔다. 비록 대부분의 우주 비행사들이 우주에서 몇 달 이상을 보내지는 않지만, [우주 비행사들이 경험하는 문제들] 많은 우주 비행사들이 지구로 돌아올 때 생리적, 심리적 문제를 경험한다. ④ 이러한 질병들 중 일부는 지속 기간이 짧고, 다른 것들은 오래 지속될 수 있다. 우주 비행사의 3분의 2 이상이 우주 여행을 하는 동안 멀미로 고생한다. 무중력 환경에서는 몸이 위아래를 구분할 수 없다. 인체의 내부 균형 시스템은 뇌에 혼란스러운 신호를 보내는데, 이것은 며칠 동안 메스꺼움을 지속시키는 결과를 초래할 수 있다.

어휘 ailment 질병   short-lived 오래가지 못하는, 단명하는   long-lasting 오래 지속되는   look up at 쳐다보다   wonder 궁금해 하다   realm 영역, 범위   ancient 고대의, 옛날의   astronomer 천문학자   examine 조사하다, 검사하다   universe 우주   explore 탐험하다   possibility 가능성   sustaining 떠받치는, 지탱하는; 유지하는   outer space 우주 공간   extraterrestrial 지구 밖의, 우주의   atmosphere 대기   physiological 생리학적인   psychological 심리학의, 심리학적인   suffer from ~로 고통받다   motion sickness 멀미   gravity-free 무중력   environment 환경   differentiate 구별하다, 구별 짓다   internal 내부의   balance 균형   confusing 혼란스러운   signal 신호   result in 결과적으로 ~이 되다   nausea 메스꺼움   lasting 지속적인   as long as ~하는 동안은, ~하는 한

(2)

주어진 문장이 들어갈 위치로 가장 적절한 것은?

2020 국가직

It was [Point 1] then he remembered his experience with the glass flask, and just as quickly, [Point 2] he imagined that a special coating might be applied to a glass windshield to keep it from shattering.

Point 1
then → '그 시점'에 대한 언급이 앞서 제시되어야 함.

Point 2
그때 그가 아이디어를 떠올렸다.

In 1903 the French chemist, Edouard Benedictus, dropped a glass flask one day on a hard floor and broke it. (①) However, to the astonishment of the chemist, the flask did not shatter, but still retained most of its original shape. (②) When he examined the flask he found that it contained a film coating inside, a residue remaining from a solution of collodion that the flask had contained. (③) He made a note of this unusual phenomenon, but thought no more of it [Point 1] until several weeks later when he read stories in the newspapers about people in automobile accidents who were badly hurt by flying windshield glass. (④) [Point 2] Not long thereafter, he succeeded in producing the world's first sheet of safety glass.

Point 1
then → 몇 주 후에 신문에서 사고에 대한 일화를 읽은 시점.

Point 2
결과: 얼마 지나지 않아 그가 자신의 아이디어를 가지고 무언가를 발명해냄.

정답 ④

해설 주어진 글에서는 his experience with the glass flask를 단서로 삼아 he는 과거에 glass flask에 대한 경험이 있어야 하고, 해당 경험에 근거하여 해결책을 생각해내었다는 것을 유추할 수 있어야 한다. 더불어 ④를 기준으로 앞에는 교통사고에 대한 설명이 있고, ④ 뒤에는 그가 succeeded in 즉 성공했다는 얘기가 전개되므로, ④에는 교통사고에 대한 해결책을 생각했다는 주어진 문장이 들어가는 것이 옳다.

해석 1903년 프랑스의 화학자 에두아르 베네딕토스는 어느 날 단단한 바닥에 유리 플라스크를 떨어뜨려 깨뜨렸다. 그러나, 그 화학자가 놀랍게도 플라스크는 산산조각이 나지 않고, 여전히 원래의 모양 대부분을 유지하고 있었다. 그가 플라스크를 살펴봤을 때, 그것 안에 필름 코팅이 들어있는 것을 발견했는데, 이는 플라스크가 담고 있던 콜로디온 용액의 잔여물이었다. 그는 이런 특이한 현상을 메모했지만, [Point 1] 몇 주 후 신문에서 자동차 사고에서 유리창 날림으로 심하게 다친 사람들에 대한 이야기를 읽을 때까지 더 이상 그런 생각을 하지 않았다. ④ [Point 1] 그때 그는 유리 플라스크에 대한 자신의 경험을 떠올렸고, 바로 그처럼 빨리 [Point 2] 유리가 흩어지지 않도록 유리에 특별한 코팅이 가해질 수도 있겠다는 상상을 했다. [Point 2] 그 후 얼마 지나지 않아 그는 세계 최초의 안전 유리를 제작하는 데 성공했다.

어휘 windshield 바람막이 창   shatter 산산이 부서지다   chemist 화학자, 약사   flask 플라스크   collodion 콜로디온   phenomenon 현상   automobile 자동차   succeed 성공하다   unusual 특이한   astonishment 깜짝 놀람   retain 유지하다

2 역접의 어구가 있는 경우

주어진 문장이 들어갈 위치로 가장 적절한 것은?

2017 지방직

Fortunately, [상황이 반전됨] <u>however</u>, the heavy supper she had eaten caused her to become tired and ready to fall asleep.

> 하지만, 다행히도 그녀가 거의 잠에 들기 직전의 상태였다는 내용.

Various duties awaited me on my arrival. I had to sit with the girls during their hour of study. (①) Then it was my turn to read prayers; to see them to bed. Afterwards I ate with the other teachers. (②) Even when we finally retired for the night, the inevitable Miss Gryce was still my companion. We had only a short end of candle in our candlestick, and I dreaded lest she should talk till it was all burnt out. (③) She was already snoring before I had finished undressing. There still remained an inch of candle. (④) I now took out my letter; the seal was an initial F. I broke it; the contents were brief.

> 그녀가 초가 다 타들어갈 때까지 이야기를 할까봐 두려웠다는 내용이다.

> 그녀가 피곤해져서 잠었다는 내용으로 **앞 문장의 내용과 반대된다.**

> → 역접의 접속부사 however를 사용하여 걱정과는 다르게 그녀가 잠었다고 설명하는 주어진 문장이 ③에 들어가야 한다.

정답 ③

해설 ③을 기준으로 내용이 반전된다. 앞은 그녀가 계속해서 이야기를 할까봐 두려웠다는 내용이고, 뒤는 그녀가 이미 잠들어서 코를 골고 있었다는 내용이다. 주어진 문장을 ③에 넣으면 she는 앞 문장의 Miss Gryce를 지칭하며, 그녀가 잠들었다는 주어진 문장의 내용은 그녀가 코를 골고 있었다는 뒤 문장의 내용과 자연스럽게 연결된다는 것을 알 수 있다.

해석 다양한 의무들이 나의 도착지에서 나를 기다렸다. 나는 공부 시간 동안 소녀들과 앉아 있어야 했다. 그러고 나서, 기도문을 읽고 그들이 잠자리에 드는 것을 보는 것이 나의 차례였다. 그 후에 나는 다른 선생님과 밥을 먹었다. 심지어 우리가 마침내 밤에 일을 끝냈을 때에도, Miss Gryce가 나의 동료인 (옆에 있는) 것을 피할 수 없었다. 우리의 촛대에는 짧은 양초만이 남아 있었고, 나는 그녀가 그것이 모두 다 탈 때까지 말을 할까봐 두려웠다. ③ [상황이 반전됨] 그러나 다행히 운 좋게도, 너무 많이 먹은 저녁은 그녀를 피곤하게 했고, 그녀가 잠을 자게 했다. 그녀는 내가 탈의를 끝내기 전에 이미 코를 골고 있었다. 여전히 일 인치의 캔들이 남아 있었다. 나는 내 편지를 가져왔고, 도장은 F였다. 나는 그것을 뜯었고 내용은 간결했다.

어휘 duty 의무, 임무, 관세 await 기다리고 있다, 기대하다 inevitable 불가피한, 피할 수 없는 companion 동반자, 친구, 동료 dread 두려워하다; 큰 공포 snoring 코골이

01

주어진 문장이 들어갈 곳으로 가장 적절한 곳은?

The cumulative effect of this error over the course of several centuries caused various events to take place in the wrong season.

With the expansion of the Roman Empire, the use of the Julian calendar also spread. (①) However, following the fall of Rome in the 5th century CE, many Christian countries altered the calendar so that it was more reflective of their religion, and March 25 and December 25 became common New Year's Days. (②) It later became clear that the Julian calendar required additional changes due to a miscalculation concerning leap years. (③) It also created problems when determining the date of Easter. Thus, Pope Gregory XIII introduced a revised calendar in 1582. In addition to solving the issue with leap years, the Gregorian calendar restored January 1 as the start of the New Year. (④) While Italy, France, and Spain were among the countries that immediately accepted the new calendar, Protestant and Orthodox nations were slow to adopt it.

*leap year 윤년

02

주어진 문장이 들어갈 곳으로 가장 적절한 곳은?

Even if they auctioned off, say, one Nobel Prize each year, the bought award would not be the same as the real one.

Value of honorific goods is dissolved if bought rather than earned. Suppose you desperately want a Nobel Prize but fail to get one in the usual way. It might occur to you to buy one. But you would quickly realize that it wouldn't work. The Nobel Prize is not the kind of thing that money can buy. (①) You could buy the trophy if some previous winner is willing to sell it, and you could display it in your living room, but you could not buy the award itself. (②) This is not only because the Nobel committee don't offer these awards for sale. (③) This market exchange would also dissolve the good that gives the prize its value. (④) This is because the Nobel Prize is an honorific good, and buying it is to undermine the good you are seeking. Once word got out that the prize had been bought, the award would no longer convey or express the honor and recognition that people receive when they are awarded a Nobel Prize.

03

주어진 문장이 들어갈 곳으로 가장 적절한 곳은?

However, Thomson's cathode ray tube has many modern applications.

J.J. Thomson discovered that atoms contain electrons by using a device called a cathode ray tube, often abbreviated CRT today. A cathode ray tube is a sealed glass tube that contains a gas and has separated metal plates connected to external wires. When a source of electrical energy is applied to the metal plates, a glowing beam is produced. (①) Thomson became convinced that the glowing gas was caused by a stream of negatively charged particles coming from the metal plate. (②) In addition, because he always got the same kind of negative particles no matter what metal he used, so he concluded that all types of atoms must contain these same negative particles. (③) When he finished his experiments, he hardly imagined that his cathode ray tube would make a tangible innovation. (④) For example, neon signs consist of small diameter cathode ray tubes, and a television picture tube or computer monitor is also fundamentally a cathode ray tube.

*cathode ray tube 브라운관, 음극선관

04

주어진 문장이 들어갈 곳으로 가장 적절한 곳은?

Of course, there may have been plenty of times we switched from a wrong lane to a right lane at the last minute.

Why are people so convinced that changing answers on a multiple-choice test is a bad idea? In a 2005 article in the Journal of Personality and Social Psychology, researchers from Stanford and the University of Illinois uncovered the answer. (①) Students are more likely to remember the times that an answer change worked out badly, because they'll feel cheated by the last-minute switch that cost them the question. (②) Those memories tend to overshadow the memories of an answer switch that went from incorrect to correct. (③) It's similar, say the authors, to the conviction that all changes of grocery store checkout lane result in slower progress. It's not always true, but we're so outraged by the times when it is true that we forget the times when it's not. (④) But, to be honest, you can't think of a single one right now.

05

주어진 문장이 들어갈 곳으로 가장 적절한 곳은?

> Then he immediately took up his interrupted song and went on with the scene.

Santley, the English baritone, is a man of wide musical experience and of great operatic ability. But more than this, he is a man of solid nerve and good sense. This was shown by his cool actions and language one night in 1865, when he was singing the part of "Papageno" in Mozart's "Magic Flute." The London theater was crowded with an enthusiastic audience. In the last act, some gauze, which had been used to represent clouds, caught fire from a gas jet. (①) Immediately one of the staffs ran out on a narrow strip of wood over the stage and with a knife cut away the burning material which fell blazing on the stage. (②) The audience, seeing the fire, would quickly have lost all presence of mind. (③) But Santley, who was on the stage at the time, walked to the front and called out to the audience: "Don't act like a lot of fools! It's nothing." (④) This quieted the people and a panic was doubtless averted by the singer's presence of mind.

06

주어진 문장이 들어갈 곳으로 가장 적절한 곳은?

> Homage can also be a way of creating a shared language between filmmakers and audiences.

In the world of cinema, homage is a way for filmmakers to pay tribute to their predecessors and influences. It is a way of acknowledging the films that have come before and the impact they have had on the art form. (①) Homage can take many forms, from visual references to specific shots or scenes, to more subtle copying of a particular director's style or themes. (②) Filmmakers use homage to create a sense of continuity between their work and the work of those who came before them. (③) It is a way of showing respect for the art form and the people who have contributed to it. (④) By referencing classic films and directors, filmmakers can create a shorthand that allows them to communicate complex ideas and emotions more effectively with audiences.

07

주어진 문장이 들어갈 곳으로 가장 적절한 곳은?

The magnetism of the frog shows up only in the presence of a strong inducing magnetic field.

An anesthetized frog lies in the hollow core of an electromagnet. As the current in the coils of the magnet is increased, the frog magically rises and floats in midair. How can this happen? In fact, this demonstrates the magnetic properties of all matter. (①) We know that iron magnets attract and repel each other depending on their relative orientations. Then, is a frog magnetic like a piece of iron? Of course not. (②) In other words, the powerful electromagnet surrounding the frog induces a magnetic field in the frog that opposes the inducing field. (③) The opposing magnetic field in the frog repels the inducing field, and the frog lifts up until the magnetic force is balanced by the gravitational pull on its body. (④) The frog then "floats" in air. It's the electrons that make a frog magnetic. Cells in frogs are composed of electrons. When these electrons sense a strong magnetic field, they respond by moving in a way that produces magnetic fields aligned to oppose the inducing field.

*magnetism 자력

08

주어진 문장이 들어갈 곳으로 가장 적절한 곳은?

But storytelling does not just take place within a pool of lamplight in a nursery or round a campfire.

What is storytelling? (①) Perhaps the first thing that springs to mind when you think of storytelling is a childhood experience of being told a story or a story that you have told a child, doing a different voice for every character. (②) We're all familiar with traditional forms of storytelling, such as fairytales and legends, and these oral and written stories continue to evolve as they are retold and brought to life in different forms especially in children's minds. (③) In fact, stories are part of our daily lives, in the anecdotes we tell to our friends, the books we read and the films we watch. (④) Stories are also recognized as an important way of connecting with any audience and storytelling is increasingly used in workplaces, advertising and fundraising. In health care, stories are proving to be a useful tool in engaging people with quality improvement work.

09

주어진 문장이 들어갈 곳으로 가장 적절한 곳은?

> In other words, it makes sense that being part of a team helps to manage some of the pressure that you feel when you compete alone.

Some types of athletes are more prone to feeling the effects of anxiety on performance. (①) As an amateur athlete, you are more likely than seasoned professionals to experience anxiety that interferes with your ability to perform in competition. (②) This makes sense due to your relative lack of experience both in competition and in managing feelings of being "confident." (③) If you are an athlete who participates in individual sports, you are also more likely to experience anxiety than those who play team sports. (④) Finally, there is evidence that in team sports, if your team plays at the venue of the opposition (known as an "away" game), anxiety levels tend to be higher than when your team is playing at home.

10

주어진 문장이 들어갈 곳으로 가장 적절한 곳은?

> Eventually, with no response, the baby looks away too.

At Columbia University, first-year medical students watch a video of normal child development. The video shows a mom and her baby, sitting facing each other. They are happily interacting smiles. It's charming. Next, the mom's face suddenly falls flat, and she becomes unresponsive to the child's attempts at interaction. She turns away. The baby tries to reengage her with coos, to no avail. The baby becomes visibly distraught and cries out. (①) When normal interaction resumes, there is temporary relief, but things are not quite what they were before. (②) The child looks uncertain and upset. (③) Numerous follow-up studies proved the robustness of the "still-face effect" where, after the parent reengages, the child smiles less and looks sideways more. (④)

*coo (아기가) 꾸꾸꾸 소리를 내며 좋아하다

11

주어진 문장이 들어갈 곳으로 가장 적절한 곳은?

The advances in cognition, emotion, and behavior that normally occur at certain points in the life span require both maturation of genetic traits and events, experiences, and influences in the physical and social environment.

Basic philosophical differences over the fundamental nature of children and their growth occupied psychologists during much of the 20th century. (①) The most important of such controversies concerned the relative importance of genetic endowment and environment, or "nature" and "nurture," in determining development during infancy and childhood. (②) Most researchers came to recognize, however, that it is the interaction of inborn biological factors with external factors, rather than the mutually exclusive action or predominance of one or the other force, that guides and influences human development. (③) Generally, such maturation by itself cannot cause a psychological function to emerge; it does, however, permit such a function to occur and sets limits on its earliest time of appearance. (④)

12

주어진 문장이 들어갈 곳으로 가장 적절한 곳은?

The websites in the Dark Web are characterized by their use of encryption software that makes their users and their locations anonymous.

Most people don't know that the Deep Web contains mostly benign sites, such as your password-protected email account, certain parts of paid subscription services like Netflix, and sites that can be accessed only through an online form. (①) Also, the Deep Web is huge: back in 2001, it was estimated to be 400–550 times larger than the Surface Web, and it's been growing exponentially since then. (②) By comparison, the Dark Web is pretty small: Dark Web sites number only in the thousands. (③) That's why illegal activity is so common on the Dark Web: users can withhold their identity; the owners of illegal websites can hide their location; and data can be transferred anonymously. (④) This means that the Dark Web is full of illegal drug and firearm transactions, and gambling.

*encryption 암호화

13

주어진 문장이 들어갈 위치로 가장 적절한 것은?

> However, they realized that bodies placed in coffins decayed when they were not exposed to the hot, dry sand of the desert.

The earliest ancient Egyptians buried their dead in small pits in the desert. (①) The heat and dryness of the sand dehydrated the bodies quickly, creating lifelike and natural 'mummies'. (②) Later, the ancient Egyptians began burying their dead in coffins to protect them from wild animals in the desert. (③) Over many centuries, the ancient Egyptians developed a new method of preserving bodies so they would remain lifelike. (④) The process included embalming the bodies and wrapping them in strips of linen. Today we call this process mummification.

14

주어진 문장이 들어갈 위치로 가장 적절한 것은?

> They weren't quite green, however.

Green buildings are not new. For thousands of years, humans have built structures with local natural materials. These structures did not use energy or damage the planet. (①) When the people who lived in them moved on, the structures usually collapsed, and their materials returned to the earth. (②) Before the 1930s, most buildings used far less energy than today's buildings. Instead of air-conditioning, they had windows that opened to let in breezes. (③) Coal-burning furnaces were used for heating. As a result, many buildings spewed dirty smoke into the air. (④) Beginning in the 1970s, in the United States and much of the world, air-pollution laws were passed to reduce or eliminate pollution given off by buildings.

15

다음 주어진 문장이 들어갈 곳으로 가장 적절한 곳은?

> I recommend against this.

When you were a teenager, you might have kept a diary hidden under your mattress. It was a place to confess your struggles and fears without judgment or punishment. It likely felt good to get all of those thoughts and feelings out of your head and down on paper. Like this, some psychologists advise enjoying life through writing, perhaps by keeping a journal in which you describe something exciting which is currently happening. (①) The reason is that while writing is an invaluable tool to cure hurt feelings, it is not productive for enjoying the happy moment. (②) Probably, you don't want to "get past" a positive event! When it comes to the best experiences in life, you should repetitively replay. (③) And you should enjoy the experiences to maintain the positive emotions surrounding them and enhance your happiness. (④) Writing about a positive life event may very well lead to analyzing that event — resulting in your probably reducing the pleasure associated with it.

16

다음 주어진 문장이 들어갈 곳으로 가장 적절한 곳은?

> That is not the case with social networks.

I do have a problem with each social network being its own little world, and while there is some crossfunctionality, they are not playing with one another as seamlessly as many of us would like. Think about that in comparison with email: You can email anyone else with an email address. It does not matter that you are on Gmail and the other person is on Hotmail. (①) Because email was developed as an open system that was not market driven, standards were developed to ensure that different systems could talk to one another. (②) If I am only on MySpace, and you are only on Facebook, we cannot interact. (③) Additionally, if one of those services goes down or goes away, we are kind of stuck. (④) We have to move on to another service and start all over.

17

다음 주어진 문장이 들어갈 곳으로 가장 적절한 곳은?

But few artists are doing what Rousseau and his peers did: accepting the realities imposed by new technologies—in their case, photography—and breaking the old ways apart to create something new.

Contemporary art is currently dominated by painting and sculpture, by traditional materials and old ways of making. (①) Companies outside of the art world, meanwhile, are using digital technology to remake timeless masterpieces as evanescent gimcracks, as projected tourist attractions and animations. (②) An artist with the spirit of Rousseau might appreciate the potential of this new medium and want to make art for the metaverse and the wider public. (③) Now, as in his day, he wouldn't be remaking old works from the past but coming up with fantastical scenes from his dreams: sights he'd never witnessed in his own life, rendered in a style that nobody had ever seen. (④) Today it feels possible, perhaps for the first time this century, to invent completely new aesthetics—so long as someone takes the reins from the technologists.

18

다음 주어진 문장이 들어갈 곳으로 가장 적절한 곳은?

But if a person were to substitute standing for sitting for six hours out the day, a 143-pound adult would burn an extra 54 calories, the researchers estimate.

Americans spend an average of seven hours a day sitting down, which isn't doing their health any favors. The good news: a new study suggests that standing instead of sitting for six hours a day could help people lose weight over time. Finding a way to stand for six hours, rather than sit, may be difficult for people with desk jobs. But the new study underlines just how potent the effects of being even a little bit more active can have on overall health. (①) In the report, researchers looked at data from 46 different studies that included a total of 1,184 men and women. (②) Based on that data, the researchers concluded that standing burns 0.15 more calories per minute than sitting down. That may not seem like much. (③) Over time, that could translate to 5.5 pounds in a year, or 22 pounds over four years. (④)

19

다음 주어진 문장이 들어갈 곳으로 가장 적절한 곳은?

> However, the habit of holding on to hurt is deeply rooted in adults.

Young children tend to reconnect a lot faster than adults do. Take a tip from them: one minute your kids might feel sad and dejected, the next they are energized and excited. They may have outbursts of emotion; however, they get over them quickly and don't hold grudges. (①) They let go of the past with startling speed and bounce back with freshness and openness for whatever is next. (②) This is a wonderful gift of consideration and trust that they are continually giving to you. (③) Children are anxious to receive the same consideration from you. (④) This common habit prevents parents from seeing the more positive side of their children's behavior and eventually prevents children from wanting to express it.

20

다음 주어진 문장이 들어갈 곳으로 가장 적절한 곳은?

> In contrast, high-involvement products carry a high risk to buyers if they fail.

Consumers often engage in routine response behavior when they buy low-involvement products—that is, they make automatic purchase decisions based on information they have gathered in the past. For instance, if you always order a Diet Coke at lunch, you're engaging in routine response behavior. You may not even think about other drink options at lunch because your routine is to order a Diet Coke. (①) If you're served a Diet Coke at lunchtime, and it tastes bad, it doesn't matter that much. (②) It's not the end of the world. (③) A car, a house, and an insurance policy are examples. (④) These items are not purchased often. Buyers spend a lot of time comparing the features of the products, prices, warranties, and so forth.

21

주어진 문장이 들어갈 위치로 가장 적절한 것은?

However, people growing up in different cultures have very different ideas about what is natural and very different assumptions about human nature.

We tend to feel that the way we do things, say things, and think about things is only logical. (①) The level of aggression that seems appropriate, and ways of expressing agreement or disagreement, come to seem natural. (②) Observing how people in other cultures deal with conflict, disagreement, and aggression can give new perspectives in our attempts to manage conflict and use opposition in positive rather than negative ways. (③) Such a newly-acquired view suggests possibilities—for example, of how similar ends can be achieved with different means. (④)

22

주어진 문장이 들어갈 위치로 가장 적절한 것은?

But don't forget that we are all connected to one another.

When challenges appear in our lives, we must remember that it's not the end of the world. We have options on how we look at what is happening around us. Never give up hope that things will be better. (①) Sometimes there is a straight road ahead, and then we hit hills, valleys, and roads with no guardrails. When the path gets rough, we must remember that we can make a difference by saying our daily affirmations, empowering others, and never giving up on our dreams for a peaceful world. (②) Sometimes it may seem that we are islands and bear the burden of the world on our shoulders. (③) We can lift our spirits and make the day brighter for ourselves and for those people who surround us. (④)

23

주어진 문장이 들어갈 위치로 가장 적절한 것은?

These benefits include everything from lower stress and fewer depression symptoms to improved immune function.

Not so long ago, putting pen to paper was a fundamental feature of daily life. (①) While longhand communication is more time-consuming and onerous, there's evidence that people may in some cases lose out when they abandon writing for keyboard-generated text. (②) Psychologists have long understood that personal, emotion-focused writing can help people recognize and come to terms with their feelings. (③) Since the 1980s, studies have found that "the writing cure," which normally involves writing about one's feelings every day for 15 to 30 minutes, can lead to measurable physical and mental health benefits. (④) And there's evidence that handwriting may better facilitate this form of therapy than typing.

24

주어진 문장이 들어갈 위치로 가장 적절한 것은?

On the other hand, if the circumstances can't be changed, the solution is to change our attitude toward the circumstance.

One way to destroy the root of our anger is to change our circumstances. Sometimes, as the old saying goes, "people lose their temper because they get needled by the spur of the moment." In other words, their anger arises from their circumstances. If that is the case with us, the solution is to change our circumstances if we can. (①) For example, the proper response to a relationship that continuously generates anger is to break off the relationship. (②) The proper response to an activity that arouses us to anger is to cease participating in that activity. (③) We have choices in life and sometimes the best choice is simply to move away from the circumstance of anger. (④) If we change our expectations of others, our perceptions of others, and our desires of others, we can change the way we react to things and people outside of us, even when the circumstances themselves cannot be altered.

25

주어진 문장이 들어가기에 가장 적절한 곳은?

However, companies have taken some steps recently to improve safety.

A highly anticipated government study of e-scooter safety found especially high injury rates among new riders. The researchers concluded that additional training may be necessary for e-scooter newbies. (①) E-scooters—which can be rented through apps from companies such as Bird, Lime, Uber and Lyft (LYFT)—are so new that they haven't been studied extensively. (②) For example, some of their apps include instructions on how to ride the e-scooters safely. (③) Some companies have redesigned their scooters with features such as larger wheels to better handle poorly maintained streets. (④) Others have repositioned the batteries on their e-scooters to lower their center of gravity and reduce the likelihood of an e-scooter flipping forward.

26

다음 주어진 문장이 들어갈 곳으로 가장 적절한 곳은?

But when he asks the same group if they've ever inflamed an issue via email?

Typos are not the only thing you should be proofing your messages for. Brian, the Worldwide Chief Talent Officer at The Ogilvy Group, told us that he frequently asks employees if they have ever successfully defused an emotional issue via email. (①) The answer is inevitably no. (②) "Everyone raises their hand up," he said. (③) Always re-read what you've written before hitting send to make sure your message is clear and conveys the intended tone. (④) Sending "Let's talk" when you mean "These are good suggestions, let's discuss how to work them into the draft" will make the recipient unnecessarily anxious.

27

다음 주어진 문장이 들어갈 곳으로 가장 적절한 곳은?

> However, empathy may inhibit social actions or even lead to immoral behavior.

Empathy is vital because it can help us understand how others are feeling so we can respond appropriately to the situation. (①) It is typically associated with social behavior, and there is lots of research showing that greater empathy leads to more helping behavior. (②) For example, someone who is shocked seeing an accident and is overwhelmed by emotions watching the victim in severe pain might be unable to help that person. (③) Similarly, empathetic feelings for members of our own family or community might lead to hatred towards those we might be inclined to perceive as a threat. (④)

28

다음 주어진 문장이 들어갈 곳으로 가장 적절한 곳은?

> But either way, between fifty and one hundred bacteria were moving from mouth to mouth with every bite.

A new bit of hygiene awareness entered the American lexicon: the "double dip." Dr. Paul Dawson assembled a group of student volunteers, gave them each a bowl of dip and a box of snack crackers, and instructed them to eat them. After each cracker had been successively double-dipped, the leftover dip was cultured so that germs could be counted. Would a quick bite, a millisecond on the teeth, really transplant germs from mouth to bowl? Dawson expected "little or no microbial transfer." (①) He was shocked by the results: when a cracker was double-dipped three to six times, ten thousand new bacteria were introduced to their new home. (②) Double-dipping was pretty disgusting. (③) The study found that thicker dips were a little safer. (④)

*lexicon 어휘 목록

다음 주어진 문장이 들어갈 곳으로 가장 적절한 곳은?

> They attempt to avoid dealing with environmental issues and hope nothing bad happens or no one ever finds out about an environmental accident or abuse.

Businesses have responded to the opportunities and threats created by environmental issues with varying levels of commitment. Some companies, like New Belgium Brewing, consider sustainability a core component of the business. (①) Other companies engage in greenwashing and do not actively seek to be more sustainable. (②) Such firms may try to protect themselves against lawsuits. Other firms are proactive in anticipating and handling risks and environmental issues, even if all this is for their own sake. (③) Such firms develop strategic environment management programs that view the environment as an opportunity for advancing organizational interests. (④) These companies respond to stakeholder interests, assess risks, and develop a comprehensive environmental strategy.

다음 주어진 문장이 들어갈 곳으로 가장 적절한 곳은?

> Meanwhile, animals provide us with foods that are particularly rich in protein, including fish, shellfish, meat, eggs, milk, and cheese.

Three cereal grains—rice, wheat, and corn—provide about half of the calories that people consume. Our dependence on so few species of plants for the bulk of our food puts us in a vulnerable position. Should disease or some other factor wipe out one of the important food crops, severe food shortages could occur. (①) Tens of thousands of kinds of plants have been used as sources of food at one time or another, many of which could be developed into important food sources. (②) Cows, sheep, pigs, chickens, turkeys, geese, ducks, goats, and water buffalo are the most important types of about 80 species of livestock. (③) Insects are not considered to be food in the United States, but they serve as an important source of animal protein elsewhere, with 2 billion people worldwide eating insects on a regular basis. (④)

31

다음 주어진 문장이 들어갈 곳으로 가장 적절한 곳은?

> But it's still there.

The fact is, dependency never goes away, it just becomes more subtle and systemic. Without someone to feed us, change our diapers, carry us from place to place, we would never survive to grow up. Later, all these forms of help recede into the background. They no longer look like mommy and daddy putting the spoon in our mouths. Help becomes invisible. (①) For every one thing we think we have done on our own, there are a dozen things that had to be provided for us by others. (②) We live in a dense fabric of mutual aid. (③) That's what makes us a social species. (④) Even when we go out to compete in the world for money and acclaim, we never achieve on our own. We build upon parents, relatives, friends, teachers, and neighbors who helped along the way. Help is to each of us as water is to the fish.

32

다음 주어진 문장이 들어갈 곳으로 가장 적절한 곳은?

> One evening, while he was still in this position, the starter fired his pistol unexpectedly.

It was at Carrington Ground, Sydney, in 1887 that Bobby McDonald leapt up from a crouching position and took a clear lead in a sprint race. The onlookers and competitors were astonished. What sort of starting style was this supposed to be? (①) In fact, McDonald didn't mean to develop this starting position. (②) He tended to feel cold before the start of a race, so he crouched down to shelter from the wind in what later became the "on-your-marks" position. (③) McDonald instinctively started and noticed that his acceleration was faster and his balance better than what he would achieve from an upright start. (④) Soon, other runners started to use the crouching start, and it spread across the world.

*starter (경주의) 출발 신호원

33

다음 주어진 문장이 들어갈 곳으로 가장 적절한 곳은?

Instead, swim parallel to the beach.

Rip currents are powerful currents of water moving away from the shore. They are the most dangerous hazard for beach swimmers. (①) If you get caught up in a rip current, it's crucial that you keep your wits about you. Don't swim towards the shore. You have to conserve your energy. You may become tired long before you reach the beach. The current is too strong, so fighting the current head-on is like swimming upstream in a river. (②) This will get you out of the strong outward current. If it's too hard to swim sideways while you're being dragged through the water, just wait until the current carries you past the sandbar. (③) The water will be much calmer there. Once you feel you are out of the current, turn and swim towards the shore. (④)

*rip current 이안류

34

다음 주어진 문장이 들어갈 곳으로 가장 적절한 곳은?

Furthermore, it is important not to reuse passwords across different accounts.

When creating a password or passphrase, your mission is to create a strong password but one that can be easily remembered. (①) If you are unable to remember passwords effectively, there are a number of password management techniques and tools to aid you in this process. (②) It is because the loss of the single password shared by multiple accounts could enable an attacker to access all of them using the same credentials. (③) Because passwords can be lost and used without one's knowledge, it is good security practice to change them often—more so for more valuable accounts —to prevent unauthorized access. (④)

35

주어진 문장이 들어가기에 가장 적절한 곳은?

She was harassed by white protesters outside the school, and the police had to take her away in a patrol car to protect her.

Little Rock, Arkansas, was in a relatively progressive Southern state. (①) A crisis erupted, however, when Governor of Arkansas Orval Faubus called out the National Guard on September 4 to prevent entry to the nine African-American students who had sued for the right to attend an integrated school, Little Rock Central High School. (②) The nine students had been chosen to attend Central High because of their excellent grades. (③) On the first day of school, only one of the nine students showed up because she did not receive the phone call about the danger of going to school. (④) Afterward, the nine students had to carpool to school and be escorted by military personnel in jeeps.

36

주어진 문장이 들어갈 위치로 가장 적절한 것은?

It is because it poses a threat to the safety of the current zoo residents.

Respectable zoos are regularly monitored and accredited by a national organization. (①) This organization has strict guidelines for when and how an animal is adopted by a zoo. (②) The introduction of a strange animal of unknown origins with no medical and behavioral documentation is frowned upon. (③) In addition, it makes obsolete the long waiting list of captive animals who come with medical records and behavioral histories and need a safe home. (④)

37

주어진 문장이 들어갈 위치로 가장 적절한 것은?

Neighboring plants absorb this chemical, triggering their immune systems to protect themselves.

We often think of plants as rather dull life forms. We are used to animals communicating with each other, but we think of plants as mute. (①) However, it is now becoming clear that plants communicate with other plants and also with insects. (②) Ilya Roskin and his colleagues at Rutgers University, for example, have found that tobacco plants under attack by disease signal distress using the chemical salicylic acid, a precursor of aspirin. When a tobacco plant is infected with tobacco mosaic virus (TMV), which forms dark blisters on leaves and causes them to pucker and yellow, the sick plant produces large amounts of salicylic acid to alert its immune system to fight the virus. (③) Put it another way, as a tobacco plant gears up to fight an impending attack by TMV, it also warns its neighbors to be ready for this virus. (④)

*salicylic acid 살리실산

38

주어진 문장이 들어가기에 가장 적절한 곳은?

The greater good of the whole society may lead to sacrifice or exploitation of minority interests.

Some understanding about the nature of human rights can be derived from the various reasons that can be advanced for holding them. A prime concern is to offer protection from tyrannical and authoritarian calculations. (①) Capricious or repressive measures of an autocratic government may be constrained with the recognition of supreme moral limits on any government's freedom of action. (②) But even among governments that are genuinely limited by moral considerations, there may still be a need to shield the populace from utilitarian decision-making. (③) Or, the provision of important benefits within the society may be limited by calculations that public resources should be spent on other enterprises. (④)

*utilitarian 공리주의적인

39

주어진 문장이 들어갈 위치로 가장 적절한 것은?

In Germany, everyone who has a driver's license has been trained in emergency first aid, precisely for moments like this.

Today, human connections seem increasingly under siege. (①) In a German city, for example, a motorcyclist gets thrown onto the roadway in a collision. (②) He lies on the pavement, unmoving. Pedestrians walk right by, and drivers gaze at him while they wait for the light to change. But no one stops to help. Finally, after fifteen long minutes, a passenger in a car that is stopped for the light rolls down a window and asks the motorcyclist if he's been hurt, offering to call for help on a cell phone. (③) However, as a German emergency room physician comments, "People just walk away when they see others in danger. They don't seem to care." (④)

40

주어진 문장이 들어갈 위치로 가장 적절한 것은?

But it has a negative aspect, as well.

Investment in material things brings us respect and security. It takes care of our old age and provides us an opportunity to help others. (①) It keeps our children happy and we can also provide them a good future. The positive aspect of material prosperity cannot be denied. (②) Quite often we forget to draw the line and fall into a vicious circle. (③) If so, we miss the finer aspects of life while the negative aspect of material progress soon starts troubling us. (④) The only way to counter the negative aspect is the finer or, say, the spiritual aspect of life. Thus a balanced growth of both aspects of life is necessary in order to live a purposeful life.

41

주어진 문장이 들어가기에 가장 적절한 곳은?

People, however, have a tendency to make sleep a low priority, relying on coffee or sodas to get them through the day.

Cats unapologetically sleep from 12 to 16 hours a day. Maybe that's a bit much for most people, but when cats are awake they are alert and fully present. There is simple but profound wisdom in getting the necessary amount of sleep so you can be your best during the day. (①) Cats and dogs listen to their bodies and get the rest they need when they need it. (②) Unfortunately, such behavior is not productive and can even be dangerous. (③) After Arianna Huffington, co-founder and editor-in-chief of The Huffington Post, fainted at her desk from exhaustion, she began a study on the importance of sleep. In her latest book, The Sleep Revolution, she maintains that there is a sleep deprivation crisis in America and it affects people's health, work life, and relationships. (④) "It's not a trade-off between success and sleep," Huffington told Oprah in a 2016 interview. Science shows that sleep is a performance-enhancement tool. So be like your cat and take a nap!

42

주어진 문장이 들어가기에 가장 적절한 곳은?

It is because organs are scarce and compatibility problems are common.

From definitely risky beginnings, much surgery today has passed to the level of the routine. Yet most surgery still involves nothing more than repairing faulty organs, a process that might be compared to patching up the engine of an automobile. (①) Transplants, in contrast, involve the introduction of an entirely new part. (②) For the mechanic, this is often the easy option. (③) But for the surgeon, it's just the opposite. Irrespective of a surgeon's skill, there are limits to what transplants can achieve. (④) One day, perhaps, we will be able to easily obtain live organs or to create artificial organs made of living tissue in the laboratory that carry little or no risk of rejection.

43

주어진 문장이 들어가기에 가장 적절한 곳은?

And while people with superior memories have an uncanny talent for linking dates and events, they do occasionally make mistakes.

(①) Research suggests that people with a condition now known as highly superior autobiographical memory, or HSAM, tend to have obsessive traits. (②) Some were germ-avoidant, and some had hobbies that involved intense, focused and sustained efforts. (③) It's not known yet whether these traits are the result of their superior memory, or if both are caused by another underlying factor. (④) Their memories are much more detailed than ours, and last for a longer period of time, but they're still not like video recordings. People with HSAM are also no better than normal when it comes to remembering things like faces or phone numbers.

44

주어진 문장이 들어갈 위치로 가장 적절한 것은?

But naked skin actually absorbs more energy in the heat of the day, and loses it more rapidly when it's cold.

If being hairless is so disadvantageous to our species, when and why did we become the naked ape? Humans are the odd mammals out in this regard. Others, such as elephants and whales, have had special evolutionary reasons for losing their hair. To explain this oddity, some have theorized that we perhaps went through a semi-aquatic phase. (①) The slight webbing between our fingers, the theory goes, is one remaining link to this previous way of life and our hairlessness another. (②) A second theory is that our lack of hair kept us cooler when we swapped our shaded forest habitat for a hotter savannah one. (③) It makes it the worst of both worlds when it comes to heat management. (④)

45

주어진 문장이 들어갈 위치로 가장 적절한 것은?

> Neither of these facts sound particularly illuminating or controversial today.

Having made important improvements to the telescope, Galileo used this pioneering piece of technology to observe two key facts that refuted the old view and supported the new. First, he discovered that the surface of the moon was not perfectly smooth. (①) Then he noticed that Jupiter had four orbiting moons of its own. (②) But up until then, the Earth had been considered to be both at the centre of the universe and surrounded by the perfect heavens. (③) Galileo's observations proved that the moon was not perfect, it had craters and blemishes aplenty, and so could not be part of a perfect heaven. (④) He also showed that if Jupiter had moons orbiting around it then it was behaving as the centre of another small part of the universe.

46

주어진 문장이 들어갈 위치로 가장 적절한 것은?

> By the start of the First World War, however, when man turned his talents for mass killing onto himself, not a single bird of the species was left.

In 1813 a flock of over a billion passenger pigeons measuring 300 miles long and three miles wide took four days to pass overhead, darkening the skies like a giant eclipse as it made its way across the United States. It is estimated that there were five billion passenger pigeons in North America at this time. (①) Of course, man is not the only enemy of this species. The natural enemies of the passenger pigeon were hawks, owls, weasels, skunks and tree snakes, but their combined threat was as nothing compared to the greed and cruelty of man. (②) Recent studies suggest that loss of habitat, caused by settlers clearing the land, was also a significant factor in the birds' decline. (③) The settlers were extraordinarily inventive in the ways they found to exterminate the pigeons. (④)

47

주어진 문장이 들어가기에 가장 적절한 곳은?

But who, exactly, needs to follow a gluten-free diets?

Gluten, a kind of stretchy protein found in wheat, rye and other grains, is ubiquitous in processed food products because of its handy binding properties. (①) That makes it hard to avoid. (②) Certainly people who have celiac disease—roughly 1% of the population—since eating gluten triggers an intestine-damaging immune system response. It's also a no-no for people who are allergic to wheat. (③) For both of these groups, eating foods with gluten can lead to inflammation of the small intestines and symptoms like abdominal pain, foggy thinking, chronic headache, joint pain, skin rashes and chronic fatigue, says Dr. Alessio Fasano, director of the Center for Celiac Research and Treatment at Massachusetts General Hospital. (④)

48

주어진 문장이 들어가기에 가장 적절한 곳은?

Thus, like these instances, events that can occur, but only under the most uncommon circumstances, are well described by the phrase "once in a blue moon."

"Once in a blue moon" is an appropriate way to describe rare but actual occurrences. A blue moon can occur when large quantities of dust or other fine debris travel high enough into the atmosphere to filter the moon's reflected light. One such blue moon occurred in 1883 when a volcanic eruption on the island of Krakatoa emitted volcanic dust thirty miles into the air. (①) This dust, which spread three thousand miles, filtered the moon's light, making it appear pale blue. (②) As recently as 1950, another blue moon occurred when a forest fire along the Alaskan highway in northern Canada sent smoke, dust, and sulfur high into the atmosphere. (③) For many days, even the people of Great Britain witnessed a blue moon. (④)

49

다음 주어진 문장이 들어갈 곳으로 가장 적절한 곳은?

> However, under certain circumstances, the information produced by such comparisons can generate selfthreats.

Social comparison theory, developed by Festinger, states that people have an inherent drive to accurately evaluate their opinions and abilities, and that people compare themselves to other people if objective evaluations are not available. The theory's basic premise is that people want to evaluate their abilities and opinions and that one way to accomplish this desire is to compare themselves to other people. (①) Individuals can use the information generated from these comparisons to gain insight into their capacities and limitations. (②) Moreover, studies have shown that they can lead to negative outcomes such as depression. (③) For instance, if people compare themselves with others who are better or worse off than they are, these comparisons impact subjective well-being. (④)

50

주어진 문장이 들어갈 위치로 가장 적절한 것은?

> This desperate situation of war made it very difficult for military surgeons to find available nearby donors.

Blood transfusion had been regularly tried in the 1800s. But mysteriously, it sometimes worked and sometimes failed. (①) Then in 1901, scientists discovered that there were different blood groups. They realized that a transfusion only worked if the donor's blood group matched the recipient's. (②) This discovery finally made transfusion practical. However, it was still performed with nearby donors because doctors had no way of storing blood properly. (③) During the First World War, vast amounts of blood were needed. (④) As a result, many soldiers bled to death in the trenches before blood could be brought to them. So, the search began for a better method of storage and transfusion.

MEMO

TYPE 03

순서

빈칸·삽입·순서·삭제

1 유형의 특징

순서 배열 유형은 수험생들이 가장 어려워하는 유형 중 하나이다. 2013년 이후의 기출문제를 보면, 이 유형을 '매우 길고, 어려운 내용'으로 출제함으로써 시험의 변별력을 갖추려는 경향이 있다. 따라서 이 유형의 정답을 제시간 안에 도출해 내기 위해서는, 먼저 요령을 습득하고 이를 부단히 연습한 후, 시험장에서 완벽하게 똑같이 구현해 낼 수 있어야 한다.

2 문제 풀이 원리

먼저 주어진 문장을 정확하게 해석하고, 뒤이어 나오는 (A), (B), (C)의 내용들은 반드시 다음의 세 가지 원칙을 지켜서 해석하도록 한다.

1 선택지를 활용한다.

제시된 (A), (B), (C)를 알파벳 순서대로 해석하여 스스로 배열하지 않도록 한다. 근래 출제 경향을 보면 이 유형의 문제는 어렵게 제시되고 있다. 따라서 해석 자체를 정확하게 하기 어려울 뿐 아니라, 길이마저 길어져서 내용을 다 기억하기가 매우 어렵다. 이렇게 부정확한 근거를 가지고 배열을 하게 되면 계속 틀릴 수밖에 없고, 자신이 생각한 글의 순서가 선택지에 없는 경우마저 나타날 수 있다. 공무원 시험은 모두 4지선다형이므로, 이를 충분히 활용하여 문제를 풀어야 한다. 즉, 제시된 선택지들을 참고하여 (A), (B), (C) 중 글의 시작 부분을 찾도록 한다. 선택지를 구성하는 방식은 다음과 같이 크게 두 가지로 나뉠 수 있다.

(1) 동일한 알파벳으로 시작하는 선택지가 1개인 경우

① (A) – (C) – (B)
② (B) – (A) – (C)
③ (B) – (C) – (A)
④ (C) – (A) – (B)

→ 4가지 선택지 중 (B)로 시작하는 선택지가 제일 많으므로 답이 될 확률이 높다. 따라서 (B)부터 해석을 시작한다.

① (A) – (C) – (B)
② (B) – (A) – (C)
③ (C) – (A) – (B)
④ (C) – (B) – (A)

→ 4가지 선택지 중 (C)로 시작하는 선택지가 제일 많으므로 답이 될 확률이 높다. 따라서 (C)부터 해석을 시작한다.

(2) 동일한 알파벳으로 시작하는 선택지가 2개인 경우

① (B) – (A) – (C)
② (B) – (C) – (A)
③ (C) – (A) – (B)
④ (C) – (B) – (A)

→ 4가지 선택지 중 (B)와 (C)로 시작하는 선택지가 각각 두 개씩 있다. 그러므로 일단 (B)부터 해석을 시작한다.

2 정확한 해석을 바탕으로 꼼꼼하게 정보를 따진다.

이 문제의 핵심은 다른 어떤 것보다도 정확하게 해석을 해야 한다는 것이다. 막연하게 해석하는 습관이 있다면, 이는 머릿속에서 일정 부분을 주어진 내용과 상관없는 내용으로 꾸며서 해석을 해 왔다는 의미이다. 이러한 경우에는 이 유형의 문제 풀이에서 어떤 순서로 배열해도 다 말이 되는 것처럼 보인다. 따라서 주어진 문장을 냉정하고 정확하게 해석하고, 제시된 정보를 빠짐없이 따져 보도록 한다. 특히 다음의 정보에 유의한다.

(1) 명 → 대

영어에서는 항상 명사가 먼저 나오고, 이후에 이를 짧게 바꿔 쓰는 대명사가 나온다.

ex John → he, beer → it

따라서 대명사가 포함된 문단은 이 대명사가 가리키는 명사 뒤에 위치해야 한다.

(2) a/an 명 → the/this/that/such 명

부정관사 a/an은 '하나의, 어떤'을 의미하여, 'a/an 명'은 처음에 제시될 수 있다. 하지만 'the/this/that/such 명'은 처음으로 등장할 수가 없다. 이 표현이 포함되어 있는 문단은 'a/an 명' 이후에 위치해야 한다.

(3) full name → part name

영어에서는 항상 full name을 먼저 제시하고, 뒤에서는 이 이름을 짧게 바꾼 part name을 쓴다.

ex Soren Hermansen → Hermansen, Mr. Hermansen

Michael Chang → Michael

따라서 사람이나 사물의 이름이 제시되었다면, 항상 full name을 쓴 문단이 먼저 나오고, 그 뒤에 part name을 쓴 문단이 위치해야 한다.

(4) **비슷한 것끼리 묶어 쓴다.**

영어에서는 항상 비슷한 내용을 이어 나간다. 즉, 어떤 사안에 대해서 긍정적인 진술이 나오면, 계속해서 긍정적인 내용이 이어지는 식이다. 이것이 한 번 전환될 수는 있는데, 이때에는 역접의 접속사나 역접의 접속부사 (however, nonetheless, but 등)를 맨 앞에 쓴다.

ex ⊕ ⊕ ⊕ ⊕ (긍정 제시) + 역접 + ⊖ ⊖ ⊖ (부정 제시)

(5) **막연한 설명 → 구체적 예시**

두괄식을 선호하는 영어에서는 항상 막연한 설명 이후에 구체적인 예시를 든다. 따라서 구체적인 예시나 환언의 문장은 막연한 설명을 담고 있는 문장 뒤에 위치해야 한다.

(6) **시간 순서 배열**

영어에서 문장의 배열은 항상 한쪽 방향으로의 시간의 흐름을 따라야 한다. 즉, '과거 – 현재 – 미래'의 방향으로 배열되거나, '미래 – 현재 – 과거'의 역시간 방향으로 배열되어야 한다.

ex 1802 – 1804 - 1807 – 1812

ex 1812 – 1807 - 1804 – 1802

MEMO

1 지문에서 확인하기

(1)
2022 지방직

For **people who are blind**, everyday tasks such as sorting through the mail or doing a load of laundry present a challenge.

* 연결고리 파악하기

(B) But what if they [→ 앞선 people who are blind를 지칭] could "borrow" the eyes of someone who could see?

① 대명사 they: 앞선 문장의 people who are blind

(A) That's the thinking [→ 맹인들이 다른 사람의 시력을 빌린다는 생각] behind Aira, a new service [→ 새로운 업체에 대한 첫 소개] that enables its of users to stream live video of their surroundings to an on-demand agent [→ agent에 대한 첫 언급], using either a smartphone or Aira's proprietary glasses.

② 지시사 that: 앞서 언급된 맹인들이 앞을 볼 줄 아는 사람들의 시력을 빌린다는 생각

(C) The Aira agents [→ 앞서 언급된 an on-demand agent를 The Aira agents로 받음], who are available 24 / 7, can then answer questions, describe objects or guide users through a location.

③ 관사 an>the: Aira, a new service/ an on-demand agent > **The** Aira agents

해설 주어진 문장에서는 시각장애인들이 일상적인 일에 불편함을 겪고 있음을 제시하고 있다. (B)에서는 앞서 언급된 시각장애인들을 they로 받아 그들이 겪는 불편함을 해소할 수 있지 않을까?라는 의문을 제시한다. 이에 대한 답을 (A)에서 Aira의 안경으로 소개하고 있다. Aira는 처음 언급된 업체이므로 관사 a를 사용했다. 이어 (C)에서 Aira사의 안경이 구체적으로 어떤 역할을 할 수 있는지를 소개하며 글을 마무리한다.

해석 시각장애인들에게 있어서 우편물을 분류하거나 많은 빨래를 하는 것과 같은 일상적인 일은 어려운 일이다. (B) 하지만 만약 그들이 볼 수 있는 누군가의 눈을 "빌릴" 수 있다면 어떨까? (A) 그것은 Aira의 이면에 있는 생각인데, 이는 수천 명의 사용자들이 스마트폰이나 Aira의 독점 안경을 사용하여 그들의 주변 환경의 실시간 영상을 맞춤형 에이전트에 스트리밍할 수 있게 해주는 새로운 서비스이다. (C) 24시간 연중무휴로 이용할 수 있는 Aira 에이전트는 질문에 답하거나, 사물을 설명하거나, 사용자에게 위치를 안내해줄 수 있다.

어휘 blind 눈이 먼, 맹인인 sort 분류하다, 해결하다 laundry 세탁물, 세탁일 challenge 도전 enable 가능하게 하다 surrounding 환경 on-demand 맞춤형, 주문형 either A or B A이거나 B인 proprietary 등록 상표가 붙은, 소유주의 available 이용 가능한 describe 설명하다, 말하다 guide 안내하다, 인도하다

To be sure, human language stands out from the decidedly restricted vocalizations of monkeys and apes. Moreover, it exhibits a degree of sophistication that far exceeds any other form of animal communication [→ 인간의 발성은 다른 종들에 비해 매우 정교함].

(C) Even our closest primate cousins seem incapable of acquiring anything more than a rudimentary communicative system [→ 우리와 가장 비슷한 영장류들조차 기본적인 의사소통만 가능 → 인간의 발성이 가장 정교함], even after intensive training over several years. The complexity that is language is surely a species-specific trait. [→ 언어라는 것은 종별 특성: 확실히 인간은 복잡한 언어 사용 가능, 다른 종들은 복잡한 의사소통 불가능]

(A) That said [→ 그렇긴 하지만], many species, while falling far short of human language, do nevertheless exhibit impressively complex communication systems [→ 인간이 가장 복잡한 언어를 사용하기는 하지만 다른 동물들도 복잡한 의사소통 체계를 보여줌.] in natural settings.

(B) And they [→ 앞서 언급된 many species를 받는 대명사] can be taught far more complex systems in artificial contexts, as when raised alongside humans.

* 흐름 파악하기

인간의 발성은 다른 종들에 비해 배우 정교하다 → 우리와 가장 비슷한 영장류도 복잡한 의사소통은 불가능하다.

언어라는 것은 확실히 종별 특성이다. (인간의 언어: 복잡, 다른 종의 언어: 단순) → 그렇다 할지라도 많은 종들이 복잡한 의사소통 체계를 보여준다.

많은 종들 → 그들은 복잡한 의사소통 체계를 배울 수 있다.

TYPE 03

해설 주어진 글의 내용은 인간의 언어가 원숭이나 유인원을 넘어 어떤 다른 동물들과 비교했을 때도 확실히 뛰어나다는 내용이다. (C)는 주어진 문장과 동일한 내용으로 인간의 의사소통 시스템에 미치지 못하는 영장류의 의사소통에 부정적인 시각을 서술하므로 주어진 문장에 이어지는 것이 적절하다. 이 내용은 (A)에서 That said로 전환된다. 인간의 언어가 가장 복잡하고 정교한 것은 맞지만 많은 다른 종들이 복잡한 의사소통 체계를 학습할 수 있다는 내용이다. 마지막으로 (C)에서는 앞서 언급된 many species를 they로 받아, 인간을 제외한 다른 종들의 학습 능력에 대해 부연설명을 한다.

해석 확실히, 인간의 언어는 원숭이와 유인원의 제한된 발성에 비해 명확하게 두드러진다. 게다가, 그것은 다른 어떤 형태의 동물이건 그 의사소통을 훨씬 능가하는 정도의 정교함을 보여준다. (C) 심지어 우리의 가장 가까운 영장류 사촌들도 기본적인 의사소통 시스템 이상의 것은 습득할 수 없을 것처럼 보인다. 심지어 몇 년 동안 집중적인 훈련을 받은 후에도 말이다. 언어라는 복잡성은 확실히 종별로 다른 특성이다. (A) 그렇긴 하지만 많은 종들이 인간의 언어에는 크게 못 미치긴 하지만 자연 환경에서 인상적이며 복잡한 의사소통 체계를 보여주고 있다. (B) 그리고 그들은 인위적인 맥락에서 훨씬 더 복잡한 체계들을 배울 수 있다. 인간과 함께 길러질 때처럼 말이다.

어휘 stand out 두드러지다   decidedly 명백하게, 명확히   restrict 제한하다   vocalization 발성   sophistication 정교함   exceed 능가하다, 넘어서다   incapable 불구의   rudimentary 기본적인   communicative 통신의, 의사소통의   intensive 집중적인, 격렬한   complexity 복잡성   fall short of ~에 미치지 못하다   nevertheless 그럼에도 불구하고   artificial 인공적인   be taught 가르침을 받다, 배우다   alongside ~와 함께

01

주어진 글 다음에 이어질 글의 순서로 가장 적절한 것은?

> Medieval diets in the upper strata of society revolved around showing off and displaying extravagance. Other than a pompous outfit, it was one of the few ways that people could impress others.

(A) Although chicken today is considered food for the masses, they were a valuable asset during the medieval era, and to slaughter, an egg-laying hen would be considered very extravagant.

(B) Fish was somewhat different. Like chicken, fish was expensive, particularly in inland areas. But it was a common choice for 'fish days' when the church declared no meat could be eaten. Fish was not considered meat, so the upper classes would enjoy it as a delicacy.

(C) It would almost be like saying to your guests that you were so wealthy, you could simply buy another. In terms of how the chicken was cooked, it would often be stuffed with herbs and other condiments.

① (A)–(B)–(C)
② (A)–(C)–(B)
③ (B)–(A)–(C)
④ (C)–(A)–(B)

02

주어진 글 다음에 이어질 글의 순서로 가장 적절한 것은?

> If you're wondering why everybody on Instagram seems to be covered in weighted blankets, you can thank Gravity. Although the year-old startup didn't invent the accessories— which apply gentle pressure that studies say calms the nervous system—it perfected the art of marketing them to the masses.

(A) In conclusion, thanks to Gravity, the company that had made the blanket sold $18 million worth of blankets in several neutral colors weighing 15, 20, and 25 pounds.

(B) The issue began in 2017, when Gravity uploaded a video extolling its blanket; within months it had raised almost $5 million on Kickstarter. Co-founder Mike Grillo credits the success to good design (the Gravity Blanket looks and feels more luxe than its predecessors) and good timing.

(C) "The good timing came when the 2016 election was still fresh in people's minds," he says, and many were looking for ways to relieve anxiety. And he uploaded the video at this time.

① (A)–(C)–(B)
② (B)–(A)–(C)
③ (B)–(C)–(A)
④ (C)–(A)–(B)

03

주어진 글 다음에 이어질 글의 순서로 가장 적절한 것은?

Chitosan has been used as material that stops bleeding for quite some time. It is widely proclaimed as bio-compatible.

(A) As such, we chose to perform a modification to a different biopolymer, alginate, which has a better basis for internal use than chitosan. This natural carbohydrate has been successfully used internally in FDA approved bio-absorbable products.

(B) In such products, alginate has generally taken on the role of acting as a passive, but malleable structural matrix which can be processed into useful form factors for surgical application.

(C) However, to our knowledge, chitosan has never been used in an FDA approved medical device that is left in the body. One study has even shown that chitosan may produce an immune response when left in the body, which would make it inappropriate for internal use.

*biopolymer: 생물 고분자 물질
*alginate : 알긴산염

① (A)-(C)-(B)
② (B)-(A)-(C)
③ (C)-(A)-(B)
④ (C)-(B)-(A)

04

주어진 글 다음에 이어질 글의 순서로 가장 적절한 것은?

A good deal of animal communication can happen by touch. Grooming in mammals is an important gesture of intimacy and closeness. It reinforces pair bonding, and grooming is associated with status within the group.

(A) Another form of body contact is embracing. Hugging, cuddling, and cradling are activities not confined to mother-infant interactions. We find this form of communication largely in monkeys and apes.

(B) Meanwhile, an animal's intention to groom usually has to be advertised so that the individual being approached is assured of the peaceful purpose. In baboon groups, the approaching individual smacks its lips loudly and then continues the lip smacking throughout the grooming process.

(C) For example, baboons and bonobos often use grooming to signal loyalty. Dominant members of the group are groomed by subordinate ones. Sometimes, there are lines of animals each grooming the next one in the row.

*baboon 개코원숭이
*bonobo 난쟁이침팬지

① (A)-(C)-(B)
② (B)-(A)-(C)
③ (C)-(A)-(B)
④ (C)-(B)-(A)

주어진 글 이후에 이어질 글의 순서로 가장 적절한 것은?

> The 16 Samoan tribal chiefs were at a crossroads.

(A) An Asian logging company offered to harvest the island's timber in exchange for enough funds to build a new school. The chiefs were uneasy because their entire existence over many generations relied on the forest.

(B) But the cost of a school was over $50,000, and they did not have a cash economy. Samoans were incredibly supportive of their children and wanted the best possible education for them, but their livelihood was based on harvesting fish from the sea and fruits from the jungle.

(C) The Western Samoan government asked them to build cement schools in the villages because former palm-thatch construction could not withstand the frequent monsoons.

① (A)-(B)-(C)
② (B)-(A)-(C)
③ (B)-(C)-(A)
④ (C)-(B)-(A)

주어진 글 다음에 이어질 글의 순서로 가장 적절한 것은?

> One cognitive illusion that concerns social judgments is that we tend to have a very difficult time ignoring information that has been shown later to be false. Suppose you're trying to decide between job A and job B.

(A) The evidence on which your conclusion was made has been clearly removed. However, the original knowledge, now known to be false, exerts a lingering influence on your judgments; it is impossible to hit the reset button.

(B) Now, it's very natural to start reviewing in your mind all the people you met at company A, trying to imagine who might have been implicated in the harassment claims. A few days later, your friend apologizes, saying that she confused company A with a different company with a similar name.

(C) You've been offered positions in both companies at the same rate of pay. You start making inquiries, and a friend tells you that the people at company A are very difficult to get along with and that, moreover, there have been a number of workplace harassment suits filed against the company's management.

① (A)-(C)-(B)
② (B)-(A)-(C)
③ (C)-(A)-(B)
④ (C)-(B)-(A)

주어진 글 다음에 이어질 글의 순서로 가장 적절한 것은?

Normally, we consider the difficulties of life as something negative and retarding. We feel that they delay our reaching the destination. But it should not be our attitude towards the difficulties.

(A) Obviously it is a negative role which delays the reaching of the aeroplane to its destination. But this delay is something desirable and positive. If the speed is not reduced, the aeroplane will perhaps never reach its destination and so also the passengers. This indicates the message being tried to be conveyed.

(B) If we look at life's difficulties with this attitude, we shall understand the utility of difficulties acting as navigating aids in the voyage of life. Precautions will not dampen our spirit so much that the movement is stopped altogether.

(C) Let us take an example. Think of an aeroplane landing on the ground. When it lands, its speed is quite high which has to be brought down fast. For this the dampers are opened which resist the movement of the plane.

*damper (불길을 조절하는) 통풍 조절판

① (A)–(C)–(B)

② (B)–(C)–(A)

③ (C)–(A)–(B)

④ (C)–(B)–(A)

08

주어진 글 이후에 이어질 글의 순서로 가장 적절한 것은?

As a result of the political and social changes of recent decades, cultural pluralism is now generally recognized as an basic principle of our society.

(A) They also learn that cultural pluralism is one of the norms of a free society. Indeed, the unique feature of the United States is that its common culture has been formed by the interaction of its subsidiary cultures.

(B) In contrast to the idea of the melting pot, which promised to erase ethnic and group differences, children now learn that variety is the spice of life. They learn that America has provided a haven for many different groups and has allowed them to maintain their cultural heritage.

(C) That is, it is a culture that has been influenced over time by immigrants, American Indians, Africans and by their descendants. American music, art, literature, language, food, clothing, sports, holidays, and customs all show the effects of the commingling of diverse cultures in one nation.

*cultural pluralism 문화다원주의

① (A)–(C)–(B)

② (B)–(A)–(C)

③ (B)–(C)–(A)

④ (C)–(A)–(B)

09

주어진 글 다음에 이어질 글의 순서로 가장 적절한 것은?

The sun has already existed for about 4.5 billion years. Through nuclear fusion, the sun is constantly using up the hydrogen in its core.

(A) The outer layers of the sun will expand from this extra energy. As the sun expands, it will spread its energy over a larger surface area, which will have an overall cooling effect on the star.

(B) The sun fuses around 620 million metric tons of hydrogen into helium every second. At this stage in the sun's life, its core is about 74% hydrogen. Over the next five billion years, the sun will burn through most of its hydrogen.

(C) So, helium will become its major source of fuel. Over those five billion years, the sun will go from "yellow dwarf" to "red giant." When almost all of the hydrogen in the sun's core has been consumed, the core will contract and heat up, increasing the amount of nuclear fusion that takes place.

① (B)-(A)-(C)
② (B)-(C)-(A)
③ (C)-(A)-(B)
④ (C)-(B)-(A)

10

주어진 글 다음에 이어질 글의 순서로 가장 적절한 것은?

Plutocracy is a system of rule by the wealthy, formally or informally.

(A) This may be a matter of official rules and restrictions that explicitly require that a person have some specified level of economic affluence in order to exercise political authority, such as voting or holding public office.

(B) However, plutocracy more often arises informally and is implicitly embodied in constitutional, legal, or regulatory measures that create barriers to participation in politics and political life that can be met only through the possession or expenditure of significant wealth.

(C) That is, generally speaking, plutocracy can take the form of regulatory frameworks and programs designed to benefit only the wealthy. In a plutocracy, access to political power is limited and requires one either to possess wealth or to have the support of the wealthy by being willing to serve their interests.

① (A)-(C)-(B)
② (B)-(C)-(A)
③ (C)-(A)-(B)
④ (C)-(B)-(A)

11

주어진 글 다음에 이어질 글의 순서로 적절한 것은?

Empathy refers to experiencing another person's negative or positive emotions as if they were your own. While empathy is generally a component of compassion, the two remain essentially different.

(A) There are two types of empathy: emotional empathy and cognitive empathy. Emotional empathy is a visceral experience—a person who directly feels the same feelings as another person.

(B) Cognitive empathy, however, is slightly more detached. A person simply understands cognitively what another person is going through but might remain in a different emotional state.

(C) Empathy is feeling another person's pain, whereas compassion is taking action to relieve the suffering of others. For example, an empathetic person might or might not respond with a compassionate action when they take on and experience the emotions of another human being.

*visceral 강한 감정의, 본능적인

① (A)-(C)-(B)
② (B)-(C)-(A)
③ (C)-(A)-(B)
④ (C)-(B)-(A)

12

주어진 글 다음에 이어질 글의 순서로 가장 적절한 것은?

Suppose you and I were to discuss brands of ice cream. If I assert that ice cream "A" is better than ice cream "B," you could claim the opposite.

(A) While I place more value on the quality of the ice cream, you place more value on its affordablity. The more we argue back and forth, the more we learn about the values each other of us and how strongly we cling to them.

(B) I now know that not everyone likes chunky ice cream. I then argue that "A" has the best flavor. You counter that "B" costs considerably less than "A."

(C) I might then present justification for my opinion that "A" has nuts and chunks of chocolate. When you reply that you prefer smooth ice cream, I realize that my definition of good ice cream is based on chunkiness.

① (A)-(B)-(C)
② (A)-(C)-(B)
③ (B)-(C)-(A)
④ (C)-(B)-(A)

13

주어진 글 다음에 이어질 글의 순서로 가장 적절한 것은?

When we consider what kind of stimuli we usually notice, intensity and contrast are two important factors.

(A) If you work at a desk by a window, your attention may suddenly be caught by something which makes you look up without quite knowing why, only to realize a second later that there is a distant bird passing over the trees.

(B) But, on the contrary, a tiny drop of blood on a white carpet will be immediately apparent. For good evolutionary reasons, we are also sensitive to moving objects. Since it may be moving towards you, such an object represents a potential threat and you therefore notice it.

(C) For example, the ticking clock may sometimes go unheard, but you would hear if a bomb exploded in the building next door. Drop a small object on a patterned carpet and it can sometimes be hard to find again.

① (A)-(B)-(C)
② (B)-(A)-(C)
③ (C)-(A)-(B)
④ (C)-(B)-(A)

14

주어진 글 다음에 이어질 글의 순서로 가장 적절한 것은?

Asymmetrical design is a type of design that uses different color schemes, varying shapes, and irregular layouts to create inequality between the two halves of a design.

(A) Thus, an asymmetrical design has a lack of symmetry throughout the visual elements, creating an uneven display. You can incorporate asymmetrical design techniques to build a dynamic and unique arrangement.

(B) You can create balance by playing with color, changing typography, or expressing movement in the design. You can also create balance in your design by positioning a single, large object across from a group of small objects.

(C) In graphic design, for example, you can use asymmetry to develop captivating website layouts, brand logos, and advertisements. One of the main design principles of asymmetry is balance.

① (A)-(C)-(B)
② (B)-(C)-(A)
③ (C)-(A)-(B)
④ (A)-(B)-(C)

15

주어진 글 다음에 이어질 글의 순서로 가장 적절한 것은?

When people expect the price of something to rise in the future, they tend to buy those products more, increasing demand for those goods.

(A) Economic crisis then followed when economic activity was stagnant, and there was a contraction in the business cycle, over-supply of goods compared to its demand, and a higher fiscal deficit.

(B) People bought houses aggressively, resulting in lower household savings. However, people were not buying homes despite lower house prices when the process started falling during the economic recession.

(C) For example, when people expect gold to grow, they will buy more and more gold and vice versa. The same happened in the housing bubble in 2015 when house prices rose.

① (A)–(C)–(B)
② (B)–(C)–(A)
③ (C)–(A)–(B)
④ (C)–(B)–(A)

16

주어진 글 다음에 이어질 글의 순서로 가장 적절한 것은?

A strength arises from a natural talent that has been supported and reinforced with knowledge and skills. Talents can be thought of as innate traits and naturally recurring patterns of thought, feeling, and behavior.

(A) But, without those efforts, talents are merely aspects of one's potential. One neat thing about understanding your strengths is the philosophy "concentrate on your strengths, not your weaknesses."

(B) One person might be naturally outgoing and curious, for example; another might have a natural talent for being organized. Once recognized, talents can be turned into strengths by consciously developing and enhancing them with learning and practice.

(C) This quote from the philosophy means you excel in life by maximizing your strengths, not by fixing your weaknesses. When you live and work from your strengths, you are more motivated, competent, and satisfied.

① (A)–(B)–(C)
② (A)–(C)–(B)
③ (B)–(A)–(C)
④ (B)–(C)–(A)

17

주어진 글 다음에 이어질 글의 순서로 가장 적절한 것은?

The use of hormones and antibiotics increases animal growth rates. Hormones, usually administered by ear implants, regulate livestock bodily functions and promote faster growth.

(A) In 1999, however, an international scientific committee examined the hormone issue in detail and concluded that the traces of hormones found in beef are safe because they are quite low compared to normal hormone concentrations in the human body.

(B) Although U.S. and Canadian farmers use hormones, the European Union (EU) currently bans all imports of hormone-treated beef because of health concerns for human consumers.

(C) EU regulators cite a few studies suggesting that these hormones or their breakdown products, both found in trace amounts in meat and meat products, could cause cancer or affect the growth of young children.

*trace 소량, 극미량

① (A)–(C)–(B)
② (B)–(A)–(C)
③ (B)–(C)–(A)
④ (C)–(A)–(B)

18

주어진 글 다음에 이어질 글의 순서로 가장 적절한 것은?

Many years ago, the Philadelphia Evening Bulletin was suffering from a dangerous rumor.

(A) The book was called One Day. It contained 307 pages—as many as a hard cover book; yet the Bulletin had printed all this news and feature material on one day and sold it, not for several dollars, but for a few cents. The printing of that book dramatized the fact that the paper carried lots of reading material. It showed the fact more vividly and impressively than mere talk or explanation could have done.

(B) The Bulletin took immediate action to stop the gossip. How? The Bulletin clipped from its regular edition all reading matter on one average day, classified it, and published it as a book.

(C) Advertisers were being told that the newspaper was no longer attractive to readers because it carried too much advertising and too little news.

*feature material 특집 기사

① (A)–(B)–(C)
② (A)–(C)–(B)
③ (C)–(A)–(B)
④ (C)–(B)–(A)

19

주어진 글 다음에 이어질 글의 순서로 가장 적절한 것은?

In 1860, two brave Victorian explorers named Robert Burke and William Wills set out on an expedition to cross the Australian continent from Melbourne in the south to the Gulf of Carpentaria in the north—a distance of 2,000 miles.

(A) By ignoring the traditional Aboriginal method of roasting the shellfish and wet grinding and then baking the nardoo, which neutralizes the toxic enzyme, Burke and Wills had failed to capitalize on the ancient cultural Aboriginal knowledge.

(B) Initially, they were living on a plentiful supply of freshwater shellfish and a plant known as 'nardoo' that the local Aboriginals ate. However, both contain high levels of an enzyme that destroys vitamin B1, which is essential for life.

(C) They were successful in reaching the north coast, but on the return journey they both succumbed to starvation. Burke and Wills were educated modern men, but they did not know how to survive in the Outback. The story goes as follows.

① (A)-(B)-(C)

② (A)-(C)-(B)

③ (C)-(A)-(B)

④ (C)-(B)-(A)

20

주어진 글 다음에 이어질 글의 순서로 가장 적절한 것은?

Have you ever received good news, such as an offer for a new job, but instead of feeling joy, you become worried that you didn't deserve it?

(A) Train yourself to think like a non-impostor by reframing your negative thoughts. Reframing involves altering your perspective to give it a more positive meaning.

(B) Someone with impostor syndrome often attributes their successes to external factors, like good timing or luck, instead of their own talents and skills. When you experience impostor feelings, reframe your thoughts.

(C) If you did, chances are you experienced impostor syndrome. Impostor syndrome is a psychological condition in which an individual experiences feelings of self-doubt and a fear that others will view them as a fraud.

① (B)-(A)-(C)

② (B)-(C)-(A)

③ (C)-(A)-(B)

④ (C)-(B)-(A)

21

주어진 글 다음에 이어질 글의 순서로 가장 적절한 것은?

Lake Urmia was second only to the Caspian Sea as the largest saltwater lake in the Middle East, a haven for birds and bathers.

(A) Yet, that's only part of the story. Engineers and water experts point out that the lake in this semiarid region is suffering from thousands of illegal wells and a proliferation of dams and irrigation projects.

(B) So are the pelicans, the egrets, and the ducks. What's happened to this cherished lake? Climate change has intensified droughts and elevated hot summer temperatures that speed up evaporation, scientists say.

(C) Since the early 1970s, however, nature and humanity have chipped away at this gem tucked in northwestern Iran, reducing its size by about 80 percent over the past 30 years. The flamingos that feasted on shrimp in this UNESCO biosphere reserve are mostly gone.

① (A)-(C)-(B)
② (B)-(A)-(C)
③ (B)-(C)-(A)
④ (C)-(B)-(A)

22

주어진 글 다음에 이어질 글의 순서로 가장 적절한 것은?

Have you ever felt emotional after smelling a perfume, a flower, or a particular food?

(A) This is why smell triggers memories and feelings. That is what makes perfume so powerful, and why smells from a bakeshop are good marketing tools for selling product.

(B) The brain then senses and perceives aroma in the cortex of the brain, but on their way, the signals pass the limbic system, an ancient part of the brain involved with emotion and certain types of memory.

(C) If so, then you know firsthand the connection between smell, memory, and emotion. Aroma is perceived when odor chemicals bind to olfactory cells that are at the top of the nasal cavity. This triggers electrical signals that travel to a part of the brain called the olfactory bulb, where the signals converge before traveling along several pathways within the brain.

*limbic system 변연계   *olfactory bulb 후각 신경구

① (A)-(C)-(B)
② (B)-(A)-(C)
③ (B)-(C)-(A)
④ (C)-(B)-(A)

23

주어진 글 다음에 이어질 글의 순서로 가장 적절한 것은?

An omnivore is an organism that regularly consumes a variety of material, including plants, animals, algae, and fungi.

(A) We also eat fungi such as mushrooms. We eat algae, in the form of edible seaweeds such as nori, which are used to wrap Gimbap, and eaten in salads. Bears are omnivores, too. They eat plants as well as animals.

(B) They range in size from tiny insects like ants to large creatures—like people. Human beings are omnivores. People eat plants, such as vegetables and fruits. We eat animals, cooked as meat or used for products like milk or eggs.

(C) However, some animals that are typically thought of as herbivores also eat animals. Squirrels, for example, eat mostly nuts, fruits, and seeds, but they sometimes eat insects, small birds, and other creatures.

*nori 김   *algae 해초류

① (B)–(A)–(C)

② (B)–(C)–(A)

③ (C)–(A)–(B)

④ (C)–(B)–(A)

24

주어진 글 다음에 이어질 글의 순서로 가장 적절한 것은?

The definition of the network effect may sound complex.

(A) In the creative space, this effect is valuable as it helps build connections through networks between the members. The community will provide new thinking and ideas.

(B) But it is a simple concept. As the name suggests, the network effect happens when more and more people join the group or community and become invested in the product or service.

(C) With each additional person joining, the addition of new experiences and expertise, along with different perspectives and suggestions, happens. This creates or brings in additional value or inputs, making space for improvements.

① (B)–(A)–(C)

② (B)–(C)–(A)

③ (C)–(A)–(B)

④ (C)–(B)–(A)

25

주어진 글 다음에 이어질 글의 순서로 가장 적절한 것은?

Scarcity is one of the key concepts of economics. It means that the demand for a good or service is greater than the availability of the good or service.

(A) These sellers know that because more people want their good or service than there are goods and services available, they can find buyers at a higher cost.

(B) Therefore, scarcity can limit the choices available to the consumers who ultimately make up the economy. Scarcity is important for understanding how goods and services are valued.

(C) Things that are scarce, like gold, diamonds, or certain kinds of knowledge, are more valuable for being scarce because sellers of these goods and services can set higher prices.

① (B)-(A)-(C)
② (B)-(C)-(A)
③ (C)-(A)-(B)
④ (C)-(B)-(A)

26

주어진 글 다음에 이어질 글의 순서로 가장 적절한 것은?

Is development caused by nature or nurture? Explanations that rely on nature point to inborn genetic endowments or heredity, maturational processes, and evolution as causes of developmental change.

(A) From this perspective, although most begin to walk at about the same time, environmental conditions can speed up or slow down the process. Infants who experience malnutrition may walk later than well-nourished infants.

(B) For example, most infants take their first steps at roughly the same age as other children, suggesting a trend that supports the role of nature in development.

(C) An alternative explanation for developmental change is nurture, the view that individuals are molded by the physical and social environment in which they are raised, including the home, school, workplace, neighborhood, and society.

① (A)-(C)-(B)
② (B)-(A)-(C)
③ (B)-(C)-(A)
④ (C)-(A)-(B)

27

주어진 글 다음에 이어질 글의 순서로 가장 적절한 것은?

Before refrigerators, people used ice houses to preserve their food. Ice houses had thick walls and a tightly fitted door.

(A) His fellow workers also looked, but their efforts, too, proved unsuccessful. A small boy in the neighborhood who heard about the fruitless search slipped into the ice house during the noon hour and soon emerged with the watch.

(B) In winter, when streams and lakes were frozen, large blocks of ice were cut, carried to the ice houses, and covered with sawdust. One day, while working in an ice house, a man lost a valuable watch. He searched relentlessly for it, carefully raking through the sawdust, but couldn't find it.

(C) Amazed, the men asked him how he found it. "I closed the door," the boy replied, "lay down in the sawdust, and kept very still and quiet. Soon I heard the watch ticking."

① (A)-(C)-(B)

② (B)-(A)-(C)

③ (B)-(C)-(A)

④ (C)-(A)-(B)

28

주어진 글 다음에 이어질 글의 순서로 가장 적절한 것은?

A great example of how potent a force your unconscious can be was detailed by researchers in a 2006 paper published in the journal Science. They conducted a study in which people were asked to remember a terrible sin from their past, something they had done which was unethical.

(A) The people in the study connected their hand washing with all the ideas of cleanliness associated with the act, and then those associations influenced their behavior.

(B) The researchers asked them to describe how the memory made them feel. They then offered half of the participants the opportunity to wash their hands. At the end of the study, they asked subjects if they would be willing to take part in later research for no pay as a favor to a desperate graduate student.

(C) Those who did not wash their hands agreed to help 74 percent of the time, but those who did wash agreed only 41 percent of the time. According to the researchers, one group had unconsciously washed away their guilt and felt less of a need to pay the debts of their sins.

① (A)-(C)-(B)

② (B)-(C)-(A)

③ (C)-(A)-(B)

④ (C)-(B)-(A)

29

주어진 글 다음에 이어질 글의 순서로 가장 적절한 것은?

> Children grow rapidly in the first 5 years of life and have high energy needs.

(A) Milk also provides essential nutrients for growth and development and helps protect teeth against dental caries. Bones develop quickly in teenage years, with 40-60 per cent of peak bone mineral content being laid down in adolescence and 80-90 per cent of the skeleton being formed by the age of 18 years.

(B) They only have small stomachs so need nutrient-dense foods to sustain them during growth. Whole milk and full fat dairy products provide useful energy, protein, vitamins and minerals to support growth and development.

(C) A good diet in teenage years can increase bone mineral density which promotes healthy bones later in adult life, helping to prevent conditions like osteoporosis.

① (A)–(C)–(B)
② (B)–(A)–(C)
③ (B)–(C)–(A)
④ (C)–(B)–(A)

30

주어진 글 다음에 이어질 글의 순서로 가장 적절한 것은?

> Europe's climate falls under two categories: marine west coast and Mediterranean.

(A) Each of these climates supports a variety of agricultural products. The marine west coast climate covers much of northwestern Europe except for Scandinavia and the mountainous regions of Eastern Germany, Poland, and Switzerland.

(B) Some of the world's finest cheeses thus come from this climatic region. The Mediterranean climate, on the other hand, covers the majority of Southern Europe, including Spain, Portugal, France, Italy, and Greece, and mainly produces olives and grapes.

(C) Mild summer and winter temperatures and consistent rainfall and cloud cover characterize this climate. Principal crops include wheat and potatoes. Livestock, such as sheep and cattle, are an import source of meat, dairy, and wool products.

① (A)–(C)–(B)
② (B)–(C)–(A)
③ (C)–(A)–(B)
④ (C)–(B)–(A)

31

주어진 글 다음에 이어질 글의 순서로 가장 적절한 것은?

While the anniversary of any nation's founding is taken as cause for its inhabitants to celebrate, Australians had special cause in 1988, their bicentennial year.

(A) Two-and-a-half years of starvation would pass until a further supply fleet arrived from England. Many of the settlers were convicts who had already been mentally abused by the most brutal aspects of brutal eighteenth-century life.

(B) Few groups of colonists faced such obstacles as those who landed with the First Fleet at the future site of Sydney in 1788. Australia was still the unknown land: the colonists had no idea what to expect or how to survive. They were separated from their mother country by a sea voyage of 15,000 miles, lasting eight months.

(C) Despite these harsh beginnings, they survived, prospered, filled a continent, built a democracy, and established a distinctive national character. It is no wonder that Australians felt pride as they celebrated their nation's founding.

① (A)-(B)-(C)
② (B)-(A)-(C)
③ (B)-(C)-(A)
④ (C)-(B)-(A)

32

주어진 글 다음에 이어질 글의 순서로 가장 적절한 것은?

Emotional invalidation is when someone communicates to you that your emotions are not valid, are unreasonable or irrational, or should be concealed.

(A) It tells the child that his emotions are respected.

(B) It not only communicates to the child that his emotions are invalid but also that he is weak for having emotions. Alternatively, a parent might respond with, "I understand you're feeling afraid. Tell me what's happening to make you scared." This is a validating response.

(C) For example, when a child is fearful, the parent might say, "Stop being such a baby, there's nothing to be afraid of." This is an emotionally invalidating response.

① (A)-(C)-(B)
② (B)-(A)-(C)
③ (C)-(A)-(B)
④ (C)-(B)-(A)

33

주어진 글 다음에 이어질 글의 순서로 가장 적절한 것은?

No location on Earth is in greater need of environmental improvement than Africa. One might think that the best way to preserve Africa is for tourists to simply stay away.

(A) Humans are but another organism on this planet. The land needs people to heal it, and the people need the land to sustain their livelihoods. In this sense, eco-friendly tourism can be an answer to the preservation of Africa.

(B) However, a system that removes people from the landscape and puts a fence around it often fails.

(C) For example, a gorilla's natural habitat can be protected through tourism, because, in order to run the business, the area shouldn't be destroyed. Or you can also have another environmentally conscious trip by visiting a zone preserving endangered vegetation since the tourist revenue goes toward accomplishing the goal.

① (A)–(B)–(C)

② (B)–(A)–(C)

③ (C)–(A)–(B)

④ (C)–(B)–(A)

34

주어진 글 다음에 이어질 글의 순서로 가장 적절한 것은?

About 25,000 people die every day of hunger or hunger-related causes, according to the United Nations. This is one person every three and a half seconds. Yet there is plenty of food in the world for everyone.

(A) There are effective programs to break this spiral. For adults, there are "food for work" programs where the adults are paid with food to build schools, dig wells, make roads, and so on.

(B) This makes them increasingly less able to work, which then makes them even poorer and hungrier. This downward spiral often continues until death for them and their families.

(C) The problem is that hungry people are trapped in severe poverty. They lack the money to buy enough food to nourish themselves. Being constantly malnourished, they become weaker and often sick.

① (A)–(C)–(B)

② (B)–(A)–(C)

③ (C)–(A)–(B)

④ (C)–(B)–(A)

주어진 글 다음에 이어질 글의 순서로 가장 적절한 것은?

Over two thirds of Americans say that they experience stress or anxiety on a daily basis.

(A) For example, aerobic exercise reduces stress-inducing hormones, such as adrenaline and cortisol, while at the same stimulating endorphins, which provide mood elevation and a general sense of well being.

(B) But did you know that studies have shown that the physical activity involved with sports participation can reduce these problems? According to Harvard Medical School, exercise combats stress through both neurochemical and behavioral means.

(C) Behavioral benefits include better self-image as you lose weight and gain muscle tone, as well as increased confidence, vigor, and energy.

① (A)-(C)-(B)

② (B)-(A)-(C)

③ (B)-(C)-(A)

④ (C)-(B)-(A)

주어진 글 다음에 이어질 글의 순서로 가장 적절한 것은?

For data science to add value to an application, it is important for the data scientists and other stakeholders to consider carefully what they would like to achieve by mining data.

(A) This may manifest itself in the reporting of a statistic without a clear understanding of why it is the right statistic, or in the failure to figure out how to measure performance in a meaningful way.

(B) We should be careful with such criticism, though. Often it is not possible to measure perfectly ultimate goal, for example because it is too costly to gather the right data, or because it is difficult to assess causality.

(C) This sounds obvious, so it is sometimes surprising how often it is ignored. Both data scientists themselves and the people who work with them often avoid connecting the results of mining data back to the goal of the undertaking.

① (A)-(C)-(B)

② (B)-(C)-(A)

③ (C)-(A)-(B)

④ (C)-(B)-(A)

37

주어진 글 다음에 이어질 글의 순서로 가장 적절한 것은?

Psychologist Sara Bengtsson carried out some amazing research. Each one of the twenty-one healthy participants in the research was given a series of scrambled sentences one at a time.

(A) The conditions were "clever", "stupid", "happy", and "sad". Therefore, the subjects were classified as "clever", "stupid", etc. What the researchers found was quite fascinating. The results showed that those who were classified as "clever" were more successful than those who were classified as "stupid."

(B) Each of them consisted of six words, and participants had to judge whether the words could be arranged into a grammatically correct sentence. There was, however, a twist as participants analyzed the set of words one after another. Each set of words was chosen based on a specific condition and directly related to it.

(C) They spent more time checking for errors while analyzing a given sentence, while those who were classified as "stupid" spent less time. In other words, being classified as "clever" evokes a number of self-concept associations, such as competent, bright and skilled.

① (A)-(C)-(B)
② (B)-(A)-(C)
③ (B)-(C)-(A)
④ (C)-(B)-(A)

38

주어진 글 다음에 이어질 글의 순서로 가장 적절한 것은?

In your life right now, there may be lots of people who believe in and encourage you.

(A) In addition, they linger: Those negatives tend to stay with you for years.

(B) Those "supporting people" may number in the hundreds, yet I'd be willing to bet that if you have even one or two critics, those "noisy" few can drown out the effects of all the positive input. Why?

(C) It is because it hurts to be rejected, criticized, and attacked and you pay attention to pain. Your mind is focused on threats and you see those threats to your self-concept more vividly and memorably than you see anything else.

① (B)-(A)-(C)
② (B)-(C)-(A)
③ (C)-(A)-(B)
④ (C)-(B)-(A)

39

주어진 글 다음에 이어질 글의 순서로 가장 적절한 것은?

A monopoly consists of a single seller selling unique products or services. The monopolist has full control over the market, making it a price maker rather than a price taker.

(A) Therefore, such monopolies are discouraged and dissolved by government intervention. However, companies operating in public sectors like oil, gas, water, electricity, etc., are government-owned monopolies.

(B) It may limit the choices of the customer as one can purchase from only one firm. A monopoly that tends to defraud the customer through extremely high prices and inferior quality goods is considered to be illegal.

(C) Such companies need to adhere to government policies while conducting business. Hence, these monopolies are not illegal. An example of a government monopoly is the United States Postal Service.

① (B)-(A)-(C)
② (B)-(C)-(A)
③ (C)-(A)-(B)
④ (C)-(B)-(A)

40

주어진 글 다음에 이어질 글의 순서로 가장 적절한 것은?

Does staring at a computer screen actually damage your eyesight?

(A) It increases the pressure in the eye and eventually damages the optic nerve. Regular eye tests should catch this early on though, and it can be treated quite easily with eye drops.

(B) But another study found that computer use may increase the risk of glaucoma, particularly if you are already shortsighted to begin with. Glaucoma is a disease where the fluid doesn't flow out of the iris properly.

(C) A twenty-year study of 4,500 children in the US recently concluded that there was no link between those who spent the most time in front of a TV or computer and the ones that went on to become shortsighted.

*glaucoma 녹내장 *iris 홍채

① (A)-(B)-(C)
② (B)-(A)-(C)
③ (B)-(C)-(A)
④ (C)-(B)-(A)

41

주어진 글 다음에 이어질 글의 순서로 가장 적절한 것은?

Skin or beauty experts point out that lip balms do contain ingredients that, with overuse, might irritate the skin in sensitive people—fragrances, for example, or menthol that gives lip balms their cool tingle.

(A) In other words, lip balms don't cause chemical damages. Rather, they're just handy for compulsive behaviors. If your lips are dry, give them a smear; otherwise, leave the tube in your pocket so that you're not addicted to the act.

(B) One president of lip balm company said that when his company does focus group interview on their heaviest users, they're inevitably fidgety types with other nervous habits: the pencil-biters, the nail-chewers.

(C) But skin is so sensitive that lots of things can irritate it, including plain soap and water. The real problem with lip balm is that, like anything else, it can become a psychological dependency.

*fidgety 안절부절못하는, 침착하지 못한
*tingle 따끔거리는

① (A)–(B)–(C)

② (A)–(C)–(B)

③ (B)–(A)–(C)

④ (C)–(B)–(A)

42

주어진 글 다음에 이어질 글의 순서로 가장 적절한 것은?

Many of you have probably heard Steve Jobs' commencement speech at Stanford in 2005. He explained getting fired from Apple, the company he started, and how devastating that experience was.

(A) Pixar became the most successful animation studio in the world, Apple bought NeXT and used its technologies at its core, and he married Laurene and they started a family. He was pretty sure that none of that would have happened if he had not been fired from Apple.

(B) In the gradual process, the heaviness of being successful was replaced by the lightness of being a beginner again. He entered one of the most creative periods of his life, during which he started NeXT, Pixar, and found the woman who later became his wife.

(C) He was a very public failure, but then something began to dawn on him—he still loved what he did. He had been rejected, but he was still in love. So, he started over.

① (A)–(C)–(B)

② (B)–(A)–(C)

③ (C)–(A)–(B)

④ (C)–(B)–(A)

43

주어진 글 다음에 이어질 글의 순서로 가장 적절한 것은?

Extrinsic motivation is when you are motivated by external factors, such as receiving a reward or avoiding punishment.

(A) Intrinsic motivation, however, is when you are motivated by internal factors, such as enjoyment of the activity. People are intrinsically motivated to do the task or activity for its own sake, not for any reward.

(B) The most obvious extrinsic rewards are tangible rewards, like earning a paycheck or a good grade, but there are also plenty of intangible ones, such as praise or public recognition.

(C) The most common intrinsic motivators are enjoyment, interest, or viewing the activity as an opportunity to grow and learn new skills. Doing intrinsically motivated activities contributes to your self-esteem and sense of well-being.

① (A)-(C)-(B)
② (B)-(A)-(C)
③ (B)-(C)-(A)
④ (C)-(A)-(B)

44

주어진 문장 뒤에 이어질 순서로 가장 적절한 것은?

According to scientists, the benefits of hugging go beyond that warm feeling you get when you hold someone in your arms.

(A) In one study of twenty couples, men were given unpleasant electric shocks. During the shocks, each woman held the arm of her partner.

(B) Scientists say that giving another person support through touch can reduce the stress of the person being comforted. It can even reduce the stress of the person doing the comforting.

(C) Researchers found that the parts of each woman's brain associated with stress showed reduced activity while those parts associated with the rewards of maternal behavior showed more activity. When we hug someone to comfort them, these parts of our brain may show a similar response.

① (B)-(A)-(C)
② (B)-(C)-(A)
③ (C)-(A)-(B)
④ (C)-(B)-(A)

주어진 글 다음에 이어질 글의 순서로 가장 적절한 것은?

Intuition is an instinctual form of cognition by which a person can size up a situation or person in rapid time. Rather than go through a lengthy process of deliberation, you instead rely on a gut feeling to make your assessment.

(A) This explanation of intuition has remained one of the most popular from the early philosophy of Plato up through the contemporary work of premier cognitive psychologist Daniel Kahneman.

(B) For intuition might make for unfair judgments from time to time as well. While every psychologist's definition of intuition might differ slightly, almost all agree intuition is a form of pattern-matching.

(C) These intuitive feelings are often right, although the way human consciousness arrives at such effective conclusions on such short notice remains somewhat mysterious. It's also essential to check your biases.

① (A)-(B)-(C)
② (B)-(C)-(A)
③ (C)-(A)-(B)
④ (C)-(B)-(A)

주어진 글 다음에 이어질 글의 순서로 가장 적절한 것은?

An airplane can travel in the sky but it does not travel at a speed fast enough to sustain orbit around the earth.

(A) When it is closer to the surface, it takes greater speed to counteract the force of gravity. As such, another reason that an airplane does not achieve orbit is that it flies much closer to the earth's surface than a satellite does.

(B) This is because such satellites travel at a speed that overrides the force of gravity. Take note, however, that orbital speed varies depending on the rotating object's distance from the celestial body that it orbits.

(C) This means that once the airplane's engines are turned off, the plane will slow down and be pulled back down to earth, via the force of gravity. By contrast, a satellite need not expend fuel to maintain its orbit around the earth.

① (A)-(B)-(C)
② (B)-(C)-(A)
③ (C)-(A)-(B)
④ (C)-(B)-(A)

47

주어진 글 다음에 이어질 글의 순서로 가장 적절한 것은?

For decades, paleontologists had defaulted to thinking of dinosaurs as landlubbers.

(A) Now, a new study offers another clue: a toothy relative of Velociraptor more than 68 million years old that shows signs of the streamlining seen in the rib cages of diving birds.

(B) In fact, whether dinosaurs were some degree of "semiaquatic" has continued to vex researchers, as so few dinosaur fossils have skeletal features that unambiguously show evolution sculpting the body for water.

(C) But increasingly, new fossil evidence has reopened the question of whether some ancient dinosaurs could thrive on both land and water in some form or fashion, like many modern creatures do.

*paleontologist 고생물학자

*landlubber 풋내기 뱃사람, 물에 익숙하지 못한 사람

① (A)–(C)–(B)
② (B)–(A)–(C)
③ (C)–(A)–(B)
④ (C)–(B)–(A)

48

주어진 글 다음에 이어질 글의 순서로 가장 적절한 것은?

The decline in manufacturing will inevitably bring about a new protectionism.

(A) This attempt to create a purely Mexican economy failed. Mexico actually became increasingly dependent on imports from other countries. It was finally obliged to open itself to the outside world.

(B) The first reaction to a period of turbulence is to try to build a wall that shields one's own garden from the cold winds outside. But such walls no longer protect businesses that do not meet world standards. It will only make them more vulnerable.

(C) The best example is Mexico, which had a deliberate policy of building its domestic economy independent of the outside world. It did this not only by building high walls of protectionism to keep foreign competition out, but by practically forbidding its own companies to export.

① (A)–(B)–(C)
② (B)–(A)–(C)
③ (B)–(C)–(A)
④ (C)–(B)–(A)

49

주어진 글 다음에 이어질 글의 순서로 가장 적절한 것은?

Most people assume that we sear steaks in order to "seal in the juices".

(A) Nevertheless, even if a well-seared steak is literally drier, it still tastes juicier. The explanation of this illusion is that a well-seared steak makes us drool in anticipation.

(B) This is completely false. Technically speaking, a steak cooked at high temperatures contains less of its own juice, as that alluring sizzling noise is actually the sound of the meat's own liquid evaporating into thin air.

(C) As a result, when we eat the more appetizing—yet less juicy—steak, the meat seems to be juicier. In other words, what we are actually sensing is our own saliva, which the brain induced our salivary glands to release.

*sear 그슬다   *drool 침을 흘리다

① (A)-(C)-(B)
② (B)-(A)-(C)
③ (B)-(C)-(A)
④ (C)-(B)-(A)

50

주어진 글 다음에 이어질 글의 순서로 가장 적절한 것은?

Dehydrated foods are fruits, meats, and other products that have had their water content removed through the process of drying.

(A) Depending on which method you use among these and how much moisture you remove, the texture of dried foods can range from chewy to crispy. For example, dehydrated fruit is chewy, while dehydrated vegetables are crispy.

(B) In fact, you can dry out food in an oven, a food dehydrator, and, more historically, with the power of the sun. Dehydrating foods preserves them, extending their shelf life while concentrating their flavor.

(C) But all dried foods last between four and twelve months, depending on the environment where you store the food. You can store your dried foods at room temperature, but the lower the temperature, the longer the storage time.

① (B)-(A)-(C)
② (B)-(C)-(A)
③ (C)-(A)-(B)
④ (C)-(B)-(A)

MEMO

TYPE 04

삭제

빈칸·삽입·순서·삭제

1 유형의 특징

글의 흐름에 비추어 보아, 불필요한 문장을 삭제하는 형태이다. 문제 유형이 주는 느낌상 글의 흐름을 봐야 할 것 같지만, 그보다는 주제문을 설정하고 이와 맞지 않는 것을 찾는 것이 이 유형의 핵심이다. 즉 영어로 쓰인 글 안에서는 모든 문장이 주제문을 구체화하고 설명하는 데 직접적으로 관련이 있어야 한다. 그런데 주제문과 직접적 관련이 없고, '이야기가 삼천포로 빠진' 한 문장이 있다. 바로 이 문장을 찾아내는 것이 관건이다.

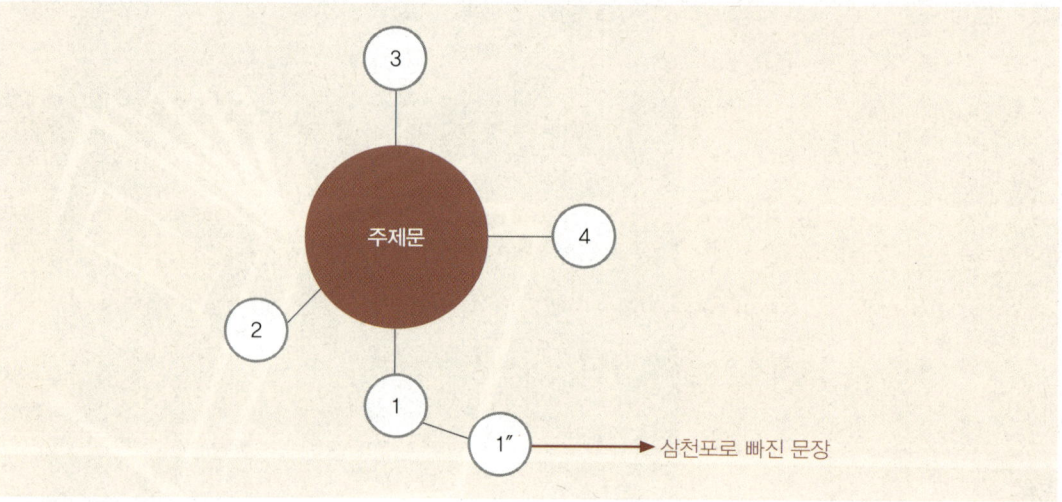

2 문제 풀이 원리

글의 흐름 파악 유형은 쉽게 검산을 해 볼 수 있으며, 이것이 이 유형의 풀이에서 가장 중요하다고 할 수 있다. 즉, 불필요한 문장은 원문에 추가적으로 삽입된 것이므로, 이 문장을 제외한 나머지 문장들이 연결이 잘 되는지를 확인해 본다. 예를 들어, ③을 정답으로 선택했다면, ③을 제외하고 ②와 ④의 문장이 자연스럽게 연결되는지를 꼭 확인하는 습관을 들이도록 한다.
글의 흐름을 파악하는 문제의 정답은 주로 「이야기가 완전히 삼천포로 빠진 문장」, 「주제와 정반대로 제시된 문장」, 「뜬금없이 등장하는 막연한 정의나 정리 문장」 등이다.

1 '이야기가 완전히 삼천포로 빠진 문장'

다음 글의 흐름상 가장 어색한 문장은?　　　　　2022 국가직

Markets in water rights are likely to evolve as a rising population leads to shortages and climate change causes drought and famine. ① But [수리권 시장의 특징] they will be based on regional and ethical trading practices and will differ from the bulk of commodity trade. ② Detractors argue trading water is unethical or even a breach of human rights, but [수리권 거래 현황] already water rights are bought and sold in arid areas of the globe from Oman to Australia. ③ Drinking distilled water can be beneficial, but may not be the best choice for everyone, especially if the minerals are not supplemented by another source. ④ "We strongly believe that [수리권의 가치] water is in fact turning into the new gold for this decade and beyond," said Ziad Abdelnour. "No wonder smart money is aggressively moving in this direction."

글의 전체적인 주제: "수리권(물을 사용할 수 있는 권리) 시장"

① 수리권 시장은 기존의 상품 거래 시장과는 다를 것이라고 설명 (they = Markets in water rights)

② 수리권을 사고파는 행위에 대한 반대론자들의 입장과 그럼에도 불구하고 수리권은 활발하게 거래되고 있다는 사실 제시

③ 증류수 섭취에 대한 의견 (삼천포로 빠진 내용)

④ 수리권 시장에 대한 Ziad Abdelnour의 긍정적인 의견을 제시

정답 ③

해석 수리권(물을 사용할 수 있는 권리) 시장은 인구 증가가 물 부족을 유발시키고 기후 변화가 가뭄과 기근을 야기함에 따라 발전할 가능성이 있다. 그러나 [수리권 시장의 특징] 그것들은 지역적이고 윤리적인 거래 관행에 기초할 것이며 대부분의 상품 거래와는 다를 것이다. 반대론자들은 물을 거래하는 것은 비윤리적이거나 심지어 인권 침해라고 주장하지만, 이미 [수리권 거래 현황] 수리권은 오만에서 호주까지 세계의 건조한 지역에서 사고 팔리고 있다. (③ 증류수를 마시는 것은 유익할 수 있지만, 특히 미네랄이 다른 공급원에 의해 보충되지 않는다면 모두에게 최선의 선택은 아닐 수 있다.) Ziad Abdelnour는 "우리는 [수리권의 가치] 물이 사실상 이번 10년 이후 새로운 금으로 바뀔 것이라고 굳게 믿고 있다"고 말했다. 투자자들이 이러한 방향으로 공격적으로 움직이고 있는 것은 당연하다.

어휘 be likely to ~할 것 같다　evolve 발달하다, 진화하다　population 인구　shortage 부족　climate change 기후 변화　drought 가뭄　famine 기근　be based on ~에 기초하다, 근거하다　regional 지방의, 지역의　ethical 윤리적인, 도덕에 관계된　bulk of 대부분, 큰 규모　differ from ~와 다르다　commodity trade 상품 무역　detractor 반대론자, 비방하는 사람　breach 위반; 위반하다, 어기다　human rights 인권　arid area 건조 지역　distilled water 증류수　beneficial 유익한, 이로운　supplement 보충하다　aggressively 공격적으로　smart money 투자자, 전문가, 스마트 머니

다음 글의 흐름상 가장 어색한 문장은?

2022 지방직

The skill to have a good argument is critical in life. But it's one that few parents teach to their children. ① [일반적 통념] We want to give kids a stable home, so we stop siblings from quarreling and we have our own arguments behind closed doors. ② [통념을 반박] Yet if kids never get exposed to disagreement, we may eventually limit their creativity. ③ Children are most creative when they are free to brainstorm with lots of praise and encouragement in a peaceful environment. ④ [통념 반박한 것을 뒷받침] It turns out that highly creative people often grow up in families full of tension. They are not surrounded by fistfights or personal insults, but real disagreements. When adults in their early 30s were asked to write imaginative stories, the most creative ones came from those whose parents had the most conflict a quarter-century earlier.

글의 전체적인 주제: 불화와 갈등은 창의력 증진에 도움이 됨.

① 일반적 통념: 아이들이 싸우거나 아이들 앞에서 논쟁하는 것은 나쁘다.

② 하지만 불화는 창의력 증진에 도움이 된다.

③ 아이들에게는 평화로운 환경, 칭찬, 격려가 필요하다. (불화가 창의력 증진에 도움이 된다는 글의 주제와 반대됨.)

④ 갈등과 긴장이 넘치는 가정환경이 창의력 증진에 좋다.

정답 ③

해석 훌륭한 토론 기술을 갖는 것은 인생에서 매우 중요하다. 하지만 이것은 거의 부모들이 아이들에게 가르치지 않는 것이다. [일반적 통념] 우리는 아이들에게 안정적인 가정을 제공하고 싶어서 형제자매들이 싸우는 것을 막고 우리도 숨어서 비밀리에 논쟁을 한다. [통념을 반박] 하지만 만약 아이들이 의견 불일치에 노출되지 않는다면, 우리는 그들의 창의성을 제한하게 될 것이다. (③ 아이들은 평화로운 환경에서 많은 칭찬과 격려를 받으면서 브레인스토밍을 할 수 있을 때 가장 창의적이다.) [통념 반박한 것을 뒷받침] 창의력이 뛰어난 사람들은 긴장감이 넘치는 가정에서 자라는 경우가 많은 것으로 나타났다. 그들은 주먹다짐이나 개인적인 모욕에 둘러싸여 있는 것이 아니라, 진정한 의견 차이에 둘러싸여 있다. 30대 초반의 어른들에게 상상력이 풍부한 이야기를 쓰라고 했을 때, 가장 창의적인 이야기는 25년 전에 가장 많은 갈등을 겪었던 부모를 가진 사람들에게서 나왔다.

어휘 argument 논쟁, 언쟁   critical 치명적인, 중요한   stable 안정적인   sibling 형제자매   quarrel 싸움을 벌이다   behind closed doors 비공개로   expose 노출시키다   disagreement 불화, 의견 불일치   eventually 결국   creativity 창의성   encouragement 격려 peaceful 평화로운   tension 긴장   surround 둘러싸다   fistfight 주먹다짐   insult 모욕   imaginative 상상력이 있는

3 '뜬금없이 등장하는 막연한 정의나 정리 문장'

다음 글의 흐름상 가장 어색한 문장은?

[일반적 통념] When we think of the public face of scientific genius, we often come up with someone with old, wrinkled and graying appearances. For example, we think of Albert Einstein's disheveled hair, Charles Darwin's majestic beard, and Isaac Newton's wrinkled visage. ① [통념을 반박] Yet the truth is that most of the scientific breakthroughs that have changed our lives are usually made by people who are still in their 30s and that includes Einstein, Newton and Darwin. ② [반박의 근거 1] Indeed, not surprisingly, younger scientists are less affected by the intellectual dogma of the day than their elders. They question authority instinctively. ③ [막연한 정의] Dogma is a fixed proposition without considering specific conditions. ④ [반박의 근거 2] They do not believe it when they are told that a new idea is crazy, so they are free to do the impossible.

글의 전체적인 주제: **젊은 과학자들의 획기적인 발전이 가능한 이유**

① 과학적 진보는 젊은 과학자들에 의해 이뤄짐.

② 젊은 과학자들은 시대의 신조에 영향 받지 않음.

③ 신조에 대한 정의 (막연한 정의)

④ 젊은 과학자들은 자유롭게 사고함

TYPE 04

정답 ③

해석 [일반적 통념] 우리가 천재적인 과학자의 대중적인 얼굴을 생각하면, 우리는 늙고 주름진 피부에 고령의 외모를 가진 사람을 흔히 기억한다. 예를 들어 우리는 앨버트 아인슈타인의 헝클어진 머리카락을, 찰스 다윈의 근엄한 턱수염을, 그리고 아이작 뉴턴의 주름진 외모를 생각한다. [통념을 반박] 그렇지만 사실은 우리의 삶을 바꿔 온 대부분의 과학의 획기적 발전은 대개 여전히 30대인 사람들에 의해서 이루어졌다는 것인데, 거기에는 아인슈타인, 뉴턴 그리고 다윈이 포함된다. 실제로, 놀라울 것도 없지만, [반박의 근거1] 더 젊은 과학자들은 그 시대의 지적인 신조에 의해 그들의 연장자들보다 영향을 덜 받는다. 그들은 권위에 본능적으로 의문을 품는다. (③ [막연한 정의] 신조는 구체적인 조건을 고려하지 않고, 고정적으로 주장되는 명제이다.) [반박의 근거2] 그들은 어떤 새로운 생각이 미친 것이라는 말을 들을 때 그것을 믿지 않는다, 그래서 그들은 불가능한 것을 하는 데 자유롭다.

어휘 genius 천재, 비범한, 영재   wrinkled 주름이 있는   disheveled 머리가 헝클어진   majestic 장엄한, 위엄 있는, 당당한   visage 얼굴   breakthrough 획기적 발전   dogma 신조, 도그마   authority 당국, 권한, 권위   instinctively 본능적으로, 직관적으로   proposition 명제   impossible 불가능한

01

다음 중 글의 흐름에 맞지 않는 문장은?

You might not be familiar with the term "compassion fatigue," but you probably recognize the idea behind it: it's the feeling that you have no more empathy left to give. Compassion fatigue used to be something that mostly struck health care workers, first responders, law enforcement officers and at-home caregivers. ① But as the pandemic continues and the 24-hour news cycle brings nonstop news of suffering from around the world, we're all at risk of developing compassion fatigue. Compassion fatigue is similar to burnout. But burnout usually stems from having too much work or too many responsibilities. Compassion fatigue comes from helping others. ② Like burnout, compassion fatigue is a process. ③ One research suggests people who develop burnout may experience symptoms similar to those of PTSD. ④ It takes time to develop. It keeps building slowly, to a point where you start to not care about yourself or others in your life. You end up overusing your compassion skills and reserves, so you no longer have much to provide.

02

다음 중 글의 흐름상 맞지 않은 것은?

Nomophobia is a condition in which a person suffers anxiety or fear when they are detached from their phone which causes shivers. In the past decade, the use of mobile phones has been continuously skyrocketing especially after smartphones were introduced. ① It is undeniable that these smart devices have become an important part of modern life. ② And due to this, a phobia is emerging swiftly which is known as Nomophobia. ③ The COVID-19 pandemic has been a major cause of an increase in mobile phone usage as people were not allowed to leave their houses and they had to rely on their phones for communication, entertainment, and information. ④ It is normal now to be able to chair a staff meeting from anywhere as long as you have a mobile data service on your phone. And as an old proverb says "Excess of Everything is Bad". This has become true for smartphones as well. Nomophobia impacts every age group but has become common among teenagers.

03

다음 중 글의 흐름에 맞지 않는 문장은?

Take a walk through the exhibits or pause to leisurely enjoy areas of interest. ① Go local or schedule a trip to your nearest metropolitan art museum or science center to experience a high-profile tour or major exhibit. If you're thinking that museums are just about art and history, think again. ② Museums are infinitely diverse and many offer hands-on experiences. Stimulate your senses and enjoy natural exercise by taking a stroll through a botanical garden, zoo or aquarium. ③ Strolling for 30 minutes a day can increase cardiovascular fitness, strengthen bones, and boost muscle power and endurance. Have an area of interest? Sculpture? Music? Photography? ④ No matter what appeals to you, there is a museum to captivate your imagination. The world is full of them.

04

다음 글의 흐름상 가장 어색한 문장은?

There have been decades of research on the relationship between age and happiness, and the trend is pretty clear: college-aged kids are very happy, and so are the elderly. In the West, happiness reaches its lowest point around the traditional midlife crisis age, forty-five or so. ① Since the 1990s, researchers have called this trend "the U-bend." ② When a 2009 Gallup Poll asked adults a question, "Did you experience happiness or enjoyment a lot of the day yesterday?", 40 percent of college-aged people said yes, and that number got as low as 20 percent as it neared the lowest point of the U-bend. This figure rose again after hitting its lowest point. ③ It may be because, in your eighties, you're no longer struggling to get ahead or imagining some illusory future happiness. ④ It's possible that happiness is a less meaningful goal for youngsters than things like having meaning or purpose in life.

05

다음 글의 흐름상 불필요한 문장은?

An updraft is a phenomenon that occurs when air rises from a lower to a higher level, creating a current of rising air. ① Updrafts can be caused by various factors, such as differences in air pressure, temperature, humidity, or wind direction. Updrafts are common in weather systems, such as clouds, thunderstorms, and hurricanes. ② They can also affect the movement of aircraft and other flying objects. One example of an updraft is the jet stream, which is a fast-moving current of air that flows from west to east in the upper atmosphere. ③ The jet stream can reach speeds of up to 600 km / h(370 mph) and can influence the weather patterns on the ground. Sometimes, the jet stream can create strong updrafts that can lift objects into the air or cause turbulence for airplanes. ④ Turbulence is a common occurrence during flights and can cause discomfort to passengers. Updrafts are important for many natural processes and human activities. They help distribute heat and moisture around the globe and regulate the climate.

06

다음 중 글의 흐름에 맞지 않는 문장은?

Communication by touch is called haptics. Touch is powerful because our emotions drive it. Our social class, gender, and, of course, our upbringing all determine how we respond to touch. ① Women generally use touch to convey care and concern, while men are more likely to convey control. Psychologist Harry Harlow made a career in studying the impacts of touch on rhesus monkeys. ② Monkeys who were raised without physical contact from their mothers struggled with social interactions. ③ Understanding the types of nonverbal communication will help you connect with people in every area of your life. ④ We share this effect with our ancestors — physical contact at a young age improves our social skills when we're older.

*rhesus monkey 붉은털 원숭이

07

다음 중 글의 흐름에 맞지 않는 문장은?

Privatization occurs when a government-owned business, operation, or property becomes owned by a private, non-government party. Proponents of privatization argue that privately-owned companies run businesses more economically and efficiently because they are profit-incentivized to eliminate wasteful spending. ① Furthermore, private entities don't have to contend with the bureaucratic red tape that can plague government entities. ② The choice of sale method is influenced by the capital market and the political and firm-specific factors. ③ On the other hand, people who oppose privatization believe necessities like electricity, water, and schools shouldn't be vulnerable to market forces or driven by profit. ④ For example, typically in certain states and municipalities, liquor stores and other non-essential businesses are run by public sectors, as revenue-generating operations.

*privatization 민영화

*red tape 불필요한 절차, 형식주의

08

다음 글의 흐름상 가장 어색한 문장은?

Guide the perceptions that others have of you. Make your own privilege. That is ultimately how you get more out of your hard work. Just like people giving investment advice say, "Let your money make money for you," we should let our endeavor work for us. Psychologists describe it as headwinds and tailwinds. You should create tailwinds that help you capitalize on your hard work more effectively. ① Headwinds are the biases and disadvantages that have the opposite effect, namely, things that make it difficult for us or others to get ahead. ② Success at work depends on social skills more today than it did in the past. ③ You might still get to your destination, but it might take you much longer, it might be more painful, and you might be exhausted and frustrated by the end. ④ Why don't you give yourself tailwinds? Let your hard work pay for you. Turn your headwinds into tailwinds.

*headwind (앞에서 부는) 역풍

*tailwind (뒤에서 부는) 순풍

09

다음 글의 흐름상 가장 어색한 문장은?

Many scientists think that oxidation plays a major role in aging. Although oxygen is essential for life, it can also have a detrimental effect. The oxygen molecule and other oxidizing substances in the body can extract single electrons from the large molecules that make up cell membranes, thus causing the molecules to become very reactive. ① In fact, these activated molecules can react with each other, changing the properties of the cell membranes. ② The cell membrane separates the interior of all cells from the outside environment and protects the cell from its environment. ③ If enough of these changes accumulate, the body's immune system comes to view the changed cell as "foreign" and destroys it. ④ This action is particularly harmful to the organism if the cells involved are irreplaceable, such as nerve cells. That's how aging via oxidation happens. Of course, because the human body is so complex, oxidation is only one possible cause of aging.

*membrane (세포)막

다음 글의 흐름상 가장 어색한 문장은?

Three-year-olds have difficulty distinguishing between what they once thought was true and what they now know to be true. They feel confident that what they know now is what they have always known. ① For the theory of mind, a child must separate what he or she "knows" to be true from what someone else might "think" is true. In Piagetian terms, they must give up a tendency toward egocentrism. ② The most typical example of it is children who do not give their toys to others but still try to take away others'. ③ The child must also understand that what guides people's actions and responses are what they "believe" rather than what is reality. ④ In other words, they should learn that people can mistakenly believe things that are false and will act based on this false knowledge. However, prior to age 4, as they don't understand the mind can be tricked or is not always accurate, children are rarely successful at solving such a task.

11

다음 글의 흐름상 가장 어색한 문장은?

Openness to experience is the degree to which a person has a broad range of interests and is imaginative, creative, and willing to consider new ideas. These people are intellectually curious and often seek out new experiences through travel, the arts, movies, reading widely, or other activities. ① People lower in this dimension tend to have narrower interests and stick to the tried-and-true ways of doing things. ② Open-mindedness is important to leaders because leadership is about change rather than stability. ③ In an interesting study of three nineteenth-century leaders, one researcher found that early travel experiences and exposure to different ideas and cultures were critical elements in developing open-minded qualities in these leaders. ④ Cultural relativism refers to not judging a culture to our own standards of what is right or wrong, strange or normal.

12

다음 글의 흐름상 가장 어색한 문장은?

It is important that employees receive feedback throughout the evaluation cycle, not only when it is time to review the formal evaluation. Employees who receive feedback from their raters on a regular basis know how well they are performing their jobs and what improvements might be needed. Poor performers receive feedback on what they can do to improve their performance, and excellent employees receive positive recognition for performing well. ① Thus, raters should provide clear, descriptive, job-related, constructive, timely, and realistic feedback. ② However, prior to completing the formal evaluation instrument, raters should also be required to justify each rating they give with explicit examples. ③ For many employees, positive reinforcement, incentive, and reward is a powerful motivator that encourages them to sustain excellent performance. ④ This corroborates the job relatedness of the evaluation and dismisses allegations of unfairness, prejudice, favoritism, and so on.

13

다음 글의 흐름상 가장 어색한 문장은?

Poverty causes a number of harmful environmental and health effects. The daily lives of the world's poorest people are focused on getting enough food, water, and fuel to survive. ① Desperate for short-term survival, some of these individuals degrade potentially renewable forests, soils, grasslands, and fisheries at an ever-increasing rate. ② They do not have the luxury of worrying about long -term environmental quality or sustainability. ③ It was only recently that they became conscious about the environment and urged other countries to participate in the protection efforts. ④ Even though the poor in less developed countries have no choice but to use very few resources per person, their large population size leads to a high overall environmental impact.

14

다음 글의 흐름상 가장 어색한 문장은?

You can artificially mute the sleep signal of adenosine released in the brain by using a chemical that makes you feel more alert and awake: caffeine. Caffeine is the most widely used and abused psychoactive stimulant in the world. The consumption of caffeine represents one of the longest and largest drug studies ever conducted on the human race, perhaps rivaled only by alcohol, and it continues to this day. ① Caffeine works by successfully battling with adenosine for the privilege of latching on to adenosine welcome sites or receptors in the brain. ② Once caffeine occupies these receptors, it does stimulate those regions with adenosine, making you less awake. ③ As a result, caffeine blocks and inactivates the receptors, acting as a masking agent: such as sticking your fingers in your ears to shut out a sound. ④ By hijacking and occupying these receptors, caffeine blocks the sleepiness signal normally communicated to the brain by adenosine.

*mute 음소거하다

15

다음 글의 흐름상 가장 어색한 문장은?

We observe some evidence that people are more honest in a state of happiness than in a state of neutrality. In the laboratory, emotions can have an effect on the extent of ethical behavior. If the effect transfers to a workplace environment, it would indicate that a creating a more positive workplace environment would lead to more honest behavior on the part of employees. ① Research on how to create a positive workplace culture is well-developed. ② Some of these strategies include caring for colleagues on a personal level, providing support and compassion when others are struggling, avoiding blame, forgiving mistakes, and emphasizing the meaning of the work being done. ③ Lying to other people can have harmful effects on interpersonal relationships. ④ Using such techniques to create a positive work environment may lead to a decrease in dishonesty in the workplace.

16

다음 중 흐름상 가장 어색한 문장은?

The decline of film cameras marks a significant shift in the photography industry, driven primarily by the advent of digital technology. As digital cameras became more affordable and accessible, they offered consumers instant gratification through the ability to review images immediately after capture. This convenience, coupled with the declining costs of digital storage, rendered traditional film processing cumbersome and less appealing. ① Additionally, the rise of smartphone cameras, which provide high-quality images and extensive sharing capabilities, further diminished the relevance of film cameras. ② Recently, the resurgence of film cameras among young people, characterized as a "newtro" trend, reflects a growing appreciation for analog photography. ③ Many photographers transitioned to digital formats, drawn by the flexibility and efficiency they offered. ④ Consequently, the film industry faced substantial challenges, leading to a decrease in production and availability of film-related products.

17

다음 글의 흐름상 가장 어색한 문장은?

The principal environmental benefit of tourism is a rationale for conservation. Tourism often relies on unspoiled natural and cultural environments as basic attractions. ① Tourism can provide a vital economic justification for maintaining the character and integrity of these environments. Classic examples of the relationship are the wildlife refuges in Africa. ② Without the economic return provided by tourism, these areas might well be converted to agriculture, forestry, mining, or other forms of development, vastly deteriorating their environment. ③ The tourism industry is, after all, the exclusive property of a rich and affluent country. A second potential benefit of tourism is the environmental improvement that can be associated with tourism development. ④ Tourism, as with other forms of development, can bring with it modern technologies such as sewage treatment facilities that can protect and even enhance environmental quality.

*rationale 근거, 이유

18

다음 글의 흐름상 가장 어색한 문장은?

Plasticity refers to a capacity for change in response to positive or negative life experiences. ① Although we have described development as a continual and cumulative process and noted that past events often have implications for the future, developmentalists know that the course of development can change abruptly if important aspects of one's life change. ② For example, somber babies living in barren, understaffed orphanages often become quite cheerful and affectionate when placed in socially stimulating adoptive homes. ③ Highly aggressive children who are intensely disliked by peers rarely improve their social status even after learning and practicing the social skills that popular children display. ④ It is indeed fortunate that human development is so plastic, for children who have horrible starts can often be helped to overcome their deficiencies.

19

글의 흐름과 맞지 않는 문장은?

If you start the day with a strong cup of coffee or tea, you're not alone. Americans take in the caffeine equivalent of 530 million cups of coffee every day. Caffeine is the world's most popular mood-altering drug. It's also one of the oldest: according to archaeologists, man has been brewing beverages from caffeine-based plants since the Stone Age. ① Caffeine doesn't keep you awake by supplying extra energy; rather it fools your body into thinking it isn't tired. When your brain is tired and wants to slow down, it releases a chemical called adenosine. ② Adenosine travels to special cells called receptors, where it goes to work counteracting the chemicals that stimulate your brain. ③ Caffeine mimics this process; so it can "plug up" the sense organ and prevent adenosine from getting through. ④ Adenosine is a neuroregulator that exists in the brain and other parts of our body to ensure that life maintains an appropriate line without being biased to the extreme. The result is that your brain never gets the signal to slow down, and keeps building up stimulants.

20

다음 글의 흐름상 가장 어색한 문장은?

The tradition of exchanging rings dates back 3,000 years, while the first diamond wedding ring was recorded in the will of a widow who passed in 1417. It was the Egyptian pharaohs who first used rings to represent eternity. ① That's because a circle has no beginning and no end, and reflects the shape of the sun and the moon, which the Egyptians worshipped. ② The Egyptians also thought that the open space in the middle of a ring represented a gateway to the unknown. ③ The Egyptian ouroboros (oor-uh-boor-ros) rings portrayed a serpent swallowing its tail, representing the eternal cycle of things. ④ If you're planning a wedding, your engagement ring will get a lot of attention. This modern ouroboros ring features a snake with sapphire eyes and diamonds set in its tail. When Alexander the Great conquered the Egyptians, the Greeks adopted the tradition of giving rings to their lovers to represent devotion.

21

다음 글의 흐름상 가장 어색한 문장은?

The events that get attention are usually negative, simple and short, which increase their chances of becoming news in the international media. ① Needless to say, this news definition leads to the construction and reinforcement of the image of the developing world as dangerous, violent and primitive. ② Because of the news gathering routines of the international media, global audiences know very little about the daily life of the developing world and about its popular culture, liberal trends, art, architecture, poetry, literature and technology. ③ The news value of a story is determined by the degree of it being talked about and the relevance that story has for the individual or group. ④ The result is that the international media has created two kinds of very different groups. One is elite countries that are frequently covered with varied and positive stories, and the other is countries with low status that are ignored by the international media and mainly get negative and stereotypical coverage.

22

다음 중 문맥상 글의 흐름과 맞지 않는 문장은?

The deep waters used to be free of human activity, but increasing threats are affecting deep habitats and species. Climate change, for example, has been shown to affect these deep-water ecosystems. ① Other threats include pollution, including plastics, which have been shown to penetrate even deep waters. ② Long-lived animals at these depths also grow and reproduce slowly; so if a disturbance they're not adapted to hits them, it's very hard for them to recover. ③ Abandoned fishing gear can damage these fragile communities, and fishing practices like trawls that reach these habitats can rapidly destroy sessile populations and communities that may need hundreds of years to recover. ④ That means animals living in these depths are equipped with the evolutionary benefit which enables them to repair their bodies and remain hardy into old age.

23

다음 중 글의 전체 흐름과 맞지 않는 문장은?

Whether going to picnic tables or underneath a flower petal, bees always land with their own strategies. Using sugar water, scientists trained honeybees to fly to a platform. ① Footage of the bees showed that however flat or steep the surface, bees slow to a hover at 13 millimeters away from wherever they are going to settle. If the surface was flat, bees simply touched down their back legs first. ② If the platform was anywhere between vertical and upside-down, on the other hand, the insects made contact with their antennae first. ③ When honey bees are present as an invasive species in an area, they compete for flowers with native pollinators, which can actually push out the native species. ④ Then, the bees hauled their front legs up and finished with a flip-like maneuver to get their mid-legs and rear legs onto the surface. Despite the small size of the brain, bees manage to perform complicated tasks, including smooth upside-down touchdowns.

*pollinator 수분 매개체

24

다음 글의 흐름상 가장 어색한 문장은?

A glass of wine in the evening can often make you feel sleepy, but drinking too much before you go to bed can interrupt your sleep. ① While alcohol initially leads to feelings of drowsiness, it tends to impair the sleep cycle by disrupting the body's natural circadian rhythm. Your circadian rhythm is the "master clock" that regulates your body's activities, including metabolism, energy levels, immunity, and sleep. ② There is currently no cure for alcohol intolerance. ③ In one study looking at the effects of alcohol on sleep, researchers found that moderate alcohol intake reduced sleep quality by 24% and that high alcohol consumption lowered sleep quality by as much as 39.2%. ④ This doesn't mean you need to avoid alcohol altogether, but you should be aware that even moderate intake can take a toll on your ability to sleep well and feel rested the next day.

*circadian 일주기의

25

다음 글의 흐름상 가장 어색한 문장은?

Conventional wisdom suggests counting to ten before expressing our anger. Delay is an excellent strategy. ① However, the point is not simply to count during this delay but instead to define why and at whom we are angry. ② Defining the reasons for our anger enables us to give a response that is more congruent with the problem. ③ Identifying the target of our anger enables us to respond to the right person instead of spewing out on others the wrath we feel. ④ In addition, expressing anger immediately is an essential process to build a mature and sound mind.

26

다음 글의 흐름상 가장 어색한 문장은?

Attention is the most essential mental resource for any organism. It determines which aspects of the environment we should deal with, and most of the time, various automatic, subconscious processes make the correct choice about what gets passed through to our conscious awareness. For this to happen, millions of neurons are constantly monitoring the environment to select the most important things for us to focus on. These neurons are collectively the attentional filter. They work largely in the background, outside of our conscious awareness. ① This is why when you've been driving on the freeway for several hours at a stretch, you don't remember much of the scenery that has passed by. ② Your attentional system protects you from registering it because it isn't important. ③ Being alert and vigilant to threatening sounds and visual cues is what helped humankind survive, allowing an increasing amount of information. ④ This unconscious filter follows certain principles about what it will let through to your conscious awareness.

27

다음 글의 흐름상 가장 어색한 문장은?

In many ancient cultures, peoples cleaned their clothes by pounding them on rocks or rubbing them with abrasive sands and washing the dirt away in streams or rivers. The Romans invented a crude soap, similar to lye, that contained ash and fat from sacrificed animals. ① In colonial times, the most common way of washing clothes was to boil them in a large pot or cauldron, then lay them on a flat board, and beat them with a paddle called a dolly. ② The laundry industry is changing, as customers increasingly expect a truly premium experience. ③ The metal washboard, which many people associate with pioneer life, wasn't invented until about 1833. ④ Before that, washboards were made entirely of wood, including the carved, ridged washing surface. As late as the Civil War, laundry was often a communal ritual, especially in places near rivers, springs, and other bodies of water, where the washing was done.

*cauldron 가마솥

28

다음 중 흐름상 가장 어색한 문장은?

Football enjoys immense popularity in Europe for several compelling reasons. First and foremost, the sport has deep historical roots on the continent, with many clubs dating back over a century. ① Additionally, European football leagues, such as the English Premier League and La Liga, showcase high levels of competition, enhancing the quality of play. ② Furthermore, the extensive media coverage and marketing efforts amplify the sport's visibility, drawing in new fans and sponsors alike. ③ Sports can be defined as organized physical activities that involve competition, skill, and adherence to established rules. ④ Finally, football's accessibility, with minimal equipment needed to play, makes it an appealing choice for individuals of all ages.

29

다음 중 글의 흐름과 맞지 않는 문장은?

When our minds are at ease, we're more likely to direct the spotlight of attention inward, toward the stream of remote associations coming from the right hemisphere of our brains. ① In contrast, when we are diligently focused, our attention tends to be directed outward, toward the details of the problems we're trying to solve. ② While this pattern of attention is necessary when solving problems analytically, it actually prevents us from detecting the connections that lead to creative insights. "That's why so many insights happen during warm showers," Subhra Bhattacharya, a well-known psychologist, says. "For many people, it's the most relaxing part of the day." ③ People vary in terms of their level of creative drive according to the activity of the dopamine pathways of the limbic system. ④ It's not until we're being massaged by warm water, unable to check our e-mail, that we're finally able to hear the quiet voices in the backs of our heads telling us about the insight.

30

다음 글의 흐름상 가장 어색한 문장은?

History is full of transitions that have altered the world's story. ① When you build your knowledge of history, you understand more about what created our present-day society. Studying the American civil rights movement shows you how people organize successfully against oppressive systems. ② Learning about the fall of Rome teaches you that even the most powerful society can fall apart — and what happens to cause that crumbling. ③ If you've ever served on a jury or read about a court case, you know that reconstructing the facts of the event isn't a simple process. ④ By learning about different eras and their respective events, you start to see what changes might happen in the future and what would drive that change.

31

다음 글의 흐름상 가장 어색한 문장은?

It's easy to imagine some starving ancient human shoveling a handful of decomposing fruit down his throat and, a few seconds later, realizing he felt excellent. But the story of humankind's introduction to alcohol actually starts much earlier, before anything remotely human ever existed. ① Our ability to metabolize alcohol, and thus get drunk, originated in some of the very first primates on earth. ② The enzyme ADH4 is what lets us (and gorillas and monkeys) digest alcohol, and the variation of this enzyme that lets our species appreciate the ethanol in a whiskey sour first showed up around ten million years ago. ③ This means there have been hominids drinking much longer than there have been human beings. ④ Whiskey and vodka account for 9 out of the top 15 most sold alcohol brands worldwide.

32

다음 글의 흐름상 가장 어색한 문장은?

Two sources of bias can affect articles. One of them is the bias of the writer or editors. As humans, they have their own political and social opinions, and for serious journalism, these are supposed to be left at the door. This isn't always easy. ① One difficulty with preparing a neutral news story is that there can be many subtleties and nuances, many parts of the story that don't fit neatly into a brief summary. ② The choice about what parts of an article to leave out — elements that complicate the story is just as important as deciding what to include. ③ A news article can include accounts of eyewitnesses to the happening event. ④ And the conscious or subconscious biases of the writers and editors can come into play in this selection.

33

다음 글의 흐름상 가장 어색한 문장은?

Why do reflections appear reversed in the mirror? Mirrors appear to reverse things from left to right because of our perceptions. Our bodies are roughly symmetrical, so the reflection of your left hand looks just like your right hand. For this reason, we tend to assume that mirrors reverse left and right. ① But if you hold up an asymmetric object in front of a mirror, for example a saucepan, left and right are not reversed. ② The right-hand side of the saucepan (for instance the handle) is still on the right, and the left-hand side is reflected on the left. ③ One law of reflection is that the angle of incidence is equal to the angle of reflection. ④ Instead, a mirror inverts front and back.

34

글의 전체 흐름과 관련 없는 문장은?

There are some people who believe that no one should be trusted. They usually feel this way because their behavior compels others to lie to them. ① In other words, they make it difficult for others to tell them the truth because they respond rudely or emotionally to people who tell the truth. ② If others see how angry, hurt, or hateful you become when they tell you the truth, they will avoid telling it to you at all costs. ③ Defense mechanisms occur when it is unclear what is threatening or when there is a mental conflict that threatens the self-concept. ④ If you are known as someone who is easily offended, you will never know what others are really thinking or feeling because they will distort the truth to escape from your negative reaction. If you demand that children tell you the truth and then punish them because it is not very satisfying, you teach them to lie to you to protect themselves.

35

다음 글의 흐름상 가장 어색한 문장은?

In the past, companies often have viewed their suppliers as adversaries against whom they must fiercely negotiate prices, playing one off against the other. But this attitude has changed radically as both marketers and their suppliers discover the benefits of collaborative relationships. ① The formation of strategic alliances — partnerships that create competitive advantages — is also on the rise. ② Alliances take many forms, including partnerships that involve shared costs for research and development and marketing, and vertical alliances in which one company provides a product or component to another firm, which then distributes or sells it under its own brand. ③ Venture capital financing is funding provided to startup companies and small businesses that are believed to have long-term growth potential. ④ The Coca-Cola Company and Pepsi, for example, have paid thousands of dollars to sponsor the University of Texas Longhorns football team together for the purpose of marketing.

36

다음 중 문맥상 글의 흐름과 맞지 않는 문장은?

The most obvious purpose for advertising is to inform the consumer of available products or services. ① In many countries, manufacturers must, according to the law, put labels on their products. ② For example, food labels must include information about the nutrition of the food. ③ In other words, they look at the same product in several stores from several manufactures. ④ On other products, the labels on the package tell consumers about the materials in the products. A label must also include where it was made or grown — whether it's a banana from Costa Rica, a cotton towel from China.

37

다음 글의 흐름상 가장 어색한 문장은?

Customer complaints offer firms the opportunity to overcome problems and prove their commitment to service. Any method that makes it easier for customers to complain actually benefits a firm. ① Because unhappy customers typically talk about their buying experiences more than happy customers do, the cost of dissatisfaction can be high. ② If you are in a customer service role, common in industries like food and beverage or retail, a large part of your success might be attributed to your ability to properly relieve stress from face-to-face interactions with customers. ③ Therefore, many organizations use proactive methods to assess customer satisfaction, including visiting, calling, or mailing out surveys to clients to find out their level of satisfaction. ④ Firms can benefit from providing several different ways for customers to make their dissatisfaction known, including prepaid mail questionnaires, telephone help lines, comment cards, and face-to-face exit surveys as people leave the premises.

38

다음 글의 흐름과 맞지 않는 문장은?

① Developmental psychologists have found that infants feel sympathetic distress even before they fully realize that they exist apart from other people. ② Even a few months after birth, infants react to a disturbance in those around them as though it were their own, crying when they see another child's tears. By one year or so, they start to realize the misery is not their own but someone else's, though they still seem confused over what to do about it. In research by Martin L. Hoffman, for example, a one- year-old brought his own mother over to comfort a crying friend, ignoring the friend's mother, who was also in the room. ③ Baby continues to grow by leaps and bounds, and somewhere between 4 and 6 months your baby will be ready to take on a brand new feeding frontier: solids. ④ This confusion is also seen when one-year-olds imitate the pain of someone else, possibly to better comprehend what they are feeling. For example, if another baby hurts her fingers, a one-year-old might put her own fingers in her mouth to see if she hurts, too.

39

다음 글의 흐름상 가장 어색한 문장은?

The black cat is a common symbol of Evil, often presented as the companion of witches. Cast in this negative light, it may not be surprising that people tend to have a bias against black cats. Negative attitudes about black cats are common across many cultures. Black cats are often portrayed as representations of grief, sinister motives, and death. ① More broadly, the color black figures largely in superstitious belief systems. ② White or bright things are often portrayed as good and black things are portrayed as bad. ③ Darker skin is adapted to sunlight and has increased quantity of a pigment called melanin. ④ Studies show that there are also negative cross-cultural attitudes about dark skin tone, with dark-skinned people often being viewed with more negativity and wariness than their lighter-skinned counterparts.

40

다음 글의 흐름상 가장 어색한 문장은?

Many birds pursue prey by swimming under water, but none is so superbly adapted to the task as the penguins. ① The entire anatomy of the penguin wing has been modified so that it is a stiff, oar-like flipper like that of a dolphin. ② Awkward on land, penguins use their wings for underwater propulsion as efficiently as other birds use wings for flying. ③ Although all birds share a generally similar body plan, they vary greatly in size and proportions, being adapted to so many ways of life. ④ Most other underwater swimmers — such as loons, cormorants and some ducks — are propelled by their powerful feet, although some use their wings for balance.

41

다음 글의 흐름상 가장 어색한 문장은?

When psychological stress leads to physical symptoms, they are known as somatic symptoms. The effects that stress hormones have on the body can cause constipation. In addition, when a person is stressed, they are more likely to eat an unhealthful diet, get less exercise or sleep, or forget to stay hydrated. These factors can lead to constipation. ① Stress and constipation may affect children, as well. ② In a study of school-aged children, researchers found a link between exposure to stressful life events and constipation. ③ People with special dietary needs or a medical condition should ask their doctor or a registered dietitian for advice. ④ The researchers found that young people who had experienced life stresses, such as severe illness, a failed exam, or the loss of a caregiver's job, were more likely to report constipation.

*constipation 변비|

42

다음 글의 흐름상 가장 어색한 문장은?

Smokers often reach for a cigarette during stressful times. Yet, like drinking alcohol, taking a drag on a cigarette when you're stressed is a quick fix that may worsen anxiety over time. ① Research has shown that the earlier you start smoking in life, the higher your risk of developing an anxiety disorder later. ② Many people turn to cigarettes when they are anxious, and the physiological effects of nicotine can create a calming sensation. ③ Research also suggests nicotine and other chemicals in cigarette smoke worsen pathways in the brain linked to anxiety. If you're looking to quit, there are lots of different ways you can get started. ④ The Centers for Disease Control and Prevention (CDC)Trusted Source recommends finding a safe substitute for cigarettes, like toothpicks.

43

다음 글의 흐름상 가장 어색한 문장은?

Sugar is a dangerous thing. Excessively high levels of blood sugar, or glucose, over weeks or years inflicts a surprising harm to the tissues and organs of your body, worsens your health, and shortens your life span. Eye disease that can end in blindness, nerve disease that commonly results in amputations, and kidney failure necessitating dialysis or transplant are all consequences of prolonged high blood sugar, as are hypertension and heart disease. ① But it is the condition of type 2 diabetes that is most commonly and immediately related to unregulated blood sugar. ② The global health cost of diabetes is $375 billion a year, but that of obesity is more than $2 trillion. ③ In a healthy individual, the hormone insulin will trigger the cells of your body to swiftly absorb glucose from the bloodstream should it increase, as happens after eating a meal. ④ If the cells of your body stop responding to insulin, however, they cannot efficiently absorb glucose from the blood.

*amputation 절단   *dialysis 투석

44

다음 글의 흐름상 가장 어색한 문장은?

Death is our common mystery. Like birth and love, it is a bond that unites us all. Yet none of us can know for certain what it contains or what it presages. We have glimpses — from those who have experienced clinical death and returned to tell what they saw, from great religious tracts like The Tibetan Book of the Dead and The Egyptian Book of the Dead. ① And we have promises — from all the faiths and religions. ② We can never know for certain which, if any, are true. ③ When you are struggling with the sudden death of a loved one, communicating with others can be highly beneficial. ④ Everyone must meet death alone, so it remains the great private and particular preparation for each of us.

45

다음 중 문맥상 글의 흐름과 맞지 않는 문장은?

The technology of renewable energy has advanced rapidly, but no transformative technology is yet available. This statement is tautological, because by definition when the transformative technology is available it will transform our energy system. The current technologies with the most potential appear to be solar cells and energy storage batteries. Improved battery technology overcomes the issues of intermittent solar and wind energy and makes electric vehicles feasible. ① What is missing is a technology that is lower priced, more convenient and at least as reliable as fossil fuels. ② When that technology is developed, the fossil fuel business will be disrupted and the losses to that industry will be profound and destabilizing. ③ This will be a massive and complex endeavor, depending on five key components, and its difficulty should not be underestimated. ④ The fear of this transition is pushing the fossil fuel industry into massive political mobilization that may delay the transition, but it will not prevent it.

*tautological 동의어 중복의

46

다음 중 문맥상 글의 흐름과 맞지 않는 문장은?

Effective leadership and effective communication are intertwined. ① The best leaders are skilled communicators who are able to communicate in a variety of ways, from transmitting information to inspiring others to coaching direct reports. And leader must be able to listen to, and communicate with, a wide range of people across roles, geographies, social identities, and more. ② The quality and effectiveness of communication among leaders across organization directly affects the success of business strategy, too. ③ A business strategy is an outline of the actions and decisions a company plans to take to reach its goals and objectives. ④ Learn how effective communication and better conversations can actually improve the organizational culture that you lead.

47

다음 중 문맥상 글의 흐름과 맞지 않는 문장은?

Everybody dreams in color. ① If awakened in the middle of a dream, you'll report it as being in brilliant technicolor. ② If awakened 15 minutes after a dream, and given that you remember the dream, however, you'll report it as being in black and white. ③ The more time elapses after a dream, the more the color fades. ④ So if you vividly remember your dream with auditory stimuli, it means that you didn't have a sound sleep during the night.

*technicolor 선명한 색채

48

다음 중 흐름상 가장 어색한 문장은?

The concept of "slow starters" refers to individuals who may take longer to initiate tasks or demonstrate their abilities but often achieve success over time. ① Research indicates that these individuals benefit from a gradual approach to learning, as they engage in deeper processing of information, leading to a better understanding of complex concepts. ② These individuals are adept at quickly adapting to changes and challenges, making swift decisions and taking action. ③ Their persistence can result in significant improvements and achievements in the long run. ④ Educational environments that allow for personalized pacing can help slow starters thrive, with strategies such as providing extra time for assignments or offering one-on-one support. Additionally, fostering a growth mindset empowers these individuals to view challenges as opportunities for growth rather than obstacles. Understanding the strengths of slow starters can lead to more effective teaching methods and improved learning outcomes.

49

다음 중 문맥상 글의 흐름과 맞지 않는 문장은?

There are probably only two things that could kill a million Americans quickly: nuclear war or a biological event. ① But even without a catastrophic natural or man-made attack, and despite the enormous progress we have made in the past century, microbes continue to take a deadly toll on us here. ② Every year, 75,000 Americans die with infections caught in hospitals, and tens of thousands of Americans die from influenza and pneumonia. ③ When it comes to these common — yet deadly — pandemics, we can all play a major role curbing their spread. ④ What's more, influenza often triggers heart attacks. Another 20,000 Americans die each year from hepatitis C and 10,000 to 15,000 more from HIV.

50

다음 글의 흐름상 가장 어색한 문장은?

The benefits of hydration are second-to-none for your skin. Here are some of the most prominent benefits: Hydration can help improve skin elasticity, which can reduce the appearance of wrinkles and fine lines. Dehydrated skin is more prone to sunburn and other forms of UV damage. ① Hydration can help protect your skin from the sun's harmful rays. ② Water is necessary for every process in the body, from regulating your temperature to digesting food. ③ It can also help control oil production, reducing the likelihood of breakouts. ④ Hydration helps keep your skin cells healthy, promoting a youthful complexion. There are several ways that hydration can improve your skin quality.

빈칸·삽입
순서·삭제

정답 | 해설

TYPE 01 빈칸

01	02	03	04	05
④	④	④	③	④
06	07	08	09	10
④	②	③	②	③
11	12	13	14	15
②	②	④	③	②
16	17	18	19	20
②	④	③	③	①
21	22	23	24	25
①	②	②	①	③
26	27	28	29	30
④	②	②	③	②
31	32	33	34	35
④	①	④	③	③
36	37	38	39	40
③	④	④	②	③
41	42	43	44	45
①	④	②	③	②
46	47	48	49	50
②	②	②	③	③

TYPE 03 순서

01	02	03	04	05
②	③	③	④	④
06	07	08	09	10
④	③	②	②	③
11	12	13	14	15
③	④	④	①	④
16	17	18	19	20
③	③	④	④	④
21	22	23	24	25
④	④	①	②	②
26	27	28	29	30
③	②	②	②	①
31	32	33	34	35
②	④	②	④	②
36	37	38	39	40
③	②	②	①	④
41	42	43	44	45
④	④	②	①	④
46	47	48	49	50
④	④	③	②	①

TYPE 02 삽입

01	02	03	04	05
③	③	④	④	④
06	07	08	09	10
④	②	③	④	①
11	12	13	14	15
③	③	③	③	①
16	17	18	19	20
②	②	③	④	③
21	22	23	24	25
②	②	④	④	②
26	27	28	29	30
②	②	④	②	②
31	32	33	34	35
①	③	②	②	④
36	37	38	39	40
③	③	③	②	②
41	42	43	44	45
②	④	④	③	②
46	47	48	49	50
①	②	④	②	④

TYPE 04 삭제

01	02	03	04	05
③	④	③	④	④
06	07	08	09	10
③	②	②	②	②
11	12	13	14	15
④	③	③	②	③
16	17	18	19	20
②	③	③	④	④
21	22	23	24	25
③	④	③	②	④
26	27	28	29	30
③	②	③	③	③
31	32	33	34	35
④	③	③	③	③
36	37	38	39	40
③	②	③	③	③
41	42	43	44	45
③	②	②	③	③
46	47	48	49	50
③	④	②	③	②

01

정답 ④

정답 해설

④ 경제 활동에 대한 강압적 부과나 제한의 부재

→ 이 글은 구매자와 판매자 간의 자유로운 사적 거래, 강압적인 중앙 당국의 통제를 받지 않는 자발적인 경제 활동 등을 특징으로 하는 '자유 시장'에 대한 글이다. 빈칸 앞에 자유 시장에서는 '강압적인 중앙 당국의 통재가 없어야' 한다고 언급하고 있으며, 뒤에서도 강압은 합의가 있을 때에만 일어날 수 있다고 설명한다. 따라서 자유 시장의 기본 전제는 '강압적 부과나 제한이 없는 것'임을 알 수 있다.

오답 해설

① 국가가 개인의 경제 활동을 제한한다는 것

→ 이 글은 자유 시장은 자유방임적 자본주의와 동의어로 '중앙 당국에 의해 통제되지 않는' 자발적인 경제 활동을 포함한다고 설명한다. 따라서, '국가는 개인의 경제 활동을 제한한다는 것'이라는 것은 자유 시장과는 거리가 먼 설명이므로, 빈칸에 적절하지 않다.

② 개인의 경제 활동에 대한 강력한 규제

→ 이 글은 자유로운 경쟁, 구매자와 판매자 간의 사적 거래, 중앙 당국에 의해 통제되지 않는 경제 활동을 특징으로 하는 자유 시장에 대한 내용이다. 자유 시장에서 '규제'를 한다는 것은 모순이므로 ②는 빈칸에 들어갈 수 없다.

③ 해외 거래는 국가의 승인 없이는 불가능하다는 것

→ 이 글에는 자유 시장 내에서의 해외 거래에 대한 언급이 없다.

해석 "자유 시장"이라는 용어는 때때로 자유방임적 자본주의와 동의어로 사용된다. 대부분의 사람들이 "자유 시장"에 대해 이야기할 때, 그들은 자유로운 경쟁과 구매자와 판매자 간의 사적 거래만 있는 경제를 의미한다. 그러나 보다 포괄적인 정의에는 그것이 강압적인 중앙 당국에 의해 통제되지 않는 한 어떤 종류의 자발적인 경제 활동이든 포함되어야 한다. 이 설명을 사용하면, 비록 후자는 생산 수단의 공동 소유를 포함하지만, 자유방임적 자본주의와 자발적 사회주의는 각각 자유 시장의 예가 될 수 있다. 중요한 특징은 경제 활동에 대한 강압적 부과나 제한의 부재이다. 강제성은 불법 행위법에 따라 시행되는 계약적 구제 조치와 같은 자발적 계약의 사전 상호 합의에 따라서만 자유 시장에서 발생할 수 있다.

어휘 term 용어 sometimes 때때로 synonym 동의어 laissez-faire 자유방임주의 capitalism 자본주의 discuss 이야기하다 mean 의미하다 unobstructed 방해되지 않은 competition 경쟁 private 사적인 transaction 거래 inclusive 포괄적인 definition 정의 include 포함하다 voluntary 자발적인 economic activity 경제활동 so long as ~하는 한은 coercive 강압적인 central authorities 중앙당국 description 설명 socialism 사회주의 even though 비록 ~이지만 common 공동 ownership 소유권 means 수단 critical 중요한 feature 특징 coercion 강제 take place 발생하다 mutual agreement 상호합의 contract 계약

such as 같은 contractual 계약상의 remedy 구제하다 enforce 시행하다 tort 불법 행위

02

정답 ④

정답 해설

④ 시간이 지남에 따라 진화했음

→ 본 글에서는 본쿠클루 타의 발견으로 인해 기존에 존재하던 괴베클리 테페의 갑작스러운 문명의 서사에 도전한다고 한다. 이는 다시 말하면 "갑작스러운 문명"이 아니라는 것이므로 이와 반대되는 내용인 해당 선지가 빈칸에 들어가는 것이 옳다.

오답 해설

① 조금씩 사라졌음

② 역사의 뒤안길로 사라졌음

③ 점차 쇠퇴했음

→ 본 글에서는 본쿠클루 타의 발견으로 인해 기존에 존재하던 괴베클리 테페의 갑자기 나타난 문명의 서사에 도전한다고 한다. 이는 다시 말하면 "갑작스러운 문명"이 아니라는 것이므로 위의 선지들은 빈칸에 들어가야 할 내용과 반대된다.

해석 본쿠클루 타라(Boncuklu Tarla)는 세계에서 가장 오래된 사원으로 유명한 괴베클리 테페(Gobekli Tepe)를 잠재적으로 무색하게 만들며 특별한 역사적 중요성을 지닌 장소로 부상하고 있다. 본쿠클루 타라는 놀랍게도 12,000년 전으로 거슬러 올라가며, 그것의 더 유명한 형제인 괴베클리 테페보다 적어도 1,000년 더 오래되었다. 2012년에 시작된 이 장소에 대한 발굴작업은 인류 사회가 유목 생활에서 정착 농경 생활로 전환하게 된 신석기 시대에 대한 귀중한 정보를 제공하고 있다. 본쿠클루 타라는 괴베클리 테페의 건축으로 특징지어지는 '갑자기 나타난 문명'의 서사에 도전한다. 즉, 그것은 괴베클리 테페 이전의 지역에 거주하는 조직화된 공동체의 증거를 제공할 뿐만 아니라 사회문화적 연속성의 존재를 암시하고 있어 '사원 건축' 문화가 갑자기 나타난 것이 아니라 시간이 지남에 따라 진화해왔음을 보여준다.

어휘 merge 부상하다 extraordinary 특별한 historical 역사적인 significance 중요성 potentially 잠재적으로 overshadow 무색하게 하다 renowned 유명한 temple 사원 date back ~까지 거슬러 올라가다 astounding 몹시 놀라게 하는 sibling 형제의, 자매의 millennium 천년 excavation 발굴 yield 산출하다, 내주다 invaluable 매우 귀중한 insight 통찰력 neolithic period 신석기시대 transitioned 전환하게 된 nomadic 유목민의 farming community 농업 공동체 challenge 도전 narrative 이야기, 서사 civilization 문명 marked 두드러진, 표식을 가진 construction 건설 not only ⓐ but also ⓑ ⓐ뿐만 아니라 ⓑ도 proof 증거 organized 조직화된 community 공동체 dwell ~에

살다, 거주하다   socio- 사회의, 사회학의   continuity 연속

03

정답 ④

정답 해설
④ 액면 그대로의 진술을 받아들인다
→ 이 글은 언어의 모호성을 주제로 다루고 있다. 이 글에 따르면, 문장을 해석하는 데에는 한 가지 이상의 방법이 있는 경우가 많으며, 문맥을 고려하지 않는다면 언어의 뜻을 잘못 해석할 수 있다. 또한, 언어의 표면적 의미와 반대되는 속뜻을 전달하는 것을 의도하는 아이러니는 언어에 모호성을 더해준다. 이러한 내용을 가장 잘 반영하도록 빈칸에 들어올 내용을 요약하면, 아이러니로 인해 우리는 반드시 '액면 그대로의 진술을 받아들여야 한다'는 건 아니라는 것이다.

오답 해설
① 혼란스러워지지 않도록 맥락을 고려한다
→ 이 글은 언어가 본질적으로 모호하다고 말하며, 의미를 정확히 파악하기 위해서는 맥락을 고려해야 할 필요가 있다고 설명한다. 또한 빈칸 앞에는 '반드시 ~는 아니'라는 'not necessarily'의 표현이 나타나기 때문에, 아이러니가 언어를 더 모호하게 만든다는 것이 '맥락을 고려할' 수 없는 것이라는 ①의 서술은 이 글의 내용과 반대된다.
② 단어의 숨겨진 함축적인 의미들을 탐구한다
→ 이 글은 언어의 모호성에 대해 다루고 있으며, 언어는 표면적인 의미가 아닌 다른 의미들을 내포하거나 아이러니와 같이 정반대되는 뜻을 전달하도록 만들어질 수 있다고 설명한다. 또한 빈칸 앞에는 'not necessarily'라는 부정어가 있으므로, 아이러니가 언어를 모호하게 하므로 '함축적인 의미를 탐구할' 수 없다는 ②의 서술은 이 글의 내용과 반대된다.
③ 상대방의 의도를 왜곡한다
→ 이 글에 따르면, 언어의 많은 규칙들은 꽤 느슨한 편이며 한 가지 문장은 명확하게 해석되지 않을 수 있다. 아이러니 또한 이처럼 언어에 모호성을 더하고 표면적인 이해를 어렵게 만드는 것이다. 빈칸 앞에는 'not necessarily'라는 부정어가 있으므로 아이러니가 우리로 하여금 '상대방의 의도를 왜곡할' 수 없게 만든다는 ③의 서술은 이 글의 내용과 반대된다.

해석
언어는 모호하다. 비록 언어는 규칙에 의해 지배되고, 당신은 단어들을 당신이 원하는 대로 어떤 것들을 의미하도록 만들 수는 없지만, 많은 규칙들은 꽤 느슨하고 종종 문장을 해석하는 데에는 한 가지 이상의 방법이 있다. 우리가 알듯이, 문맥은 당신이 누군가가 '진정으로 의미하는 것'이 무엇인지를 결정하는데 도움을 줄 수 있다. 예를 들어, 그 반대를 의미하기 위해 한 가지 말을 하는 아이러니는, 실사용되는 언어가 얼마나 문제가 될 수 있는지를 보여준다. X가 아닌 것을 암시하기 위해 문자 그대로 X를 의미하는 문장을 사용하는 이상함에도 불구하고, 아이러니는 모든 문화에서 발견되는 것이다. 만약 일기예보가 화창한 날씨를 예측했고 밖에는 비가 억수같이 쏟아진다면, 당신은 창문 밖을 바라보며 '좋은 날씨구나, 응?' 하고 말할지도 모른다. 아니면 당신의 친구가 바보 같은 제안을 한다면, 당신은 '아인슈타인, 더 이상 좋은 생각이 없니?'라고 말할지도 모른다. 아이러니는 언어에 또 다른 모호성을 더하

고, 이는 우리가 반드시 액면 그대로의 진술을 받아들일 수 없다는 것을 의미한다.

어휘 ambiguous 모호한   govern 지배하다, 통치하다   loose 느슨한   interpret 해석하다, 통역하다   sentence 문장   context 문맥, 맥락   problematic 문제가 있는   oddity 이상함   predict 예측하다   dumb 멍청한   ambiguity 모호함   not necessarily 반드시 ~는 아니다   consider 고려하다, 여기다   so as to-ⓥ ~하기 위해   explore 탐구하다   implication 함의, 함축, 내포   distort 왜곡하다   intention 의도   statement 언급, 진술   face value 액면가

04

정답 ③

정답 해설
③ harmful 해로운
→ 글에서는 트로이 목마의 기원과 그 의미가 현대사회에서 어떻게 사용되는지를 컴퓨터 프로그램명을 예시로 들어 설명하고 있다. 고대 트로이 목마는 "겉으로는 좋은 의미의 선물처럼 보이게 하고 결국은 좋지 않은 결말"을 의미하는데 이와 동일한 의도를 가져 사용자들의 컴퓨터에 바이러스를 심는다는 컴퓨터 프로그램을 소개하고 있으므로 빈칸에는 결국은 좋지 않다는 것을 의미하는 해당 선지가 들어가는 것이 적절하다.

오답 해설
① cooperative 협력하는
② accurate 정확한, 정밀한
④ valid 타당한, 유효한
→ 고대 트로이 목마는 "겉으로는 좋은 의미의 선물처럼 보이게 하고 결국은 좋지 않은 결말"을 의미하는데 이와 동일한 의도를 가져 사용자들의 컴퓨터에 바이러스를 심는다는 컴퓨터 프로그램을 소개하고 있으므로 빈칸에는 결국은 좋지 않다는 것을 의미하는 해당 선지가 들어가는 것이 적절하나, 위 선지들은 전부 그와 반대되는 의미이므로 빈칸에 들어갈 수 없다.

해석
유명한 서사시인 Virgil의 Aeneid에서 이야기되었듯이, 그리스인들은 고대 도시 트로이와 그곳에 10년 넘게 살았던 트로이 사람들을 정복하려고 노력했다. 교활한 속임수 덕분에 그들은 마침내 성공했다. 그리스인들은 오디세우스의 지도 아래 거대한 목마를 만들어 트로이의 문 앞에 두었다. 그리고 나서 그들은 배를 타고 떠나는 척을 했다. 그들(트로이 사람들)은 그 거대한 목마를 도시의 한 가운데로 끌어 들였다. 그들(트로이 사람들)은 그리스인들이 말 안에 엄선된 병사들을 숨겨둔 것을 알지 못했다. 그날 밤 트로이 군사들이 잠자리에 든 뒤, 말 안에 있던 그리스 병사들은 말 밖으로 나와 트로이를 정복할 수 있었다. 오늘날 "트로이 말"이라는 용어는 목표물을 안전한 장소로 기꺼이 들여보내는 것과 관련된 모든 종류의 사기수법 또는 속임수를 나타내는 데 여전히 사용된다. 트로이 목마는 또한 컴퓨터 시스템을 감염시킬 수 있는 malware라고 불리는 컴퓨터 프로그램에 대한 "Trojans"라는 별명의 근원이기도 하다. 이러한 해로운 프로그램들 중 많은 것들은 유용하거나 단지 무해한 프로그램인 것으로 보인다. 이러한 방식으로, 그것들은

일단 설치되면 어떤 해를 끼칠 수 있는지 알지 못한 채, 사용자들이 그것들을 설치하고 실행하도록 설득한다.

어휘 epic poem 서사시 conquer 정복하나 devious 교활한 trickery 속임수 pretend to -인 체하다 sail 항해하다 deception 속임수, 사기 secure 안전한 malware 악성 소프트웨어 infect 감염시키다 useful 유용한, 쓸모있는 merely 단지, 그저 harmless 무해한 convince 납득시키다 install 설치하다

05

정답 ④

정답 해설

④ expansion 확장

→ 글에서는 산업혁명 시기동안 증기 기관의 발명과 사용으로 인해 많은 부분에서 혁명이 일어났다고 설명한다. 결국 빈칸이 있는 자리는 동의어 반복으로 앞서 설명된 내용(=증기 기관은 발달과 사용으로 인한 긍정적 효과)과 동일한 "긍정적" 흐름의 내용이 들어가는 것이 적절하다.

오답 해설

① contraction 축소, 수축

② regression 퇴행, 퇴보

③ decay 쇠퇴, 부패

→ 글에서는 산업혁명 시기동안 증기 기관의 발명과 사용으로 인해 많은 부분에서 혁명이 일어났다고 설명한다. 결국 빈칸이 있는 자리는 동의어 반복으로 앞서 설명된 내용(=증기 기관은 발달과 사용으로 인한 긍정적 효과)과 동일한 "긍정적" 흐름의 내용이 들어가는 것이 적절하다. 하지만 위의 선지들은 모두 "부정적" 흐름의 내용이므로 빈칸에 들어갈 수 없다.

해석 산업혁명은 18세기 후반부터 19세기까지 전개된 변혁의 시기였다. 육체노동에서 기계화 생산으로의 전환이 특징인 이 시대는 농업과 육체노동에 기반을 둔 경제에서 기계화 생산과 산업화로 중대한 전환을 이루었다. 이 시기의 주요한 원동력들 중 하나는 증기 기관의 발명과 광범위한 사용이었다. 석탄으로 연료를 공급받은 증기 기관은 기계에 동력을 공급하는 데 큰 역할을 했고, 제조, 채굴, 운송에 혁명을 일으켰다. 그것은 신뢰할 수 있고 효율적인 에너지원을 제공하여 이전에 노동 집약적인 공정을 기계화할 수 있게 했고, 공장과 생산 능력의 확장을 가능하게 했다.

어휘 industrial revolution 산업혁명 transformative 변화시키는, 변형의 period 시기, 기간 unfold 전개되다 characterize 특징을 나타내다 shift 전환 manual 육체를 쓰는 labor 노동 mechanize 기계화하다 production 생산 era 시대, 시기 mark 나타내다, 기록하다 significant 중대한 agrarian 농업의 economy 경제 industrialization 산업 driving force 원동력, 추진력 invention 발명 widespread 광범위한 steam engine 증기 기관 fuel 연료 coal 석탄 machinery 기계류 revolutionize ~에 혁명을 일으키다 manufacturing 제조 mining 채굴 transportation 운송 provide 제공하다 reliable 신뢰할 수 있는 efficient 효율적인 previously 이전에 labor-intensive 노동 집약적인 process 공정, 과정 enable 할 수 있게 하다 factory 공장 capability 능력

06

정답 ④

정답 해설

④ 내부로 향했다

→ 이 글은 집으로 돌아오는 (홈커밍) 의식을 소개하며, 일요일 저녁, 크리스마스 등의 의례적인 날에 가족들이 어떻게 참여하는지 설명하고 있다. 이 글에 따르면 과거에는 아이들이 크리스마스에 잘 참여하지 않았고, 크리스마스는 사회 공동의 행사였다. 그러나 새롭게 바뀐 크리스마스는 주로 가족 내에서 일어나는 행사가 되었으며 자녀들이 위주가 되는, 즉 가정 내부의 관계로 향하게 되었음을 알 수 있다. 따라서 빈칸에 들어갈 말로 가장 적절한 것은 '내부로 향했다(turned inward)'이다.

오답 해설

① 사회를 좌절시켰다

→ 이 글은 크리스마스와 같은 의례적인 가족 기념일들이 어떻게 변화했는지 설명하고 있으나, 그러한 의례적 생활이 사회에 미친 긍정적 또는 부정적 영향은 직접 언급하고 있지 않다.

② 경쟁이 치열해졌다

→ 이 글은 가족들이 크리스마스를 보내는 방식이 과거와 다르게 어떻게 변했는지 설명하고 있으나, 이러한 새로운 크리스마스가 경쟁적으로 바뀌었다는 말은 제시되어 있지 않다.

③ 고통을 겪었다

→ 이 글은 크리스마스가 가족생활을 기념하는 의식으로 새롭게 도입되었다고 설명하며, 아이들은 선물을 주로 받았고 남자들은 기쁘게 산타의 역할을 했다고 말하고 있다. 따라서 새로워진 크리스마스가 고통을 겪었다는 것은 맥락상 빈칸에 들어갈 말로 적절하지 않다.

해석 일요일은 성대한 저녁 식사로 대표되는 가장 중요한 가족의 날이 되었다. 크리스마스 또한 가족 행사로 의식화 되었다. 크리스마스 트리, 선물 주기, 그리고 산타클로스는 가족생활을 기념하는 새로운 의식으로 도입되었다. 과거에는 아이들이 크리스마스에 참여하는 경우가 적었다. 이제 아이들, 그리고 아이들의 부모와의 관계가 새로운 크리스마스의 중심이 되었다. 이전에는 크리스마스가 공동체적 행사였고, 환대와 선물은 부자들로부터 가난한 사람들에게로 흘러갔다. 하지만 새로운 가족의 크리스마스는 내부로 향했다. 선물 교환은 주로 가족 구성원으로 제한되었고, 아동이 선물의 주요 수혜자였다. 크리스마스 의식을 통해 남자들은 어린 시절의 삶에 상징적으로 접근할 수 있게 되었고, 따라서 남자들은 직장 생활 속에서 사라진 그들의 감정과 유대감을 얻게 되었다. 산타 역할을 하면서, 대부분의 아버지들은 노동자로서의 일상적인 역할을 산타의 역할로 기쁘게 맞바꾸었다.

어휘 celebrate 기념하다, 축하하다 involvement 참여, 관여 minimal 최소한의 previously 이전에 communal 공동의 hospitality 환대 beneficiary 수혜자 exchange 교환하다, 맞바꾸다 frustrate 좌절시키다, 불만을 주다 competitive 경쟁적인 suffer (고통 등을) 겪다 inward 내부로

07

정답 해설

② 이 과정은 집단의 평등과 자유로운 생각의 흐름에 초점을 맞추는 경향이 있다.

→ 이 글은 민주적 리더십에 관해 설명한다. 빈칸의 앞에서 민주적 리더십에는 모든 사람이 참여하고, 자유로운 의견제시와 토론이 장려된다고 설명한다. 빈칸의 뒤에서는 민주형 리더는 여전히 지도와 통제를 위해 존재한다고 설명한다. 빈칸의 앞에 역접을 나타내는 접속사 'While'이 있으므로, 이와는 대조되는 내용이 빈칸에 온다는 것을 유추할 수 있다. 따라서, 빈칸에는 민주적 리더십의 장점 중 하나인 '이 과정은 집단의 평등과 자유로운 생각의 흐름에 초점을 맞추는 경향이 있다'라는 ②가 가장 적절하다.

오답 해설

① 이 과정은 소수의 의견에 초점을 맞추는 경향이 있다

→ 소수의 의견에 초점을 맞춘다는 것은 다수결의 원칙에 대조되는 내용으로 민주적 의사결정과는 반대된다. 본문에서는 민주적 리더십에 관해 설명하고 있으며, 글의 흐름상 ①은 적절하지 않다.

③ 이 과정은 불평등한 기회와 차별을 유발하는 경향이 있다

→ 이 글에서 민주적 리더십에서는 모든 사람이 참여하고, 자유로운 의견 제시와 토론이 장려된다고 설명한다. 불평등한 기회와 차별을 유발하는 경향이 있다는 내용은 민주적 리더십과는 거리가 있으므로 빈칸에 적절하지 않다.

④ 이 과정은 전적으로 지도자의 판단에 의해 결정되는 경향이 있다

→ 이 글은 민주적 리더십에 관해 설명하고 있으며, 빈칸의 앞에 있는 'While'을 통해 생각해 볼 때, ④가 빈칸에 들어오게 되면 빈칸의 뒤의 내용과 명확하게 역접을 이루지 못한다. 따라서, ④는 빈칸에 자연스럽지 않으며, 전적으로 지도자의 판단에 의해 결정된다는 것은 민주적 리더십과는 거리가 멀다.

해석 참여적 리더십 또는 공유적 리더십으로도 알려진 민주적 리더십은 그룹의 구성원이 의사결정 과정에서 참여적 역할을 하는 리더십 스타일이다. 이러한 유형의 리더십은 민간 기업, 학교, 정부에 이르기까지 모든 조직에 적용될 수 있다. 민주적 리더십 스타일에서는 모든 사람에게 참여할 수 있는 기회가 주어지고, 의견 교환이 자유롭게 이뤄지며, 토론이 장려된다. 이 과정은 집단의 평등과 자유로운 생각의 흐름에 초점을 맞추는 경향이 있지만, 민주형 리더는 여전히 지도와 통제를 제공하기 위해 존재한다. 민주형 리더는 또한 누가 그 그룹에 속해 있고 누가 결정을 내리는 데 기여할 것인지를 결정하는 책임을 지고 있다.

어휘 democratic 민주적인 leadership 리더십, 지도력 known as ~으로 알려진 participative 참여적인 shared 공유의 decision-making process 의사 결정 과정 apply to ~에 적용되다 organization 조직 private 민간의, 사적인 business 사업 government 정부 opportunity 기회 participate 참여하다 exchange 교환하다 discussion 토론 encourage 장려하다 offer 제공하다 guidance 지도, 안내 control 통제 be charged with 책임지다 contribute 기여하다 decision 결정

08

정답 해설

③ 아무 소식도 없는 것이 좋은 소식이다

→ 이 글은 회사의 고객들로부터 불평·불만이 적다는 것을 곧 그 회사들의 서비스에 만족하는 것이며 고객 서비스에 문제가 없는 것이라고 여기면 안 된다고 비판하고 있다. 필자는 고객이 아무 불평도 하지 않는다는 것은 다른 곳에서 불평하고 있거나 이미 그 회사를 이용할 의사가 떨어졌기 때문이라고 주장하고 있다. 따라서 빈칸이 있는 문장을 보면 '아무 소식이 없다는 것이 좋은 소식'이라고 믿는 것이 곧 회사들이 현실을 부정(denial)하는 것이다.

오답 해설

① 당신은 고객들을 필요로 하지 않는다.

→ 고객들의 불평이 적으면 고객 서비스가 좋다고 생각하는 회사들이 있다는 것이지 고객들 자체가 필요하지 않다는 내용은 아니다.

② 문제의 수가 늘어나고 있다

→ 고객들의 불평이 적은 상황에 대한 내용이므로 불평, 불만, 문제가 늘어나고 있다는 것은 본문의 내용과 어긋난다.

④ 당신은 더 많은 고객 서비스를 필요로 한다

→ 고객들의 불평이 적은 상황에 대한 내용이므로 고객 서비스가 더 많아져야 한다는 것 또한 비논리적이다.

해석 놀랍게도 많은 기업은 고객 서비스 전략을 불만 건수로 평가한다. '고객으로부터의 불만이 거의 없기 때문에 현재 고객 서비스 교육은 필요하지 않습니다.' 나는 새로운 의뢰인을 찾을 때 정기적으로 이런 말을 듣는다. 그것 또는 '올해 불만 건수가 극적으로 감소하여 매우 기쁘게 생각합니다. 우리의 고객 서비스 계획이 효과가 있는 것 같습니다'와 같은 말을 듣는다. 이런 종류의 조치를 취하는 회사들은 현실을 부정하는 것이다. 현실을 외면하고 아무 소식도 없는 것이 좋은 소식이라고 믿는 것은 유혹적이지만, 내 말을 믿어라, 고객이 당신에게 불평하지 않는다면, 그들은 다른 사람들에게 불평을 하고 있거나 다시는 당신의 사업을 이용하지 않을 것이다.

어휘 amazingly 놀랍게 business 기업 evaluate 평가하다 customer 고객 strategy 전략 the number of 수 complaint 불만 at the moment 지금 regularly 정기적으로 prospect ~을 찾다 client 의뢰인 dramatically 극적으로 decrease 감소시키다 please 기쁘게 하다 initiative 새로운 계획 company 회사 measure 행동, 조치 be in denial 현실을 부정하다 although 비록 ~일지라도 tempt 유혹하다 bury one's head in the sand 현실을 외면하다, 눈 가리고 아웅하다

09

정답 해설

② 머리보다 훨씬 높은 지점들로 둘러싸여 있다

→ 이 글은 번개가 칠 때 물은 최악의 장소 중 하나지만, 수영장은 오히려 더 안전할 수 있다고 설명한다. 이 글에 따르면, 개방된 물가에

있을 때는 아마도 젖은 채로 가장 높은 지점에 있으므로 번개를 맞을 위험이 높지만, 수영장 안에 몸이 들어가 있으면 사람보다 높이가 높은 대상들이 (수영장 밖에) 훨씬 많기 때문에 직접 번개에 맞을 위험이 낮다. 또한, 수영장에서 발을 담그는 것과 같이 몸이 충분히 빠지지 않은 경우를 제외하면 수영장에서 낙뢰로 다친 경우가 없다는 것이 언급되어 있다. 따라서 빈칸에 들어올 말로 가장 적절한 것은 ② 이다.

오답 해설

① 천둥이 치면 무조건 수영장에서 나와야 한다
→ 이 글은 수영장 안에 들어가면 자신의 머리 높이가 낮아지므로, 번개를 맞게 될 확률이 낮아지며, 수영장 안으로 들어가는 것이 스스로를 번개로부터 보호하는 가장 좋은 방법이라고 설명하고 있다. 따라서 ①의 서술은 이러한 내용과 오히려 반대되며, 답이 될 수 없다.

③ 수영이 끝난 이후 몸을 건조시키기 위한 수건을 반드시 갖고 있다
→ 이 글은 번개가 칠 때 스스로를 보호하는 가장 좋은 방법은 수영장 안으로 들어감으로써 높이를 낮추는 것이라고 설명하고 있다. 그러나 수영하는 사람들이 수건으로 몸을 건조하게 만들어 번개를 피할 수 있는지에 대해서는 이 글에 전혀 언급된 바가 없다.

④ 천둥이 칠 때 번개로부터 가장 가까운 거리에 있을 수 있다
→ 이 글은 물놀이나 수영을 하고 있을 때 번개가 치면 어떻게 하는 것이 안전한지 설명하고 있다. 이 글에 따르면, 수영장 안에 들어가 있으면 수영장 밖에 걸터 앉아있는 것처럼 몸이 지상 위에 높게 있지 않게 되므로, 번개를 맞을 확률이 낮아져 스스로를 보호할 수 있다. 즉, 수영장 안에 들어가면 ④의 서술과 반대로 수영객들은 번개로부터 거리가 멀어지게 된다.

해석 근처에 번개가 칠 때 물은 최악의 장소 중 하나이다. 당신이 개방된 물속에서 수영을 할 때, 당신은 아마도 가장 높은 지점에 있을 것이고, 젖어 있을 것이고, 당신은 모든 면에서 훌륭한 전도체에 둘러싸여 있을 것이다. 그것은 그냥 화를 자초하는 것이다. 하지만, 수영장은 수영하는 사람들 머리보다 훨씬 높은 지점들로 둘러싸여 있기 때문에 다소 더 안전하다. 수영장 낙뢰로 사망하거나 다친 사례는 있었지만, 뉴스 이야기의 대부분은 피해자들이 수영장 밖에서 어슬렁거리고 있었거나 발을 담그고 있었다는 점을 분명히 하고 있다. 번개로부터 당신을 보호하기 위해서는, 수영장 안으로 들어가는 것이 가장 좋은 방법이다. 그럼에도 불구하고, 심지어 많은 실내 수영장은 그 지역에 약간의 천둥소리가 나면 수영장을 비우기를 고집한다. 전국 YMCA의 방침은 국립 번개 안전원의 지침에 따라, 마지막 천둥이 울린 후 30분이 되기 전까지 실내 수영장에 삶들이 들어갈 수 없게 하는 것이다. 그러나 심지어 NLSI의 회장인 Richard Kithil도 그의 기관이 "번개로 인한 실내 수영장에서의 사망이나 부상에 대한 보고를 찾을 수 없었다"고 인정한다.

어휘 lightning 번개 nearby 근처에 open water 바다, 개빙 구역 surround 둘러싸다 conductor 전도체 electricity 전기 injury 부상 lightning strike 낙뢰, 벼락 account (자세한) 이야기, 기사, 풍문 victim 피해자 lounge 빈둥거리다, 어슬렁거리다 dip 담그다 protect 보호하다, 지키다 indoor 실내의 insist 주장하다, 고집하다 empty 비우다 rumble (천둥 따위의) 우르르 하는 소리 thunder 천둥 policy 정책 in accordance with ~에 따라, ~에 맞게 guideline 지침, 방침 concede (마지못해) 인정하다, 양보하다

10

정답 ③

정답 해설

③ 맥락, 문맥
→ 이 글은 뇌의 기능 범주 중에서 단단한 경계를 갖는 개념과 흐릿한 경계를 갖는 개념을 비교하고 있다. 이 글에 따르면, 정의가 명확한 삼각형이나, 유죄 또는 무죄로 분명하게 밝혀지는 형사 절차의 결과와 같은 것은 단단한 경계 범주의 예에 속한다고 할 수 있다. 그러나, 상황에 따라 어울리는 사람이 달라지는 '친구', 또는 '우정'의 개념은 경계가 불분명하며 흐릿한 경계를 갖는다. 가령 생일파티와 동네 바비큐 파티에 초대하는 사람들은 다를 수 있다. 따라서 빈칸에 들어올 말로 가장 적절한 것은 우정이 '맥락'에 따라 달라진다는 것이다.

오답 해설

① 객관성
→ 이 글은 개념의 경계가 단단하거나 흐릿한 경우를 대비시키며 각각이 어떤 개념인지 설명하고 있다. 이 글에 따르면, '우정'은 대부분의 사람들에게 흐릿한 경계에 속하는 범주로서, 목적과 상황에 따라 우정과 친구의 범위는 유동적으로 변할 수 있다. 그러므로, 우정은 주관적인 것에 해당되며, '객관성'에 따라 달라진다는 것은 빈칸에 들어올 말로 적절하지 않다.

② 원리, 원칙
→ 이 글은 뇌의 기능 범주는 단단한 경계 또는 흐릿한 경계를 가질 수 있다고 말하며, 구체적인 사례를 통해 각 개념을 설명하고 있다. 이 글에 따르면, 우정은 흐릿한 경계의 예시에 해당하며, 우정의 경계는 명확하지 않다. 따라서 우정은 원칙적으로 규정하기 힘든 개념이라고 할 수 있고, 우정이 '원칙'에 따라 달라진다는 것은 빈칸에 들어올 말로 적절하지 않다.

④ 위반, 침해
→ 이 글은 개념적 구별이 명확하고, 포함관계가 확실한 '단단한 경계'와 구별이 모호하고 상황에 따라 개념이 달라지는 '흐릿한 경계'를 나누어 설명하고 있다. 이 글에 따르면, 우정은 흐릿한 경계를 가지고 있는 범주이다. 그러나 우정이 '위반'에 따라 달라진다는 것은 그 자체로 문장이 성립하지 않으며, 따라서 ④는 빈칸에 들어올 말로 적절하지 않다.

해석 뇌의 기능 범주는 단단한 경계 또는 흐릿한 경계를 가질 수 있다. 삼각형은 단단한 경계 범주의 예이다. 이 범주의 구성원이 되려면, 물체는 3개의 변을 가진 2차원의 닫힌 도형이어야 하며, 그 내부 각도의 합은 정확히 180도와 같아야 한다. 또 다른 단단한 경계는, 형사 절차의 결과이며, 불일치 배심과 무효 재판을 제외하고는 피고인은 유죄 또는 무죄로 판결된다. 70% 유죄라는 것은 없다. 그러나, 흐릿한 경계의 예는 "우정"이라는 범주이다. 예를 들어 친구라는 것을 알고 있는 사람들의 분명하고 확실한 사례들이 있고, 낯선 사람들이 아니라는 것을 알고 있는 사람들의 분명한 사례들이 있다. 하지만 우정은 우리 대부분에게 있어서 흐릿한 경계를 가지고 있는 범주이다. 그것(우정)은 맥락에 따라 어느 정도 달라진다. 우리는 어떤 사람들은 어떤 목적을 위해 친구가 되고, 다른 목적을 위해서는 친구가 되지 않는다고 생각한다. 우리는 생일파티가 아니라 동네 바비큐 파티를 위해서는 다른 사람들을 집으로 초대한다. 우리는 직장 사람들과 술을 마시러 나가지만 그들을 집으로 초대하지는 않을 것이다.

functional 기능적인 category 범주 either ⒜ or ⒝ ⒜ 또는 ⒝의 fuzzy 흐릿한 boundary 경계 object 물체, 대상, 사물 two-dimensional 2차원의 figure 도형 outcome 결과 criminal proceeding 형사 절차 exception 예외 mistrial 무효 재판 defendant 피고 guilty 유죄의 obvious 분명한, 명백한 purpose 목적 invite 초대하다 objectivity 객관성 principle 원리, 원칙 context 맥락, 문맥 breach 위반, 침해, 어김

대기 interaction 상호작용 geologic 지질 chemical 화학 biological 생물 geographic 지리적인 living thing 생물 respond 반응하다 even if 비록, 할지라도 subtle 미묘한 temporary 일시적인 noticeable 눈에 띄는 include 포함하다 shed 떨어뜨리다 availability 가용성 shelter 피난처 behavior 행동 dormancy 휴면 response 반응 condition 조건 evidence 증거 experience 경험 throughout ~동안 죽 lifetime 일생 along with 함께 scientific 과학적인 prove 증명하다 happen 일어나다 evolve 진화하다 adapt to ~에 적응하다 tolerate 견디다 to some degree 어느 정도는 extinct 멸종한 withstand 잘 견디다 expect to do ~하기를 기대하다

11

정답 ②

정답 해설

② 기후 변화를 어느 정도 견딜 수 있도록 적응되었다
→ 이 글은 대기의 변화와 대기와 지구 시스템 내의 상호작용으로 인해 지구 기후가 주기적으로 변하는 것을 기후 변화라고 설명한다. 또한, 모든 생물은 미묘하고 일시적일지라도 기후 변화에 반응한다고 설명하며 꽃이 잎을 탈락시키는 것, 동물이 피난처를 찾거나 휴면하는 등의 예시를 든다. 이것은 지구상의 생명체가 '기후 변화를 어느 정도 견딜 수 있도록 적응되었다'는 것을 보여주므로 빈칸에는 ②가 가장 적절하다.

오답 해설

① 기후 변화에 따라 새로운 종으로 진화되었다
→ 이 글의 주된 내용은 기후 변화에 대한 정의와 모든 생물이 기후 변화에 반응한다는 것을 물이 부족하면 꽃이 잎을 탈락시킨다는 것과 주변 환경에 반응하여 동물들이 피난처를 찾거나 휴면을 취한다는 예시를 들며 설명한다. 따라서, 지구상의 생명체가 기후 변화에 따라 새로운 종으로 진화되었다는 설명은 본문에 언급되지 않았으므로 빈칸에 적절하지 않다.

③ 기후 변화를 견디지 못해 멸종되었다
→ 이 글은 기후 변화의 정의와 동식물이 기후 변화에 견딜 수 있도록 적응하고 있다고 예시를 들며 설명한다. 따라서, 지구상의 생명체가 기후 변화를 견디지 못해 멸종되었다는 내용은 제시되어 있지 않다.

④ 기후 변화로 인해 삶의 터전을 잃을 것으로 예상된다
→ 이 글은 기후 변화를 정의하고 기후 변화에도 동식물이 견딜 수 있도록 적응했다는 예시를 보여준다. 기후 변화로 삶의 터전을 잃을 것으로 예상된다는 내용은 본문에 언급되지 않았으므로 빈칸에 적절하지 않다.

정의상, 기후 변화는 대기의 변화와 대기와 지구 시스템 내의 다른 지질, 화학, 생물, 지리적 요인 간의 상호작용으로 인한 지구 기후의 주기적인 변화이다. 모든 생물은 기후와 기후의 변화에 반응하는데, 비록 이러한 변화가 미묘하고 일시적일지라도 말이다. 가장 눈에 띄는 예로는 수분 가용성이 낮을 때 꽃이 피는 식물이 잎을 탈락시키는 것, 더 춥거나 건조한 조건에 반응하여 동물이 피난처를 찾는 행동과 휴면 등이 있다. 지구상의 생명체는 <u>기후 변화를 어느 정도 견딜 수 있도록 적응된</u> 것으로 보이며, 이것은 기후 변화의 증거이지만, 과학적 기록과 함께 우리의 일생 동안 기후에 대한 우리의 경험은 또한 기후 변화가 일어나고 있다는 것을 증명한다.

definition 정의 climate change 기후 변화 periodic 주기적인 modification 변화 due to 인해, 때문에 atmosphere

12

정답 ②

정답 해설

② 다른 사람들은 우리처럼 생각한다
→ 이 글은 우리가 주변 사람들의 생각과 믿음, 가치관, 신념 등에 압박받는 'peer pressure'에 대해서 설명한 뒤, 이와 반대로 형성되는 개념인 'false consensus effect'에 대해 설명한다. 빈칸이 포함된 문장부터 살펴보면, 우리는 이미 우리의 편견을 반영하는 것을 글로 읽고 이미 우리의 태도를 공유하는 사람들과 어울리기 때문에, 우리 자신의 의견이나 관점, 신념, 행동 등이 실제보다 다른 사람들에게 더 많이 공유되고 있다고 생각한다. 즉, 우리는 '의견 합의를 잘못되게 가정하는(false consensus)' 경향을 지니는 것이다. 따라서 이러한 내용을 바탕으로 빈칸에 들어갈 말을 적절하게 추론한 것은 우리가 때때로 '다른 사람들이 우리처럼 생각하는' 정도를 과대평가한다는 것이다.

오답 해설

① 우리는 다른 사람들과 동의하는 척한다
→ 이 글에 제시된 '잘못된 합의 효과'에 따르면, 우리는 이미 우리와 가치관이나 태도를 공유하는 사람들과 어울리는 경향이 있기 때문에, 우리의 의견이나 관점, 생각 등이 실제보다 더 많이 공유되고 동의한다고 가정한다. 따라서 ①의 서술은 빈칸에 들어갈 말로 적절하지 않으며, 이는 반대로 'peer pressure'에 더 해당하는 설명이라고 할 수 있다.

③ 확인되지 않은 정보가 퍼진다
→ 이 글은 사람들이 주변인들로부터 영향을 받는 것에 대한 효과와 자신이 주변 사람들을 대상으로 의견을 공유하거나 동의하는 수준을 더 크게 인식하는 효과 두 가지를 각각 설명한다. 그러나 정보의 사실성이나 루머 확산 등에 대한 것은 이 글에 전혀 언급된 바가 없으며, ③은 빈칸에 들어올 말로 적절하지 않다.

④ 새로운 사회적 규범이 만들어진다
→ 이 글에 제시된 '잘못된 합의 효과'에 따르면, 우리는 우리의 편견을 반영하는 것들을 읽고, 이미 우리와 태도를 공유하는 사람들과 어울리게 되는 경향이 있기 때문에, 사람들이 동의하는 수준을 더 크게 생각하는 오류를 저지르게 된다. 말하자면 기존의 규범을 더 강화하는 식으로 사고방식이 형성되는 것이다. 따라서 ④는 빈칸에 들어갈 말로 적절하지 않다.

해석 우리는 모두 주변 사람들이 어떻게 생각하는지 신경 쓰고, 세상에 대한 우리의 믿음은 주변 사람들에 의해 강하게 영향을 받는다. 실제로, 다른 사람들이 하는 것을 따르라는 압박인 '또래 집단으로부터 받는 사회적 압박'은 강력할 수 있고 저항하기 어려울 수 있다. 이것은 패션의 경우에 특히 뚜렷하게 나타나는데, 우리가 다른 사람들로부터 '멋진' 것에 대한 우리의 신호를 받는 것이다. 우리는 또한 불법적으로 음악을 다운받거나 탈세를 하는 것과 같은 다양한 형태의 의심스러운 행동이 모든 사람들이 그것을 한다는 이유로 받아들여질 수 있다고 생각할 수 있다. 하지만, 반대로, 우리는 우리의 편견을 반영하는 것들을 읽고, 이미 우리의 태도를 공유하는 사람들과 어울리는 경향이 있기 때문에, 우리는 때때로 <u>다른 사람들이 우리처럼 생각하는 정도</u>를 과대평가한다. 이것은 합의성 착각효과로 알려져 있다: 이것은 자신의 의견, 관점, 신념, 속성 또는 행동이 실제보다 훨씬 더 널리 공유되고 동의한다고 가정하는 경향을 의미한다.

어휘 peer 주변 사람, 또래 pressure 압력, 압박 conform to ~에 순응하다, 따르다 resist 저항하다, 거부하다 particularly 특히 apparent 명백한, 눈에 띄는 cue 단서, 신호 various 다양한 questionable 의심스러운, 수상한 illegally 불법으로 tax evasion 탈세 acceptable 받아들여지는 on the grounds that ~라는 근거로 reversely 역으로 reflect 반영하다 prejudice 편견 associate 연관 짓다, 제휴하다, 교류하다 attitude 태도 overestimate 과대평가하다 extent 정도 false 틀린, 잘못된 consensus 합의, 의견 일치 tendency 경향 assume 가정하다, 상정하다 opinion 의견 perspective 관점 attribute 속성 agree 동의하다 pretend ~하는 체하다 unverified 입증되지 않은 spread 확산하다, 퍼지다 norm 규범

13

정답 ④

정답 해설

④ 인터넷 사용자들의 인구가 바뀌었다
→ 이 글은 2014년 미국의 모든 결혼의 3분의 1이 온라인 관계에서 시작했다고 말하며, 과거에 비해 온라인으로 데이트를 하는 사람들이 빠르게 증가하고 있는 사회적 현상에 대해 설명하고 있다. 이 글에 따르면, 온라인 데이트의 이미지가 좋아진 것은 어렸을 때부터 인터넷을 적극적으로 이용했던 '새로운 세대의 사용자'들이 등장했기 때문이며, 인터넷에 친숙한 젊은 사용자들이 온라인 데이트를 받아들일 확률이 더 높아지게 되었다. 따라서 빈칸에 들어올 말로 가장 적절한 것은 '인터넷 사용자들의 인구가 바뀌었다'는 것이다.

오답 해설

① 인터넷이 사람들의 소통을 더 빨라지게 했다
→ 이 글은 과거에 비해 최근 온라인 데이트와 온라인 교제를 통한 결혼이 사회적으로 증가하고 있다고 말하며, 그것의 원인은 인터넷에 거부감이 적고 인터넷을 친숙해하는 젊은 세대가 등장했기 때문이라고 설명하고 있다. 그러나 이러한 인구사회적 요인이 아닌, 기술적 요인으로 인해 소통이 빨라졌다는 것을 언급하는 ①의 설명은 빈칸에 들어올 말로 부적절하다.

② 연애에 대한 젊은 사람들의 욕구가 더 높아졌다
→ 이 글은 온라인 관계가 매우 일부였던 과거에 비해, 최근에는 데이트 사이트나 소셜 미디어, 채팅방 등을 통해 온라인 데이트가 증가하고 있는 현상을 다루고 있다. 그러나 젊은 사람들의 연애에 대한 욕구나 관심이 과거에 비해 증가했다는 것은 이 글에 언급되어 있지 않다.

③ 신문이 온라인 연애에 대한 환상을 심어주었다
→ 이 글은 온라인 관계를 통해 연애를 하는 것이 90년대에는 매우 드물고 이상한 것으로 묘사되었지만, 최근에는 미국의 모든 결혼의 3분의 1이 온라인 관계에서 시작할 만큼 온라인 데이트가 증가하고 있다고 말한다. 그러나 온라인 연애에 대한 미디어의 보도가 바뀌었다거나, 신문이 온라인 연애에 대한 환상을 심어주었다는 것은 이 글을 통해 알 수 없다.

해석 2004년과 2014년 사이의 데이트에서 가장 큰 변화는 미국의 모든 결혼의 3분의 1이 온라인 관계에서 시작했다는 것인데, 이는 10년 전에는 온라인 관계가 매우 일부였던 것과 비교된다. 이러한 결혼의 절반은 데이트 사이트에서 시작되었고, 나머지는 소셜 미디어, 채팅방, 실시간 메시지 등을 통해 시작되었다. 이러한 변화는 데이트 옵션이 바뀌었기 때문이 아니라, 인터넷 사용자들의 인구가 바뀌었기 때문이다. 1995년, 온라인상에서 결혼이 시작된 것은 매우 드물었기 때문에 신문들은 그것을 이상하게 미래지향적인 것으로 보도하곤 했다. 온라인 데이트는 절박하거나 데이트를 할 수 없는 사람들을 위한 최후의 수단으로 낙인찍히곤 했다. 그러나, 온라인을 통한 연락이 이미 잘 알려져 있고 확립된 새로운 세대의 사용자들이 등장함에 따라, 온라인 데이트와 관련된 초기의 낙인은 중요하지 않게 되었다. 온라인 데이트가 도입된 지 20년이 지난 2014년쯤, 젊은 사용자들은 온라인 데이트를 받아들일 확률이 더 높아졌는데, 이는 그들이 교육, 쇼핑, 오락, 게임, 사교생활, 뉴스 얻기, 일자리 얻기 등을 위해 어릴 때부터 인터넷을 적극적으로 이용했기 때문이다.

어휘 marriage 결혼 compared to ~에 비해 fraction 일부분 decade 10년 via ~를 통해 rare 드문, 희귀한 weirdly 이상하게 futuristic 미래지향적인 used to ~하곤 했다 stigmatize 낙인을 찍다 last resort 마지막 수단, 최후의 보루 desperate 절박한 initial 초기의 irrelevant 무관한, 중요치 않은 generation 세대 emerge 부상하다, 나타나다 establish 수립하다, 확립하다 introduction 도입, 소개 probability 확률 embrace 받아들이다, 포용하다 active 적극적인 communicate 의사소통하다 desire 욕구, 욕망 instill 주입하다, 심다 population 인구

14

정답 ③

정답 해설

③ 본질적으로 건강에 좋지 않은
→ 이 글은 모든 간식을 먹는 행동(snacking)이 나쁜 것은 아니라고 설명하고 있으며, 빈칸의 단서는 "But, again, this doesn't mean all between-meals eating is a bad idea."와 "A healthy snack is fine."라고 할 수 있다. 이 글에 따르면, 오늘날 많은 영양학자들은

전통적인 세 끼의 식사보다 여섯 끼의 작은 식사를 권장하고 있으며, 군것질 또한 무조건 몸에 나쁜 것이 아니라는 것을 알 수 있다. 따라서 빈칸 문장의 'nothing'을 고려했을 때, 빈칸에 들어올 말로 적절한 것은 간식이 '본질적으로 건강에 나쁜' 것은 아니라는 서술이다.

오답 해설

① 잘못되게 비난받는
→ 이 글은 간식을 먹는 것이 건강에 미치는 영향에 대한 글로서, 단순히 모든 간식이 나쁘다는 것은 잘못된 생각이며, 건강에 좋은 간식이나 '작은 끼니'는 바람직하다고 설명한다. 그러나 빈칸 문장의 'nothing'을 고려했을 때 ①의 서술은 이 글의 내용과 부합하지 않는다.

② 매우 바람직한
→ 이 글은 간식과 같은 '작은 끼니'가 몸에 좋다는 핵심 내용을 다루고 있다. 그러나 빈칸 문장의 'nothing' 표현으로 인해, 간식을 먹는 것에 '바람직한 것이 없다'는 말은 옳지 않다.

④ 필연적으로 유익한
→ 이 글은 모든 군것질이 나쁜 것이 아니라, 건강에 좋은 간식이나 적당한 '작은 끼니'는 몸에 좋다고 설명하고 있다. 그러나 빈칸 앞의 'nothing'이라는 부정어와 결합했을 때, ④의 말은 '간식을 먹는 것에 꼭 유익한 점이 있는 것은 아니'라는 뜻이 되므로, 답이 될 수 없다.

해석 간식을 먹는 것에 있어서 본질적으로 건강에 좋지 않은 것은 없다. 오늘날 많은 영양학자들은 심지어 전통적인 세 끼의 큰 양의 식사 대신에 하루에 여섯 끼의 작은 양의 식사를 하도록 권장한다. 그리고 많은 사람들은 더 빈번한 '작은 끼니'로 하루 종일 그들의 혈당치를 일정하게 유지한다면, 식사 시간에 과식을 피하는 것이 더 쉽다는 것을 알게 된다. 그러나, 노스캐롤라이나 대학의 2010년 연구는 간식 섭취를 최근 미국 어린이들의 체중 증가의 원인으로 보았다. 이 나라의 평균적인 어린이들은 이제 1977년보다 매일 168칼로리의 더 많은 양의 간식을 먹고, 일 년에 13.5파운드의 체지방을 추가할 수 있는 충분한 칩과 그래놀라 바를 먹는다. 하지만, 이것이 모든 간식을 먹는 것이 나쁜 생각이라는 것을 의미하지는 않는다. 심심해서 간식을 먹는 것이 나쁜 생각이다. 저녁보다 맛이 더 좋기 때문에 초콜릿만 먹는 것이 나쁜 생각이다. 건강에 좋은 간식은 괜찮다. "간식이 필요해"에 대한 올바른 대답은 "(간식은) 저녁식사를 망칠 거야!"가 아니다. 그것은 아마도 "물론이지, 사과나 바나나 중 어느 것을 원하니?"일 것이다.

어휘 nutritionist 영양학자 recommend 권장하다, 추천하다 traditional 전통적인 overeat 과식하다 blood-sugar 혈당 even 균등한, 일정한 frequent 잦은, 자주 있는 study 연구 blame Ⓐ for Ⓑ Ⓐ를 Ⓑ의 원인으로 탓하다, 비난하다 recent 최근의 boredom 지루함 ruin 망치다 falsely 잘못되게, 틀리게 accuse 비난하다, 고발하다, 고소하다 desirable 바람직한 inherently 본질적으로 beneficial 이로운, 유익한

15

정답 ②

정답 해설

② 근거 없이 강화시키다
→ 이 글은 자신의 신념을 뒷받침해주는 증거들에 더 무게를 두는 확증 편향에 대한 내용이다. 글에 제시된 예시를 보면 보름달이 뜬 날 사고가 많이 나서 응급실을 찾는 사람들이 많다고 믿는다면 실제로도 그 믿음을 확인하기 위해 보름달이 뜨는 날 입원하는 환자들에 집중하게 될 것이라고 설명한다. 이를 통해 본인이 가지고 있는 믿음을 '근거 없이 강화시키려 하는 것'임을 알 수 있으므로 정답을 ②로 골라야 한다.

오답 해설

① 무의식적으로 흔들어 놓는다
→ 이 글은 본인의 믿음을 뒷받침해주는 정보들에만 집중해 믿음을 강화하려는 '확증 편향'에 대한 내용이다. 글에 제시된 예시는 보름달과 사고 사이의 연관성이 크다고 믿으려 하는 상황에 대한 것이므로 그 믿음이 반복을 통해 '흔들린다'라고 설명하는 것은 부적절하다.

③ 명백히 반대되다
→ 이 글에서 확증 편향은 믿음에 부합하는 정보를 찾는 것이지, 믿음에 반대되는 정보를 찾는 경향을 의미하지 않는다.

④ 점차 산산조각 나다
→ '확증 편향'은 본인의 믿음에 부합하는 증거들을 통해 자신의 믿음을 강화시키려는 경향을 의미한다. 따라서 믿음에 부합하는 정보 확인을 통해 믿음이 산산조각 난다고 하는 것은 부적절하다.

해석 확증 편향은 선택적으로 사고하는 형태를 가리키는데 이런 사고를 통해 사람은 자신의 신념을 확증해 줄 만한 사실을 주목하고 찾아보려 하지만 자신의 신념에 모순되는 연관물들을 무시하거나 찾으려 하지 않고 평가 절하하려는 경향이 있다. 예를 들어 만약에 보름달이 뜬 날, 당신이 일하는 응급실에 입원 환자가 늘어난다고 믿고 있다면, 당신은 보름달이 뜨는 동안 발생하는 입원에 대해 주목하게 될 것이다. 하지만 보름달이 뜨지 않은 다른 날 밤에 입원 환자가 발생하면 그날 뜬 달에는 별로 관심을 보이지 않을 것이다. 시간이 지나면서 이러한 현상을 믿는 경향성은 달의 영향뿐 아니라 보름달과 사고 사이의 관계에 대한 믿음을 근거 없이 강화시킨다. 우리의 신념에 반대되는 것에 집중하고, 중요시하는 것보다 우리들의 신념을 뒷받침해 주는 자료에 관심과 무게를 더 두는 경향은 우리의 신념이 편견에 지나지 않을 때 특히 위험하다.

어휘 confirmation bias 확증 편향 refer to 가리키다, 나타내다 a type of ~의 형태 selective 선택적인, 선택하는 tend to ~하는 경향이 있다 notice 주목하다, 관찰하다 look for 찾아보다, 찾다 ignore 무시하다 undervalue 평가 절하하다 relevance 연관물, 상관관계 contradict 모순되다, 반박하다 admission 입원, 들어옴 emergency 응급의 inattentive 관심을 보이지 않는, 무뚝뚝한 tendency 경향성 relationship 관계

16

정답 ②

정답 해설

② 아편제에 양성 반응이 나온다
→ 이 글은 양귀비 씨앗이 아편의 원료이며, 가공을 통해 씨앗 속에 남아 있는 마약 성분이 대부분 제거되지만, 여전히 남아 있을 수 있다고 설명한다. 이를 통해서 양귀비 씨를 섭취하면 소변 약물 검사에서 '아편제에 양성 반응이 나올' 수 있다고 유추할 수 있다. 또한, 빈

칸 뒤에 이어지는 내용에서 양귀비 씨가 박힌 베이글을 섭취해서 마약 검사에서 걸렸다는 일화에 관해 설명하므로, ②가 정답으로 가장 적절하다.

오답 해설
① 아편제에 무감각한 반응이 나온다
→ 빈칸 앞에서는 양귀비 씨앗에 소량의 마약 성분이 남아 있는 것이 드문 일이 아니라고 설명하고 있으며, 빈칸 뒤에서는 양귀비 씨가 박힌 베이글을 먹고 마약 검사에서 걸렸다는 일화를 소개한다. 이런 맥락상 빈칸에 '아편제에 무감각한 반응이 나온다'는 설명은 적절하지 않다.
③ 아편제에 무반응이 나온다
→ 이 글은 아편의 원료인 양귀비 씨앗에는 소량의 마약 성분이 남아 있을 수 있다는 내용과 양귀비 씨가 박힌 베이글을 먹고 마약 검사에서 걸렸다는 일화를 설명하며 이로 인해 가석방된 수감자들이 양귀비 씨를 먹는 것이 금지된다고 말한다. 따라서, ③은 빈칸에 적절하지 않다.
④ 아편제에 음성 반응이 나온다
→ 이 글은 아무리 양귀비 씨를 가공하더라도 소량의 마약 성분이 남아 있을 수 있으며, 양귀비 씨가 박힌 베이글을 먹고 마약 검사에서 걸린 사례도 있다고 설명한다. 이 글의 흐름상 빈칸에 '아편제에 음성 반응이 나온다'는 설명은 정답과 상반되는 내용이므로 빈칸에 적절하지 않다.

해석 양귀비 씨앗은 아편의 원료가 되는 양귀비의 영양분이 풍부한 식용 씨앗이다. 물론 아편의 원료가 되는 양귀비는 헤로인, 모르핀, 코데인뿐만 아니라 아편의 원료이다. 씨앗 자체에는 아편제가 포함되어 있지 않지만 수확하는 동안 (그것들은) 모르핀 잔류물에 의해 자주 오염된다. 가공을 통해 이 잔류물의 대부분이 제거되지만 미량이 남아 있는 것은 드문 일이 아니다. 따라서, 양귀비 씨 섭취량, 원산지, 그리고 사용된 검사법에 따라 양귀비 씨를 섭취하면 소변 약물 검사에서 아편제에 양성 반응이 나올 수 있다. 양귀비 씨 하나가 박힌 베이글 한 개로 누군가가 마약 검사에 걸렸다는 일화가 많이 있으며, 가석방된 수감자들이 양귀비 씨를 먹는 것은 아예 금지된다.

어휘 seed 씨앗 edible 식용의 nutritious 영양분이 풍부한 opium 아편 contain 포함하다 frequently 자주 contaminate 오염시키다 residue 잔류물, 남은 것 harvest 수확하다 remove 제거하다 uncommon 드문 consumption 섭취 indeed 따라서, 사실 urine 소변 numerous 많은, 수많은 anecdote 일화 convict 수감자, 범죄자 parole 가석방

17

정답 ④

정답 해설
④ 지구를 따뜻하게 만든다
→ 이 글은 대기가 태양으로부터 나오는 방사선을 흡수하여 지구에 태양열이 전부 직접적으로 전달되지 않게끔 지구를 보호하는 역할을 한다고 설명한다. 이 글에 따르면, 대기로 이산화탄소와 같은 화학물질들이 방출되면서 고지대 오존층은 파괴되고, 이러한 대기 가스는 태양으로부터 나오는 빛을 흡수하지 않고 통과시킴으로써 지

구를 더 따뜻하게 만드는 온실 효과가 일어나도록 한다. 또한 빈칸 문장의 다음 문장에서 (대기 가스와 같은) 기체들은 지구의 온도를 높여주는 담요의 역할을 한다는 말이 언급되어 있다. 따라서 빈칸에 들어갈 말로 가장 적절한 것은 '지구를 따뜻하게 만든다'는 것이다.

오답 해설
① 위치를 변동시킨다
→ 이 글은 오존이 지구를 태양열로부터 보호하는 원리와 그것이 파괴된 이후의 결과를 설명하고 있으나, 지구의 위치에 대한 내용은 언급하고 있지 않다.
② 오존을 강화시킨다
→ 이 글은 태양이 고에너지 방사선으로 지구를 뜨겁게 만드는 것을 막는 것은 대기의 오존의 역할이라고 말하며, 이산화탄소와 같은 대기 가스로 인해 오존층이 파괴되고 있다고 주의를 불러일으키고 있다. 따라서 대기 가스가 '오존을 강화시킨다'는 것은 본문과 어긋난다.
③ 에너지를 흡수한다
→ 이 글은 태양이 보내는 강한 에너지를 대기의 오존이 흡수하여 지구에 도달하지 못하게 막지만, 대기가스로 인한 오존층의 파괴로 태양 에너지는 대기에서 흡수되지 못하고 지구로 전부 들어오게 된다고 설명한다. 따라서 대기 가스가 '에너지를 흡수한다'는 것은 이 글의 설명과 부합하지 않는다.

해석 대기의 가장 중요한 특징 중 하나는 그것의 분자가 태양으로부터 방사선을 흡수하는 방식이다. 대기의 '보호 기능'이 없다면 태양은 고에너지 방사선으로 우리를 튀겨 버릴 것이다. 우리는 오존층에 의해서 보호를 받는데, 이 오존층이 높은 에너지 복사열을 흡수하여 지구에 도달하지 못 하게 막는다. 이것은 우리가 대기로 방출되는 화학 물질들이 이 고지대 오존을 파괴하고 있는 것을 왜 그렇게 걱정하는지 설명해주며, 이것은 온실 효과라고 불리는 현상과 관련이 있다. 오존층과 달리 이산화탄소와 같은 대기 가스는 빛을 흡수하지 않는다. 그러므로, 태양으로부터의 가시광선은 대기를 통과하고, 차례로, 지구는 적외선 복사로 이 에너지를 우주로 향해 방사한다. 그러나 그 기체들은 에너지의 일부를 지구를 향해 강하게 재방사하거나 반사하여, 결국 지구를 따뜻하게 만든다. 그러므로, 이 기체들은 그것들이 없을 때보다 지구의 온도를 훨씬 더 높게 만드는 절연 담요의 역할을 한다.

어휘 characteristic 특징 atmosphere 대기 molecule 분자 absorb 흡수하다 radiation 방사선, 방사 protection 보호 fry 튀기다 prevent 막다, 방지하다 reach 도달하다 chemical 화학성분 release 방출하다 unlike ~와 달리 carbon dioxide 이산화탄소 infrared 적외선의 reflect 반사시키다 insulate 단열하다, 절연하다 temperature 온도 fluctuate 변동시키다 strengthen 강화시키다 warm 따뜻하게 하다 phenomenon 현상 be related to ~와 연관이 있다 blanket 담요

18

정답 ③

정답 해설
③ 비윤리적인
→ 이 글은 수면 부족을 겪는 직원이 회사에 있을 경우 어떤 결과가

발생할 수 있는지를 설명하고 있다. 그 결과로써 제시된 것이 '회사 평판의 감소', '일탈적 행동', '거짓말', '남의 공로를 차지하려 함' 등이다. 이를 통해 알 수 있는 것은 수면 부족은 사람으로 하여금 '비윤리적인' 행동을 하도록 이끈다는 것이다. 따라서 빈칸에 들어가기에 가장 적절한 것은 ③이다.

오답 해설

① 화를 잘 내는
→ 글의 흐름상 빈칸 뒤에 있는 내용을 통해 빈칸에 들어갈 말을 유추해야 한다. 빈칸 뒤에 수면 부족으로 인해 타인에게 화를 잘 내게 된다는 설명은 없으므로 ①은 답이 될 수 없다.

② 현실에 안주하는
→ 빈칸에 '현실에 안주하는'이 들어가려면 빈칸 뒤 부연 설명에서 현재 자신의 일에 만족하며, 새로운 것을 시도하려 하지 않는다는 설명이 나와야 하는데, 뒤는 '거짓말', '남의 공로를 차지하려 함'과 같이 윤리에 관한 내용이다.

④ 무적의, 불패의
→ 이 글은 수면 부족이 초래하는 부정적인 결과에 대한 내용이다. 잠을 제대로 자지 못하면 '무적의, 불패의' 존재가 된다는 것은 맥락상 어색하다.

해석 수면 부족을 겪는 직원들은 덜 생산적이고, 덜 의욕적이고, 덜 창의적이고, 덜 행복하고, 덜 효과적일 뿐만 아니라, 그들은 더 비윤리적일 수도 있다. 사업에서의 평판은 성패를 좌우하는 요인이 될 수 있다. 회사에 수면 부족을 겪는 직원이 있으면 당신의 회사는 평판이 나빠질 위험에 더욱 취약해진다. 직장에서의 연구는 6시간 혹은 그보다 적게 잠을 자는 직원들이 6시간 또는 그 이상 잠을 자는 직원들보다 훨씬 더 일탈적으로 행동하고 다음날 거짓말을 할 가능성이 더 높다는 것을 발견했다. 워싱턴 대학교 포스터 경영대학원 연구원인 크리스토퍼 반스(Christopher Barns) 박사의 획기적인 연구에 따르면 잠을 제대로 못 자는 직원은 자신의 실수에 대해 직장에서 다른 사람의 탓으로 돌릴 가능성이 더 높으며, 심지어 다른 사람이 이룬 성공적인 성과의 공로를 차지하려 할 수도 있다. 그것은 팀워크와 조화로운 비즈니스 환경을 위한 레시피가 될 수 없다.

어휘 employee 직원 productive 생산적인 reputation 평판, 명성 make-or-break 성패를 결정하는 vulnerable 취약한 disrepute 악평, 불명예 significantly 상당히 deviant 일탈적인, 비정상적인 seminal 중대한, 획기적인 blame 탓하다 take credit for ~의 공을 차지하다 harmonious 조화로운 irritable 화를 잘 내는 complacent 현실에 안주하는 unethical 비윤리적인 invincible 무적의, 불패의

19

정답 ③

정답 해설

③ 생명의 연약함
→ 이 글의 주제문은 'The minute a person steps off any of thetourist trails created by the Galápagos National Park Serviceand heads into the untamed interior of one of these islands, there is the risk of death under the intense,

equatorial sun.'으로 해당 문장에서는 사람이 갈라파고스 섬의 안쪽 깊숙한 곳으로 향하는 순간 사망할 위험이 증가한다고 설명한다. 실제로도 많은 사람들이 길을 잃거나, 죽는다는 것을 통해 이를 부연 설명한다. 따라서 갈라파고스 섬은 인간 생명의 '연약함'을 보여준다는 것을 알 수 있다.

오답 해설

① 생명체의 다양성
→ 갈라파고스 섬에 사람들이 들어가면 실종되거나 사망할 가능성이 높아진다는 것은 알 수 있지만, 그 섬에 다양한 생명체가 서식한다는 것은 이 글을 통해 알 수 없다.

② 인간의 끈질긴 생명력
→ 이 글에서는 갈라파고스 섬 깊숙한 곳으로 사람들이 들어가면, 많은 사람들이 실종되거나 사망한다고 설명한다. 실종된 상태에서 끈질긴 생명력을 가지고 살아서 나온다는 내용이 중심적인 내용은 아니다.

④ 진화 과정
→ 이 글에 제시된 예시에서 갈라파고스 섬 내부로 들어간 많은 사람들이 실종되거나 사망한다는 것을 알 수 있으며, 이를 통해 인간 생명의 '연약성'이라는 소재를 파악할 수 있다. 글쓴이가 갈라파고스 섬에서 '진화 과정'을 관찰했다는 내용은 제시되어 있지 않다.

해석 찰스 다윈의 발자취를 따르기 위해 갈라파고스 제도까지 5천 마일을 여행했던 9번의 경험으로부터 내가 얻은 가장 오래가는 인상은 생명의 연약함에 대한 것이다. 누군가가 갈라파고스 국립공원 관리 공단이 만든 여행길을 따라 길들여지지 않은 섬들 중 하나의 내부로 향하는 순간, 강렬한 적도의 태양 아래서 사망할 위험이 있다. 찰스 다윈 연구소가 있는 산타크루즈 섬에서는 1990년 이후로 17명이 실종됐다. 몇몇은 울창한 덤불과 울퉁불퉁한 화산 지대에서 절망적으로 길을 잃은 후 살아 있는 상태로 발견되었다. 하지만 그들 중 대부분은 죽었다. 한 젊은 이스라엘 관광객은 1991년 산타크루즈의 거북이 보호구역에서 길을 잃었다. 두 달 동안의 대대적인 수색은 그를 찾지 못했다. 사실, 몇몇 수색자들은 길을 잃었고 구조되어야만 했다. 거북이 보호구역에 있는 표지판이 퉁명스럽게 말하고 있다: "멈춰라. 이 지점을 넘지 말아라. 당신은 죽을 수도 있다."

어휘 footstep 발자취 enduring 지속적인, 오래가는 trail 선로, 길 untamed 길들여지지 않은 interior 내부 intense 강렬한 equatorial 적도의 disappear 사라지다 subsequently 이후에 alive 살아 있는 hopelessly 절망적으로 dense 빽빽한, 밀집한 underbrush 덤불 rugged 울퉁불퉁한 volcanic 화산의 terrain 지대, 지형 perish 죽다, 사라지다 reserve 보호 구역 massive 엄청난, 대규모의 rescue 구조하다 bluntly 퉁명스럽게 diversity 다양성 tenacious 끈질긴, 집요한 vitality 활력, 생명력 fragility 연약함 evolution 진화

20

정답 ①

정답 해설

① 작업량을 증가시킨 것
→ 이 글의 주제문은 첫 문장인 'It is one of the great ironies of

modern times that, with all of our time-saving creations, people have less time to themselves than ever before.'로 시간을 절약하기 위해 만들어낸 창작물이 오히려 우리의 시간을 더 많이 잡아먹고 있다는 것이 글의 주된 내용이다. 빈칸 뒤에는 진공청소기의 등장과 함께 사람들의 청결 기준이 높아져, 그들이 더 많은 시간을 청소에 쏟고 있다는 내용이 제시된다. 따라서 시간을 줄여줄 것으로 기대되었던 기술이 오히려 우리의 '작업량을 증가'시켰다고 설명하는 것이 자연스럽다.

오답 해설

② 사람들의 기대치를 낮춘 것
→ 빈칸 뒤에 제시된 예시를 보면 시간을 절약해줄 것으로 기대되었던 진공청소기는 사람들의 청결에 대한 기준치를 높이는 결과를 가져왔다. 따라서 ②는 글의 내용과 반대된다.

③ 과도한 여가 시간을 제공한 것
→ 이 글에 따르면 시간을 절약해줄 것으로 기대되었던 제품이나 기술이 없었던 시기의 사람들은 여가 시간을 더 많이 즐겼다. 빈칸은 시간 절약을 위한 기술이 초래한 의도치 않은 결과에 대한 내용이므로, 사람들이 여가 시간을 더 즐기지 못하게 됐다는 내용이 들어가야 한다.

④ 기술 개발의 침체
→ 이 글에서는 시간 절약을 위한 기술이 오히려 사람들의 작업량을 증가시켰다고 설명하고 있긴 하나, 이러한 이유로 기술 개발의 침체가 일어났다는 내용은 제시되어 있지 않다. 따라서 ④는 빈칸에 들어가기에 부적절하다.

해석

시간을 절약해 주는 우리의 창작물이 있음에도 사람들이 이전보다 자신들에게 쓸 시간이 더 적다는 것은 현대의 큰 아이러니 중 하나이다. 중세의 생활은 보통 음울한 것으로 묘사되지만, 사람들이 자신들의 후대보다 오히려 더 많이 가졌던 한 가지 귀중한 것은 여가 시간이었다. 유럽에서 중세 내내, 매년 평균 휴일 수는 대략 115일이었다. 오늘날 여전히 가난한 나라들이 부유한 나라들보다 평균적으로 더 많은 휴일을 가지고 있다는 사실은 흥미롭다. 작업량을 증가시키는 데 가장 큰 원인이었던 것은 흔히 시간을 절약하도록 의도된 바로 그 창작물이었다. 예를 들어, 오늘날의 진공청소기와 다른 제품들은 사람들의 청결 기준을 훨씬 더 높였고, 그것은 갑자기 박멸할 수 있게 된 집안의 먼지와 박테리아에 맞서 사람들이 이러한 제품들을 작동시키는 데 필요한 시간을 쏟게 한다.

어휘

portray 묘사하다 gloomy 음울한, 우울한 Middle Ages 중세 commodity 상품, 것 successor 후대, 후임자 leisure 여가 average 평균의 intend 의도하다 be responsible for ~에 책임이 있다, ~의 원인이 되다 vacuum cleaner 진공청소기 cleanliness 청결 propel 추진하다, 몰다 defeatable 박멸할 수 있는 workload 작업량 stagnation 침체, 정체

21

정답 ①

정답 해설

① 후각이 미각을 지배한다

→ 빈칸 뒤에서 답의 근거를 찾아야 한다. 'since much of your appreciation of the food is based upon smell rather than taste'를 통해 인간은 후각을 통해 음식의 맛을 인식한다는 것을 알수 있고, 마지막 문장에서도 감기에 걸려 코가 막혔을 때, 음식의 맛을 느끼기 어렵다고 설명한다. 이를 통해 우리는 '후각이 미각을 지배한다'는 것을 알 수 있다.

오답 해설

② 음식의 다양성은 음식의 맛에 영향을 미친다
→ 이 글은 냄새가 인간과 동물의 음식에 대한 인식에 영향을 미친다는 내용이다. 음식의 다양성이 맛에 영향을 미치는지의 여부는 글에 제시되어 있지 않다.

③ 음식의 모양과 크기는 맛에 영향을 준다
→ 이 글에서는 음식의 맛을 인식하는 데 있어서 후각의 중요성을 설명한다. 음식의 모양과 크기가 음식의 맛에 영향을 준다는 내용은 제시되어 있지 않다.

④ 음식의 맛을 결정하는 것은 시각이다
→ 글에 제시된 실험에서 음식을 맛보기 전에 눈을 가리고 콧구멍을 막았지만, 밝혀진 것은 음식의 맛을 인식하는 데 있어 후각이 중요하다는 것이다. 따라서 음식의 맛을 결정하는 것은 시각이 아닌 후각이라는 것을 알 수 있다.

해석

동물들은 차가운 음식보다 따뜻한 음식을 선호하는데, 이는 부분적으로 음식이 체온 정도이거나 그것보다 조금 더 따뜻할 때 맛과 냄새가 강하기 때문이다. 사람과 마찬가지로 동물들도 후각이 미각을 지배한다. 다음 간단한 실험을 해보라. 바삭바삭한 사과 조각, 단단한 배, 그리고 생감자를 거의 같은 크기로 썰어라. 눈을 감고 콧구멍을 막아라. 이제 누군가 당신에게 맛보라고 세 가지 중 일부를 주면, 당신은 그 세 가지 음식을 구별하는 것이 사실상 불가능하다는 것을 알게 될 것이다. 왜냐하면 음식에 대한 당신의 인식의 많은 부분은 맛보다는 냄새에 기초하기 때문이다. 이것은 또한 왜 당신이 감기에 걸리고 코가 막혔을 때, 대부분의 음식이 상대적으로 맛이 없고 가장 좋은 와인은 싼 싸구려 포도주 맛이 나는지 설명해준다.

어휘

prefer 선호하다 partly 부분적으로 odor 후각, 냄새 somewhat 다소 temperature 온도 bit 조금, 약간 crisp 바삭바삭한, 건조한 nostril 콧구멍 virtually 사실상, 거의 impossible 불가능한 apart 구별의, 별개의 appreciation 인식, 인지 rather than ~보다는 explain 설명하다 stuffed 막힌, 꽉 틀어막힌 relatively 상대적으로 tasteless 맛이 없는 finest 가장 좋은, 값비싼

22

정답 ②

정답 해설

빈칸 문장은 That is(즉)를 통해 앞서 제시된 내용을 반복적으로 설명한다. 앞 문장에서 돌고래들의 호흡은 의식적으로 조절되기 때문에 그들이 잠을 잘 때조차도 의식을 유지해야 한다고 설명한다. 이를 통해 돌고래들은 숨을 쉴 때를 의식적으로 결정해야 하고, 따라서 '숨을 쉬기 위해 의식을 유지해야 한다는 것'을 알 수 있다. 뒤 문장에서도 돌고래들이 무

의식 수면에 들어간다면 익사할 것이라고 설명하므로 빈칸에는 ②가 적절하다.

② 숨쉬기 위해 지속적으로 의식을 유지해야 한다
→ 본문은 돌고래들이 깊은 무의식 수면에 들어가면 질식이나 익사라는 결과가 초래되기 때문에, 단반구 수면을 통해 의식적으로 숨을 쉬어야 한다는 내용이다. 따라서 ②는 빈칸에 들어갈 내용으로 적절하다.

오답 해설

① 낮잠을 잘 필요가 없다
→ 주어진 글은 낮잠의 필요 여부를 다루지 않는다.

③ 다른 돌고래들과 무리를 지어 잠을 자야 한다
→ 이 글에는 돌고래들이 숨을 쉴 때를 결정하기 위해 수면 중에도 의식을 유지한다는 내용은 제시되어 있으나, 다른 돌고래들과 무리를 짓는다는 설명은 제시되어 있지 않다.

④ 너무 많은 생각에 과부하가 걸린다
→ 이 글에 따르면 돌고래들은 뇌의 반쪽을 번갈아 가며 휴식을 취한다. 의식적으로 생각할 것이 많아서 과부하에 걸린다는 부정적인 내용은 제시되어 있지 않다.

해석 돌고래들은 잠을 잘 때조차도 의식을 유지해야 한다. 왜냐하면 그들의 호흡은 자동적인 것이 아니라 의식적으로 조절되기 때문이다. 다시 말해서 돌고래는 숨을 쉴 때를 적극적으로 결정해야 하고, 그래서 그들은 숨쉬기 위해 지속적으로 의식을 유지해야 한다. 돌고래가 우리처럼 깊은 무의식 수면에 들어간다면 숨이 멎거나 질식하거나 익사할 것이다. 이것을 피하기 위해, 돌고래들은 한 번에 뇌의 절반만 잠을 자도록 하고, 나머지 절반은 계속 호흡하고 환경의 위험을 살피도록 경계를 유지한다. 돌고래는 잠을 잘 때 한쪽 눈만 감는다. 왼쪽 눈은 뇌의 오른쪽 절반이 잘 때 감기고, 그 반대도 마찬가지다. 이러한 종류의 수면은 한 번에 하나의 뇌 반구만 잠을 자기 때문에 단반구 수면으로 알려져 있다. 돌고래들은 주기적으로 잠을 자는 뇌의 반쪽을 번갈아 가며 의식을 잃지 않고 필요한 휴식을 취할 수 있도록 한다.

어휘 remain 유지하다 conscious 의식적인 even when ~할 때조차도 breathing 호흡 automatic 자동적인, 자동의 consciously 의식적으로 control 조절하다, 조정하다 actively 적극적으로 unconscious 무의식의, 잠재의식의 suffocate 질식하다, 질식시키다 drown 익사하다 get around 피하다 allow ~하게 하다, 허락하다 stay alert 경계를 유지하는 vice versa 그 반대도 마찬가지이다 hemisphere 반구 alternate 번갈아 하다 periodically 주기적으로

23

정답 ②

정답 해설

이 글은 소리와 진동이 꺼져있거나, 전원 자체가 꺼져 있더라도 책상 위에 휴대폰을 놓아둔 사람들의 성과가 휴대폰을 주머니나 다른 방에 치워둔 사람들보다 저조했다는 내용이다. 이를 통해 파악할 수 있는 것은 '단순히 스마트폰이 근처에 있다는 것'이 인지 능력을 저하시킬 수 있다는 것이다.

② 단순히 스마트폰이 근처에 있다는 것
→ 연구 결과 휴대전화를 다른 방에 두거나, 주머니에 넣어둔 다른 팀에 비해 휴대전화를 책상 위에 놔둔 팀의 성적이 저조했다는 것이 이 글의 주된 내용이다. 따라서 휴대전화가 근처에 있을수록 인지 능력이 더 저하됐다는 내용이 되는 것이 자연스럽다.

오답 해설

① 스마트폰의 알림과 소리
→ 이 글에 제시된 연구에서 변수는 휴대폰을 '어디에 놓았는지'이다. 스마트폰의 알림과 소리는 모두 꺼져 있었으므로 그것이 켜져 있거나 꺼져 있는 것에 따라 인지 능력에 다르게 영향을 줄 수 있는지는 확인할 수 없다.

③ 다른 사람들이 같은 장소에 존재하는 것
→ 이 글은 주변에 핸드폰이 있는지 여부에 따라 인지 능력이 영향을 받았다는 내용이지, 주변에 있는 다른 사람의 존재에 영향을 받았다는 내용은 아니다.

④ 작업을 수행하는 동안 스마트폰을 사용하는 것
→ 이 글에서 모든 참가자들은 과제를 수행하는 동안 스마트폰을 사용하지 않았다. 따라서 과업 중 휴대폰 사용이 인지 능력에 영향을 미칠 수 있는지는 확인할 수 없다.

해석 최근 연구에서는 단순히 스마트폰이 근처에 있다는 것만으로도 인지 능력이 저하될 수 있는지 조사했다. 두 번의 실험에서 거의 800명의 사람들이 그들의 인지 능력을 측정하도록 설계된 과제를 완료했다. 우리의 개입은 간단했다. 이러한 과제를 완료하기 전에 참가자들에게 전화기를 그들 앞에 두거나, 주머니나 가방에 두거나, 다른 방에 두도록 요청했다. 중요한 것은, 모든 전화기에 경보음과 진동이 꺼져 있어서 참가자들이 알림에 의해 방해를 받을 수 없었다는 것이다. 결과는 놀라웠다: 휴대폰이 다른 방에 있는 동안 이러한 작업을 완료한 사람들이 가장 좋은 성과를 보였고, 주머니에 휴대폰을 넣은 사람들이 그 뒤를 이었다. 꼴찌는 책상 위에 휴대폰이 놓여 있는 사람들이었다. 우리는 참가자들의 휴대폰이 꺼져 있을 때도 비슷한 결과를 보았다: 사람들은 그들의 휴대폰이 분리된 방에 있을 때 최고의 업무 능력을 보였다.

어휘 recent 최근의, 최근 investigate 조사하다, 탐색하다 whether ~인지 아닌지 disrupt 저하시키다, 방해하다 cognitive 인지의 measure 측정하다 capacity 능력 intervention 개입, 방해 participant 참가자 alert 경보음 vibration 진동 turn off (전원 등을) 끄다 interrupt 방해하다, 끼어들다, 짜증나게 하다 notification 알림 striking 놀라운 similar 비슷한 separate 떨어져 있는, 고립된

24

정답 ①

정답 해설

① 조화시키다, 합치시키다
→ 주어진 빈칸의 목적어인 these two facts는 각각 "자신들의 나라와 국내외 문제를 잘 알고 있다"라는 것과 "텔레비전이 주요 정보원이다"는 것이다. 빈칸 바로 뒤에서 TV 뉴스는 단지 헤드라인만을 보여주며, 정보원이 될 수 없다고 했으므로, 두 가지 사실이 서로 "조화/합치"될 수 없다고 빈칸을 채운다.

② 금지하다

　→ 빈칸 뒤의 단서를 보면 "금지하다"의 내용이 들어갈 수 없다.

③ 억압하다, 억제하다

　→ 빈칸 뒤의 단서를 보면 "억제하다"의 내용이 들어갈 수 없다.

④ 자랑하다

　→ 빈칸 뒤의 단서를 보면 "자랑하다"의 내용이 들어갈 수 없다.

해석 최근의 한 설문조사는 대부분의 성인들이 자신들이 "자신들의 나라와 세계적인 문제들에 대해 잘 알고 있다"고 생각한다는 것을 보여주고 있다. 그러나 "세상에 대한 대부분의 정보를 어디서 얻는가?"라고 묻는 정기적으로 실시되는 전국 여론조사는 "텔레비전"이라고 대답하는 사람들의 비율이 지난 10년 동안 꾸준히 증가하고 있다는 것을 발견했다. 가장 최근의 설문조사는 응답자의 60% 이상이 다른 미디어보다 텔레비전을 주요 정보원으로 선택했다는 것을 발견했다. 텔레비전 뉴스를 가볍게 연구해 보아도 그것은 단지 헤드라인 서비스일 뿐이고 세계관을 형성할 수 있는 정보원이 아니라는 것을 드러내기 때문에 이 두 가지 사실을 <u>조화시키는</u> 것은 매우 어렵다.

어휘 poll 여론 조사; 투표　decade 10년　questionnaire 설문지　casual 대충 하는, 건성의　well over ~을 훨씬 초과한　latest 최근의　respondent 응답자

25

정답 ③

정답 해설

③ 행동의 연결성

　→ 이 글은 '특정 행동을 기존에 하던 행동과 연결시킴으로써' 새로운 습관을 형성하는 방법에 대해 설명한다. 행동 간의 연결성에 대한 언급이 'pair it with a current habit', 'tie your desired behavior into something you already do each day' 등을 통해 반복적으로 제시된다. 따라서 이 글에 제시된 습관 형성 방법은 '행동 간의 연결성'을 활용하는 것이다.

오답 해설

① 행동의 대체

　→ 이 글에서는 기존 행동을 새로운 행동으로 대체해서 습관을 형성하라고 이야기하는 것이 아닌, 기존 행동과 새로운 행동을 연결시킴으로써 습관을 형성할 것을 제안하고 있다.

② 행동의 점진적 소멸

　→ 이 글에서 설명하는 습관 형성은 기존 행동을 소멸시키는 것을 통해서가 아닌 기존 행동과 새로운 행동을 연결함으로써 일어난다. 따라서 빈칸에 '소멸'이라는 내용이 들어가는 것은 어색하다.

④ 행동의 상호 교환성

　→ 이 글은 기존 행동을 새로운 행동으로 교환 또는 대체함으로써 습관을 형성하라고 제안하지 않는다. 기존 행동과 새로운 행동을 연결지어 습관을 형성할 것을 제안한다.

해석 새로운 습관을 기르는 것에 관해서라면, 당신은 <u>행동의 연결성</u>을 당신에게 유리하게 사용할 수 있다. 새로운 습관을 만드는 가장 좋은 방법 중 하나는 매일 이미 하고 있는 현재의 습관을 파악하고 새로운 행동을 위에 쌓아 올리는 것이다. 이것은 습관 쌓기라고 불린다. 당신은 새 습관을 특정 시간 및 위치와 결합하는 대신 현재 습관과 결합한다. BJ 포그가 그의 Tiny Habits 프로그램의 일부로 만든 이 방법은 거의 모든 습관에 대한 분명한 신호를 설계하는 데 사용될 수 있다. 핵심은 당신이 원하는 행동을 당신이 매일 이미 하고 있는 무언가에 연결시키는 것이다. 당신이 이 기본 구조를 마스터하면 작은 습관들을 함께 연결함으로써 더 큰 스택을 만들기 시작할 수 있다. 이를 통해 당신은 한 행동에서 다음 행동으로 이어지는 자연스러운 추진력을 활용할 수 있다.

어휘 stack 쌓다, 더미　current 현재의, 최근의　obvious 명확한, 명백한　master 숙달하다　chain 연결시키다　take advantage of ~을 이용하다　momentum 추진력, 가속도　replacement 대체　extinction 소멸, 멸종　interchangeability 상호 교환성　when it comes to -ing ~에 관해서라면　pair 짝을 짓다　cue 신호, 단서

26

정답 ④

정답 해설

④ 영향

　→ 주어진 글은 "감정의 전이"에 관한 것으로 사람이 타인의 감정에 "영향"을 행사하여 감정을 느끼게 할 수 있다는 글이다. "기쁨, 불쾌함"이란 감정을 (내가 타인에게) 전이할 수 있다는 내용을 예시하고, 뒤의 문장(Emotion, in this sense, goes outside-in)에서 이 내용을 정리한다. 빈칸은 같은 내용이 되어야 하므로, ④를 정답으로 고른다.

오답 해설

① 호기심

　→ 주어진 글은 "감정의 전이"에 관한 것으로 호기심으로 빈칸을 채우면 "타인에 대하여 호기심을 가진다"의 의미가 되므로 틀린다.

② 행동

　→ 주어진 글은 "감정의 전이"에 관한 것으로 "행동"에 대한 단서를 찾을 수는 없다.

③ 유창성

　→ 주어진 글은 "감정의 전이"에 관한 것으로 (언어의) "유창성"과는 상관없다.

해석 우리는 보통 얼굴에 있는 표정을 내면의 반영으로 간주한다. 나는 행복하다, 그래서 웃는다. 나는 슬프다, 그래서 얼굴을 찡그린다. 감정은 안에서 밖으로 드러나지만, 감정의 전염은 그 반대도 사실이라는 것을 시사한다. 내가 당신을 웃게 할 수 있다면, 나는 당신을 행복하게 할 수 있고, 당신을 찡그리게 할 수 있다면, 나는 당신을 슬프게 할 수 있다. 이런 의미에서 감정은 "밖에서 안으로" 들어간다. 우리가 감정을 "안에서 밖으로"가 아니라 "밖에서 안으로"라고 생각해보면, 어떤 사람들이 어떻게 해서 다른 사람들에게 엄청난 양의 <u>영향</u>을 미칠 수 있는지 이해할 수 있게 된다. 우리들 중의 일부는 결국, 감정과 느낌을 표현하는 것을 매우 잘하는데, 이는 우리가 훨씬 더 감정적으로 타인들보다 전염성이 있다는 것을 의미한다.

어휘 normally 보통, 정상적으로　reflection 반영　inner 내면의　frown 찡그리다　contagion 전염, 감염　enormous 엄청난　contagious 전염성의　after all 결국, 마침내(= finally, in the end)

27

정답 ②

정답 해설

(A) 해설

빈칸의 앞부분에는 "자연 상태의 생물"들이 "유전적 다양성"을 갖고 있다고 했고, 빈칸의 뒤에서 이와 대비되는 "복제 생명체"는 유전적 다양성을 갖고 있지 않다고 했으므로, '상반'의 의미인 "on the other hand"를 고른다.

(B) 해설

앞서 "유전적 단일성의 위험성"을 "곡물"들을 예로 들고 있고, 같은 내용으로 "소"들에 대입하고 있으므로, similarly를 고른다.

해석 야생의 건강한 식물과 동물 개체군은 유전적 다양성을 유지하고 있다. 이러한 다양성은 개체군이 질병과 환경 변화에 더 저항력을 갖게 만들 수 있다. (A) 반면에 복제된 식물이나 동물 개체군이 많으면 유전적 다양성이 부족할 수 있다. 전 세계의 농부들은 이미 옥수수와 쌀을 포함한 많은 경작 작물들을 기르고 있는데, 이는 야생에서 자라는 농부들의 농작물보다 유전적 다양성이 적다. 단 하나의 바이러스가 이러한 작물들을 쓸어버릴 수도 있는 것이다. (B) 마찬가지로 무리의 모든 소가 단일 복제물에서 나온다면, 하나의 질병이 잠재적으로 전체 무리를 쓸어버릴 수도 있는 것이다.

어휘 genetic 유전적인 유전의 diversity 다양(성) resistant 저항력 있는, ~에 잘 견디는 cloned 복제된 cultivated crops (작물학) 중경 variability 가변성, 변동성: 다양성 counterpart 상대, 대응 관계에 있는 사람 clone 클론, 복제, 복사품 wipe out 쓸어버리다, ~을 완전히 파괴하다 stamp out ~을 근절하다; 발로 밟아 불을 끄다 herd 무리, 떼

28

정답 ②

정답 해설

② 그것을 전적으로 무시하는 것

→ 이 글은 기술의 발전에 빠르게 적응하고, 대안적 방법을 찾는 것의 중요성에 대한 글이며, 주제문은 'To navigate the unstable labor market and seize the plentiful opportunities offered by new technologies, we must find a way to more quickly adapt.'이다. 전체적으로 적극적으로 대응 행동을 취하는 것을 강조하고 있으므로, 기술 발전으로 인한 변화에 대응하는 최악의 방법은 '그것을 무시하고 아무 행동도 취하지 않는 것'임을 알 수 있다. 따라서 빈칸에 들어갈 적절한 내용은 ②이다.

오답 해설

① 기술과 조화를 이루는 것

→ 이 글에서는 기술과 사회의 변화 양상에 맞게 적응하고, 이로부터 파생되는 결과를 잡을 것을 제안한다. 따라서 기술과 조화를 이루는 것은 가장 이상적인 방안이지 가장 최악의 방법이 아니다.

③ 그것으로부터 경제적으로 이익을 얻는 것

→ 이 글의 전반부에서는 기술의 발전이 우리에게 경제 성장을 가져

다줬고 생활수준을 향상시켰다고 설명하고 있다. 기술 발전으로부터 경제적 이익을 얻는 것에 대한 부정적 관점은 드러나 있지 않다.

④ 변화에 적응하고 순응하는 것

→ 빈칸에는 기술 발전으로 인한 변화에 대응하는 가장 최악의 방법에 대한 내용이 들어가야 한다. 'we must find a way to more quickly adapt'를 통해 적응의 필요성이 직접적으로 언급되고 있으므로, 변화에 적응하는 것은 이 글에서 제시하는 이상적인 방법임을 알 수 있다.

해석 기술은 항상 경제 성장을 촉진하고, 생활수준을 향상시키며, 새롭고 더 나은 종류의 일에 대한 길을 열어주었다. 최근 자율주행차를 가져온 인공지능과 머신러닝의 발전은 우리가 알고 있는 세계의 지각 변화의 시작을 나타낸다. 불안정한 노동 시장을 헤쳐 나가고 신기술이 제공하는 풍부한 기회를 잡기 위해, 우리는 더 빨리 적응할 수 있는 방법을 찾아야 한다. 우리가 좋든 싫든 간에, 변화는 오고 있고, 가장 나쁜 움직임은 그것을 전적으로 무시하는 것이다.

어휘 fuel 연료를 공급하다, 촉진하다 economic 경제적인 standard of living 생활수준 avenue 길 recent 최근의 artificial intelligence 인공지능 self-driving car 자율주행차 mark 나타내다, 기록하다 seismic 지각의, 지진의 navigate 항해하다, 길을 찾다 unstable 불안정한 labor market 노동시장 seize 잡다, 포착하다 plentiful 풍부한 adapt 적응하다 harmonize with ~와 조화를 이루다 ignore 무시하다 altogether 완전히, 전적으로 conform to ~에 순응하다

29

정답 ③

정답 해설

③ 가려진

→ 이 글은 영상을 시청하는 '스크린 문화'의 인기의 상승이 자연과의 접촉을 '줄인다'고 말하고 있으며, 빈칸의 핵심 단서는 빈칸 문장의 바로 앞 문장이다. 이 글에 따르면, 스크린으로 우리를 유혹하는 많은 기술적 발전과 정보의 소용돌이는 우리가 자연을 '점점 덜 인식하게' 만들고, '벗어나게' 하며, '완전히 동떨어져 있도록' 만든다. 따라서, 빈칸에 들어올 말로 적절한 것은 자연의 이점이 스크린 문화에 의해 '가려진(obscured)'다는 것이다.

오답 해설

① 드러난

→ 이 글은 스크린 문화의 인기의 상승은 자연과의 접촉의 감소와 관련이 있다고 설명한다. 따라서 자연 속에 있는 것의 이점이 더 '드러난'다는 것은 흐름상 적절하지 않다.

② 비난받은

→ 이 글은 우리 사회가 스크린 문화의 인기의 상승으로 인해 점점 자연과의 연결에서 멀어지고 있으며, 자연의 이점이 '가려지고' 있다고 말한다. 그러나 자연과 함께 있는 것의 이점이 사람들에게서 방치되고 잊혀졌다고 하는 것은 적절하지만, '비난받고' 있다는 것은 적절하지 않다.

④ 복잡한

→ 이 글은 우리가 전자 기기와 같은 '스크린 문화'에 완전히 정신이 뺏겨 자연의 장점은 가려지게 되었다고 설명한다. 그러나 자연의 장점이 '복잡해'졌다는 것은 언급되지 않았다.

어휘 스크린 문화의 (인기의) 상승은 사람들이 자연과 접촉하는 것이 감소한 것과 관련되어 일어났다. 녹색(자연) 속에 있는 것의 이점은 도파민이라는 보상 시스템이 주는 강력한 유혹과 정보 소용돌이에 의해 가려지고 있다. 여기에는 개인적인 손실이 있다. 우리는 자연의 이점 중에서 정신적으로 활기를 되찾게 해주는 것과 인지적으로 원기를 회복시키는 이점에 대해 점점 덜 인식하고 있다. 환경적 손실도 있다. (자연으로부터의) 집단적 분리는 보존에 이익이 되지 않는다. 비록 환경적 인식과 "친환경"에 대한 많은 이야기가 있지만, 우리 사회는 길을 잃고 있다. 스크린 기반의 기기들은 우리를 자연과 그것(자연)의 모든 이점들로부터 벗어나게 유혹하고 있다. 대인 관계든 자연의 요소든, 어떤 관계에서든 진정한 연결은 공감과 관심을 강화하는 역할을 한다. 자연과 완전히 동떨어져 있으면서 자연에 대한 진정한 관심과 공감을 기를 수는 없다.

어휘 ascent 상승   occur 일어나다, 발생하다   lose one's way 길을 잃다   in association with ~와 결합하여, ~와 관련되어   decline 감소   mindful 의식적인, 주의 깊은   engagement 참여, 약속, 계약   reward system 보상 체계   rejuvenate 활기를 되찾게 하다   cognitively 인지적으로   restorative 원기를 회복시키는   collective 집단적인   detachment 분리   in the interest of ~을 위하여   conservation 보호, 보존   awareness 인식, 의식   gadget 기기, 장치   lure 유혹하다   connectivity 연결, 연결성   be it A or B A든 B든 간에   interpersonal 대인관계의   element 요소, 요인   strengthen 강화하다   empathy 공감, 동정심   concern 관심, 걱정, 염려   cultivate 기르다, 계발하다, 경작하다   reveal 드러내다, 밝히다   denounce 비난하다   obscure 가리다, 덮다

30

정답 ②

정답 해설
② 명상
→ 빈칸 뒤에서 빈칸이 포함된 문장을 한번 더 소개한다. 즉, "In their deep state of quiet thought"가 "명상"을 풀어서 설명한 것이고, "두통으로부터 벗어날 수 있다"는 내용을 통해 편두통 치료 방법으로 제시되고 있다는 앞의 내용을 그대로 반복하고 있음을 알 수 있다.

오답 해설
① 약물 치료
→ 주어진 글은 전통치료법 이외의 대체 치료법을 제시하고 있다. 약물에 대한 언급은 없다.
③ 두통약
→ 주어진 글은 전통치료법 이외의 대체 치료법을 제시하고 있다. 두통에 대한 언급은 없다.
④ 시뮬레이션
→ 주어진 글은 전통치료법 이외의 대체 치료법을 제시하고 있다. 시뮬레이션과의 연관성을 글에서 찾을 수 없다.

해석 점점 더 많은 미국인들이 금연하거나 체중을 감량하기 위해 최면술에 의지하고 있다. 비슷하게, 관절염을 앓는 사람들은 약간의 고통을 덜기 위해 고대 한국의 치료 방법인 침술을 사용하고 있다. 암 환자들은 또한 자신들의 병과 싸우기 위해 창조적인 시각화와 같은 비전통적인 치료를 사용해오고 있다. 예를 들어, 어떤 암 환자들은 자신들을 크고 강력한 상어라고 상상한다. 그들은 자신들의 암세포를 더 크고 더 위험한 상어들의 먹이가 되는 훨씬 더 작은 물고기처럼 상상한다. 심지어 일부 업체들은 비전통적인 의학적 치료를 지원하고 직원들로 하여금 편두통과 고혈압을 예방하기 위해 명상을 이용하도록 장려하고 있다. 그들의 깊은 생각 속에서, 그들은 두통으로부터 벗어날 수 있다.

어휘 hypnosis 최면술   arthritis 관절염   nontraditional 비전통적인   treatment 치료, 대우   visualization 시각화   shark 상어   fall (a) prey to ~의 먹이가 되다: 희생물이 되다   ward off ~을 막다   lose weight 체중을 감량하다   get away from ~로 부터 벗어나다

31

정답 ④

정답 해설
④ 회복하다
→ 주어진 글은 "우리나라의 단호하고, 빠른 시정책들이 경제 위기를 단기간 내에 탈출할 수 있도록 했다"는 내용이다. 따라서, "경제가 회복하다"의 의미가 되도록 ④를 정답으로 고른다.

오답 해설
① 무너지다, 붕괴하다
② 흔들리다, 머뭇거리다
③ 물러나다, 퇴각하다
다른 선지들은 모두 부정적인 의미를 담고 있으므로, 주어진 내용과 부합하지 않는다.

해석 아시아 금융 위기로부터 나온 교훈은 수정하고자 하는 결정들이 (시정책들) 빠르게 이뤄지고, 정책 처방이 강조적일 때 위기가 심각하거나 장기화되는 것을 예방할 수 있다는 것이다. 한국에서 일어난 일은 경제가 다시 매우 빠르게 회복될 수 있다는 것을 보여준다. 그들의 혹독한 조정책들은 단지 1년간 지속되었다. 그러나, 인도네시아 경제는 5년에서 7년 동안 침체에 빠져 있었는데, 왜냐하면 시정 정책이 수립되는 데 너무 오래걸렸고, 너무 약했기 때문이다.

어휘 corrective 잘못된 것을 바로잡으려는   prescription 규정, 명령, 처방전   potent 힘센, 강력한   prolonged 오래 끄는   adjustment 조정, 조절: 적응, 순응   sluggish 부진한   in the making 만들어지고 있는   economy 경제   severe 심각한, 혹독한

32

정답 ①

정답 해설
빈칸이 글 앞에 위치하여 주제문의 역할을 할 가능성이 있다. 따라서 빈칸 뒤에 이어지는 내용을 통해 빈칸과 주제문을 유추해야 하는데, 빈칸

뒤에서는 "cold, drought and high salt levels"를 예로 들어 다양한 조건들을 제시하고 이런 상황에서도 쌀 수확량을 유지할 수 있었다고 설명하고 있으므로 빈칸 또한 "cold, drought and high salt levels"를 표현한 ①이 들어가는 것이 옳다.

① 모든 종류의 조건에서 자랄 수 있는(= 어떤 조건에서도 자랄 수 있는)
→ 지문에서는, cold, drought and high salt 등을 언급하고 이는 곧 '여러 조건들'을 의미하므로 빈칸 내용으로 적절하다.

② 설탕 유전자를 쌀로 바꿀 수 있는
→ 설탕은 쌀알의 화학적 구성에는 영향을 미치지 않는다고 보므로 옳지 않다.
③ 박테리아로부터 생성되는
→ 신품종의 쌀은 박테리아에서 추출한 설탕 유전자를 첨가한 것과 관련되지만, 이는 지엽적이다.
④ 오로지 개발도상국에서만 성장하는
→ 이 새로운 작물로 인해 개발도상국의 농부들이 척박한 땅에서 더 풍부한 수확을 거둘 수 있을 것으로 기대된다는 내용은 있으나 그 신품종의 쌀이 개발도상국에서만 자란다는 언급은 없다.

해석 과학자들이 어떤 조건에서도 자랄 수 있는 신품종의 쌀을 유전자 조작으로 개발해냈다. 과학자들은 그들의 (품질이) 개선된 식물을 만들기 위해 박테리아로부터 추출한 설탕 유전자를 추가했다. 이 유전자 덕분에, 추위와 가뭄, 고 염분으로 인한 악조건에서도 쌀 수확량을 유지할 수 있게 되었다. 설탕은 쌀알의 화학적 구성을 그대로 유지해준다. 이 새로운 작물로 인해 개발도상국의 농부들이 척박한 땅에서 더 풍부한 수확을 거둘 수 있을 것으로 기대된다.

어휘 genetically engineered 유전자 조작에 의한 variety 변종, 품종 gene 유전자 bacterium 박테리아의 단수 maintain 유지하다 yield 생산량, 수확 drought 가뭄 composition 합성, 구성 grain 곡물, 낟알 productive 생산력 있는 solely 오로지, 단독으로

33

정답 ④

정답 해설
④ 융통성이 부족하다
→ 이 글은 학습 계획을 세울 때, 어떤 단위로 세우는 것이 가장 효과적인가에 대한 연구를 담고 있는 글이다. 빈칸의 앞부분에서 일 단위로 계획을 세운 집단, 월 단위로 계획을 세운 집단, 계획을 세우지 않은 집단 중에 월 단위로 계획을 세운 집단이 가장 효과적이라는 결론을 제시했다. 이에 대한 이유가 빈칸에 들어가야 한다. 빈칸은 위치상 매일 계획을 세우는 것에 대한 "단점"을 나타내는 표현이 들어가야 하는데, 빈칸의 뒷부분에서 매일 계획을 세우는 것은 엄격한 일들 속에 갇힌 것 같고, 계획이 어긋났을 때 사기가 떨어진다고 했기 때문에 빈칸에는 이를 표현하는 "융통성이 부족하다"는 내용이 들어가는 것이 가장 적절하다.

① 조정이 가능하다

→ 일 단위의 계획은 엄격하기 때문에 덜 효과적이라고 했으므로 조정이 가능하다는 것은 글의 내용과 반대되는 말이다.
② 판단력을 동원하다
→ 이 글에서 계획을 세우는 것과 판단력의 관계는 언급되지 않았다.
③ 검증을 요구하다
→ 이 글에서 일 단위의 계획이 월 단위의 계획보다 검증을 요구한다는 내용은 언급되지 않았다.

해석 한 실험에서, 연구자들은 학습 방법을 향상시키기 위해 한 프로그램에 참여한 대학생들을 모니터하였다. 그들은 그 학생들을 세 가지 학습 계획을 세우는 상황에 무작위로 배정했다. 한 집단은 무엇을, 어디서, 그리고 언제 공부할 것인지 일일 계획을 세우라고 지시받았다. 또 다른 집단은 비슷한 계획을 세우되 일일 계획 대신 월별 계획만을 세웠다. 그리고 통제군인 세 번째 집단은 계획을 세우지 않았다. 연구자들은 일일 계획이 가장 효과가 있을 것으로 예측했다. 하지만 그들은 틀렸다. 월별로 계획을 세운 집단은 학습 습관과 태도의 향상이라는 측면에서 가장 뛰어났다. 왜일까? 일일 계획은 일일 세부 사항이 없는 그 달의 포괄적인 계획보다 서른 개의 일일 계획을 세우는 데 훨씬 더 오랜 시간이 걸리기 때문이다. 일일 계획의 또 다른 결점은 융통성이 부족하다는 점이다. 그것은 그 사람에게서 계획대로 하다가 선택을 할 기회를 빼앗아버리고 그래서 그 사람은 엄격하고 지루한 연속된 일 속에 갇힌 것처럼 느낀다. 인생은 정확히 계획에 따라 흘러가지는 않으며 그래서 당신이 계획에서 어긋나자마자 그 일일 계획은 사기를 떨어지게 할 수 있다.

어휘 take part in ~에 참여하다, 가담하다 randomly 무작위로, 임의로 assign 배치하다, 맡기다 make plans for ~의 계획을 세우다 month by month 다달이, 달마다 day by day 나날이 do the best 최선을 다하다 in terms of ~면에서 improvement 향상, 개선, 호전 attitude 태도, 사고방식 drawback 결점, 문제점 deprive 빼앗다 rigid 엄격한, 융통성 없는 grinding 지속되는, 끝도 없이 계속되는 rarely 드물게, 거의 ~ 않는 demoralizing 사기를 꺾는 as soon as ~하자마자 fall off 떨어지다, 줄다 verification 검증, 확인, 입증 flexibility 융통성

34

정답 ③

정답 해설
③ 여러 형태로 존재한다
→ 이 글은 에너지에 대한 글로서, 첫 문장이 주제문이다. 이때 빈칸의 단서는 글의 전반적인 구조에서 발견된다. 이 글은 화학 에너지의 유형과 복사 에너지, 태양 에너지, 열에너지, 기계적 에너지, 핵에너지, 전기 에너지에 대해서 하나씩 설명하고 있다. 또한, 각각의 에너지가 어떤 에너지이며, 구체적으로 해당 에너지의 유형에 어떤 것이 있는지 설명하고 있다. 따라서 이러한 내용을 반영하도록 빈칸 문장을 완성하면 에너지가 '여러 형태로 존재'한다는 것이다.

① 변환되어야 한다
→ 이 글은 에너지의 다양한 형태와 해당 에너지 유형의 구체적인 사례에 대해 언급하고 있다. 그러나 에너지가 반드시 변환되어야 한다는 것은 본문에서 명확한 근거를 찾을 수 없다.

② 생성되거나 파괴되지 않는다

→ 이 글은 에너지의 형태에 대한 글이며, 해당 에너지가 어떻게 존재하는지, 어떤 쓰임새를 갖는지에 대해 언급하고 있다. 그러나 ②는 에너지의 일반적인 특성으로 제시되지 않았다.

④ 학제 간 개념이다

→ 이 글은 에너지와 에너지의 다양한 종류에 대한 글을 설명하고 있다. 그러나 에너지가 다양한 학문의 결합적인 개념이라는 것은 이 글에 전혀 언급되어 있지 않다.

해석 에너지는 여러 형태로 존재한다. 화학, 복사, 열, 기계, 핵, 그리고 전기 등이다. 화학 에너지는 분자의 결합에 저장된 에너지인데, 예를 들어, 음식은 화학 에너지를 포함하고, 유기체는 화학 결합이 깨지고 새로운 결합이 형성될 때 방출되는 에너지를 사용한다. 복사 에너지는 전파, 가시광선, X선과 같은 전자파로 전달되는 에너지이다. 태양 에너지는 태양으로부터의 복사 에너지이다; 그것은 자외선, 가시광선, 그리고 적외선을 포함한다. 열에너지는 온도가 높은 물체(열원)에서 온도가 낮은 물체(열 싱크)로 흐르는 열이다. 기계적 에너지는 물질의 움직임에 관여하는 에너지이다. 원자핵에 포함된 물질 중 일부는 핵에너지로 전환될 수 있다. 전기에너지는 전하를 띠는 입자로 흐르는 에너지이다.

어휘 chemical 화학의 radiant 복사의 thermal 열의 mechanical 기계의 nuclear 핵 electrical 전기의 store 저장하다 molecule 분자 organism 유기체 release 방출하다, 내뿜다 transmit 전달하다 include 포함하다 ultraviolet 자외선의 visible 가시적인 infrared 적외선의 flow 흐르다 object 물체, 사물 temperature 온도 movement 움직임, 이동 convert 변환하다, 전환하다 charged 전하를 띠는 particle 입자 neither Ⓐ nor Ⓑ Ⓐ도 Ⓑ도 아닌 several 여러 inter-disciplinary 여러 학문을 결합한, 학제 간

35

정답 ③

정답 해설

③ 눈으로 먹는다

→ 이 글은 우리의 감각 중 시각이 다른 어떤 것보다 더 발달되어 있다는 것을 설명하는 글이다. 그래서 노란색 사탕을 보면 레몬 맛을 예상하는 등 음식의 맛에 시각이 가장 강력하게 작용한다고 설명한다. 따라서 우리는 눈으로 음식을 먹는다는 내용이 빈칸에 가장 적절하다.

오답 해설

① 오직 맛으로 음식을 평가한다

→ 아무리 맛이 있더라도 시각적인 면을 충족시키지 못하면 안 된다고 설명하고 있으므로 적절하지 않다.

② 미각을 가장 발달시킨다

→ 미각이 아니라 시각이 가장 발달되어 있다고 설명하는 글이다.

④ 시각적 요소를 밀어낸다

→ 시각적 요소를 밀어내는 것이 아니라 시각이 음식에 가장 중요한 역할을 한다는 것을 설명하는 글이다.

해석 고객이 음식에 대해 가지는 첫인상을 겉모습이 만들어내고 있으

며, 첫인상은 중요하다. 아무리 혹하는 맛일지라도, 보기 안 좋은 겉모습은 너그럽게 봐주기가 어렵다. 인간으로서, 우리는 시각이 다른 감각들보다 더욱 고도로 발달되었기 때문에 정말로 "눈으로 먹는다." 인간에게서 시각이 고도로 발달되어 있기 때문에 다른 감각들로부터 받은 메시지들은 보이는 것(시각)과 충돌하면 무시되는 경우가 자주 있다. 노란 사탕은 레몬 맛이 날 것으로 기대되는데, 포도 맛이 나면 많은 사람들은 그 맛을 정확하게 식별할 수가 없다. 빨간 식용 색소가 가미된 딸기 아이스크림은 심지어 실제적인 차이가 없을 때도 첨가된 식용 색소가 없는 아이스크림보다 더 진한 딸기 맛을 가지고 있는 것처럼 보인다. 전문가로서 시각에 휘둘리지 않도록 감각을 훈련시켜야 하지만, 겉모습이 고객의 인식에 어떤 영향을 미치는지 이해하는 것도 중요하다.

어휘 appearance 겉모습, 외모, 나타남 first impression 첫인상 no matter how 아무리 ~하더라도 appealing 관심을 끄는, 매력적인 unattractive 매력적이지 못한, 보기 안 좋은 be hard 힘들다 overlook 너그러이 봐주다, 눈감아주다 conflict 충돌하다, 상충하다 identify 식별하다 flavor 맛, 풍미, 양념 tinted with ~이 가미된 there is no difference 차이가 없다

36

정답 ③

정답 해설

③ 소비자들에게 더 큰 구매력을 제공한다

→ 이 글은 전반적인 물가 하락은 디플레이션을 의미하며 가격이 하락하면 소비자 입장에서 여유가 생길 수 있어서 소비 증가로 이어진다고 설명한다. 이와 동일한 내용은 ③뿐이므로 해당 내용이 빈칸에 들어가는 것이 옳다.

오답 해설

① 소비자들의 지갑을 닫게 한다

→ 이 글은 전반적인 물가 하락은 디플레이션을 의미하며 가격이 하락하면 소비자 입장에서 여유가 생길 수 있어서 소비 증가로 이어진다고 설명한다. 즉, 전반적인 가격의 하락은 소비자들의 지갑을 열게 할 수 있는 것이므로, ①은 정답과 상반되기 때문에 빈칸에 적절하지 않다.

② 소비자들이 대체제에 관심을 갖게 한다

→ 가격 하락은 소비자들의 소비증가에 긍정적인 영향을 미친다고 설명한다. 따라서, 소비자로 하여금 가격이 좀 더 저렴할 수 있는 대체제에 관심을 갖게 한다는 ②는 적절하지 않다.

④ 소비자들이 저축할 수 있는 기회를 제공한다.

→ 전반적인 물가의 하락은 소비자들의 주머니에 여윳돈이 생길 수 있게 하며, 이는 소비의 증가로 이어지게 된다. 따라서 해당 선지는 앞의 내용과 반대임을 알 수 있다.

해석 소비자 물가의 변화는 다양한 상품과 제품이 들어있는 장바구니의 변화를 지수와 비교함으로써 대부분 국가에서 수집된 경제 통계에서 관찰할 수 있다. 미국에서 소비자물가지수(CPI)는 인플레이션을 평가하는 가장 일반적으로 언급되는 지수이다. 한 기간의 지수가 이전 기간보다 낮으면 전반적인 물가 수준이 하락하여 경제가 디플레이션을 겪고 있음을 나타낸다. 이러한 전반적인 가격 하락은 소비자들에게 더 큰 구매

력을 제공하기 때문에 좋은 일이다. 식품이나 에너지와 같은 특정 제품의 적당한 가격 하락은 어느 정도 소비 증가에 긍정적인 영향을 미친다.

어휘 change 변화 consumer 소비자 price 가격, 물가 observe 관찰하다 economic 경제의 statistic 통계 compile 수집하다, 쌓다 nation 국가 compare 비교하다 basket 장바구니 diverse 다양한 commonly 흔히, 일반적으로 index 지수 evaluate 평가하다 moderate 적당한 competitive goods 대체재

37

정답 ④

정답 해설

④ 꼼꼼히 기록하다

→ 빈칸이 가운데에 위치한 주제문 누락 형태이다. 따라서, 빈칸 뒤의 설명을 통해 빈칸에 들어갈 말을 유추할 수 있다. 빈칸 뒤에서는 결과적으로 우리는 역사상 가장 중요했던 발명품에 대한 '기록물'을 가지게 되었다고 설명하며, 에디슨의 연구실에 보관된 '기록'들은 철저하고 상세했다고 이야기한다. 따라서 에디슨은 본인을 포함해 연구에 참여한 조수 및 전문가들이 발견한 내용들을 기록했다는 것을 알 수 있다.

오답 해설

① 특허를 취득하다

→ 이 글에 에디슨이 본인과 본인의 팀이 개발한 기술들에 대해 특허를 취득했다는 내용은 제시되어 있지 않다.

② 충분한 금전적 보상을 보장하다

→ 이 글에 에디슨이 발명품에 대해 충분한 금전적 보상을 보장받았다거나, 자신을 도운 조수 및 전문가들에게 보상을 약속했다는 내용은 제시되어 있지 않다.

③ 연구 영역을 넓히다

→ 빈칸에 연구 영역을 넓혔다는 설명이 들어가려면, 추가된 영역이나 분야에 대한 설명이 뒤에 이어져야 한다. 하지만 빈칸 뒤는 우리가 그의 업적에 대한 기록물을 가지고 있다는 내용이므로 ③은 빈칸에 들어갈 수 없다.

해석 토마스 에디슨이 전등을 다루기 시작했을 때, 그는 유명하고 성공한 발명가였다. 그의 첫 번째 성공은 그의 시대의 핵심 통신 기술인 전신 기술이었다. 그리고 20대 중반에 그가 성취한 것들로부터 그는 계속해서 새로운 전화를 발명하는 데 기여하고, 축음기를 처음부터 발명하고, 스스로 많은 프로젝트에 참여했다. 이 모든 과정에서 그가 배운 교훈 중 하나는 자신의 업무와 그의 조수 및 전문가들로 구성된 팀의 업무를 꼼꼼히 기록하는 것이었다. 1870년대 후반, 우리가 전등을 개발하는 작업에 착수했을 때, 에디슨의 연구실에 보관된 문서들은 철저하고, 상세하고, 종종 정교했다. 따라서 우리는 역사상 가장 중요한 발명품 중 하나에 대한 놀라운 기록 자료를 가지고 있다.

어휘 by the time that ~했을 때 tackle 다루다 electric light 전등 inventor 발명가 telegraphy 전화 contribution 기여 emerge 일어나다 phonograph 축음기 from scratch 처음부터 a host of 많은, 다양한 assistant 조수 specialist 전문가 apply oneself to 몰두하다, 전념하다

38

정답 ④

정답 해설

④ 투자 수익률도 커져야 한다

→ 빈칸 앞 문장이 답의 근거이다. 빈칸 앞에서는 이론상 투자의 리스크와 수익률은 일치해야 한다고 설명한다. be in line with가 '~와 일치하다'를 뜻하는 표현이다. 빈칸 문장은 접속부사 That is(즉)를 사용해 앞선 문장의 내용을 반복하므로, 투자의 리스크가 커지면, 수익률도 커진다는 내용이 들어가는 것이 옳다.

오답 해설

① 수익률이 그 이상일 가능성이 높다

→ 빈칸 바로 앞 문장에서 투자에 대한 리스크가 커지면, 수익률도 같은 정도로 커져야 한다는 내용의 이론이 있다고 설명한다. 따라서 수익률이 리스크보다 훨씬 커질 수 있다는 설명은 어색하다.

② 투자금이 회수되지 않을 가능성이 높다

→ 빈칸 앞 문장에서 리스크가 커지면, 수익률도 같이 올라간다고 설명한다. 따라서 리스크가 커지면 투자금이 회수되지 않을 가능성이 높아진다는 설명은 옳지 않다.

③ 더 적은 수의 사람들이 그것에 투자한다

→ 이 글에서는 리스크의 크기에 따라 투자하는 사람들의 수가 많아지는지, 적어지는지에 대해서는 설명하고 있지 않다.

해석 사이버 보안 세계와 마찬가지로 금융투자의 세계도 고위험 환경이다. 완전한 사이버 보호를 위한 보장 전략이 존재하지 않는 것처럼, 투자를 통해 돈을 버는 보장된 전략도 존재하지 않는다. 많은 금융 기관들이 해변에 있는 은퇴한 부부의 사진, 위풍당당한 큰 건물의 프로필, 심지어는 크고 단단한 바위의 이미지를 담은 광고를 보여주면서 당신으로 하여금 믿게 만들 수 있지만, 투자 수익은 결코 보장되지 않는다. 각 투자에는 일정한 양의 리스크가 수반되며, 그 투자 수익은 적어도 이론적으로는 리스크와 일치해야 한다. 즉 리스크가 클수록 투자 수익률도 커져야 한다.

어휘 just like ~와 마찬가지로, ~처럼 security 보안 financial 금융의, 재정의 investment 투자 stake 위험, 말뚝 environment 환경 guarantee 보장하다 strategy 전략 protection 보호 exist 존재하다 advertisement 광고 institution 기관, 건물, 의회 retire 은퇴하다 beach 해변 stately 위풍당당한, 위엄 있는 solid 단단한, 견고한 carry 담다 be in line with ~와 일치하다 that is 즉

39

정답 ②

정답 해설

② 용인되는, 받아들일 수 있는

이 글은 자유롭게 아바타를 만들 수 있는 환경에서 참가자들이 어떤 아바타를 만드는지에 대한 연구와 그 결과를 설명한다. 빈칸의 문장에서는 참가자들이 어떠한 아바타를 만들었는지에 대한 실험 결과에 관한 내용을 설명하는데, 빈칸의 앞에서는 despite을 사용하여 만들어 낼 수 있는 아바타의 경우의 수가 사실상 무제한임에도 불구하고 이와 반전되는 결

과가 나타났다고 설명하므로, 우호적인 방식으로 해석할 수 있는 사회적으로 용인되는 아바타를 구축했다는 내용인 ②가 가장 자연스럽다.

① 엄숙한
→ '엄숙한'의 의미가 들어갈 근거가 제시되지 않는다.
③, ④ 무시해도 되는, 무시할 만한
→ 뒤의 '우호적인 방식으로 소통한다'는 내용을 통해 긍정적인 의미가 되어야 함을 알 수 있다.

해석 많은 연구자들이 가상 환경의 맥락에서의 영상적 자아를 조사했다. 예를 들어, Martey와 Consalvo는 플레이어들이 자기표현의 수단으로 거의 모든 종류의 아바타를 만들 수 있는 롤플레잉 비디오 게임에서 211명의 아바타 외모와 후속 행동을 연구했다. 이를 위해, Martey와 Consalvo는 참가자를 대상으로 설문조사를 시행했고, 개인이 외모와 행동을 이용해 자신에 대한 타인의 인상을 형성하는 방법에 대한 Goffman의 이론을 기반으로 했다. 궁극적으로, 연구자들은 플레이어가 취할 수 있는 외모와 행동의 범위상 사실상 무제한의 자유가 있음에도 불구하고, 참가자들은 다른 사람들이 그들의 상호작용에서 우호적인 방식으로 해석할 수 있는 사회적으로 용인되는 외모를 구축하는 것을 발견했다.

어휘 a number of 많은 examine 조사하다, 연구하다 context 맥락 virtual 가상의 environment 환경 appearance 외모 subsequent 후속의, 이어진 behavior 행동, 행위 virtually 거의, 사실상 express 표현하다 conduct 행동하다, 행위하다 survey 설문조사 participant 참가자 impression 인상 ultimately 궁극적으로 unlimited 무제한의, 제한이 없는 socially 사회적으로 acceptable 용인되는 interpret 해석하다, 해독하다

40

정답 ③

빈칸이 뒤에 있으므로 동어 반복의 가능성을 염두에 두고, 빈칸 앞에 이어지는 내용을 파악하는 것이 중요하다.
매일 아침 "개구리"를 먹는 예시를 통해 알 수 있는 주어진 본문의 요지는 가장 크고 중요한 과업을 먼저 해야 한다는 것이다. 따라서 많은 중요한 과업들이 있다면 '가장 크고 가장 어렵고 가장 중요한 과업부터 먼저 시작'해야 한다는 말이 빈칸에 들어가는 것이 적절하다.
③ 가장 크고 가장 어렵고 가장 중요한 과업부터 먼저 시작하라
→ 앞에서 개구리를 먹는 어려운 또는 최악의 일을 하루 중 가장 먼저 하는 예시를 통해 가장 크고 어려운 일을 먼저 하는 것이 좋은 방법임을 알 수 있다.

① 어려운 문제를 처리하는 차선의 방법을 찾아라
→ 어려운 일을 처리하는 최고의 방법이 그 일을 먼저 하는 것이지, 차선의 방법을 찾으라는 내용은 아니다.
② 긴급 상황에 대비하기 위해 당신의 경쟁자들과 협력해라
→ 긴급 상황과 경쟁자 모두 언급되지 않은 내용이다.
④ 작업 효율성을 높이기 위해 구체적인 계획을 세워라

→ 무엇을 가장 먼저 하는지에 대한 단편적인 예시이지, 구체적인 계획을 세운다는 내용은 나와 있지 않다.

해석 만일 매일 아침 당신이 하는 첫 번째 일이 살아있는 개구리를 먹는 것이라면 그것이 하루 동안 당신에게 일어날 일 중 최악의 일이 될 수 있음을 알게 되어 하루를 만족하면서 보낼 수 있다고 Mark Twain이 말했다. 당신의 "개구리"는 당신의 가장 크고 가장 중요한 과업이다. 그것은 또한 바로 지금 당신의 삶과 결과에 가장 큰 긍정적인 영향을 줄 수 있는 과업이다. 만일 당신 앞에 많은 중요한 과업들이 있다면 가장 크고 가장 어렵고 가장 중요한 과업부터 먼저 시작하라. 즉시 시작하도록 자신을 단련하라, 그리고 다른 일로 넘어가기 전 그 일이 끝날 때까지 그것을 계속하라.

어휘 satisfaction 만족 impact 영향, 충돌 discipline 단련하다; 훈련, 훈육 immediately 곧, 바로, 즉시 persist 고집하다 competitor 경쟁자, 상대 efficiency 효율성, 능력, 유능 cooperate 협력하다, 협동하다 emergency 긴급 사태

41

정답 ①

빈칸이 뒤에 있으므로 동어 반복의 가능성을 염두에 두고, 빈칸 앞에 이어지는 내용을 파악하는 것이 중요하다. 글의 첫 문장에서 "The only way to overcome procrastination is to provide yourself with a sense of urgency." 일을 미루는 것을 극복하는 법으로 "긴장감 주기"를 제안하고 있으며 뒤 이은 내용들 또한 이 방법을 구체적으로 설명하고 있다. 즉 첫 번째 문장이 글의 주제이므로 빈칸 또한 이와 동일한 내용이 반복 및 정리된다는 것을 알 수 있다. 따라서 동일한 내용(=긴박감/긴장감을 준다)을 담고 있는 ①이 빈칸 내용으로 적절하다.
① 위기감을 조성한다
→ 적절한 압박을 주는 것이 도움이 된다고 보므로 옳은 설명이다.

② 일정을 유연하게 조정한다
→ 유연한 조절은 압박과 반대되는 내용이므로 옳지 않다.
③ 여러 가지 일을 한 번에 끝낸다
→ 자신에게 긴박감을 줘 일을 완벽하게 일을 끝내라는 지문이지, 여러 가지 일을 동시에 진행하라는 내용은 아니다.
④ 자신과 다른 구성원에게 동기를 부여한다
→ 동료들에게까지 동기를 부여한다는 내용은 언급되어 있지 않다.

해석 일을 미루는 것을 극복하는 유일한 방법은 자신에게 긴박감을 주는 것이다. 일은 (스스로) 연장되어서 완료하기 위해 필요한 시간을 채운다. 따라서, 만약 당신이 오늘 오후 세 시까지 끝내야 하는 특정한 일이 있다면, 그 일은 대개 세 시까지 완료된다. 그러나 만약 똑같은 일에 대해 이 달 말까지로 기한이 연장되면, 당신은 이 달 말에 그 일을 마칠 것이다. 당신이 시간제한보다 일의 관점에서 생각할 때, 완벽주의가 자리잡게 된다. 당신은 항상 다른 그래프나 표를 추가해서 조금 더 일을 한다. 당신은 이런 것들이 더해져 우수함을 만든다고 스스로를 설득한다. 따라서 모든 일에 마감 기한을 정하고 위기감을 만들기 위해 그 기한을 지켜라.

어휘 overcome ~을 이겨내다, 극복하다 procrastination 미루기 urgency 긴박함, 급박감 expand 펴다, 펼치다, 넓히다 available 이용 가능한 completion 완성, 완공 due ~기한인 perfectionism 완벽주의 persuade 설득하다, ~하게 만들다 deadline 마감 시간, 최종 기한, 경계선 crisis 위기 flexibly 융통성 있게, 유연하게 at once 한번에

42

정답 ④

정답 해설

④ 중지하다, 그만두다, 그치다
→ 글의 앞부분에서 단서를 잡을 수 있다. 즉, "뇌를 전등이 있는 방"으로, "알츠하이머 병을 불을 끄는 사람"으로 비유했다. 따라서, "알츠하이머 병이 불을 끈다" 즉, "뇌의 활동을 멈춘다"의 의미가 되도록 빈칸을 채운다.

오답 해설

① 머물다
② 흐르다
③ 재개하다
나머지는 모두 긍정적인 의미로 내용과 부합하지 않는다.

해석 당신의 뇌가 전등으로 가득 찬 집이라고 상상해 보라. 이제 누군가가 불을 하나씩 끄고 있다고 상상해 보라. 알츠하이머 병이 바로 그렇게 작동한다. 이 병은 등불을 꺼 가면서 한 방에서 다음 방으로의 생각, 감정 및 기억의 흐름을 차츰 늦추다가 결국 멈추게 만드는 것이다. 부모, 형제, 배우자가 어둠이 확산되는 것에 굴복하는 것을 지켜본 사람이라면 알 듯, 불이 꺼지는 것을 막을 방법은 없으며, 어두워지면 다시 켤 방법도 없다. 적어도 아직까지는 없다.

어휘 Alzheimer's disease 알츠하이머 병(노인성 치매의 일종) eventually 결과적으로, 결국에는 sibling 형제, 자매 spouse 배우자 spreading 퍼져나가는 dim 어둑한; 분명치 않은, 어렴풋한 succumb to 굴복하다, 지다 at least 적어도 lessen 줄다, 줄이다 turn off the light 불을 끄다

43

정답 ②

정답 해설

글에서는 기업들이 지켜야 할 기업윤리에 대해 다룬다. 최근 나타난 이러한 기업윤리에의 관심은 옳은 일을 하려는 열망뿐만이 아니라 사업상의 예리한 실용주의 인식에 의해 더욱 고조되고 있는데, 이는 빈칸 뒤에 나오는 내용으로 알 수 있다. 오늘날의 시장에서 고객과 자본을 끌어들이기 위해 각 기업 대표들이 경쟁하고 있다는 것이다. 이는 지극히 실용적인 이점을 쫓는 행위이기 때문에, 빈칸에 들어갈 말은 ②가 가장 적절하다.

② 사업상의 예리한 실용주의 인식
→ 고객과 자본을 끌어들이는 것은 사업적 이익 추구이므로, 빈칸에 옳은 문장이다.

오답 해설

① 정교 분리
→ 해당 내용에서 정치나 종교, 혹은 그의 분리에 관한 내용을 찾을 수 없다.
③ 공정거래를 위한 정부 개입
→ 공정거래와 정부 개입 둘 다 언급되고 있지 않으므로 옳지 않다.
④ 고객과 투자자의 상반된 요구
→ 고객과 투자자가 어떤 것을 상반되게 요구하는지에 대한 내용은 언급되어 있지 않으므로 옳지 않다.

해석 기업들이 경제 효율성 및 이윤 극대화에 대한 요구와 기업의 책임에 대한 필요성 사이에 균형을 맞추면서 기업윤리에 대한 관심이 전 세계적으로 급격히 높아지고 있다. 최근 나타난 기업의 책임에 대한 관심은 옳은 일을 하려는 열망뿐만 아니라 사업상의 예리한 실용주의 인식에 의해 더욱 고조되고 있다. 기업 대표들은 경쟁이 치열하고 확장되어 가고 있는 오늘날의 시장에서 고객과 자본을 끌어들이는 데 기업윤리가 제공하는 분명한 이점을 알고 있다. 고객들과 투자자들은 결정을 내리는 데 기업 관행, 가치, 윤리를 점점 더 우선적으로 고려하고 있다고 언급한다.

어휘 ethics 윤리학 rapidly 빠르게 efficiency 능률 maximization 극대화 corporate 기업의, 법인의, 단체의 responsibility 책임, 책무 emerging 최근 생겨난 increasingly 점점 더 distinct 별개의, 다른 competitive 경쟁의, 경쟁적인 investor 투자자 cite 인용하다, 예증하다 consideration 고려, 배려 keen 예리한 pragmatism 실용주의 intervention 개입, 중재 conflicting 서로 싸우는, 충돌하는 demand 요구하다, 청구하다 seperation 분리

44

정답 ③

정답 해설

(A) 해설
(A) 앞에서는 우리가 주로 하는 행동인 "타인의 결점을 찾아내는 것"에 대해 말하고 있으나, (A) 뒤에서는 이와 반대 행동인 "타인의 장점을 찾는 것"에 대한 장점을 소개하고 있다. 즉, (A)를 기준으로 상반된 내용을 설명하고 있으므로 instead가 들어가는 것이 옳다.

(B) 해설
(B)의 앞 부사절 자리에서는 글에 언급된 her boss가 사무실에서는 친절하지 않았다고 부정적으로 설명하고 있으나 설명하고 있으나, (B) 뒤에서는 her boss가 가족들에게는 친절하다고 긍정적으로 설명하고 있다. 즉, (B) 앞의 내용과는 상반된 모습이므로 양보접속사 Even though가 들어가는 것이 옳다.

① 그 대신에 …… 왜냐하면
② 비슷하게 …… 왜냐하면
③ 그 대신에 …… ~할지라도
④ 비슷하게 …… ~할지라도

해석 우리 중 많은 이들은 우리가 살아가면서 만나게 되는 사람들에게서 결점을 찾아내는 데 시간을 보낸다. (A) 그 대신에, 만약 그들에 대해

서 우리가 좋아할 만한 것과 관련된 특징을 찾으려 한다면, 우리는 그들을 더욱 좋아하게 될 것이다. 그리고 그 결과, 그들도 우리를 더 좋아하게 될 것이다. 내 친구는 상사와 매우 사이가 좋지 않았다. 설상가상으로, 그녀는 인간적으로도 그를 정말 싫어했다. 그러나 어느 날 그녀는 그 사람의 장점을 인정하기로 했다. (B) 비록 그녀의 관리자가 사무실에서 친절한 사람은 아니었을지라도, 가족에게는 매우 헌신적인 사람이었다. 이 장점에 초점을 둔 후로, 한 번에 조금씩, 그녀는 점차 그를 좋아하기 시작했다. 어느 날, 그녀는 그에게 그가 얼마나 가족을 우선시하는지에 대해 자신이 감탄하고 있다고 솔직하게 이야기했다. 다음날 뜻밖에, 그가 그녀의 사무실에 와서, 그녀에게 매우 유용한 정보를 주었다.

어휘 character 특성, 특질, 개성 relationship 관계 boss 상사 dislike 싫어하다, 싫음 acknowledge ~을 인정하다; 알다, 확인하다 devoted 헌신적인 gradually 점차적으로, 점점 honestly 솔직하게, 정말 admire 존경하다, 감탄하다 family-oriented 가족을 우선시하는

45

정답 ②

정답 해설
빈칸이 뒤에 있으므로 동어 반복의 가능성을 염두에 두고, 빈칸 앞에 이어지는 내용을 파악하는 것이 중요하다. 글에서는 고등학생들이 저지르는 '표절' 행위를 다룬다. 구체적인 사례로 schoolsucks.com과 같은 웹사이트가 제시되며, 회사가 표절을 골라내는 방법은 이 웹상에서 검색을 해 보는 것인데, 이는 '일치하는 부분이 있는지' 알기 위한 작업이므로 빈칸에는 ② matching text(일치하는 자료)를 맞춰보는 것이 들어가는 것이 자연스럽다.
② 일치하는 자료
→ 학생들의 표절 여부를 알아보기 위해 인터넷상에서 일치하는 자료를 찾아보는 회사에 대한 내용이다.

오답 해설
① 유용한 정보
→ 학생들의 표절 여부를 알아보기 위함이지, 교육을 위한 유용한 정보를 찾기 위함은 아니다.
③ 교육 가이드
→ 과제 표절 여부를 알아보는 방법에 대한 내용이지, 학생들을 교육하기 위한 가이드를 찾아보기 위함은 아니다.
④ 지도 방법
→ 지문의 소재는 표절이지, 학생들을 교육하는 방법을 찾아본다는 내용은 아니다.

해석 한 조사에 따르면 설문에 응한 고등학생 중 절반 이상이 인터넷에서 찾은 자료를 표절했다고 한다. schoolsucks.com과 같은 웹사이트들은 페이지당 9달러 95센트를 받고 거의 모든 주제에 대한 과제물을 다운받을 수 있게 해준다. 학교들은 학생들의 무기를 이용해서 인터넷 표절과 대항하기 시작했다. 조지 메이슨 고등학교는 한 회사와 계약을 맺고 교사들에게 학생들의 과제물을 제출하는 것을 허용하는 수천 개의 학교 중 하나이다. 이 회사는 웹을 검색해 일치하는 자료가 있는지 맞춰본다. 교사는 48시간 안에 과제물을 돌려받는데, 이때 표절한 부분은 색으로 표시된다.

어휘 survey 조사하다, 검사 plagiarize 도용하다, 표절하다 weapon 무기 submit 제출하다 contract 계약을 맺다 color-code 색칠하여 구분하다 nearly 거의, 대략

46

정답 ②

정답 해설
② 유연한, 형태를 바꾸기 쉬운
→ 이 글은 성인이 되면 뇌의 뉴런의 연결고리가 고정된다는 일반적인 통념과 다르게 성인의 뇌도 유연하고, 바뀔 수 있다고 설명한다. 이를 확인할 수 있는 단어로는 adaptable, break old habits and new ones, reprogram, alter가 있다. 따라서 성인의 뇌의 특징에 해당하는 빈칸에는 '유연한'의 의미인 flexible이 들어가는 것이 옳다.

오답 해설
① 방탕한, 낭비하는
→ 이 글에서는 뇌가 효율적인 작동을 위해 스스로를 재프로그래밍한다고 설명한다. 이러한 뇌의 특징을 '낭비적'이라고 묘사하는 것은 적절하지 않다.
③ 무미건조한, 따분한
→ 이 글에 따르면 뇌는 필요에 따라 끊임없이 변화한다. 따라서 뇌를 '무미건조하고 따분하다'라고 설명하는 것은 옳지 않다.
④ 고착화된
→ 이 글은 성인이 되어서도 효율적인 작동을 위해 작동 방식을 바꾸는 인간의 뇌의 능력에 대해 긍정적으로 설명한다. 이러한 뇌의 특징을 '고착화'된다고 하는 것은 글의 흐름과 반대되므로 빈칸에 들어갈 수 없다.

해석 인간의 뇌는 거의 무한히 유연하다. 사람들은 우리의 정신적 네트워크, 즉 두개골 안에 있는 천억 개 정도의 뉴런 사이에 형성된 촘촘한 연결고리가 성인이 되었을 때쯤에는 대부분 고정되어 있다고 생각하곤 했다. 하지만 뇌 연구자들은 그렇지 않다는 것을 알아냈다. George Mason 대학의 Krasnow Institute for Advanced Study의 책임자인 James Olds 신경과학 교수는 성인의 정신도 매우 유연하다고 말한다. 신경 세포는 일상적으로 오래된 연결을 끊고 새로운 연결을 형성한다. Olds에 따르면, "뇌는 즉시 스스로 재프로그래밍할 수 있는 능력을 가지고 있으며, 작동 방식을 바꾼다"고 한다.

어휘 infinitely 무한히, 무제한으로 flexible 유연한 dense 촘촘한, 빽빽한 connection 연결 skull 두개골, 머리뼈 adulthood 성인, 어른 professor 교수 institute 협회, 기관 routinely 일상적으로 according to ~에 따르면 alter 바꾸다

47

정답 ②

정답 해설
빈칸이 글 중간에 위치하여 주제문의 역할을 할 가능성이 있으며, 뒤에 이어지는 내용을 통해 빈칸을 유추할 수 있다.

글에서는 호주에서 진행했던 실험과 그 결과를 소개하고 있다. 빈칸은 실험 내용에 해당하는 것으로 빈칸 뒤의 "Every single block began piping out the sounds of Mozart, Bach, Beethoven, and Brahms."를 통해 모든 거리에서 클래식 음악을 틀었고 이로 인해 "the town reported a dramatic decrease in crime." 즉 범죄 수가 현저히 줄었다는 결과를 제시하고 있다. 따라서 이런 뒤의 내용을 전개하기 위해 빈칸에도 이와 동일한 내용인 ②가 들어가는 것이 옳다.

② 클래식 음악을 연주하다
→ 모든 거리 구역마다 모차르트, 바흐, 베토벤, 브람스의 음악을 내보내기 시작했다고 했으므로 옳은 문장이다.

① 야간 통행을 금지하다
→ 야간 통행을 직접적으로 금지하는 것이 아닌, 음악을 트는 결정을 내렸으므로 옳지 않은 내용이다.
③ 유명 뮤지션을 초청하다
→ 유명 뮤지션을 초청한다는 내용은 언급되어 있지 않다.
④ 용의자를 공개수배하다
→ 공개수배에 대한 내용은 언급되어 있지 않다.

해석 호주의 어느 작은 마을에서 흥미로운 실험이 있었다. 지난 2년 동안, 그 마을에서는 길거리 범죄 수가 급격하게 늘어나고 있었다. 거리 범죄 증가에 놀란 지역 주민들은 모여서 이 문제에 맞설 수 있는 가장 좋은 방법은 해가 진 후 범죄자들을 도로에서 없애는 것이라고 결정했다. 무장한 경찰을 거리에 더 배치하는 대신에, 그들은 클래식 음악을 연주하기로 결정했다. 모든 거리 구역마다 모차르트, 바흐, 베토벤, 브람스의 음악을 내보내기 시작했다. 일주일도 되지 않아 그 지역은 범죄가 급격히 줄어들었다고 보도했다. 그 실험은 매우 성공적이어서 덴마크의 코펜하겐에 있는 주요 기차역에서 동일한 해결 방법을 시도했고 ㅣ 역시 비슷한 결과를 얻었다.

어휘 fascinating 매혹적인 experiment 실험 take place 발생하다, 일어나다 witness 보다, 증언하다; 목격자 resident 주민, 거주민 alarm 놀라게 하다 confront 직면하다, 맞서다, 대항하다 offender 범죄자 nightfall 해질녘, 황혼 armed 무장한 dramatic 극적인 adopt 채택하다 prohibit 금지하다, 막다, 통제하다 suspect 용의자, 의심하다

48

정답 ②

② 유용성, 효용성
→ 이 글은 제시된 크라우드소싱의 특징과 글의 후반부에서 답의 근거를 찾을 수 있다. 이 글에 따르면, 내비게이션 시스템은 일종의 크라우드소싱인데, 내비게이션이 교통량을 파악하는 방법은 이용자의 휴대폰과 수천 명의 다른 이용자들의 휴대폰을 추적하는 것이다. 또한, '많은 수의 사용자가 있는지', '사용자 수'가 얼마인지는 크라우드소싱 기술의 핵심이다. 따라서 빈칸에 들어올 말로 적절한 것은 사용자 숫자가 서비스의 '유용성'과 직결된다는 것이다.

① 책임, 의무, 책무
→ 이 글은 내비게이션이 많은 이용자의 정보를 활용하는 크라우드소싱의 형태로 작동한다고 설명하고 있다. 그러나, 이용자의 숫자가 많아질수록 이러한 크라우드소싱 서비스의 책임이나 의무, 책무 등이 증가한다는 것은 이 글을 통해 근거를 찾을 수 없다.
③ 설계
→ 이 글은 내비게이션 서비스가 교통량을 파악하는 방법은 많은 사용자의 휴대폰을 추적하는 것이라고 말하며, 전체 시스템의 품질이나 유용성, 효용성 등은 사용자 수에 따라 달라진다고 설명한다. 그러나 사용자 수에 따라 기술의 설계가 달라진다는 것은 언급되지 않았다.
④ 목적
→ 이 글은 많은 사용자의 정보를 수집하는 크라우드소싱 형태로 내비게이션이 작동한다고 설명한다. 그러나 사용자가 증가할수록 어떤 기술의 목적이 증가한다는 것은 적절하지 않다.

해석 내비게이션 시스템은 크라우드소싱의 형태를 사용한다. 당신의 스마트폰의 Waze 앱이나 Google Maps가 현재의 교통량 패턴을 기반으로 공항으로 가는 최적의 경로를 알려줄 때, 그것들은 교통량이 어디에 있는지 어떻게 알 수 있을까? 그것들은 당신의 휴대폰과 수천 명의 다른 애플리케이션 사용자들의 휴대폰을 추적해서 그 휴대폰들이 얼마나 빨리 교통을 통과하는지를 알아본다. 만약 당신이 교통체증 속에 갇히면 당신의 휴대폰은 몇 분 동안 동일한 GPS 좌표를 보고하고, 차량들이 빠르게 움직이면 휴대폰이 자동차만큼 빠르게 움직이며, 이 앱들은 이를 기반으로 경로를 추천할 수 있다. 모든 크라우드소싱과 마찬가지로, 전체 시스템의 품질은 많은 수의 사용자가 있느냐(사용자 수가 얼마나 많냐)에 따라 결정적으로 달라진다. 이러한 점에서 그것들은 전화, 팩스 및 전자 메일과 유사하다. 만약 한두 명만이 그것들을 가지고 있다면, 그 기술들은 그다지 좋지 않다. 그것들의 유용성은 사용자 수에 따라 증가한다.

어휘 route 길, 경로 current 현재의 traffic 교통, 교통량 track 추적하다 coordinate 좌표 several 여러 swiftly 빨리, 날래게 recommend 추천하다 depend on ~에 달려있다, 좌우되다 crucially 결정적으로 in the respect 이 점에 있어서 similar 유사한

49

정답 ③

빈칸의 뒤에서 원인을 "서로 다른 방식으로 인식하기 때문"이라고 했으므로, 같은 내용이 되도록 "다른"의 의미인 ③을 정답으로 고른다.

①, ②, ④는 모두 "같은, 동일한"의 의미이므로, 답이 될 수 없다.

해석 축구 경기를 관람하고 있는 두 사람의 경우를 예로 들어보자. 축구에 대한 이해가 거의 없는 한 사람은 단지 뚜렷한 이유 없이 한 무리의 성인 남성들이 서로 때리는 것을 보게 된다. 축구를 좋아하는 다른 사람은 복잡한 플레이 패턴, 대담한 코칭 전략, 효과적인 블로킹 및 태클 기술, 리시버가 "쪼개려고" 하는 "경계선"을 통해 지역 방어를 하는 것

을 본다. 두 사람은 동일한 이벤트에 눈을 고정하고 있지만, 두 가지 완전히 다른 상황을 인식하고 있다. 인지할 수 있는 것들이 다른데, 왜냐하면, 각각의 사람들이 서로 다른 방식으로 이용 가능한 자극들을 능동적으로 선택하고, 조직하고, 해석하기 때문이다.

어휘 understanding 이해 apparent 명백한 complex 복잡한 pattern 양상, 양식, 패턴 daring 대담한 blocking 블로킹 tackling 태클 zone defense 지역방어 seam 경계선, 이음매 split 떼어 놓다 glue ~에 집중하다; 붙이다; 접착제 perceive 인지하다 perception 인지 stimuli 자극들(stimulus의 복수형) interpret 해석하다 select 선택하다 merely 단지

50

정답 ③

정답 해설

③ 모방자
→ 글의 주제문이 맨 앞에 제시되어 있다. 즉, 우리는 어떤 형태로든 주변 사람들의 영향을 받는다는 것이 이 글의 핵심이다. 따라서, 같은 내용이 되도록 빈칸을 "따라하는 사람", "모방자"의 의미인 ③으로 채운다.

오답 해설

① 리더, 지도자
→ 주어진 글의 주제는 "우리는 어떤 형태로든 주변 사람들의 영향을 받는다는 것"으로 "지도자"의 의미인 ①로 빈칸을 채울 수 없다.
② 지배자
→ 주어진 글에서는 지배, 피지배의 내용을 담고 있지 않다. 보다 나은 사람을 "모방함을 권장"하는 예시가 제시되어 있다.
④ 겁쟁이
→ 주어진 글에서는 담대함, 겁쟁이의 요소가 드러나 있지 않다.

해석 모든 사람들은 말투, 예절, 몸짓, 그리고 심지어 주변 사람들의 사고 방식에 어느 정도 영향을 받는다. 따라서, 젊은이는 자신보다 더 나은 사람들, 특히 정복하기 어렵다고 생각하는 그런 종류의 결점을 가지고 있지 않은 사람들과 교제하도록 해야 한다. 그들의 본보기가 항상 영감을 준다. 젊은이는 그들의 행동에 의해 자신의 행동을 교정하고, 그들의 지혜의 동반자가 된다. 그들이 의지나 성격이 그보다 강하면, 그는 그들의 힘의 참여자가 된다. 이 모든 것은 사람들이 본질적으로 모방자이기 때문에 가능한 것이다.

어휘 speech 연설 manner 예법 gesture 몸짓, 제스처 conquer 정복하다, 이기다 inspiring 고무적인 correct 고치다: 정확한 conduct 행동 will 의지 participator 참여자 strength 힘 more or less 다소 associate with ~와 어울리다 by nature 본디, 선천적으로 wisdom 지혜

01

정답 ③

주어진 문장 주어진 문장에서 오랫동안 이 오류가 누적되어서 잘못된 계절에 다양한 사건이 발생했다고 설명한다.

해설 ③의 앞에서는 로마가 멸망하면서 많은 기독교 국가들이 종교를 더 잘 반영할 수 있도록 율리우스력을 수정했다고 설명하며, 율리우스력은 윤년에 대한 계산 착오로 수정이 필요했다고 설명한다. ③의 뒤에서는 그것은 부활절 날짜를 결정할 때 문제를 일으켜, 이후 그레고리력을 도입하기 시작했다고 설명한다. 주어진 문장에서 나타내는 'this error'는 ③의 앞에서 언급된 율리우스력의 윤년에 대한 계산 착오를 지칭하며, ③의 뒤에 이어지는 문장의 'It'은 주어진 문장의 'this error'를 지칭한다고 볼 수 있다. 따라서, 주어진 문장은 ③에 삽입되는 것이 가장 적절하다.

해석 로마 제국의 확장과 함께 율리우스력의 사용 또한 확산되었다. 그러나, 서기 5세기에 로마가 멸망한 후, 많은 기독교 국가에서 달력을 그들의 종교를 더 잘 반영하도록 수정하였으며, 3월 25일과 12월 25일이 일반적인 설날이 되었다. 나중에 율리우스력이 윤년에 대한 계산 착오로 인해 추가적인 변경이 필요하다는 것이 분명해졌다. ③ 수 세기 동안 이 오류의 누적된 영향으로 인해 잘못된 계절에 다양한 사건이 발생했다. 그것은 또한 부활절 날짜를 결정할 때 문제를 일으켰다. 그리하여, 교황 Gregory 13세는 1582년에 개정된 달력을 도입했다. 윤년과 관련된 문제를 해결하는 것 외에도 그레고리력은 1월 1일을 새해의 시작으로 되돌려 놨다. 이탈리아, 프랑스, 스페인은 새로운 달력을 즉시 수용한 국가 중 하나였지만, 개신교도와 동방 정교회 국가에서는 그것을 채택하는 데 시간이 걸렸다.

어휘 cumulative 누적의, 누적되는 several 몇몇의, 각각의 century 세기, 100년 various 다양한, 여러 가지의 take place 일어나다, 발생하다 julian calendar 율리우스력 spread 확산하다, 펼치다, 확산, 다양성 alter 수정하다, 고치다, 바꾸다 reflective ~을 반영하는, 빛을 반사하는 religion 종교 additional 추가적인, 추가의 due to ~로 인해, ~ 때문에 miscalculation 계산 착오 concerning ~에 대한, ~에 관한 determine 결정하다, 알아내다, 밝히다 revised 개정된, 수정된, 변경한 gregorian calendar 그레고리력 restore 복원하다, 회복시키다 protestant 개신교도 orthodox 동방 정교회의, 정통적인, 정통파의 adopt 채택하다, 입양하다

02

정답 ③

주어진 문장 주어진 문장은 예를 들어, 만약 그들이 매년 한 개의 노벨상을 경매로 판다고 하더라도, 그렇게 구매된 상은 실제 상과 같지 않을 것이라고 말하고 있다.

해설 이 글은 노벨상과 같은 명예로운 물건은 돈으로 살 수 없으며, 돈으로 산다고 해도 그것의 가치가 희석되어 버려 사는 것이 무의미해질 것이라고 설명하고 있다. 이 글에 제시된 ③의 앞 내용에 따르면, 노벨상을 살 수 없는 이유는 노벨 위원회에서 그 상을 판매하지 않기 때문만은 아닌데, 이는 주어진 문장에서 '비록 그들이 매년 한 개의 노벨상을 경매로 판다고 하더라도' 그렇게 구매된 상은 실제 노벨상이 갖는 의미와 같지 않을 것이라고 서술하는 내용으로 자연스럽게 연결된다. 따라서 주어진 문장이 들어갈 위치로 가장 적절한 것은 ③이다.

해석 명예로운 물건의 가치는 얻는 것보다 사는 경우에 녹아 없어진다. 당신이 간절히 노벨상을 원하지만 일반적인 방법으로는 노벨상을 받지 못한다고 가정해 보자. 구매해야겠다는 아이디어가 당신에게 생각날지도 모른다. 하지만 당신은 그것이 효과가 없다는 것을 금방 깨닫게 될 것이다. 노벨상은 돈으로 살 수 있는 것이 아니다. 이전 우승자가 그것을 팔 의향이 있다면 트로피를 살 수 있고, 그것을 거실에 전시할 수는 있지만, 상 자체는 살 수 없다. 이것은 노벨 위원회가 이 상들을 팔려고 내놓지 않기 때문만은 아니다. ③ 예를 들어, 비록 그들이 매년 한 개의 노벨상을 경매로 판다고 하더라도, 그렇게 구매된 상은 실제 상과 같지 않을 것이다. 이러한 시장에서의 거래는 또한 그 상에 상의 가치를 부여하는 장점을 녹여 없애버릴 것이다. 이것은 노벨상은 명예로운 상품이고, 그것을 사는 것은 당신이 추구하는 선을 훼손하는 것이기 때문이다. 일단 그 상이 구매되었다는 소식이 알려지면, 그 상은 더 이상 사람들이 노벨상을 받았을 때 받는 명예와 인정을 전달하거나 표현하지 않을 것이다.

어휘 auction 경매, 경매로 팔다 award 상 honorific 명예로운 dissolve 녹이다, 용해하다 suppose 가정하다 previous 이전의 be willing to-Ⓥ ~할 의사가 있다 display 전시하다 committee 위원회 offer 제공하다 for sale 판매용으로 exchange 거래, 교환 undermine 훼손하다 no longer 더 이상 ~가 아닌 recognition 인정

03

정답 ④

주어진 문장 주어진 문장은 Thomson의 브라운관은 많은 현대적인 적용 사례를 가지고 있다고 말한다.

해설 이 글은 J.J. Thomson의 브라운관 실험을 통해 원자가 전자를 포함하고 있다는 것이 발견되었다는 것과 그 속에 존재하는 과학적 원리가 무엇인지 설명하고 있다. 한편, 주어진 문장은 'however'로 시작하기 때문에 앞 내용과 반대되는 내용 뒤에 이 문장이 위치할 것을 유추할 수 있다. ④의 앞 문장에서 Thomson은 자신의 브라운관이 실질적인 혁신을 이루리라고는 거의 상상하지 못했다는 내용이 서술되어 있으므로, 그와 반대로 'Thomson의 브라운관이 많은 현대적인 적용 사례를 가지고 있다'는 것은 ④의 위치에 나오는 것이 적합하다. 또한 ④의

뒷 문장에서도 이에 대한 구체적인 사례가 언급되어 있음을 알 수 있다. 따라서 주어진 문장이 들어갈 위치로 가장 적절한 것은 ④이다.

해석 J.J. Thomson은 브라운관을 사용하여 원자가 전자를 포함하고 있는 것을 발견했다. 이 브라운관을 오늘날 종종 CRT로 줄여서 말한다. 브라운관은 기체를 포함하고 외부 전선에 연결된 분리된 금속판을 가진 밀폐된 유리관이다. 금속판에 전기 에너지원이 적용되면 빛나는 광선이 생성된다. Thomson은 이 빛나는 기체가 금속판에서 나오는 음전하를 띤 입자의 흐름에서 기인한다고 확신하게 되었다. 또한, 그는 어떤 금속을 사용하든 항상 같은 종류의 음극 입자를 얻었기 때문에, 그는 모든 종류의 원자들이 반드시 이러한 음극 입자들을 포함하고 있을것이라 결론지었다. 그가 실험을 끝냈을 때, 그는 그의 브라운관이 실질적인 혁신을 이루리라고는 거의 상상하지 못했다. ④ 그러나 Thomson의 브라운관은 많은 현대적인 적용사례를 가지고 있다. 예를 들어, 네온사인은 작은 직경의 브라운관으로 구성되어 있으며 텔레비전 수상관이나 컴퓨터 모니터 또한 기본적으로는 브라운관이다.

어휘 modern 현대적인 application 응용, 적용 discover 발견하다 atom 원자 electron 전자 device 장치 abbreviate 축약하다 seal 봉인하다 contain 포함하다, 담다 separate 분리하다 plate 접시 external 겉의, 외부의 glow 빛나다 beam 빛, 불빛 convinced 확신하는 cause 유발하다, 야기하다 stream 흐르는 것 charged 전하가 있는 particle 입자 conclude 결론 짓다 experiment 실험 hardly 거의 ~하지 않다 tangible 실체적인, 유형의, 확실한 innovation 혁신 consist of ~로 구성되다 diameter 직경 fundamentally 근본적으로

04

정답 ④

주어진 문장 주어진 문장은 물론, 우리가 마지막 순간에 잘못된 대기 줄에서 옳은 대기 줄로 바꾼 적이 많았을 수도 있다고 말하고 있다.

해설 이 글은 우리가 "답을 고쳐선 안 된다"고 생각하는 고정관념에 대해 설명하고 있다. 이 글에 따르면, 우리는 시험을 볼 때 답을 고쳤다가 틀리거나, 마트에서 서 있던 대기 줄을 다른 줄로 옮겼는데 원래 있던 줄이 더 빨리 줄어들어서 분개하기도 한다. 즉, 첫 번째 선택이 아닌 고친 선택을 후회하는 경우가 많은 것이다. ④의 앞 내용에서는 이와 관련하여 식료품점에서의 줄 서기가 서술되어 있는데, 이는 주어진 문장에서 'Of course'를 통해 (다른 줄로 옮겼을 때 항상 시간이 더 걸린다고 믿는 것처럼) 선택을 바꿨을 때 이익을 보는 경우도 많다는 내용으로 자연스럽게 연결될 수 있다. 따라서 주어진 문장이 들어갈 위치로 가장 적절한 것은 ④이다.

해석 왜 사람들은 객관식 시험에서 답을 바꾸는 것이 나쁜 생각이라고 그렇게 확신하는 것일까? Stanford와 Illinois 대학의 연구원들은 2005년 Journal of Personality와 Social Psychology의 기사에서 그 해답을 밝혀냈다. 학생들은 답을 바꾸는 것이 잘못되었던 경우들을 기억할 가능성이 더 높은 것이다. 왜냐하면 그들은 그 문제를 틀리게 만들었던 마지막 순간의 답 변경에 속았다고 느낄 것이기 때문이다. 그 기억들은 틀린 답을 정답으로 (알맞게) 바꿨던 기억들을 무색하게 하는 경향이 있다. 저자들에 따르면, 이것은 식료품점 계산대에 서 있던 줄을 바꾸는

모든 경우들은 더 느린 진행을 초래한다는 확신과 비슷하다고 한다. 이것이 항상 사실인 것은 아니지만, 우리는 그것이 사실일 때 너무 격분해 버리는 나머지 그렇지 않은 경우들은 잊어버린다. ④ 물론, 우리가 마지막 순간에 잘못된 대기 줄에서 옳은 대기 줄로 바꾼 적이 많았을 수도 있다. 하지만 솔직히 말해서, 당신은 지금 당장은 단 하나도 생각할 수 없을 것이다.

어휘 plenty of 많은 switch 바꾸다 from a to b a에서 b로 lane 줄, 선 last minute 마지막 순간에, 직전에 convince 확신시키다, 설득하다 multiple-choice test 객관식 시험 uncover 밝히다, 폭로하다, 알아내다 cheat 속이다, 기만하다 cost 희생시키다, 들게 하다 overshadow 그늘지게 하다, 가리다, 무색하게 하다 grocery store 식료품점 result in ~라는 결과를 낳다 outraged 분노하는, 격분하는 to be honest 솔직히 말해서

05

정답 ④

주어진 문장 주어진 문장에서 '그'는 '중단되었던' 노래를 다시 부르며 장면을 이어나갔다고 설명한다. '그'가 누구인지와, 왜 노래가 중단되었는지에 대한 이유가 앞서 제시되어야 한다.

해설 글의 전반부에서 Santley라는 음악가는 뛰어난 음악적 능력을 지녔을 뿐 아니라, 탄탄한 정신력과 좋은 센스도 가진 사람이었으며, 이 글에 그와 관련된 일화가 제시된다는 것을 파악할 수 있다. ①, ②, ③ 앞 문장의 주어는 각각 구름을 보여주기 위해 사용된 거즈, 스태프 중 한 명, 관객이다. 따라서 그들이 중단된 노래를 다시 부르기 시작했다는 것은 어색하다. ④ 앞 문장에는 불로 인해 공연이 중단되었다는 상황과, 바리톤 가수인 Santley가 관객들에게 침착하라고 언급한 내용이 제시된다. 따라서 주어진 문장은 ④에 들어가 관객을 진정시킨 Santley가 중단된 노래를 이어나갔다는 흐름을 만들어주는 것이 옳다.

해석 영국 바리톤인 샌틀리는 폭넓은 음악 경험과 뛰어난 오페라 능력을 가진 사람이다. 하지만 이것보다, 그는 탄탄한 정신력과 좋은 센스를 가진 사람이다. 이것은 그가 모차르트의 "Magic Flute"에서 "파파게노" 파트를 부르고 있던 1865년 어느 날 밤 그의 멋진 행동과 언어에 의해 드러났다. 런던 극장은 열광적인 관객으로 붐볐다. 마지막 장면에서, 가스 분출구로 인해 구름을 나타내는 데 사용되었던 거즈의 일부에 불이 붙었다. 곧바로 무대 위의 좁은 나무판 위로 스태프 중 한명이 달려나갔고, 칼로 무대 위에 떨어진 불타는 물질을 잘라냈다. 불을 본 관객들은 금세 침착함을 잃었다. 하지만 당시 무대에 섰던 샌틀리는 앞으로 걸어가 관객들에게 "바보들의 무리처럼 행동하지 마십시오! 아무 일도 아닙니다."라고 소리쳤다. ④ 그리고 나서 그는 즉시 중단되었던 노래를 부르며 그 장면을 계속했다. 이로 인해 사람들은 조용해졌고 그 가수의 침착함으로 인해 공황 상태는 의심의 여지없이 피할 수 있었다.

어휘 immediately 즉시, 즉각적으로 interrupt 방해하다, 중단시키다 operatic 오페라의 solid 확고한, 탄탄한 nerve 용기, 정신력 enthusiastic 열정적인 gauze 거즈 represent 나타내다, 대표하다 flies 무대 위 천장 부분 narrow 좁은 blazing 타오르는, 타는 듯한 presence of mind 침착함 at the time 당시에 doubtless 거의 틀림없이 avert 돌리다, 외면하다

06

정답 ④

정답 해설

주어진 글은 영화의 기법 중 하나인 "오마주"에 대해 설명하고 있다. 즉, 앞선 부분에서는 "해당 영화 감독"과 "그의 존경을 받는 감독"(선대의) 사이에 관해서 설명하고 있다. 한편, 주어진 문장에서는 "오마주"의 또 다른 기능, 즉, "감독과 관객 사이의 (묵언적) 상징 교류"에 대해서 설명하고 있다. 따라서, ④에 넣게 되면, 뒤의 문장이 이 주어진 문장에 대해서 구체적으로 설명하는 내용이 되므로 적당하다.

해석 영화의 세계에서, 오마주는 영화 감독들이 그들의 전임자들(선배 감독들)과 그들의 영향력에 대해 경의를 표하는 방법이다. 그것은 이전에 왔던 영화들과 그들이 예술 형식에 미친 영향을 인정하는 방법인것이다. 오마주는 여러 가지 형태를 띨 수 있는데, 특정, 샷이나 장면에 대한 언급부터, 보다 특정 감독의 스타일이나 테마 등에 대한 보다 미묘한 복제에까지 이른다. 영화 감독들은 그들의 작품과 그들의 선배들의 작품 사이의 연속성을 만들기 위해 오마주를 사용한다. 그것은 예술 형식과 그것에 기여한 사람들에 대한 존경을 보여주는 한 방법이기도 하다. ④ 오마주는 또한 영화 제작자와 관객 사이에 공유 언어를 만드는 한 방법이 될 수도 있다. 고전 영화와 감독을 참조함으로써, 영화 제작자들은 복잡한 생각과 감정을 관객들과 더 효과적으로 소통할 수 있게 하는 빠른 표현을 만들 수 있다.

어휘 homage 오마주, 존경 share 공유하다 between 사이에 filmmaker 영화 제작자 audience 관객 cinema 영화 pay tribute to ~에게 경의를 표하다 predecessor 선배 influence 영향력 acknowledge 인정하다 film 영화 come before ~앞에 나타나다 impact 영향 reference 언급, 참조 specific 특정한 subtle 미묘한 particular 특정한 create 만들다 continuity 연속성 work 작품 way 방법 respect 존경 art form 예술 형식 contribute to 기여하다 classic 고전 director 감독 shorthand 속기 communicate 소통하다 complex 복잡한 emotion 감정 effectively 효과적으로

07

정답 ②

주어진 문장 주어진 문장은 개구리의 자력은 강한 유도 자기장이 존재할 때만 나타난다고 말하고 있다.

해석 이 글은 전자석의 가운데에 마취된 개구리가 놓여 있을 때, 자석에 전류가 흐르면 개구리가 허공에 뜨는 현상을 소개하여 독자의 흥미를 유도하며 물질의 자기적 특성과 자기장이 작동하는 원리를 설명하고 있다. ②의 앞 문장에는 자석에 전류가 통했을 때 개구리가 뜨는 이유를 설명하기 위해, 개구리가 철 조각처럼 자성을 띠지 않는데도 왜 그런 일이 발생하는지 독자에게 질문을 던진다. 그러나 그에 대한 해답을 말하지 않은 채로 ②의 뒷 문장에서는 '다시 말해(in other words)'라는 표현으로 자기장의 원리를 부연 설명하므로, ②가 비어 있다면 문장이 유기적으로 연결되지 않게 된다. 따라서 개구리의 자력을 설명하는 주어진 문장이 들어갈 위치로 가장 적절한 것은 ②이다.

해석 한 마취된 개구리가 전자석의 텅 빈 가운데에 놓여 있다. 자석의 코일 내 전류가 증가하면 개구리는 마법처럼 상승하여 공중에 뜨게 된다. 어떻게 이런 일이 일어날 수 있을까? 사실, 이것은 모든 물질의 자기적 특성을 보여준다. 우리는 금속 자석이 상대적인 방향에 따라 서로를 끌어당기고 밀어낸다는 것을 알고 있다. 그렇다면 개구리가 금속 조각처럼 자성을 띠는가? 당연히 그렇지 않다. ② 개구리의 자력은 강한 유도 자기장이 존재할 때만 나타난다. 다시 말해, 개구리를 둘러싸고 있는 강력한 전자석이 유도장과 반대되는 자기장을 개구리에 유도한다. 개구리의 반대쪽 자기장은 유도장을 물리치고, 개구리는 중력에 의해 자기력이 균형을 이룰 때까지 몸이 위로 올라가게 된다. 그러면 개구리가 공기 중에 "뜨게 된다". 개구리를 자기적으로 만드는 것은 전자이다. 개구리의 세포들은 전자로 구성되어 있다. 이 전자들이 강한 자기장을 감지하면, 그들은 유도장과 반대 방향으로 정렬된 자기장을 생성하는 방식으로 움직여서 반응한다.

어휘 magnetism 자기력, 자성, 자력 presence 존재 induce 유도하다, 이끌다 magnetic field 자기장 anesthetize 마취시키다 hollow 텅 빈 core 가운데, 중심 current 전류 float 뜨다 demonstrate 입증하다, 보여주다 property 특징 matter 물질 attract 끌어당기다 repel 물리치다, 밀어내다 depending on ~에 따라 relative 상대적인 orientation 방향 surround 둘러싸다, 감싸다 oppose 반대하다 gravitational 중력의 electron 전자 cell 세포 be composed of ~로 구성되다 respond 반응하다 align 정렬하다

08

정답 ③

정답 해설

주어진 문장은 '하지만 스토리텔링은 단지 놀이방의 램프 불빛 풀 안에서나 캠프파이어 주변에서 일어나는 것이 아니'라고 말하고 있으므로, 스토리텔링은 꼭 특수한 상황 즉, 아동만을 위한 것이 아니어도 일상 속에서나, 산업에서도 많이 쓰인다는 내용들의 앞부분에 들어가야 본문의 연결이 자연스럽다. ③ 바로 뒤의 In fact는 강조의 표시로 주어진 문장의 내용을 구체적으로 설명하고 있다.

해석 스토리텔링이란 무엇인가? 아마도 스토리텔링 하면 가장 먼저 떠오르는 것은 모든 등장인물에 대해 다른 목소리를 내면서, 어린 시절 자신이 아이에게 들려준 이야기나 이야기를 듣는 경험일 것이다. 우리는 모두 동화나 전설과 같은 전통적인 형태의 이야기에 익숙하다. 그리고 이러한 구술적이고 글로 쓰여진 이야기들은 다른 형태로 다시 이야기되고 살아나면서 계속해서 진화하고 있다. 특히나 아이들 속의 마음속에서 말이다. ③ 하지만 스토리텔링은 단지 놀이방의 램프 불빛 풀 안에서나 캠프파이어 주변에서만 일어나는 것이 아니다. 사실, 이야기는 우리가 친구들에게 들려주는 일화들, 우리가 읽은 책들, 그리고 우리가 보는 영화들 속에서 우리의 일상생활의 일부이다. 스토리텔링은 또한 어떤 청중과도 연결될 수 있는 중요한 방법으로 인식되고 있으며, 스토리텔링은 직장, 광고, 기금 모금에서 점점 더 많이 사용되고 있다. 건강관리에 있어서는, 이야기는 품질 개선 작업에 사람들을 참여시키는 데 유용한 도구로 입증되고 있다.

어휘 storytelling 스토리텔링, 이야기하기 take place 일어나다 lamplight 램프 빛 nursery 유아원의 perhaps 아마도 spring to mind 떠오르다, 갑자기 생각나다 experience 경험 character 등장인물 familiar with 익숙한 traditional 전통적인 fairytale 이야기 legend 전설 oral 구술의 continue 계속하다 evolve 진화하다 bring to life ~을 소생시키다 daily life 일상생활 anecdote 일화 recognize 인식하다 important 중요한 audience 청중 increasingly 점점 더 workplace 직장 advertising 광고 fundraising 모금 health care 건강관리 prove 입증하다 useful 유용한 engage 끌다 quality 품질 improvement 개선

09

정답 ④

주어진 문장 주어진 문장은 팀의 일원이 되는 것이 혼자 경쟁할 때 느끼는 압박감을 해소하는 데 도움이 된다고 설명한다.

해설 글의 전반부에서는 아마추어 선수들이 프로 선수들보다 경기 능력을 방해하는 불안감을 경험할 가능성이 더 크며, 이는 힘이 솟구치는 느낌을 관리하는 경험이 부족하기 때문이라고 설명한다. 또한, ④ 앞 문장에서는 개인 종목 선수들이 팀 종목 선수들보다 불안감을 느낄 가능성이 크다고 설명한다. 압박감을 해소하는 데 팀의 일원이 되는 것이 도움이 된다는 주어진 문장은 ④의 앞 문장 뒤에 자연스럽게 이어지므로. 주어진 문장은 ④에 삽입되는 것이 가장 적절하다.

해석 어떤 유형의 운동선수들은 경기력에 대한 불안의 영향을 더 많이 느낄 가능성이 있다. 아마추어 운동선수로서, 당신은 경험이 많은 전문 선수들보다 당신의 경기 능력을 방해하는 불안감을 경험할 가능성이 더 크다. 당신은 경쟁과 "자신감있는" 느낌을 관리하는 데 있어 상대적으로 경험이 부족하기 때문에 이것은 일리가 있다. 개인 종목에 참여하는 운동선수라면 당신은 팀 종목에 출전하는 선수보다 불안감을 느낄 가능성이 더 크다. ④ 즉, 팀의 일원이 되는 것이 당신이 혼자 경쟁할 때 느끼는 압박감을 어느 정도 해소하는 데 도움이 된다는 것은 일리가 있다. 마지막으로, 팀 스포츠에서 만약 당신의 팀이 상대팀 경기장에서 경기하는 경우 당신 팀의 경기장에서 경기할 때보다 불안 수준이 더 높은 경향이 있다는 증거가 있다.

어휘 pressure 압력, 압박 compete 경쟁하다 athlete 운동선수 amateur 아마추어 be prone to ~하는 경향이 있다 anxiety 불안감, 염려 interfere 간섭하다 makes sense 말이 되다, 이해가 되다 lack 부족, 결핍 participate 참여하다 individual 개인의 evidence 증거 venue 장소 opposition 반대 tend to ~하는 경향이 있다

10

정답 ①

주어진 문장 주어진 문장은 결국 아무런 반응도 없자, 아기는 자신도 역시 시선을 다른 곳으로 돌리게 된다고 말하고 있다.

해설 이 글은 아동의 발달 과정에서 일어날 수 있는 한 가지 현상에 대해 설명하며, 그것을 구체적으로 담은 비디오의 내용을 상세히 언급하고 있다. 이때 ①의 앞 문장에서는 아기를 보는 엄마의 표정이 갑자기 단호해지고 엄마가 아기를 외면하게 되자, 아기는 크게 울부짖기 시작한다는 내용이 제시된다. 이는 주어진 문장에서 'Eventually'로 이어지며, 아기는 결국 자신도 다른 곳을 쳐다보는 식으로 엄마를 외면한다는 내용으로 자연스럽게 이어진다. 또한 주어진 문장의 내용은 ①의 뒷 문장에서 정상적인 반응이 '재개(resume)'되어도 상황은 예전과 다르다는 것으로 연결될 수 있다. 따라서 주어진 문장이 들어갈 위치로 가장 적절한 것은 ①이다.

해석 컬럼비아 대학에서, 의대 1학년 학생들이 정상적인 아동 발달 과정을 담은 비디오를 보고 있다. 그 비디오는 엄마와 아기가 서로 마주보고 앉아 있는 것을 보여준다. 그들은 행복하게 미소를 주고받고 있다. 이는 즐겁다. 다음으로, 엄마의 표정은 갑자기 단호해지고, 그녀는 아이의 상호작용 시도에 반응하지 않게 된다. 그녀는 외면한다. 아기는 다시 꾸꾸꾸 소리를 내며 엄마와 다시 교류하려 했지만 소용이 없었다. 아기는 눈에 띄게 괴로워하며 울부짖는다. ① 결국 아무런 반응도 없자, 아기는 자신도 역시 시선을 다른 곳으로 돌리게 된다. 정상적인 상호작용이 재개되면 일시적인 안도감이 생기지만 상황은 예전 같지 않다. 그 아기는 불안하고 화가 난 것처럼 보인다. 수많은 후속 연구는 이런 '멈춘 얼굴표정 효과'의 견고함을 입증했는데, 이 경우 부모가 다시 아기와 교류하기 시작하면, 아기는 덜 웃고 딴 곳을 더 많이 보게 된다.

어휘 eventually 결국 development 발달 face 마주보다 interact 상호작용하다, 교류하다 flat 단호한, 쌀쌀한, 무표정인 unresponsive 반응하지 않는 turn away 돌아서다, 외면하다 to no avail 헛되이, 소용이 없이 visibly 눈에 띄게 distraught 괴로운, 심란한 resume 재개되다, 다시 이어지다 temporary 일시적인 relief 안도감 uncertain 불안정한 numerous 수많은 follow-up study 후속 연구 prove 증명하다, 입증하다 robustness 견고함

11

정답 ③

주어진 문장 주어진 문장은 인지, 감정, 행동의 발전은 성숙과 신체적 그리고 사회적 환경에서의 사건, 경험, 영향을 모두 필요로 한다고 설명한다.

해설 ③의 뒤에 있는 "이와 같은 성숙"(such maturation)이 주요 힌트이다. 즉, "이와 같은"의 의미인 such가 있으므로, 앞선 부분에 반드시 maturation, 즉 성숙에 관한 내용이 있어야 하는데, 이는 주어진 문장의 "both maturation~"을 통해서 찾을 수 있다. 따라서, ③을 정답으로 고른다.

해석 20세기 대부분의 기간 동안 아동의 본성과 그들의 성장에 대한 기본적인 철학적 차이는 심리학자들을 사로잡았다. 그러한 논쟁들 중 가장 중요한 것은 유아기와 아동기의 발달을 결정하는 데 있어 유전적 자질과 환경, 또는 "본성"과 "양육"의 상대적 중요성에 관한 것이다. 그러나 대부분의 연구자들은 인간 발달을 이끌고 영향을 미치는 것은 상호 배타적인 행동이나 어느 한 쪽 또는 다른 쪽의 힘의 우세보다는 선천적인 생물학적 요인과 외부 요인의 상호작용이라는 것을 인식하게 되었

다. ③ 보통 인생의 특정 시점에 발생하는 인지, 감정 및 행동의 발전은 유전적 특성의 성숙과 물리적 및 사회적 환경에서의 사건, 경험 그리고 영향을 모두 필요로 한다. 일반적으로 이러한 성숙 그 자체만으로 는 심리적 기능이 나타나지 않는다; 그러나 성숙은 그러한 기능이 발생 하도록 허용하고 그것이 나타날 수 있는 가장 이른 시기에 대한 한계를 설정한다.

cognition 인지, 인식 emotion 감정, 정서 behavior 행동, 작용 normally 보통, 정상적으로 life span 수명 maturation 성숙, 성인이 됨, 익음 influence 영향, 영향력 physical 신체적인. 물리적인, 자연법칙상의 philosophical 철학적, 냉철한 difference 차이. 다름, 불화 fundamental 기본적인, 핵심적인 occupied 점령된, 사용 중인, 바쁜 psychologist 심리학자 controversy 논란 concern 관한 것이다, 영향을 미치다 relative 상대적인 genetic 유전의 endowment 자질, 기부 nurture 양육, 양육하다 infancy 유아기 recognize 인식하다, 알아보다, 공인하다 interaction 상호작용 inborn 선천적인 biological 생물학의 factor 요인, 인자 external 외부의, 외부 predominance 우세 permit 허용하다 appearance 나타남, 출현, 모습

12

정답 ③

주어진 문장은 암호화 소프트웨어를 사용해 사용자 위치 를 숨기는 Deep Web의 특징에 관한 내용이다.

해설 ③의 앞에서 우리가 사용하는 대부분의 무해한 사이트를 포함하 는 Deep Web은 거대하고 기하급수적으로 성장하고 있으며, 그에 비해 Dark Web은 수천 개밖에 없다고 설명한다. ③의 뒤에서 그것이 Dark Web에서 불법 활동이 흔한 이유이며, 사용자, 웹사이트 소유자 그리고 데이터를 익명으로 만든다고 하므로, Deep Web의 '익명성'이라는 특 징을 설명하는 주어진 문장은 ③에 들어가는 것이 가장 자연스럽다.

해석 대부분의 사람은 Deep Web이 암호로 보호된 이메일 계정, Netflix와 같은 유료 구독 서비스의 일부, 온라인 양식을 통해서만 액세 스할 수 있는 사이트와 같이 대부분 무해한 사이트를 포함하고 있다는 사실을 알지 못한다, 또한 Deep Web은 거대하다: 2001년에는 그것이 Surface Web보다 400~550배 더 큰 것으로 추정되었으며, 그 이후로 도 기하급수적으로 성장하고 있다. 이에 비해 Dark Web은 매우 작다: Dark Web 사이트의 수는 수천 개에 불과하다. ③ Dark Web의 웹사 이트는 암호화 소프트웨어를 사용하여 사용자들과 그들의 위치를 익명 으로 만드는 것이 특징이다. 그것이 바로 Dark Web에서 불법 활동이 흔한 이유이다; 사용자는 그들의 신원을 숨길 수 있고, 불법 웹사이트의 소유자들은 그들의 위치를 숨길 수 있으며, 데이터는 익명으로 전송될 수 있다. 이는 Dark Web이 불법 마약 및 총기 거래 및 도박으로 가득 차 있음을 의미한다.

characterize 특징을 나타내다 encryption 암호화 location 위치 anonymous 익명의 contain 포함하다 benign 친절한, 온화한 account 계정 paid 유료의 subscription 구독 access 접근하다 deep web 딥 웹, 검색엔진에 안잡히는 사이트 huge 거대한 estimate 추정하다 exponentially 기하급수적으로 by

comparison 그에 비해 illegal 불법의 common 흔한 withhold 숨기다 identity 신원 transfer 전송하다 anonymously 익명으로 drug 마약 firearm 화기 transaction 거래 gambling 도박

13

정답 ③

주어진 문장에서는 역접 표현인 however를 통해 "고대 이집트 사람들은 관에 넣은 사체는 뜨겁고 건조한 모래에 노출되지 않 으면 부패한다는 사실을 알았다"는 내용을 보여주고 있으므로 주어진 문장 앞에는 "사체를 관에 넣는다"는 행위가 제시되어 있어야 한다.

해설 ③을 기준으로 ③ 앞 문장에서는 "사체를 관에 넣는다"는 행위가 서술되어 있고 ③ 뒤에서는 "사체 보존의 새로운 방법을 찾아냈다"는 내용이 서술되고 있다. 따라서 "사체를 관에 넣는 행위"의 문제점을 보 여주고 있는 주어진 문장은 ③에 들어가는 것이 적절하다.

해석 초기의 고대 이집트인들은 시신을 사막의 작은 구덩이에 묻었다. 모래의 열기와 건조함이 사체를 재빨리 건조시켜, 살아 있는 것 같고 자 연스러운 '미라'를 만들었다. 후에, 고대 이집트인들은 시신을 사막의 야 생 동물들로부터 보호하기 위해서 관에 넣어서 묻기 시작했다. ③ 하지 만, 그들은 뜨겁고 건조한 사막의 모래에 노출되지 않으면 관에 넣은 사 체가 썩는다는 것을 깨달았다. 여러 세기를 거치면서, 고대 이집트인들 은 그것들이 실물과 똑같은 상태로 남아 있도록 하기 위해서 사체를 보 존하는 새로운 방법을 개발해냈다. 그 과정은 시체를 방부 처리하고, 리 넨 조각을 감싸는 것을 포함했다. 오늘날 우리는 이런 과정을 미라화라 고 부른다.

coffin 관 decay 부패하다, 썩다: 부패시키다, 썩게 만들다 pit 구덩이, 우묵한 곳 dehydrate 건조시키다; 탈수 상태가 되게 하다 lifelike 실물과 같은, 살아 있는 것 같은 mummy 미라 bury 파묻다 preserve 보존하다 embalm (시체를) 방부 처리하다, 미라로 만들다 wrap 싸다, 포장하다 linen 리넨 mummification 미라화 dryness 건조함

14

정답 ③

주어진 문장에는 역접 표현인 however가 있고, "그것들 이 항상 환경 친화적인 것은 아니다"라는 문제점이 언급되어 있으므로 해당 문장 앞에는 긍정적인 내용이, 해당 문장 뒤에는 환경에 있어 부정 적인 내용이 이어져야 한다.

해설 ③을 기준으로 앞의 내용은 이전의 빌딩들은 에너지를 많이 사용 하지 않았다는 다소 긍정적인 입장의 내용을 서술하고 있으나, ③ 뒤에 서는 그렇다고 이전의 빌딩들이 모두 그런 것은 아니라는 예시를 석탄 을 예로 들어 설명하고 있다. 따라서 주어진 문장은 ③에 들어가 글의 흐름을 반전시키는 역할을 해야 한다.

해석 녹색 빌딩(환경 친화)이 새로운 것은 아니다. 수천 년 동안, 인간 은 현지의 자연 재료로 구조물을 지어왔다. 이러한 구조물들은 에너지 를 사용하거나 행성(지구)에 해를 주지 않았다. 그 구조물에 살던 사람

들이 자리를 뜨게 되었을 때, 그 구조물은 주로 붕괴되었으며 그들의 재료는 자연으로 되돌아갔다. 1930년대 전에, 대부분의 빌딩들은 오늘날의 빌딩보다 훨씬 적은 에너지를 사용했다. 에어컨 대신, 그들은 산들바람이 들어오도록 열린 창을 갖추고 있었다. ③ 하지만 그것들은 아주 녹색(환경 친화)은 아니었다. 석탄을 연소시키는 용광로가 난방을 위해 이용되었다. 결과적으로, 많은 빌딩들은 더러운 연기를 공기 중으로 뿜어냈다. 1970년대 초반에, 미국과 세계의 많은 곳에서는, 빌딩에서 방출되는 오염을 줄이거나 없애기 위해 대기오염법이 통과되었다.

어휘 green 환경 보호의, 친화적인, 녹색의 damage 해를 끼치다, 피해를 주다 planet 행성, 세상, 지구 collapse 붕괴되다 breeze 산들바람, 미풍 furnace 화로, 용광로 spew 뿜어져 나오다, 분출되다 eliminate 제거하다 give off (빛 등을) 방출하다, 내뿜다 move on (계속해서 다른 곳으로) 움직이다, 이동하다 let in 들여보내다

15

정답 ①

해설 이 글은 삶의 즐거운 일에 대해 글쓰기를 하는 것에 반대하는 입장을 다룬 글이다. 주어진 문장은 앞서 제시된 내용인 'this'에 대해서 반대하는 입장이 제시되는 부분의 맨 처음에 들어가야 한다. 또한 이 문장에서 'this'는 '즐거운 일을 일기로 쓰는 것'이므로 주어진 문장은 일기 쓰기에 대해 반대 의견을 제시하고 있는 부분인 ①에 들어가야 한다.

해석 당신이 10대였을 때, 당신은 매트리스 아래 숨어서 일기를 썼을지도 모른다. 그곳은 심판이나 처벌 없이 자신의 투쟁과 두려움을 고백하는 자리였다. 그 모든 생각과 감정을 머리에서 떨쳐내고 종이에 적어서 기분이 좋았을 수도 있다. 이와 같이 몇몇 심리학자는 아마 현재 일어나고 있는 흥미진진한 일을 묘사하는 일기를 쓰는 것과 같은 글쓰기를 통해 인생을 즐길 것을 조언한다. ① 나는 이것에 반대한다. 이유는 글쓰기가 다친 감정을 치료해주는 데 유용한 도구이기는 하지만, 행복한 순간을 즐기는 데 있어서는 생산적이지 않기 때문이다. 아마도 당신은 긍정적인 사건을 "지나쳐 가고" 싶지는 않을 것이다! 삶의 최고 경험에 관해서라면, 당신은 반복적으로 재생해야 한다. 그리고 당신은 그것들을 둘러싼 긍정적 감정들을 유지하고 당신의 행복을 증진시켜주기 위해 그 경험들을 즐겨야 한다. 인생의 긍정적인 사건에 대해 글을 쓰는 것은 그 사건을 분석하는 일을 초래할 것인데, 그 결과 그 사건과 연관된 즐거움의 감소를 초래하게 될 것이다.

어휘 confess 고백하다, 자백하다, 시인하다 struggle 투쟁하다, 분투하다, 애쓰다 judgment 판단, 판결 punishment 처벌, 징계 psychologist 심리학자 perhaps 아마도 keep a journal 일기를 쓰다 invaluable 유용한, 매우 귀중한, 헤아릴 수 없을 만큼 귀중한 get past 지나가다, 벗어나다 When it comes to ~에 관한 한 repetitively 반복해서, 반복적으로 result in 결과적으로 ~이 되다 associated with ~와 연관된

16

정답 ②

주어진 문장 주어진 문장에서는 그것이 소셜 네트워크의 경우에는 적

용되지 않는다고 설명한다.

해설 이 글에서는 사이트 간 호환성이 높은 이메일과 호환성이 좋지 않은 소셜 네트워크를 비교한다. ② 앞까지의 내용은 이메일의 특성에 해당한다. 다른 사이트 상의 메일 주소를 가지고 있더라도 상대방에게 메일을 보낼 수 있다는 것이다. ② 뒤에서는 MySpace와 Facebook과 같은 소셜 네트워크 사이트를 제시하며, 소셜 네트워크 상에서는 서로가 다른 플랫폼에 있다면 소통할 수 없다고 설명한다. 따라서 호환성이 높은 이메일과는 다르게 소셜 네트워크는 그렇지 않다는 내용의 주어진 문장이 ②에 들어가 흐름을 전환해주는 것이 자연스럽다.

해석 나는 각 소셜 네트워크가 그것 자신만의 작은 세계라는 것에 대해 불만이 있다. 그리고 몇몇 교차 기능들이 있지만, 그들은 우리 중 많은 사람들이 원하는 만큼 매끄럽게 서로 어울리지 않고 있다. 그것을 이메일과 비교해서 생각해봐라. 당신은 이메일 주소를 가지고 있는 누구에게나 이메일을 보낼 수 있다. 당신이 Gmail상에 있고 다른 사람이 Hotmail상에 있다는 것은 문제가 되지 않는다. 이메일은 시장이 주도하지 않는 개방형 시스템으로 개발되었기 때문에 서로 다른 시스템들이 통합할 수 있도록 표준이 개발되었다. ② 그것은 소셜 네트워크에 있어서는 그렇지 않다. 만약 내가 MySpace상에만 있고, 당신은 Facebook 상에만 있다면, 우리는 교류할 수 없다. 게다가, 만약 그 서비스들 중 하나가 중단되거나 사라지면, 우리는 갇히게 된다. 우리는 다른 서비스로 옮겨가서 처음부터 다시 시작해야 한다.

어휘 be the case 사실이다 cross-functionality 교차 기능, 상호 동작 seamlessly 매끄럽게 in comparison with ~와 비교하여 matter 중요하다, 문제가 되다 market driven 시장 주도의 ensure 보장하다, 확실히 하다 interact 교류하다, 의사소통하다 additionally 추가적으로 stuck 갇힌, 막힌

17

정답 ②

주어진 문장 'But(그러나)'으로 문장을 시작했기 때문에 주어진 문장의 앞부분에서는 루소와 같은 방식으로, 즉 기술을 사용하지 않고 그림을 그린다는 내용이 드러나야 한다. 또한 뒷부분에서는 기술을 예술에 적극적으로 이용한다는 내용이 나와야 하는 것을 알 수 있다.

해설 이 글은 현대 미술에도 메타버스를 포함한 기술을 적용하게 될 것이라는 내용을 설명하는 글이다. 루소처럼 꿈에서 본 내용을 캔버스에 옮겨 그리는 것이 아니라 그 꿈의 내용을 메타버스와 같은 새로운 기술을 이용하여 환상적으로 만들어 낼 수 있다고 설명한다. 주어진 문장은 현대 미술 이외의 회사들은 디지털 기술을 이용하고 있다는 내용에 반전을 주며, 예술가들이 새로운 매체의 잠재력을 이용해 작품을 만들고 싶어 할 것이라는 내용을 이어가야 하므로 ②에 들어가는 것이 가장 적절하다.

해석 현대 미술은 현재 회화와 조각, 전통적인 재료와 오래된 제작 방법에 의해 지배되고 있다. 한편, 예술계 밖의 회사들은 디지털 기술을 사용하여 시대를 초월한 명작들을 관광지와 애니메이션으로 제작하고 있다. ② 그러나 루소와 그의 동료들이 했던 일을 하는 예술가들은 거의 없다: 새로운 기술, 즉 그들의 경우, 사진술에 의해 부과된 현실을 받아들이고 새로운 것을 창조하기 위해 오래된 방법들을 깨뜨리는 것이다.

루소의 정신을 가진 예술가는 이 새로운 매체의 잠재력에 감사하고 메타버스와 더 넓은 대중을 위한 예술을 만들고 싶어 할 것이다. 현재, 그의 시절처럼, 그는 과거의 오래된 작품들을 리메이크하지 않고, 꿈에서 환상적인 장면들을 떠올릴 것이다: 그가 자신의 삶에서 결코 본 적이 없는, 아무도 본 적이 없는 스타일로 표현된 광경들을. 오늘날, 아마도 금세기 처음으로, 완전히 새로운 미학을 발명하는 것이 가능하다고 느낀다 – 누군가 기술자들에게서 고삐를 쥐는 한 말이다.

어휘 contemporary art 현대 미술 sculpture 조각품, 조형물, 조각하다 meanwhile 한편으로는, 동안, 반면 remake 다시 만들다, 신판 timeless 시대를 초월한 masterpiece 걸작, 명작 evanescent 덧없는, 사라져 가는 gimcrack 겉보기에만 그럴듯한 come up with 떠올리다, 제안하다 witness 보다, 목격하다, 증언하다 render 표현하다, 제공하다, ~이 되게 하다 aesthetic 미학

18

정답 ③

주어진 문장 'But(그러나)'으로 문장이 시작했고, 성인이 하루에 6시간 서 있을 경우 하루 54칼로리를 소비하게 된다고 설명하고 있으므로, 주어진 문장의 앞부분에는 이 내용과 반전되는 내용이 나와야 함을 알 수 있다.

해설 이 글은 대부분의 미국인들이 하루의 많은 시간을 앉아 있고, 이것이 건강에 좋지 않다는 내용을 설명하는 글이다. 글의 전반부에서 앉아 있는 시간 대신 서서 시간을 보내는 것이 더 많은 칼로리를 소비하게 한다는 연구를 제시했다. 이에 대한 결과로 ③의 앞부분에서 서 있는 것이 앉아 있는 것보다 분당 0.15칼로리를 더 소비하도록 하는데, 이는 작은 수치로 보일 수 있다고 설명한다. 그러나 ③의 뒷 문장에서는 이는 연간 22파운드로 해석될 수 있다고 말하며 결코 적은 것이 아님을 드러낸다. 따라서 주어진 문장은 ③에 들어가는 것이 가장 적절하다.

해석 미국인들은 하루에 평균 7시간을 앉아서 보내고 이것은 건강에 전혀 좋지 않다. 좋은 소식은 한 새 연구가 하루에 6시간을 앉아 있는 대신 서서 보내는 것은 시간이 지나면서 체중 감량에 도움을 줄 수 있음을 시사한다. 6시간 동안 앉아 있는 것보다 서 있는 방법을 찾는 것은 책상에서 일하는 사람들에겐 어려운 일일 수도 있다. 하지만 새로운 연구는 약간만이라도 더 활동적인 것이 전체적 건강에 어떤 영향을 미칠 수 있는지를 뒷받침한다. 보고서에서 연구진은 총 1,184명의 남성 및 여성을 포함한 46개의 다른 연구들로부터의 데이터를 살펴봤다. 그 데이터에 기반하여 연구진은 서 있는 것이 앉아 있는 것보다 1분당 0.15 칼로리를 더 소모한다고 결론지었다. 그것은 그렇게 큰 수치로 보이지 않을 수도 있다. ③ 하지만 만약 사람이 하루에 6시간을 앉아 있는 대신에 서 있다면, 143파운드의 성인은 54칼로리를 추가로 소모하는 것이라고 연구진은 추산한다. 시간이 지나면서, 그것은 연간 5.5파운드, 4년 동안 22파운드로 해석될 수 있다.

어휘 substitute 대체하다, 교체하다 burn 태우다, 소모하다 estimate 추정하다, 추산하다 average 평균 suggest 제시하다, 암시하다 instead of 대신 lose weight 체중을 감량하다 underline 강조하다 potent 강한, 강력한 active 활동적인,

---

적극적인 overall 전반적인, 전체의 include 포함하다 based on ~에 기반하여, ~을 토대로 conclude 결론을 내리다, 끝내다 translate 해석하다, 번역하다

19

정답 ④

주어진 문장 주어진 문장은 역접의 접속부사를 사용하여 어른들에게는 상처를 품고 있는 습관이 있다고 설명한다.

해설 이 글은 아이들에게는 과거를 털고 긍정적인 마음가짐으로 빠르게 돌아올 수 있는 능력이 있으나, 어른들은 그렇지 못한 경우가 많다는 내용이다. ④ 앞까지는 아이들의 원한이나 미련을 품지 않는 성향에 대해 설명한 후 아이들은 똑같은 것을 어른들에게도 바란다고 설명한다. ④ 뒤 문장에서는 This common habit이라는 표현을 사용하여 부정적인 결과를 언급하는데, 이를 받아줄 표현이 앞 문장에 없다. 따라서 어른들이 상처를 품고 있는 습관에 대해 언급하는 주어진 문장을 ④에 넣는 것이 가장 자연스럽다.

해석 어린아이들은 어른들보다 훨씬 더 빨리 다시 연결되는 경향이 있다. 그들로부터 조언을 구해라: 당신의 아이들은 한 순간은 슬프고 낙담할 수 있지만, 다음 순간 그들은 활기차고 흥분할 수 있다. 그들은 감정상의 폭발을 경험할 수도 있지만, 그들은 그것들을 빨리 극복하고 원한을 품지 않는다. 그들은 놀라운 속도로 과거를 잊고 다음에 무엇이 놓여있든 생생함과 개방성을 가지고 되돌아온다. 이것은 그들이 끊임없이 당신에게 주는 배려와 신뢰의 멋진 선물이다. 아이들은 당신에게서 같은 배려를 받고 싶어 한다. ④ 그러나 상처를 품고 있는 습관은 어른들에게 깊이 뿌리박혀 있다. 이 흔한 습관은 부모가 자녀의 행동에 대해 더 긍정적인 면을 보지 못하게 하고 결국 아이들이 그것을 표현하지 못하게 한다.

어휘 hold on to ~에 매달리다 be rooted in ~에 뿌리박고 있다 reconnect 다시 연결하다 dejected 낙담한 energized 활기찬 outburst 폭발 hold grudge 원한을 품다 let go of 놓아주다, 극복하다 startling 놀라운 bounce back 되돌아오다 freshness 신선함, 생생함 openness 개방성 consideration 배려 be anxious to ~을 하고 싶어 하다 prevent ~ from -ing ~가 …하는 것을 막다 eventually 결국, 마침내 express 표현하다

20

정답 ③

주어진 문장 주어진 문장은 역접의 접속부사를 사용하여 고관여 제품 구매에 있어서의 실패는 높은 위험을 수반한다고 설명한다. 따라서 해당 문장 앞에는 고관여 제품의 반대 개념인 저관여 제품에 대한 설명이 나와야 한다.

해설 ③ 앞 문장까지는 모두 저관여 제품에 대한 설명이다. 우리는 저관여 제품을 구매할 때 크게 생각을 하지 않으며, 그 구매 행위가 실패하더라도 그것은 세상의 종말을 의미하지 않는다는 내용이다. 이와는 대조적으로 ③ 뒤에는 자동차, 집 등 가격이 높은 품목들이 예시로 제시

되며, 우리는 이것들을 구매하기 전에는 많은 비교 및 분석을 한다고 설명한다. ③을 기준으로 글의 내용이 반전되므로 역접의 접속사를 포함하고 있는 주어진 문장은 ③에 들어가는 것이 적절하다.

해석 소비자는 저관여 제품을 구매할 때 일상적인 대응 행동을 하는 경우가 많다. 즉, 그들은 과거에 수집한 정보를 바탕으로 자동적인 구매 결정을 내린다. 예를 들어, 만약 당신이 항상 점심에 다이어트 콜라를 주문한다면, 당신은 일상적인 대응 행동을 하고 있는 것이다. 당신의 일상은 다이어트 콜라를 주문하는 것이기 때문에 당신은 점심에 다른 음료 선택지에 대해 생각조차 하지 않을지도 모른다. 점심시간에 다이어트 콜라가 나오는데 그것이 맛이 없다면, 이는 별로 중요하지 않다. 이는 세상의 종말을 의미하지 않는다. ③ 이와는 대조적으로, 고관여 제품은 실패할 경우 구매자에게 높은 위험을 수반한다. 자동차, 집, 그리고 보험이 그 예이다. 이 품목들은 자주 구매되지 않는다. 구매자들은 제품의 특징, 가격, 보증서 등을 비교하는 데 많은 시간을 소비한다.

어휘 high-involvement product 고관여 제품 engage in 참여하다, 관여하다 routine 일상적인 low-involvement product 저관여 제품 that is 즉 automatic 자동적인 purchase 구매, 구매하다 gather 모으다 be served (음식이) 나오다 insurance 보험 compare 비교하다 warranty 보증

21

정답 ②

주어진 문장 주어진 문장에서는 역접 표현인 but을 통해 서로 "다른" 문화에서 자란 사람들은 인간 본질에 대해 서로 "다른" 정의를 갖고 있음을 소개한다. 따라서 주어진 문장 앞에는 이와 반대되는 내용이 제시되어야 한다.

해설 ②를 기준으로 ② 앞에서는 "사람들은 본인의 행동만이 옳다고 생각한다"는 내용을 보여준다. 그리고 ② 뒤에서는 바로 "다른 문화의 사람들"에 대한 설명이 나오므로 앞에 내용과 반대됨을 알리는(=다른 문화를 언급하고 있는) but을 갖고 있는 주어진 문장이 ②에 들어가는 것이 적절하다.

해석 우리는 우리가 어떤 일을 행하고, 사물에 대해 말하고, 생각하는 방식만이 논리적이라고 느끼는 경향을 가지고 있다. 적절해 보이는 수준의 공격성, 동의와 불화를 표현하는 방식은 자연스러운 것처럼 보인다. ② 그러나 서로 다른 문화에서 성장한 사람들은 무엇이 자연스러운 것인가에 대해서 매우 다른 생각을 가지고 있으며 인간 본질에 대한 매우 다른 가설들을 가지고 있다. 다른 문화의 사람들이 갈등, 불화, 그리고 공격성을 어떻게 다루는지를 관찰하는 것은, 갈등을 관리하고, 대립을 부정적인 방식보다는 긍정적인 방식으로 사용하려는 우리의 노력에 새로운 시각을 가져다준다. 그와 같이 새로이 습득된 시각은, 예를 들면 어떠한 방식으로 서로 다른 수단에 의해서 비슷한 결말이 달성될 수도 있다는 가능성을 암시해준다.

어휘 assumption 가설 logical 논리적 aggression 공격 appropriate 적당한 perspective 관점, 시각 conflict 갈등 positive 긍정적인 negative 부정적인 means 수단 attempt 노력, 시도 deal with 다루다

22

정답 ③

주어진 문장 주어진 문장은 하지만 우리 모두는 서로 연결되어 있다는 것을 잊지 말라고 말하고 있다.

해설 이 글은 살면서 고난과 역경이 닥쳐도 희망을 절대 포기하지 말라고 격려하고 있다. ③의 앞 문장에서는 때로는 우리가 (남들과 분리되어 있는) 섬과 같이 느껴지고 우리의 어깨에만 부담을 짊어지고 있다고 느낄 수 있다는 내용이 제시된다. 이는 주어진 문장에서 'But'으로 꺾이며, 우리는 모두 연결되어 있다는 것을 잊지 말라는 내용으로 자연스럽게 연결된다. 또한, ③의 다음 문장에서는 '우리를 둘러싼 사람들(those people who surround us)'을 생각하며 힘을 내는 내용이 이어진다. 따라서 주어진 문장이 들어갈 위치로 가장 적절한 것은 ③이다.

해석 우리의 삶에 어려움이 나타날 때, 우리는 그것이 세상의 끝이 아니라는 것을 반드시 기억해야 한다. 우리는 우리 주변에서 일어나는 일들을 어떻게 볼지에 대한 선택권이 있다. 상황이 나아질 것이라는 희망을 절대 포기하지 마라. 가끔 앞에는 곧은 길이 있고, 그 다음에 우리는 언덕, 계곡, 가드레일이 없는 도로를 마주한다. 그 길이 험난해졌을 때, 우리는 우리의 일상적인 긍정의 말을 말하고, 다른 사람들에게 힘을 주고, 평화로운 세상을 위한 우리의 꿈을 결코 포기하지 않음으로써 변화를 만들 수 있다는 것을 기억해야 한다. 때로는 우리가 섬이고 세상의 짐을 (홀로) 어깨에 짊어지고 있는 것처럼 보일 수도 있다. ③ 하지만, 우리 모두는 서로 연결되어 있다는 것을 잊지 말아라. 우리는 우리의 기운을 돋우고 우리 자신과 우리를 둘러싸고 있는 사람들을 위해 하루를 더 밝게 만들 수 있다.

어휘 challenge 어려움, 도전 give up 포기하다 rough 거친, 험난한 affirmation 긍정의 말, 긍정, 확언 empower 힘을 불어넣다 bear 짊어지다, 나르다, 품다, 지니다 lift spirit 기운을 돋우다 surround 둘러싸다

23

정답 ④

주어진 문장 주어진 문장에서 핵심은 These benefits에 있다. 이러한 표현이 나오기 위해서는 앞부분에서 어떠한 이득이 있는지 설명하는 내용이 있어야 한다.

해설 ④의 앞을 보면, 글 쓰는 치료법이 신체적 그리고 정신적 이점을 가져올 수 있다는 내용이 제시되어 있다. 그러므로 정답은 ④이다.

해석 얼마 전까지만 해도 펜을 종이에 쓰는 것이 일상 생활의 근본적인 특징이었다. 장시간 의사소통이 더 시간이 많이 걸리고 부담이 되지만, 사람들이 키보드로 만들어진 텍스트를 위해 글 쓰는 것을 포기할 때 어떤 경우에는 손해를 볼 수 있다는 증거가 있다. 심리학자들은 개인적이고 감정에 초점을 맞춘 글쓰기가 사람들이 그들의 감정을 인식하고 타협하는 데 도움을 줄 수 있다는 것을 오랫동안 이해해왔다. 1980년대 이후, 연구들은 보통 매일 15분에서 30분 동안 한 사람의 감정에 대해 쓰는 것을 포함하는 "글 쓰는 치료법"이 측정 가능한 신체적 그리고 정신적인 건강상의 이점으로 이어질 수 있다는 것을 발견했다. ④ 이러한 이점들은 낮은 스트레스와 적은 우울증 증상에서부터 개선된 면역 기능

까지 모든 것을 포함한다. 그리고 타자를 치는 것보다 손 글씨가 이러한 형태의 치료를 더 잘 촉진할 수 있다는 증거가 있다.

어휘 include 포함하다 depression 우울증 symptom 증상 immune 면역의 function 기능 fundamental 근본적인 feature 특징 onerous 번거로운, 부담이 되는 evidence 증거 abandon 포기하다 recognize 인식하다 involve 포함하다 measurable 측정 가능한 facilitate 촉진하다

24

정답 ④

주어진 문장 주어진 문장은 역접의 접속부사를 사용하여, 상황을 바꿀 수 없다면 우리의 태도를 바꿔야 한다고 설명한다. 따라서 앞에는 '상황 변화'에 대한 내용이, 뒤에는 '우리의 태도 변화'에 대한 내용이 제시되어야 한다.

해설 ④ 앞은 모두 분노를 유발하는 관계나 상황으로부터 단순히 벗어나는, 즉, 상황을 바꾸는 것에 대한 내용이다. 반면 ④ 뒤는 상황이 바뀔 수 없을 때 우리의 기대, 인식, 욕망 등의 "태도"를 바꾸라는 내용이 제시되어 있다. 따라서 상황을 바꿀 수 없을 때는 그에 대한 우리의 "태도"를 바꿔야 한다는 내용의 주어진 문장은 ④에 들어가는 것이 적절하다.

해석 분노의 근원을 파괴하는 한 가지 방법은 우리의 상황을 바꾸는 것이다. 때때로, 옛 속담에 있듯이, "사람들은 순간적인 충동에 의해 자극되어 화를 낸다." 즉, 그들의 분노는 그들의 상황에서 비롯된다. 만약 우리가 그렇다면, 해결책은 우리가 할 수 있다면 우리의 상황을 바꾸는 것이다. 예를 들어, 지속적으로 분노를 일으키는 관계에 대한 적절한 대응은 그 관계를 끊는 것이다. 우리에게 분노를 유발하는 활동에 대한 적절한 반응은 그 활동에 참여하는 것을 중단하는 것이다. 우리는 삶에서 선택을 할 수 있고 때때로 가장 좋은 선택은 단순히 분노의 상황으로부터 벗어나는 것이다. ④ 반면에, 상황이 바뀔 수 없다면, 해결책은 상황에 대한 우리의 태도를 바꾸는 것이다. 우리가 타인에 대한 기대, 타인에 대한 인식, 그리고 타인에 대한 우리의 욕망을 바꾼다면, 우리는 상황 자체가 바뀔 수 없을 때조차도 우리 밖의 사물과 사람에 대한 우리의 반응 방식을 바꿀 수 있다.

어휘 circumstance 상황 old saying 속담 lose one's temper 화를 내다, 흥분하다 needle 자극하다, 찌르다 spur of the moment 즉석 arise from ~로부터 생기다, 발생하다 proper 적절한 continuously 지속적으로 break off 중단하다, 멈추다 arouse 불러일으키다, 자극하다 cease 중단하다, 멈추다 expectation 기대 perception 인식, 인지 alter 바꾸다, 변화시키다

25

정답 ②

주어진 문장
주어진 문장에서는 역접의 접속부사를 사용하여 기업들이 '안전 개선'을 위해 몇 가지 조치를 취했다고 설명한다. '몇 가지 조치'에 대한 설명이 뒤에 이어질 것임을 알 수 있다.

해설 ② 뒤의 문장은 주어진 문장에서 언급한 some steps의 예시에 해당한다. Some of their에서 their은 주어진 문장의 '회사들(companies)'을 가리키며, 해당 문장과 다음 문장들에서 안전을 위해 회사들이 시행한 조치들을 나열한다. 또한 ② 앞 문장은 연구가 광범위하게 진행되지 않았다고 했기 때문에 주어진 문장이 없다면, ② 뒷 문장과 매끄럽게 연결되지 못한다. 따라서 주어진 문장이 들어갈 곳은 ②이다.

해석 전자 스쿠터의 안전성에 대한 정부의 기대가 높은 연구 결과는 신규 이용자들의 부상률이 높다는 것을 발견했다. 연구원들은 전자 스쿠터 초보자를 위해 추가적인 훈련이 필요할 수도 있다고 결론지었다. 전자 스쿠터는 —Bird, Lime, Uber, Lyft(LYFT)와 같은 회사의 앱을 통해 대여할 수 있는— 너무 새롭기 때문에 광범위하게 연구되지 않았다. ② 하지만 기업들은 안전을 개선하기 위해 최근에 몇 가지 조치를 취했다. 예를 들어, 그들의 앱들 중에는 전자 스쿠터를 안전하게 타는 방법에 대한 지침이 포함되어 있다. 일부 회사들은 잘 정비되지 않은 거리를 더 잘 다루기(달리게 하기) 위해 큰 바퀴와 같은 특징으로 스쿠터를 재설계했다. 다른 회사들은 무게 중심을 낮추고 전자스쿠터가 앞으로 날아갈 가능성을 줄이기 위해 전자 스쿠터에 배터리를 재배치했다.

어휘 take steps 조치를 취하다 improve 향상하다, 개선하다, 증진시키다 safety 안전, 안정성 anticipated 기대되는, 예상되는 e-scooter 전자 스쿠터 injury rate 부상률 conclude 결론짓다, 체결하다, 맺다 additional training 추가훈련 newbie 초보자, 신인 extensively 광범위하게, 널리 redesign 재설계하다 maintain (건물, 기계 등을 보수해 가며) 유지하다 reposition 재배치하다; 저장, 보존, 보관 center of gravity 무게 중심, 질량 중심 likelihood 가능성, 기회, 가망 flip 넘어지다, 튀기다 forward 앞으로, 전진하는, 발전한

26

정답 ②

주어진 문장 주어진 문장의 그(he), 같은 그룹(the same group)에 해당하는 내용이 앞서 제시되어 있어야 하며, 주어진 문장이 의문문 형식이므로 이에 대한 대답이 뒤에 이어져야 한다는 것을 알 수 있다.

해설 ② 앞에서는 이메일로 감정적인 문제를 성공적으로 해결한 적이 있냐고 질문을 던졌을 때는 대부분의 사람들이 그런 적이 없다고 답한다는 내용을 제시한다. 주어진 문장을 ②에 넣으면 반대로 이메일로 감정적 문제를 악화시킨 적은 있냐는 질문에는 사람들이 그렇다는 의미로 손을 든다는 내용이 되므로 앞선 내용을 보충 설명하는 흐름이 될 수 있다. 또한 주어진 문장의 he는 앞 문장의 Brian이며, the same group은 앞서 언급된 직원 그룹을 의미하므로 자연스럽다.

해석 당신이 당신의 메시지를 검토할 때 봐야 하는 것은 오타뿐만이 아니다. Ogilvy Group의 세계 최고 인재 책임자 Brian은 그가 직원들에게 이메일을 통해 감정적인 문제를 성공적으로 해결한 적이 있는지 자주 물어본다고 말했다. 대답은 필연적으로 '아니오'이다. ② 하지만 그가 같은 그룹에게 이메일을 통해 문제를 악화시킨 적이 있는지 물어봤을 때? "모두가 손을 듭니다,"라고 그는 말했다. 항상 전송 버튼을 누르기 전에 작성한 내용을 다시 읽어 메시지가 명확하고 의도된 톤을 전달

하는지 확인해라. "좋은 제안이네요, 초안에 그것들을 어떻게 넣을지 의논해봅시다."라는 뜻을 전달하고자 하는데 "이야기 좀 나눕시다."를 보내는 것은 받는 사람을 불필요하게 불안하게 만들 것이다.

어휘 inflame 악화시키다 issue 문제 via ~을 통해 typo 오타 proof 검토하다, 교정하다 frequently 자주 employee 직원 defuse 완화시키다 emotional 감정적인 inevitably 불가피하게, 필연적으로 convey 전달하다 intended 의도된 suggestion 제안 discuss 논의하다 recipient 받는 사람 unnecessarily 불필요하게 anxious 불안한, 걱정스러운

27

정답 ②

주어진 문장 주어진 문장에서는 역접의 접속부사를 사용하여 공감이 부정적 결과를 낳을 수 있음을 설명한다. 따라서 앞에는 공감의 긍정적 결과가, 뒤에는 부정적 결과가 제시되어 있어야 한다.

해설 ② 앞에서는 공감이 돕는 행동(helping behavior)을 촉발할 수 있다고 설명하는 반면, 뒤에서는 공감의 감정이 누군가가 사고를 목격하고 피해자를 도와야 하는 상황에서, 그렇게 하지 못하게 할 수도 있다고 설명한다. ②를 기준으로 내용이 역접되므로 역접의 접속부사를 사용해 공감이 부정적 결과를 낳을 수 있다고 설명하는 주어진 문장이 ②에 들어가는 것이 옳다.

해석 공감은 우리가 다른 사람들이 어떻게 느끼는지 이해하는 데에 도움을 줄 수 있기 때문에 필수적이며, 이를 통해 우리는 상황에 적절하게 대응할 수 있게 된다. 그것은 전형적으로 사회적 행동과 관련이 있으며, 더 큰 공감대가 더 많은 도움의 행동을 이끈다는 것을 보여주는 많은 연구가 있다. ② 하지만, 공감은 사회적 행동을 억제하거나 심지어 부도덕한 행동으로 이어질 수도 있다. 예를 들어, 사고를 보고 충격을 받고 심한 고통 속에 있는 피해자를 지켜보는 동안 감정에 압도된 사람은 그 사람을 도울 수 없을지도 모른다. 마찬가지로, 우리 가족이나 공동체의 구성원에 대한 공감적 감정은 위협 요소로 인식되기 쉬운 사람들에 대한 증오로 이어질 수 있다.

어휘 immoral 부도덕한 vital 필수적인 appropriately 적절하게 typically 전형적으로 accident 사고 be overwhelmed by ~에 압도당하다 victim 피해자, 희생자 severe 심각한 empathetic 공감하는 hatred 증오 be inclined to ~의 경향이 있다, ~하기 쉽다

28

정답 ④

주어진 문장 주어진 문장은 하지만 어느 쪽이든, 한입 베어 물 때마다 50~100마리 사이의 박테리아가 입에서 입으로 이동하고 있었다고 말하고 있다. 이 글은 "두 번 찍어먹기"의 비위생적인 측면에 대해 설명하고 있다.

해설 이 글에 제시된 실험 결과에 따르면, 두 번 찍어먹기가 세균을 옮기는 비위생적인 행동임을 알 수 있다. 한편, ④의 앞 문장에 따르면, 두 번 찍어먹는 것보다 '두껍게 찍어 먹는 것(thicker dips)'이 조금 더 안

전하다고 밝혀졌다는 내용이 언급되어 있다. 이는 주어진 문장에서 'But'으로 꺾이며, 'either way'의 표현을 통해 단순히 두 번 찍어먹는 경우와, '두껍게 두 번 찍어 먹는 것' 중 어떤 것에 있어서든 박테리아가 이동하고 있었기 때문에 지저분하다는 설명으로 ④의 앞 문장의 내용을 반박하며 자연스럽게 연결된다. 따라서 주어진 문장이 들어갈 위치로 적절한 것은 ④이다.

해석 위생에 대한 새로운 인식이 미국인의 언어 사전에 들어갔다. "두 번 찍어먹기"라는 말이 그 표현이다. Paul Dawson 박사는 학생 자원봉사자들을 모아 놓고, 그들에게 디핑 소스 한 그릇과 과자 한 상자를 주고, 그들에게 그것들을 먹으라고 지시했다. 각각의 크래커를 연속적으로 두 번 찍어 먹은 후, 남은 디핑 소스는 세균의 개수를 셀 수 있도록 배양되었다. 이빨로 1000분의 1초 동안 아주 빨리 베어 문 것이 정말로 입에서 디핑 소스 그릇으로 세균을 옮겼을까? Dawson은 "미생물이 거의 전달되지 않거나 전혀 전달되지 않을 것"을 기대했다. 그는 결과에 충격을 받았다. 크래커를 두 번 찍어먹는 것이 3~6번 정도 반복되면, 10,000개의 새로운 박테리아가 그들의 새 집에 유입되었다(디핑 소스로 박테리아가 들어갔다). "두 번 찍어먹기"는 매우 역겨운 것이었다. 그 연구는 두껍게 찍어 먹는 것이 조금 더 안전하다는 것을 발견했다. ④ 하지만 어느 쪽이든, 한입 베어 물 때마다 50~100마리 사이의 박테리아가 입에서 입으로 이동하고 있었다.

어휘 hygiene 위생, 위생의 awareness 의식, 인식 enter 들어가다, 진입하다 lexicon 어휘 사전, 어휘 목록 assemble 모으다, 집합시키다, 소집하다 volunteer 자원봉사자 instruct 지도하다 successively 연속적으로 culture 배양하다 germ 세균 count 세다 transplant 옮겨 심다, 이주하다 microbial 미생물의, 세균에 의한 transfer 이동, 전이, 전달 disgusting 역겨운, 지저분한

29

정답 ②

주어진 문장 주어진 문장은 앞서 언급된 복수명사를 They로 받으며 그들은 환경적 문제를 다루는 것을 일체 피하고자 한다고 설명한다.

해설 ①, ③, ④ 앞 문장은 비록 다른 목적을 가지고 있더라도, 환경에 대해 관심을 가지고, 그것을 해결하고 관리하려고 노력하는 기업들에 대한 설명이다. 이와 다르게 ② 앞 문장에서는 일부 기업들이 그저 위장환경주의에 가담하며, 환경 지속 가능성을 위해 노력하지는 않는다고 설명한다. 주어진 문장에서 설명하고 있는 태도(환경 문제를 다루려 하지 않음, 환경 사고나 남용에 대해 아무도 모르길 바람)는 ② 앞 문장에 언급된 기업들의 태도와 가까우므로, 주어진 문장은 ②에 들어가는 것이 적절하다.

해설 기업은 환경 문제로 인해 발생하는 기회와 위협에 다양한 수준의 개입 정도로 대응해 왔다. New Belgium Brewing과 같은 일부 기업들은 지속 가능성을 비즈니스의 핵심 요소로 간주한다. 다른 기업들은 위장환경주의에 참여하고 더 지속 가능해지려고 적극적으로 노력하지는 않는다. ② 그들은 환경 문제를 다루는 것을 피하려 하고 나쁜 일이 일어나지 않기를 바라거나 아무도 환경 사고나 남용에 대해 알아내지 못하기를 바란다. 그러한 기업들은 소송으로부터 자신들을 보호하려고 할 수도 있다. 다른 기업들은 비록 그들 자신의 이득을 위한 것일지는 몰라

도 위험과 환경상의 문제를 예측하고 처리하는 데 적극적이다. 이러한 기업은 환경을 조직의 이익을 증진시키는 기회로 보는 전략적 환경 관리 프로그램을 개발한다. 이러한 기업은 이해관계자의 이익에 반응하고, 위험을 평가하고, 포괄적인 환경 전략을 개발한다.

어휘 attempt to ~하려고 시도하다 deal with 처리하다, 다루다 accident 사고 abuse 남용, 학대 threat 위협 varying 다양한 commitment 헌신, 개입 sustainability 지속 가능성 engage in ~에 참여하다, 관여하다 seek 추구하다 sustainable 지속 가능한 lawsuit 소송, 고소 proactive 적극적인 strategic 전략적인 organizational 조직의 stakeholder 이해 관계자 assess 평가하다 comprehensive 포괄적인

30

정답 ②

주어진 문장 주어진 문장은 한편, 동물들은 우리에게 생선, 조개, 고기, 계란, 우유, 그리고 치즈를 포함하여 특히 단백질이 풍부한 음식을 제공한다고 말하고 있다.

해설 이 글은 인간이 섭취하는 식량에 대한 글이다. 이 글은 식량의 종류에 쌀, 밀, 옥수수와 같은 곡물 또는 음식의 원천으로 사용되었던 식물, 그리고 고기나 생선, 우유 등을 인간에게 제공하는 동물이 있다고 설명한다. 이때 ②의 앞 문장까지는 식량의 공급원으로 식물을 언급하고 있으나, ②의 뒤 문장부터는 동물을 식량의 원천으로 서술하고 있다. 따라서 'Meanwhile'을 통해 '동물들이 단백질이 풍부한 음식을 제공한다'고 말하는 주어진 문장이 ②에 나오는 것이 앞뒤 문장 연결에 가장 자연스럽다. 따라서 주어진 문장이 들어갈 위치로 적절한 것은 ②이다.

해석 쌀, 밀, 옥수수의 세 가지 곡물은 사람들이 소비하는 칼로리의 약 절반을 제공한다. 우리 식량의 대부분을 얻기 위해 너무 적은 종의 식물에 의존하는 것은 우리를 취약한 위치에 놓이게 한다. 질병이나 다른 요인들이 중요한 식량 작물들 중 하나를 없애버리면, 심각한 식량 부족이 발생할 수 있다. 수만 종의 식물들이 한 때 또는 다른 때 음식의 원천으로 사용되었고, 그 중 많은 것들이 중요한 음식 원천으로 발전될 수 있었다. ② 한편, 동물들은 우리에게 생선, 조개, 고기, 계란, 우유, 그리고 치즈를 포함하여 특히 단백질이 풍부한 음식을 제공한다. 소, 양, 돼지, 닭, 칠면조, 거위, 오리, 염소, 물소는 약 80종의 가축 중에서 가장 중요한 종류이다. 미국에서는 곤충이 음식(의 재료)으로 여겨지지 않지만, 전 세계 20억 명이 주기적으로 곤충을 섭취하는 다른 곳에서는 곤충이 동물성 단백질의 중요한 공급원 역할을 한다.

어휘 meanwhile 한편 provide Ⓐ with Ⓑ Ⓐ에게 Ⓑ를 제공하다 particularly 특히 rich 풍부한 protein 단백질 grain 곡물 consume 소비하다, 섭취하다 dependence 의존 species 종 vulnerable 취약한 factor 요인 wipe out 없애버리다, 휩쓸다 severe 심각한 shortage 부족 develop 발전하다, 개발되다 livestock 가축 serve as ~의 역할을 하다. ~로 기능하다, 작동하다 on a regular basis 정기적으로, 주기적으로

31

정답 ①

주어진 문장 주어진 문장에서는 역접의 접속부사 But을 사용하여 그것(it)이 여전히 존재한다고 설명한다. 따라서 앞에는 '그것'이 존재하지 않거나, 우리 눈에 보이지 않는다는 내용이 제시되어야 함을 알 수 있다.

해설 ① 앞 문장에서 도움이 우리의 눈에 보이지 않게 된다고 설명한다. 주어진 문장은 앞서 언급된 help를 it으로 받아, 도움이 우리 눈에 보이지는 않지만, 여전히 존재한다는 내용의 흐름을 만들어주는 것이 적절하다. ① 뒤의 문장에서도 보이지는 않지만 여전히 존재하는 도움의 예시를 제시하므로 흐름상 자연스럽다.

해석 사실 의존성은 사라지지 않고, 더 미묘하고 체계적이 된다. 우리를 먹여주고, 우리의 기저귀를 갈아주고, 우리를 이곳저곳 데리고 다닐 누군가가 없다면, 우리는 결코 살아남아 성장할 수 없을 것이다. 이후에, 이 모든 형태의 도움(의 손길)은 뒤로 물러난다. 그들은 더 이상 우리 입에 숟가락을 넣어주는 엄마 아빠처럼 보이지 않는다. 도움은 보이지 않게 된다. ① 하지만 그것은 여전히 거기에 있다. 우리가 스스로 해냈다고 생각하는 모든 일에는 다른 사람들이 우리에게 제공한 십여 가지의 것들이 있다. 우리는 서로가 서로를 돕는 촘촘한 체계 속에 살고 있다. 그것이 우리를 사회적 동물로 만드는 것이다. 우리가 돈과 칭찬을 위한 경쟁을 하기 위해 세상에 나갈 때조차도, 우리는 결코 혼자서 성취하지는 못한다. 우리는 부모, 친척, 친구, 선생님, 그리고 그 과정을 도와준 이웃들을 기반으로 한다. 도움과 우리 각자의 관계는 물과 물고기의 관계와 같다.

어휘 dependency 의존성 subtle 미묘한 systemic 체계적인 diaper 기저귀 recede into the background 뒤로 물러나다 no longer 더 이상 ~ 않는 invisible 보이지 않는 dense 빽빽한, 촘촘한 mutual aid 상호 원조 acclaim 칭찬, 찬사 build upon ~을 기반으로 하다 relative 친척, 상대적인 Ⓐ is to Ⓑ as Ⓒ is to Ⓓ Ⓐ와 Ⓑ의 관계는 Ⓒ와 Ⓓ의 관계와 같다

32

정답 ③

주어진 문장 주어진 문장은 그(he)가 특정 자세를 취하고 있었는데, 출발 신호원이 갑자기 신호를 불렀다는 내용이다.

해설 ③의 앞 문장에는 McDonald가 경기 시작 전 쪼그려 앉아 있곤 했다는 내용이 나와 있다. ③의 뒤 문장에는 McDonald가 본능적으로 출발했다는 내용이 나온다. 따라서 출발 신호원이 예기치 않게 총을 발사했고, McDonald가 이 소리를 듣고 본능적으로 출발했다는 흐름이 되도록 주어진 문장을 ③에 넣어야 한다.

해석 Bobby McDonald가 쪼그린 자세에서 펄쩍 뛰어 올라서 단거리 달리기에서 분명한 선두를 차지한 곳은 1887년 Sydney의 Carrington Ground였다. 구경꾼들과 경쟁자들은 깜짝 놀랐다. 이것을 어떤 종류의 출발 방식이라고 부를 것인가? 사실 McDonald는 이 출발 자세를 개발하려 했던 것은 아니었다. 그는 경주 시작 전에 추위를 느끼는 편이었고 바람을 피하려 나중에 '준비' 자세가 된 자세로 쪼그려 앉았다. ③ 어느 저녁 그가 아직 이 자세일 때 출발 신호원이 예기치 않게 총을 발사했다.

McDonald는 본능적으로 출발했는데 그는 서서 출발할 때보다 가속도가 더 빠르고 균형이 더 잘 잡힌다는 것을 알아차렸다. 곧 다른 주자들도 쪼그려 출발하는 자세를 사용하기 시작했고 그것은 전 세계로 퍼졌다.

어휘 unexpectedly 예기치 않게 leap 껑충 뛰다 crouch 쪼그리다 sprint race 단거리경주 onlooker 구경꾼 shelter 피하다 instinctively 본능적으로 acceleration 가속도

33

정답 ②

주어진 문장 주어진 문장의 'Instead'에 주목하여, 주어진 문장의 내용 앞에는 이안류에 대한 다른 수영법이 소개되어야 한다는 것을 알 수 있어야 한다.

해설 ②의 앞에서는 이안류와 정면으로 맞서는 것이 위험하다고 이야기하고 ②의 뒤에서는 This가 당신을 물살로부터 벗어날 수 있게끔 한다고 했으므로, ②에는 이안류에 정면으로 맞서는 방법과는 다른 방법이 제시되어야 한다. 주어진 문장에서 해변과 평행으로 헤엄치라고 했으므로 이것은 이안류와 정면으로 맞서는 것과는 다른 수영법임을 알 수 있다. 즉, 주어진 문장은 ②에 들어가는 것이 가장 적절하다.

해석 이안류는 해안으로부터 밀려 나가는 강력한 물살이다. 그것은 해안에서 수영하는 사람들에게 가장 큰 위험 요소이다. 만약 당신이 이안류에 휩쓸리면 끝까지 정신을 차리고 있어야 한다. 해변을 향해 헤엄치지 마라. 당신의 에너지를 아껴야 한다. 해변에 이르기 훨씬 전에 당신은 지치게 될 것이다. 이안류는 너무 강해서, 정면으로 이안류와 맞서는 것은 마치 강의 흐름을 거슬러 수영해 올라가는 것과 같다. ② 대신에, 해변과 평행으로 헤엄쳐라. 이렇게 하면, 당신은 강한 바깥쪽으로 향하는 물살로부터 벗어날 수 있을 것이다. 만약 당신이 물살에 휩쓸려 가는 동안 해안과 평행하게 헤엄치는 것이 너무 어려우면 그 해류가 당신을 모래톱 너머에까지 떠밀고 가도록 기다려라. 물은 거기에서 훨씬 잠잠할 것이다. 일단 당신이 그 해류에서 벗어났다고 느끼면, 방향을 돌려 해변을 향해 헤엄쳐라.

어휘 parallel 평행한 rip current 이안류 move away from ~에서 멀리가다 shore 해안, 바닷가 hazard 위험 요소 caught up in ~에 휩쓸린 crucial 중요한, 필수적인 wit 기지, 재치 conserve 보존하다, 절약하다 current 흐름 upstream 거슬러 올라가는 sideway 옆으로 drag 끌어내다 sandbar 모래톱

34

정답 ②

주어진 문장 주어진 문장은 더욱이, 다른 계정에서 암호를 재사용하지 않는 것이 중요하다고 말하고 있다.

해설 이 글은 암호에 대한 글로서, 암호를 만들 때 중요한 것은 강력하지만 쉽게 기억할 수 있는 암호를 만드는 것이며, 주어진 문장에서는 '다른 계정들에서 암호를 재사용하지 않는 것'이 중요하다고 설명하고 있다. 이때 ②의 뒤 문장에는 그 이유로써 '여러 계정에서 공유하는 단일한 암호의 분실(the loss of a single password shared by multiple accounts)'이 가질 수 있는 위험성이 설명되고 있다. 이는 It is because(이는 ~이기 때문이다)를 통해 주어진 문장의 이유를 제시하는 것에 해당하므로, 주어진 문장이 들어갈 위치로 가장 적절한 것은 ②이다.

해석 암호(패스워드) 또는 암호 문구(패스프레이즈)를 만들 때 당신의 임무는 강력하면서도 쉽게 기억할 수 있는 암호를 만드는 것이다. 암호를 효과적으로 기억할 수 없는 경우, 이 과정에 도움이 되는 여러 가지 암호 관리 기법 및 도구가 있다. ② 더욱이, 다른 계정에서 암호를 재사용하지 않는 것이 중요하다. 여러 계정에서 공유하는 그 단일 암호를 잃어버리면 공격자가 동일한 자격 증명을 사용하여 모든 계정에 접근할 수 있기 때문이다. 비밀번호는 자신도 모르는 사이에 분실 및 사용될 수 있으므로 자주 변경하는 것이 좋다. 더 중요한 계정을 위해서는 무단 접근을 방지하기 위해 더 자주 비밀번호를 변경하는 것이 좋다.

어휘 furthermore 더욱이 reuse 재사용하다 account 계정, 계좌 effectively 효과적으로 a number of 많은 management 관리 aid 돕다 loss 손실 multiple 여러 개의, 다중의 enable 가능하게 하다 access 접근하다 credential 자격 증명 valuable 중요한, 귀중한 prevent 막다, 예방하다 unauthorized 무단의, 승인되지 않은

35

정답 ④

주어진 문장 주어진 문장에서는 어떤 사건에 대한 결과가 나왔으므로 앞에는 왜 그러한 결과가 발생했는지에 대한 원인이 나올 것이라고 유추할 수 있다.

해설 ④ 앞에는 입학 첫 날 그녀가 학교에 다니는 것의 위험성에 대한 전화를 받지 못했기 때문에 한 명의 학생만이 모습을 드러냈다고 설명하고 있다. 따라서 ④에 주어진 문장을 넣어 이로 인해 그녀가 시위대에 의해 괴롭힘을 당했고, 경찰이 나서 그녀를 보호해야 했다는 내용을 설명하는 것이 자연스럽다. ④ 뒤 문장에서는 소녀가 괴롭힘을 당한 이후에, 9명의 학생들이 군인의 보호를 받으며 등교해야 했다는 내용이 이어진다.

해석 아칸소 주 리틀록은 상대적으로 진보적인 남부의 주에 있었다. 하지만 아칸소 주지사 Orval Faubus가 9월 4일에 주 방위군에게 통합형 학교인 리틀록 센트럴 고등학교에 다닐 권리를 위해 소송을 제기한 9명의 아프리카계 미국인 학생들의 입학을 막으라고 지시하면서 위기가 생겨났다. 이 9명의 학생들은 성적이 우수해서 센트럴 고등학교에 다니도록 선발되었다. 입학 첫 날에 9명 중 1명만이 모습을 드러냈는데 이는 그녀가 학교에 다니는 것의 위험성에 대한 전화를 받지 못했기 때문이었다. ④ 그녀는 학교 밖에서 백인 시위자들에게 괴롭힘을 당했고 경찰은 그녀를 보호하기 위해 순찰차로 데려가야 했다. 그 후에 9명의 학생들은 학교에 카풀로 가야 했고 지프차를 탄 군부대원들의 호위를 받아야 했다.

어휘 harass 괴롭히다, 희롱하다 protester 시위대, 반대자, 항의자 progressive 진보적인, 진보주의적인 sue 소송을 제기하다 integrate 통합하다, 포함하다, 융합하다 show up 나타나다 military 군의 escort 호위하다

36

주어진 문장 주어진 문장에서는 "그것"이 현재 동물원에 거주하는 동물들에게 위협이 된다고 설명한다. 따라서 여기서의 "그것"이 의미하는 바가 앞에 제시되어 있어야 한다. 더불어 주어진 문장의 내용은 낯선 동물 도입에 대한 부정적인 이유를 제시하고 있으므로 낯선 동물의 도입에 대한 부정적 시각이 앞에서 제시되어야 한다.

해설 ③을 기준으로 앞에는 낯선 동물의 도입은 못마땅하게 여겨진다고 설명하고 있고, ③ 뒤에서는 In addition 표현을 사용하여 추가적인 이유(왜 못마땅한지에 대한 이유)를 설명하고 있으므로 또 다른 이유이자 첫 번째 이유를 보여주는 주어진 문장은 ③에 들어가는 것이 옳다.

해석 존경받을 만한 동물원들은 국가 기관에 의해서 정기적으로 감시받고 인가받는다. 이 기관은 동물들이 언제 어떻게 동물원에 의해 입양되는지에 대한 엄격한 지침을 가지고 있다. 의료와 행동 기록이 없는 알려지지 않은 태생의 낯선 동물의 도입은 못마땅하게 여겨진다. ③ 그것은 바로 그것이 현재 동물원에 거주하는 동물들의 안전에 위협이 되기 때문이다. 게다가, 그것은 의료 기록과 행동 기록을 가지고 오며, 안전한 집을 필요로 하는 그 자리를 뜰 수 없는 동물들의 기다란 대기 목록을 쓸모없게 만든다.

어휘 current 현재의 resident 거주민, 주민 respectable 존경받을 만한 monitor 감시하다 accredit 인가하다; 신용하다; ~의 공으로 치다 strict 엄격한 guideline 지침 adopt 입양하다, 채택하다 introduction 도입, 소개 origin 유래, 기원, 태생 documentation 서류, 문서 obsolete 쓸모없는, 구식의 waiting list 대기 목록 captive 억류된, 그 자리를 뜰 수 없는, 사로잡힌 pose a threat 위협이 되다 frown upon 못마땅하게 여기다

37

주어진 문장 주어진 문장은 이웃 식물들이 이 화학 물질을 흡수하고, 그들의 면역 체계를 작동시켜 스스로를 보호한다고 말한다.

해설 이 글은 인간의 예상과 달리 식물들도 다른 식물들과 의사소통을 한다고 말하며, 담배 잎이 어떻게 자신의 이웃 식물들에게 의미를 전달하고 의사소통을 하는지의 사례를 들어 설명하고 있다. ③의 앞 문장을 보면, 담배 식물은 담배 모자이크 바이러스에 감염되면 많은 양의 살리실산을 생산하여 면역 체계에 바이러스를 퇴치하도록 경고한다는 것을 알 수 있다. 이는 ③에서 이웃 식물들이 'this chemical'로 연결되는 살리실산을 흡수함으로써 스스로를 보호하게 되는 결과로 자연스럽게 연결될 수 있다. 따라서 주어진 문장이 들어갈 위치로 가장 적절한 것은 ③이다.

해석 우리는 흔히 식물을 다소 무미건조한 생명체라고 생각한다. 우리는 동물들이 서로 의사소통하는 것에 익숙하지만, 식물은 벙어리로 생각한다. 하지만, 식물이 다른 식물들과 그리고 곤충들과도 의사소통을 한다는 것은 이제 분명해지고 있다. 예를 들어, Rutgers 대학의 Ilya Roskin과 그의 동료들은 병의 공격을 받고 있는 담배 잎이 아스피린의 전구체인 화학 물질 살리실산을 사용하여 고통의 신호를 보낸다는 것을 발견했다. 담배 잎이 잎에 검은 물집을 형성하고 그것들을 오므라들게

하고 노란색으로 만드는 담배 모자이크 바이러스(TMV)에 감염되면, 그 병든 식물은 면역체계에 바이러스를 퇴치하도록 경고하기 위해 많은 양의 살리실산을 생산한다. ③ 이웃 식물들은 이 화학 물질을 흡수하고, 그들의 면역 체계를 작동시켜 스스로를 보호한다. 달리 말하자면, 담배 식물이 TMV의 임박한 공격으로부터 그들을 보호하기 위해 준비 태세를 갖춤(면역 체계를 작동시킴)에 따라, 이 식물은 또한 자신의 이웃들에게도 이 바이러스에 대비하라는 경고를 보내는 것이다.

어휘 neighbor 이웃 absorb 흡수하다 chemical 화학 물질 trigger 촉발하다 immune system 면역 체계 protect 보호하다 dull 지루한 mute 무언의, 벙어리인 insect 곤충 colleague 동료 attack 공격 signal 신호를 보내다 distress 고통, 곤궁, 재난, 불행 precursor 전조, 전구체(어떤 물질에 선행하는 물질) infect 감염시키다 blister 물집 pucker 주름지게 하다, 오므라들다 alert 경고하다 put it another way 달리 말해 impending 임박한 be used to -ing ~하는 데 익숙하다

38

주어진 문장 주어진 문장의 내용은 "전체 사회에 보다 큰 이익이 되는 것이 소수의 희생 및 착취로 이어질 수 있다"는 것으로써, 글에서 언급되고 있는 공리주의적 개념과 반대됨을 알 수 있다. 또한 ③ 뒤에서 공리주의가 초래할 수 있는 부정적 결과가 추가로 언급되므로 주어진 문장은 이 앞의 ③에 들어가야 한다.

해설 "즉"(that is)이 있으므로, 주어진 문장과 바로 앞 문장의 내용이 같아야 한다. "다수의 이익이 소수의 이익을 착취"가 결국 공리주의를 부정적으로 지칭하고 ③ 문장 앞에서 "대중들을 공리주의적 결정으로부터 보호해야 하는 필요가 있을지 모른다"라고 언급하고 있으므로 ③에 삽입한다.

해석 인권의 특성에 대한 몇몇 이해는 그러한 권리를 유지하는 것을 위해 제기될 수 있는 다양한 이유들에서 나올 수 있다. 가장 중요한 문제는 압제적이고 권위주의적인 계산들로부터의 보호를 제공하는 것이다. 독재 정부의 변덕스럽거나 억압적인 조치는 정부의 행동 자유에 대한 최고의 도덕적 한계를 인정함으로써 제약을 받을 수 있다. 하지만 도덕적 고려 사항에 의해 진정으로 제약을 받는 정부들 사이에서조차, 대중들을 공리주의적 의사결정으로부터 보호할 필요가 있을지 모른다. ③ 즉, 전체 사회의 더 큰 이익은 소수의 이익의 희생이나 착취로 이어질 수도 있는 것이다. 또는, 공공자원들이 다른 사업들에 쓰여야 한다는 계산에 의해 사회 내의 중요한 혜택들의 공급이 제한될 수도 있다.

어휘 sacrifice 희생 exploitation 착취 derive from ~에서 모으다 various 다양한 prime 주된, 주요한 tyrannical 폭군의, 압제적인 authoritarian 권위주의적인, 독재적인 calculation 계산 capricious 불규칙적인, 변덕스러운 repressive 억압적인 autocratic 독재자의 constrain 제한하다 supreme 최고의 genuinely 진정으로, 성실하게 consideration 사려, 숙고, 고려사항 populace 민중, 대중, 서민 utilitarian 실용적인, 공리주의의 decision-making 의사결정 enterprise 사업, 기업 provision 공급, 제공

39

주어진 문장 주어진 문장은 운전면허를 가진 독일인들은 모두 응급처치 훈련을 받는다고 설명한다.

해설 주어진 문장의 'moments like this'가 앞선 사고 상황을 얘기하고 ③의 뒤의 however에서 독일 응급실 의사의 의견이 새로이 제시되므로 ③에 삽입한다.

해석 오늘날, 인간 사이의 연결은 점점 더 포위되고 있는 것처럼 보인다. 예를 들어, 독일의 한 도시에서는 오토바이 운전자가 충돌로 도로에 내동댕이쳐진다. 그는 꼼짝도 하지 않고 인도에 누워 있다. 보행자들은 바로 옆을 지나가고, 운전자들이 (신호등의) 불빛이 바뀌기를 기다리는 동안 그를 쳐다본다. 하지만 아무도 도와주려고 멈추지 않는다. 마침내, 15분이 지나자 신호에 멈춰선 차에 타고 있던 한 운전자가 창문을 내리고 오토바이 운전사에게 다쳤는지 물어보고, 휴대폰으로 도움을 요청하겠다고 제안한다. ③ 독일에서는 운전면허를 가진 모든 사람들이 정확히 이런 순간들을 위해 긴급 응급처치 훈련을 받았다. 하지만 독일의 한 응급실 의사는 "사람들은 다른 사람들이 위험에 처한 것을 보면 그냥 가버린다. 그들은 신경 쓰지 않는 것 같다."라고 말했다.

어휘 under siege 포위된 collision 충돌 pavement 도로 pedestrian 보행자 gaze at ~를 쳐다보다, 응시하다 passenger 승객, 탑승객 first aid 응급치료, 응급처치 precisely 정확히

40

정답 ②

주어진 문장 주어진 문장은 (그것에는) 하지만 부정적인 측면도 있다고 말하고 있다.

해설 이 글은 물질적인 것에 대한 투자를 소재로 하고 있으며, ②의 앞 문장까지는 물질적 번영이 우리에게 제공하는 안정성, 기회, 행복, 좋은 미래 등의 긍정적인 측면을 설명하고 있다. 그러나 ②의 뒷 문장부터는 우리는 종종 '악순환(a vicious cycle)'에 빠질 수 있다고 말하며, 물질적 번영의 부정적인 측면이 서술되기 시작한다. 즉, ②를 기준으로 앞뒤 문장의 맥락이 반대되고 있으므로, 'But'을 통해 '(물질적 번영에는) 부정적인 측면도 있다'고 말하는 주어진 문장이 ②에 제시되어야 자연스럽다. 따라서 주어진 문장이 들어갈 위치로 적절한 것은 ②이다.

해석 물질적인 것에 대한 투자는 우리에게 존중과 (미래를 위한) 보장을 가져다준다. 그것은 우리의 노년을 돌보고 다른 사람들을 도울 수 있는 기회를 제공한다. 그것은 우리 아이들을 행복하게 해주고 우리는 또한 그들에게 좋은 미래를 제공할 수 있다. 물질적 번영의 긍정적인 측면은 부정할 수 없다. ② 하지만 그것에는 부정적인 측면도 있다. 우리는 종종 선을 긋는 것을 잊어버리고 악순환에 빠진다. 만약 그렇다면, 우리는 물질적 진보의 부정적인 측면이 곧 우리를 괴롭히기 시작하는 동안 삶의 더 미세한 측면을 놓치게 된다. 부정적인 측면에 대항할 수 있는 유일한 방법은 삶의 더 미세하거나, 말하자면 정신적인 측면이다. 따라서 삶의 양 측면의 균형 잡힌 성장은 목적 있는 삶을 살기 위해 필요하다.

어휘 aspect 측면 investment 투자 material 물질적인 respect 존경, 존중 security 안전, 안정성, 보안 take care of ~를 돌보다

provide 제공하다 opportunity 기회 prosperity 풍요, 번영, 번성 deny 부인하다, 부정하다 vicious cycle 악순환 fine 미세한 counter 맞서다, 대항하다 spiritual 정신적인 purposeful 목적 있는

41

정답 ②

주어진 문장 주어진 문장은 사람들은 잠을 우선순위상 뒤로 미루며 커피나 탄산음료로 그것을 억누른다는 내용을 제시한다. 문장에 역접의 접속부사가 있으므로 앞 문장의 내용과 상반돼야 한다.

해설 이 글은 인간도 고양이와 같이 잠을 충분히 자야 한다는 내용의 글이다. ② 앞 문장에서 고양이와 개는 몸의 필요에 귀를 기울여 필요할 때 잠을 잔다고 설명하는데 ② 뒤 문장에서는 이러한 행동이 비생산적이고 위험하다고 설명한다. 글에 따르면 잠을 많이 자는 것은 이로운 것이므로 고양이와 개와는 반대로 사람들은 수면 욕구를 억누르려고 한다는 내용의 주어진 문장을 ②에 넣어 주어야 한다.

해석 고양이는 당당하게 하루에 12시간에서 16시간을 잔다. 아마도 대부분의 사람들에게는 조금 과한 것 같지만, 고양이들은 깨어있을 때 기민하고 완전히 깨어 있다. 낮에 최상의 상태가 될 수 있도록 필요한 양의 수면을 취하는 데는 간단하지만 깊은 지혜가 있다. 고양이와 개는 그들의 몸에 귀를 기울이고 그들이 필요로 할 때 휴식을 취한다. ② 그러나 사람들은 하루를 버티기 위해 커피나 탄산음료에 의존하면서 잠을 낮은 우선순위로 만드는 경향이 있다. 불행하게도, 그러한 행동은 생산적이지 않고 심지어 위험할 수도 있다. 허핑턴 포스트의 공동 창립자이자 편집장인 아리아나 허핑턴이 피곤해서 책상에서 기절하고 난 후, 수면의 중요성에 대한 연구를 시작했다. 그녀의 최근 책 "수면 혁명"에서, 그녀는 미국이 수면 부족 위기에 처해 있으며 그것이 사람들의 건강, 직장 생활, 그리고 관계에 영향을 미친다고 주장한다. 허핑턴은 2016년 오프라와의 인터뷰에서 "이는 성공과 수면 사이의 절충점이 아니다"라고 말했다. 과학은 수면이 성능 향상 도구라는 것을 보여 준다. 그러니 고양이처럼 낮잠을 자라!

어휘 tendency 경향 priority 우선순위 unapologetically 당당하게 awake 깨어있는 alert 기민한, 완전히 깨어있는 profound 깊은, 심오한 necessary 필수적인 productive 생산적인 faint 기절하다, 실신하다 exhaustion 피로, 피곤 deprivation 부족, 빈곤, 박탈 trade-off 균형, 절충점 enhancement 향상, 증진 nap 낮잠

42

정답 ④

주어진 문장 주어진 문장은 이식할 수 있는 장기는 희귀하고, 거부반응을 일으킬 수도 있다는 내용이다. 이를 통해 주어진 문장의 내용은 장기 이식의 한계나 문제점에 대한 것임을 알 수 있다.

해설 ④ 앞 문장에서 의사의 실력과는 상관없이 이식이 달성할 수 있는 것에는 한계가 있다고 설명한다. 따라서 장기 이식이 한계점을 가지

는 구체적인 이유인 장기의 부족과 적합성의 문제를 다루는 주어진 문장이 ④에 들어가야 한다.

해석 처음 시작할 때는 명백히 위험해 보였을 수술이라는 행위가 오늘날에는 일상적인 일의 수준으로까지 되었다. 그러나 대부분의 수술은 아직도 잘못된 기관을 고치는 수준에 불과하다. 이 과정은 자동차의 엔진을 고치는 일에 비유될 수 있을 것이다. 이와는 대조적으로 이식은 전혀 새로운 부품(장기)의 삽입을 포함한다. 정비공에게 이것은 흔히 있는 쉬운 결정이다. 그러나 수술하는 의사에게는 정반대이다. 의사의 실력과는 관계없이 이식이 달성할 수 있는 것에는 한계가 있다. ④ 왜냐하면 장기는 희귀하고 (다른 사람의 몸에 이식될 때) 적합성의 문제가 흔하기 때문이다. 언젠가는 쉽게 살아있는 장기를 구하거나 살아있는 조직을 이용하여 거부 반응의 위험성이 없는 인공 기관을 실험실에서 만들어 낼 수 있을 것이다.

어휘 scarce 희귀한, 드문 compatibility (혈액이나 조직의) 적합성, 일치성 common 흔한 definitely 명백히, 확실히 risky 위험스러운, 위험한 the level of ~하는 수준 routine 일상적인 nothing more than ~에 불과하다, 단지 ~하는 정도에 미치다 repair 고치다 organ 기관, 장기 patch up 고치다 automobile 자동차 transplant 이식(하다) in contrast 대조적으로, 대비되게도 entirely 전혀, 전체적으로 mechanic 정비공 surgeon 수술하는 의사 opposite 정반대의, 반대편의, 상대의 irrespective of the ~ ~와는 관계없이 limit 한계, 제한 obtain 구하다, 얻다 artificial 인공의, 인조적인 tissue 조직 rejection 거부반응, 거절

43

정답 ④

주어진 문장 우수한 기억력을 가진 사람들이 때때로 실수를 한다는 내용이므로 그들에 대한 부정적인 설명이 시작되는 부분임을 알 수 있다.

해설 결국 주어진 문장을 통해 말하고 싶은 것은 탁월한 기억력을 가진 사람들도 "실수한다"이다. 즉 주어진 문장이 위치할 곳 뒤에는 탁월한 기억력을 가진 사람들이 하는 실수에 대해 설명하고 있어야 한다. 이는 ④를 기준으로 내용이 달라진다는 것을 파악하면 쉽게 ④가 정답임을 알 수 있다. ④ 앞의 내용은 탁월한 기억력을 가진 사람들의 특징에 대해 설명하고 있으나, 해당 특징들을 살펴보면 실수와 연관된 부정적인 특징들은 아님을 알 수 있다. 하지만 ④ 뒤에서는 이 사람들이 얼굴/전화번호를 기억하는 데 있어서는 일반인보다 "못함"을 말하고 있으므로, 주어진 문장은 ④에 들어가는 것이 옳다.

해석 연구는 이제 매우 탁월한 자전적 기억력, 또는 HSAM으로 알려진 상태를 가진 사람들이 강박적 특성을 가진다는 것을 시사한다. 일부는 세균 회피성을 보였고, 일부는 강렬하며 집중적이고 일관된 노력을 요하는 취미들을 가졌다. 이러한 특성들이 그들의 탁월한 기억력의 결과인지 혹은 그 둘 다 다른 근원적 요인에 의해 야기되는지는 아직 알려진 바가 없다. ④ 그리고 탁월한 기억력을 가진 사람들이 날짜와 사건을 연결하는 데 있어서 엄청난 재능을 가지기는 하지만, 그들은 때때로 실수를 하기도 한다. 그들의 기억력은 우리의 것들보다 훨씬 더 구체적이고 오랫동안 유지되지만 그것은 여전히 비디오 녹화 같지는 않다. HSAM을 가진 사람들은 또한 얼굴이나 전화번호와 같은 것들을 기억

하는 데 있어서는 일반 사람들보다 더 낫지 않다.

어휘 superior 우수한, 더 나은 uncanny 이상한, 뛰어난 occasionally 가끔 autobiographical memory 자서전적 기억 obsessive 강박적인 avoidant 회피성의 sustained 지속된, 일련의 underlying 기초가 되는, 근원적인 detailed 상세한 when it comes to ~에 관한 한

44

정답 ③

주어진 문장 주어진 문장은 역접의 접속부사 But을 사용하여, 털이 없으면 더울 때 에너지를 더 많이 흡수하고, 추울 때 더 빨리 에너지를 잃는다고 설명한다.

해설 이 글은 인간이 털을 잃게 된 이유와 관련된 이론들을 소개한다. ③ 앞에서는 사람들이 뜨거운 사바나 환경에 살게 되면서, 털이 없는 것이 체온상의 이점으로 작용했을 것이란 이론을 소개한다. ③ 뒤에서는 이것이 열 관리에 있어서는 최악이었을 것이라는 상반된 내용을 제시한다. 따라서 역접의 접속 부사를 포함하며, 사실은 더울 때 털이 없는 것이 에너지 측면에서 좋지 않다는 내용의 주어진 문장이 ③에 들어가는 것이 적절하다.

해석 털이 없는 것이 우리 종에게 그렇게 불리하다면, 우리는 언제, 그리고 왜 털이 없는 유인원이 되었을까? 이 점에서 인간은 이상한 포유류이다. 코끼리와 고래와 같은 다른 포유류들은 그들이 털을 잃는 특별한 진화적 이유를 가지고 있다. 이 이상함을 설명하기 위해, 어떤 사람들은 우리가 아마도 반 수상 단계를 거쳤을 것이라는 이론을 세웠다. 이론에 따르면, 우리의 손가락 사이에 가느다란 띠는 우리의 이전의 삶의 방식과 털이 없는 우리의 다른 삶의 방식에 대한 하나의 남아 있는 증거이다. 두 번째 이론은 우리가 그늘진 숲 서식지를 더 뜨거운 사바나로 바꿨을 때 털이 없는 것이 우리를 더 시원하게 만들어줬다는 것이다. ③ 하지만 털이 없는 피부는 사실 한낮의 더위에 더 많은 에너지를 흡수하고, 추울 때 더 빨리 에너지를 잃는다. 열 관리에 있어서는 털이 없는 것이 덥든 춥든 모두 최악이다.

어휘 naked 털이 없는, 발가벗은 absorb 흡수하다 rapidly 빨리, 급속하게 hairless 털이 없는 disadvantageous 불리한, 부당한 ape 유인원 odd 이상한 mammal 포유류 in this regard 이 점에서, 이러한 측면에서 evolutionary 진화적 oddity 이상함 theorize 이론을 세우다, 이론을 생성하다 semi-aquatic 반 수상 phase 단계 webbing 띠, 가장자리의 띠 remaining 남아 있는, 잔여의 previous 이전의 swap 바꾸다 habitat 서식지, 거주지 when it comes to ~에 있어서 management 관리, 경영

45

정답 ②

주어진 문장 주어진 문장은 앞서 언급된 내용을 these facts로 받으며, 오늘날의 관점에서 보면 '둘 중(neither)' 어느 것도 계몽적이거나 논쟁의 여지가 있는 것으로 들리지 않는다고 설명한다.

해설 ② 앞에 갈릴레오가 발견한 두 가지 사실이 순서대로 언급된다. 달의 표면이 매끄럽지 않고 목성은 네 개의 위성을 가지고 있다는 것이다. ② 뒤에서는 역접의 접속부사 But을 사용하여 그 당시 사람들의 생각이 두 사실과 대비되었음을 제시한다. 따라서 주어진 문장을 ②에 넣어 '오늘날엔 이 두 사실이 계몽적이거나 논란의 대상이 아니지만, 그때까지만 해도 이 발견은 일반적인 믿음과 달라 논쟁의 대상이었다.'라는 흐름을 만들어줘야 한다.

해석 망원경을 크게 개선한 갈릴레오는 이 선구적인 기술을 사용하여 오래된 관점을 반박하고 새로운 관점을 뒷받침하는 두 가지 핵심 사실을 관찰했다. 우선, 그는 달의 표면이 완전히 매끄럽지 않다는 것을 발견했다. 그리고 나서 그는 목성이 그것의 궤도를 도는 네 개의 위성을 가지고 있다는 것을 발견했다. ② 이러한 사실들 중 어느 것도 오늘날 특별히 계몽적이거나 논쟁적으로 들리지 않는다. 하지만 그때까지만 해도 지구는 우주의 중심에 있고, 완벽한 천국으로 둘러싸여 있는 것으로 여겨져 왔다. 갈릴레오의 관찰은 달이 완벽하지 않고, 크레이터와 흠집이 많아서 완벽한 천국의 일부가 될 수 없다는 것을 증명했다. 그는 또한 목성이 그 주위를 도는 위성들을 가지고 있다면 그것은 우주의 또 다른 작은 부분의 중심처럼 행동하고 있다는 것을 보여주었다.

어휘 improvement 개선 telescope 망원경 pioneering 선구적인 technology 기술 refute 반박하다 support 뒷받침하다 surface 표면, 겉 perfectly 완전히, 완벽하게 smooth 매끄러운 particularly 특별히, 특히 illuminate 계몽하다 controversial 논쟁적인 notice 알아채다 blemish 흠집 aplenty 많은

46

정답 ①

주어진 문장 주어진 문장은 역접의 접속부사 however를 사용하며 인간의 대량 살상으로 인해 새가 한 마리도 남지 않게 되었다고 설명한다. 이전에는 많은 수의 새가 있었다는 내용이 앞서 제시되어야 함을 유추할 수 있다.

해설 첫 문장과 ① 앞 문장에서 1813년에 10억 마리 이상의 비둘기 떼가 미국을 가로지르는 데 나흘이 걸렸으며, 당시 북미에 50억 마리의 비둘기가 있었다고 설명한다. ① 뒤 문장에서는 인간의 탐욕과 잔인함이 나그네 비둘기에게 큰 위협이 되었다고 설명한다. 따라서 주어진 문장을 ①에 넣어, 50억 마리의 비둘기가 있었던 시절과는 다르게, 인간이 대량 살상을 시작하면서 새가 사라져버렸다는 흐름의 시작점을 제공해줘야 한다. 이렇게 되면 ① 다음 문장은 주어진 문장에 언급된 인간의 위협에 대한 부연 설명이므로 자연스럽다.

해석 1813년 길이 300마일, 폭 3마일의 10억 마리 이상의 나그네 비둘기 떼가 머리 위를 지나가는 데 나흘이 걸렸고, 그들은 미국을 가로질러 가면서 거대한 일식처럼 하늘을 어둡게 했다. 당시 북미에는 50억 마리의 나그네 비둘기가 있었던 것으로 추정된다. ① 그러나 1차 세계대전이 시작될 무렵, 인류가 대량 살인에 대한 재능을 자신에게 돌렸을 때, 그 종의 새들은 단 한 마리도 남지 않았다. 물론, 인간만이 이들의 적이었던 것은 아니다. 나그네 비둘기의 천적은 매, 올빼미, 족제비, 스컹크, 나무 뱀이었지만 이들의 결합된 위협은 인간의 탐욕과 잔인함에 비하면 아무것도 아니었다. 최근의 연구들은 정착민들이 땅을 개간하면서 야기된

서식지의 손실 또한 새들의 감소에 중요한 요인이었다는 것을 암시한다. 그 정착민들은 비둘기를 몰살시키는 방법에 있어서 매우 창의적이었다.

어휘 talent 재능 a flock of ~떼 passenger 나그네 pigeon 비둘기 darken 어둡게 하다 giant 거대한 eclipse 일식, 황혼 estimate 추정하다, 평가하다 natural enemy 천적 owl 올빼미 weasel 족제비 combine 결합하다, 합치다 threat 위협 compare to ~에 비하면, 비교하다 greed 탐욕 cruelty 잔인함, 잔혹함 suggest 암시하다, 제안하다 habitat 서식지 significant 중요한 factor 요인, 요소 decline 손실 exterminate 몰살시키다 inventive 창의적인

47

정답 ②

주어진 문장 주어진 문장 뒤에는 누가 글루텐이 들어가지 않은 음식을 먹어야 하는지에 대한 예시가 나올 것임을 알 수 있다.

해설 ② 앞에서는 단백질의 종류인 글루텐이 많은 가공 식품들에 들어가 있기 때문에 피하기 어렵다고 이야기하고 있다. ② 뒤에서는 글루텐 프리 식단을 따라야 하는 집단(소아 지방변증, 밀 알레르기가 있는 사람)을 예시로 들고 있다. 따라서 주어진 문장이 들어갈 곳으로 가장 적절한 곳은 ②이다.

해석 밀, 호밀 및 다른 곡물들에서 볼 수 있는 끈끈한 단백질의 종류인 글루텐은 편리한 결착성 때문에 가공 식품들 여기저기에 들어가 있다. 그래서 그것을 피하기는 어렵다. ② 하지만, 정확히 어떤 사람들이 글루텐 프리 식단을 따라야 할 필요가 있는 것인가? 분명히 소아 지방변증(인구 중 약 1%에 해당)이 있는 사람들은 분명히 그렇게 해야 하는데, 글루텐을 먹으면 장을 파괴하는 면역 체계 반응을 야기하기 때문이다. 밀에 알레르기 반응이 있는 사람들 또한 글루텐을 먹어서는 안 된다. 이 집단들 모두 글루텐 함유 음식을 먹으면 소장의 염증과 복부 통증, 악취 나는 변, 흐릿한 사고, 만성 두통, 관절 통증, 피부 발진 및 만성 피로와 같은 증상들을 겪을 수 있다고 매사추세츠 종합 병원의 소아 지방변증 연구 및 치료 센터장인 Alessio Fasano 박사는 말한다.

어휘 stretchy 신축성이 있는, 잘 늘어나는 protein 단백질 wheat 밀, 소맥 rye 호밀 grain 곡물, 입자 ubiquitous 편재하는, 어디에나 존재하는 binding property 결착성 celiac disease 소아 지방변증 trigger 유발하다, 촉발하다 immune system response 면역 조직 반응 intestine 장, 창자 allergic 알레르기(체질)의 inflammation 염증 abdominal 배의, 복부의 funky 고약한 냄새가 나는 bowel movement 배변 foggy 흐릿한 chronic 만성의, 고질의 joint 관절(의) skin rash 피부 발진 chronic fatigue 만성 피로

48

정답 ④

주어진 문장 'thus(그러므로)'를 통해 주어진 문장은 지문의 내용을 마무리하는 후반부에 들어가야 함을 알 수 있다.

해설 주어진 문장은 'thus(그러므로)'로 시작하며 "like these instances"(사건들처럼)이라고 했으므로 앞서 <u>최소 두 건의 사건들</u>이 제시되어야 한다. 따라서 화산·화재가 제시된 ④의 자리에 삽입한다.

해석 "once in a blue moon"은 드물지만 실제로 일어나는 사건들을 표현하는 적절한 방법이다. 푸른 달(blue moon)은 많은 양의 먼지 또는 다른 미세한 잔해들이 달의 반사된 빛을 여과시킬 만큼 대기 중으로 충분히 높게 올라갈 때 나타난다. 1883년, Krakatoa섬에서 화산 폭발이 화산재를 공기 중으로 30마일까지 방출했을 때, 이러한 푸른 달이 나타났다. 3천 마일까지 퍼져나간 먼지는 달의 빛을 여과시키고 달이 옅은 푸른색으로 보이게 하였다. 최근에는 1950년 캐나다 북부 Alaskan 고속도로를 따라 난 산불이 연기, 먼지, 그리고 황을 대기 중으로 높이 올려보내면서, 또 다른 푸른 달이 나타났다. 수일 동안 영국 사람들 조차도 푸른 달을 목격했다. ④ <u>그러므로 이 예시들처럼 일어날 수 있지만 흔치 않은 상황에서만 일어나는 사건들은 "once in a blue moon"이라는 어구로 잘 표현된다.</u>

어휘 instance 예, 예시 uncommon 흔치 않은, 특이한 circumstance 상황, 환경 appropriate 적당한, 적절한 occurrence 사건, 생긴 일 dust 먼지 debris 잔해, 파편 reflect 반사하다 volcanic 화산의, 화산 작용에 의한 eruption 폭발, 분출 emit 방출하다, 내뿜다 pale 옅은, 흐린 sulfur 황, 유황 빛 witness 보다; 목격자

49

정답 ②

주어진 문장 주어진 문장에서는 역접의 접속부사를 사용하여, 이런 비교에 의한 정보가 부정적 결과를 낳을 수 있다고 설명한다.

해설 ② 앞에서는 비교가 '자신의 능력과 한계에 대한 인식'이라는 긍정적인 결과를 낳을 수 있다고 설명하는 반면, ② 뒤에서는 이것들이 우울증 등 부정적인 결과를 초래할 수 있다고 설명한다. 따라서 역접의 접속부사를 사용해 글의 흐름을 바꿔줄 수 있는 주어진 문장이 이 두 문장 사이인 ②에 들어가는 것이 옳다. ② 다음 문장은 주어진 문장의 self-threats를 they로 받고 있으므로 자연스럽다.

해석 Festinger가 개발한 사회비교이론은 사람은 자신의 의견과 능력을 정확하게 평가하려는 내재적 추진력을 가지고 있으며, 객관적인 평가가 가능하지 않으면 다른 사람과 자신을 비교한다고 말한다. 이 이론의 기본 전제는 사람들이 자신의 능력과 의견을 평가하고 싶어 하며 이 욕구를 달성하는 한 가지 방법은 다른 사람들과 자신을 비교하는 것이다. 개인은 이러한 비교를 통해 생성된 정보를 사용하여 자신의 능력과 한계에 대한 통찰력을 얻을 수 있다. ② <u>그러나 특정 상황에서는 이러한 비교에 의해 생성된 정보가 (일련의) 자기 위협을 만들어낼 수 있다.</u> 더욱이, 연구는 이것들(자기 위협)이 우울증과 같은 부정적인 결과를 초래할 수 있다는 것을 보여주었다. 예를 들어, 만약 사람들이 그들보다 더 낫거나 더 낫지 않은 다른 사람들과 자신을 비교한다면, 이러한 비교는 주관적인 행복에 영향을 미친다.

어휘 circumstance 상황 comparison 비교 self-threat 자기 위협 inherent 내재적인, 고유한 drive 욕구, 추진력 accurately 정확하게 evaluate 평가하다 objective 객관적인 available 이용

가능한 premise 전제 gain insight 통찰력을 얻다 capability 능력 limitation 제한, 한계 depression 우울증 be better off 더 좋은 상태이다 be worse off 더 나쁜 상태이다 subjective 주관적인

50

정답 ④

주어진 문장 주어진 문장은 이런 전시라는 절박한 상황이 군의관들이 가까운 적합한 기증자를 찾는 것을 어렵게 만들었다는 내용이다.

해설 ② 앞은 기증자와 수혈자의 혈액 집단이 일치할 때만 효과가 있다는 것을 발견해냈다는 내용이고, 뒤에는 이 발견 덕분에 실용적으로 수혈을 할 수 있게 되었다는 긍정적인 결과가 제시된다. 따라서 중간에 부정적인 맥락의 문장이 들어갈 수 없다. ③ 앞 문장은 혈액을 제대로 저장할 수 없어서 가까운 기증자로부터의 수혈만 시행했다는 내용이다. 따라서 이것이 가까운 기증자로부터의 수혈을 어렵게 했다는 맥락은 어울리지 않는다. ④ 앞 문장에는 제1차 세계대전 중에는 많은 양의 혈액이 필요했다는 내용이 나온다. 주어진 문장을 ④에 넣으면, 많은 양의 수혈이 필요했기 때문에 가까운 기증자로부터만 수혈을 받아 수요를 충족하는 것은 어려웠다는 맥락이 되며, 뒤는 그 결과로 많은 병사들이 수혈을 받기 전에 죽었다는 내용으로 이어진다. 따라서 주어진 문장은 ④에 들어가는 것이 자연스럽다.

해석 수혈은 1800년대에 정기적으로 시행되고 있었다. 하지만 이상하게도 어떤 때는 효과가 있었고 어떤 때는 실패했다. 그러다 1901년에 과학자들은 서로 다른 혈액 집단이 있다는 것을 발견했다. 그들은 기증자의 혈액 집단과 수혈자의 혈액 집단이 일치할 때만 수혈이 효과를 발휘한다는 것을 알게 되었다. 이 발견 덕분에 마침내 수혈이 실용성이 있게 되었다. 그러나 수혈은 여전히 근처에 있는 기증자와 함께 시행되었는데 이는 의사들에게 혈액을 제대로 저장할 방법이 없었기 때문이다. 제1차 세계대전 중에는 엄청난 양의 혈액이 필요했다. ④ <u>이와 같은 전시라는 절박한 상황은 군의관들이 적합한 근처에 있는 기증자를 찾기가 매우 어려웠다.</u> 그 결과로 많은 병사가 혈액이 자신들에게 도달하기 전에 참호 속에서 피를 흘리며 죽었다. 그래서 혈액의 저장과 수혈을 위한 보다 나은 방법을 찾기 시작했다.

어휘 blood transfusion 수혈 regularly 정기적으로, 규칙적으로 mysteriously 이상하게도, 미스테리하게도 sometimes 어떨 때는, 때때로 fail 실패하다 scientist 과학자 discover 발견하다 different 다른, 색다른 realize 알다, 깨닫다 donor 기증자, 기부자 match 일치하다 recipient 수혈자, 수용자 finally 마침내 practical 실용성 있는 perform 효과를 발휘하다, 제 기능을 하다 nearby 근처에 있는, 가까이 있는 no way of ~할 방법이 없는 properly 제대로, 적절히 vast amounts of 엄청난 양의 soldiers 병사, 군인 bleed (-bled-bled) 피를 흘리다 death 죽음 trench 참호 storage 저장

01

정답 ②

정답 해설

주어진 문장에서는 중세 시대의 "요리가 부를 상징"한다고 했다. (A)로 시작하는 선지가 많으므로, (A)로 시작해 보면, 이 "부를 상징하는 요리"로 닭을 예시하고 있다. (C)에서 (A)의 마지막에 나오는 닭을 도살하는 행위의 의미를 설명하고 있고, (B)에서는 다른 예시인 생선을 들고 있고, "닭과 마찬가지로"(like chicken)라고 했으므로, 닭의 예시 뒤에 따라붙는다고 생각할 수 있다. 따라서, ②의 (A)-(C)-(B)로 정답을 고른다.

해석 중세 시대의 사회 상층부의 식단의 중심에는 자랑과 사치를 과시하는 것이 있었다. 거만해 보이는 의상 외에, 그것은 사람들이 다른 사람들에게 인상을 줄 수 있는 몇 안 되는 방법 중 하나였다. (A) 오늘날 닭은 대중의 음식으로 여겨지지만, 중세 시대에 닭은 귀중한 자산이었고, 알을 낳는 암탉을 도살하는 행위는 매우 사치스러운 것으로 여겨질 것이었다. (C) 그것은 손님들에게 당신이 너무 부유해서 그냥 닭을 한 마리 더 살 수 있다고 말하는 것과 거의 같았다. 닭이 어떻게 요리되었는지에 관해서는, 닭은 종종 허브와 다른 조미료로 채워져 있었다. (B) 생선은 다소 달랐다. 닭고기와 마찬가지로, 생선은 특히나 내륙 지역에서 비쌌다. 그러나 교회가 고기를 먹을 수 없다고 선언한 '생선의 날'에는 일반적인 선택이었다. 생선은 고기로 여겨지지 않았으므로 상류층은 생선을 진미로 즐겼다.

어휘 Medieval 중세의 strata 계층 show off 자랑하다, 뽐내다 extravagance 사치, 낭비, 화려함 pompous 거만한 outfit 의상 impress 깊은 인상을 주다 valuable 귀중한 asset 자산 slaughter 도살, 학살 hen 암탉 extravagant 사치스러운 inland areas 내륙지역 delicacy 진미 condiment 조미료

02

정답 ③

해설 주어진 글에서는 한 담요가 Gravity 사가 올린 비디오로 인해 유명해졌다고 소개하고 있다. 그리고 그 뒤에는 Gravity 사가 어떻게 비디오를 올릴 수 있게 되었는지의 과정을 소개하고 있다. 우선 선지 구성상으로 (B)가 많으니 (B)부터 살펴보면 창업자인 Mike Grillo가 소개되고, Mike Grillo의 말을 인용하며 이는 (C)에서 Mike Grillo가 말한 좋은 타이밍을 2016 선거 이후로 구체적으로 제시하고 있다. 따라서 글의 흐름은 ③ (B)-(C)-(A)가 적절하다.

해석 인스타그램의 모든 사람들이 왜 무거운 담요를 덮고 있는 것처럼 보이는지 궁금하다면, Gravity에게 감사할 수 있다. 비록 이 1년 된 스타트업이 (연구에 따르면 신경계를 진정시킨다고 하는) 부드러운 압력을 가하는 액세서리를 발명하지는 않았지만, 대중에게 그것들을 홍보하는 기술을 완벽하게 해주었다. (B) 그 이슈는 2017년 Gravity가 담요를 찬양하는 세련된 비디오를 업로드했을 때 시작되었다. 몇 달 만에 킥스타터에서 거의 500만 달러를 모았다. 공동 창업자 Mike Grillo는 성공의 공을 좋은 디자인(Gravity 담요가 이전 모델들보다 더 고급스러워 보이고 그렇게 느껴집니다)과 좋은 타이밍 덕분이라고 말한다. (C) 그는 "2016년의 선거는 여전히 사람들의 마음 속에 생생했습니다."라고 말하며, 많은 사람들이 불안감을 해소할 방법을 찾고 있었다. 그리고 그는 이 타이밍에 비디오를 업로드했다. (A) 결론적으로, Gravity 덕분에 담요를 만든 회사는 무게가 15파운드, 20파운드, 25파운드이고 몇 가지 중성적인 색상의 담요를 1,800만 달러어치 팔았다.

어휘 seem ~것처럼 보이다 drape 감싸다 although 비록 ~일지라도 accessory 액세서리 calm 진정시키다 nervous system 신경계 marketing 홍보 mass 대중의 in conclusion 결론적으로 company 회사 neutral 중성의 upload 업로드하다 sleek 윤이 나는 extol 찬양하다 co-founder 공동 창업자 luxe 고급 predecessor 전의 것 election 선거 look for 찾다 relieve 해소시키다 anxiety 불안 at this time 이때에

03

정답 ③

정답 해설

주어진 문장은 키토산에 대한 지혈제로서 소개이고(+), 그러나 however를 통해서 (C)에서 키토산의 체내 부적합성을 설명한다(-). 따라서, (A)에서 그래서 새로운 대체품을 만들었다고 했고, (B)의 in such products 가 (A)의 마지막에 등장하는 "bio-absorbable products"를 지칭하므로 정답을 ③ (C)-(A)-(B) 로 고른다.

해석 키토산은 꽤 오래 전부터 출혈을 멈추게 하는 물질로 사용되어 왔다. 이것은 생체 적합성 물질로 널리 알려져 있다. (C) 하지만 우리가 아는 한, 키토산이 FDA 승인을 받은 체내에 남는 의료기기에 사용된 적은 없다. 심지어 한 연구에서는 키토산이 체내에 남아있을 때 면역반응을 일으킬 수 있으며, 이로 인해 체내에 사용하기에는 부적합할 수 있다고 밝혔다. (A) 따라서 우리는 체내 사용에 키토산보다 더 나은 근거를 가진 또 다른 생체고분자인 알지네이에 변형을 수행하기로 결정했다. 이 천연 탄수화물은 PROGIXTM 및 FORESealTM과 같은 FDA 승인 생체 흡수 제품에 체내에서 성공적으로 사용되었다. (B) 이러한 제품에서 알지네이트는 일반적으로 수술에 적용하기 위해 유용한 폼 팩터로 가공될 수 있는 수동적이지만 유연한 구조적 매트릭스 역할을 수행한다.

어휘 material 물질 some time 꽤 오랫동안 proclaim 선언[포고, 성명]하다 bio-compatible 생물학적 적합성의 perform 수행하다 similar 유사한 modification 변형, 변경 biopolymer, 생물 고분자 물질 alginate 알기네이트, 알긴산염 internal 체내의, 내부의 carbohydrate 탄수화물 successfully 성공적으로 internally

내부에 **approve** 승인하다 **bio-absorbable** 생체 흡수성 **passive** 수동적인 **malleable** 가단성의, 적응성 있는 **structural** 구조적인 **matrix** 모형 **process** ~을 가공하다 **surgical** 수술의 **application** 적용 **knowledge** 아는 것, 지식 **device** 기기, 장치 **immune response** 면역 반응 **inappropriate** 부적당한

signal 신호를 보내다 **loyalty** 충성심 **dominant** 지배적인, 우위의 **subordinate** 복종하는, 종속된

04

정답 ④

주어진 문장 주어진 문장은 많은 동물의 의사소통이 촉각을 통해 일어난다고 말하며, 그루밍은 포유류에게 있어서 친밀함과 친근함을 드러내는 중요한 몸짓이라고 말한다. 또한 그루밍은 짝짓기를 강화하며 그룹 내에서의 지위와도 관련이 있다.

해설 주어진 문장은 촉각을 통한 동물의 의사소통을 소개하며, 포유류에게 있어서 그루밍은 그룹 내에서의 지위와 관련이 있다고 문장을 끝맺고 있다. 이와 같은 그루밍과 지위의 관련성은 (C)에서 종종 충성심을 나타내기 위해 그루밍을 사용하는 개코원숭이와 난쟁이침팬지의 구체적인 사례로 자연스럽게 연결된다. 또한 (B) 첫 문장의 '한편(meanwhile)'이라는 표현을 통해 (C)의 내용에 덧붙여 그루밍의 행동이 어떻게 나타나는지 추가적으로 연결될 수 있다. (B)에서 그루밍의 신체접촉 사례가 모두 언급된 뒤, (A)에서 '또 다른 형태(another form)'이라는 표현을 통해 그루밍이 아닌 포옹의 신체 접촉 형태를 설명하는 것이 나와야 자연스럽다. 따라서 주어진 문장 다음에 이어질 글의 순서로 가장 적절한 것은 ④ (C)-(B)-(A)이다.

해석 많은 동물 의사소통은 촉각으로 일어날 수 있다. 포유류에게 그루밍은 친밀함과 친근함의 중요한 몸짓이다. 이것은 짝짓기를 강화하며, 그루밍은 그룹 내에서의 지위와 관련이 있다. (C) 예를 들어, 개코원숭이와 난쟁이침팬지는 종종 충성심을 나타내기 위해 그루밍을 사용한다. 그 집단의 지배적인 구성원들은 종속적인 구성원에 의해 그루밍을 받는다. 때때로, (서열에서) 각각 다음 위치에 있는 동물을 그루밍하는 동물들의 행렬이 있다. (B) 한편, 동물이 그루밍을 하려는 의도는 널리 알려져야 하는데, 일반적으로 접근을 받는 동물로 하여금 (접근을 하는 동물의 목적이) 평화로운 목적이라는 것을 보장해주기 위해서이다. 다른 동물들에게 접근을 받는 각 동물이 평화로운 목적을 가지는 것을 보장할 수 있도록 널리 알려져야 한다. 개코원숭이 집단에서, 다가오는 개체는 크게 자신의 입술을 찧고, 그 이후 그루밍을 하는 과정 내내 계속해서 입술을 찧는다. (A) 신체 접촉의 또 다른 형태는 포옹이다. 포옹, 껴안기, 그리고 감싸기는 어미와 아기 동물의 상호작용에 국한되지 않는 활동이다. 우리는 주로 원숭이와 유인원에서 이런 형태의 의사소통을 발견한다.

어휘 **a good deal of** 많은 **mammal** 포유류 **gesture** 몸짓 **intimacy** 친밀함 **closeness** 친근함, 가까움 **reinforce** 강화하다 **associated** 관련된 **status** 지위 **contact** 접촉 **embrace** 껴안다, 포옹하다 **cuddle** 부둥키다 **cradle** 감싸 안다 **confined** 국한된, 한정된 **infant** 새끼 **interaction** 상호작용 **largely** 주로 **ape** 유인원 **meanwhile** 한편 **intention** 의도 **advertise** 광고하다, 널리 알리다 **approach** 접근하다 **assure** 안심시키다 **peaceful** 평화로운 **purpose** 목적 **smack** 세게 때리다 **continue** 계속하다

05

정답 ④

주어진 문장 주어진 문장은 16명의 부족 족장이 기로에 서있다고 설명한다. 이들의 고민이 무엇인지에 관해 설명하는 내용이 뒤에 이어질 것임을 유추할 수 있다.

해설 주어진 문장에서 언급된 '16 Samoan tribal chiefs'를 (C)에서 'them'으로 받으며, 서부 사모아 정부는 오래된 야자수 초가 건축물이 잦은 우기를 견디기 어려워 마을에 시멘트 학교를 지을 것을 그들에게 요구했다고 설명한다. (B)에서는 역접의 접속사 'But'을 사용하여, 학교를 짓는 비용이 너무 비쌌고 그들은 현금 경제를 가지고 있지 않았다고 말한다. 뒤이어 그들은 수렵과 채집으로 생계를 유지하고 있어서 아이들에게 최고의 교육을 제공하고 싶지만, 그러기 힘들다고 설명한다. (A)에서는 아시아의 한 벌목 회사가 자금을 제공하는 대가로 섬의 목재를 수확하겠다고 제안했으며, 대대로 숲에 의존해 살아온 족장들은 불안했다고 설명하며 글을 마무리한다. 따라서 글의 순서는 ④ (C)-(B)-(A)이다.

해석 16명의 사모아 부족 족장은 갈림길에 서 있었다. (C) 서부 사모아 정부는 오래된 야자수 초가 건축물이 잦은 우기를 견딜 수 없었기 때문에 마을에 시멘트 학교를 지을 것을 그들에게 요청했다. (B) 그러나 학교를 짓는 비용은 $50,000가 넘었고 그들은 현금 경제를 가지고 있지 않았다. 사모아 사람들은 그들의 아이들을 엄청나게 지지했고 그들에게 가능한 최고의 교육을 제공해주고 싶었지만, 그들의 생계는 바다에서 물고기와 정글에서 과일을 수확하는 것에 기반을 두고 있었다. (A) 아시아의 한 벌목 회사가 새 학교를 지을 수 있는 충분한 자금을 제공하는 대가로 섬의 목재를 수확하겠다고 제안했다. 대대로 숲에 의존해 살아온 족장들은 불안했다.

어휘 **tribal chief** 부족장 **logging company** 벌목 회사 **harvest** 수확 **timber** 목재 **uneasy** 불안한 **generation** 세대 **supportive** 지원하는, 협력적인 **livelihood** 생계, 살림 **be based on** ~에 근거를 두고 있다 **withstand** 견디다 **monsoon** 우기

06

정답 ④

주어진 문장 주어진 문장은 사회적 판단에 관한 한 가지 인지적 착각은 우리가 나중에 거짓으로 판명된 정보를 무시하는데 매우 어려움을 겪는 경향이 있다는 것이며, 당신이 A 직장과 B 직장 중 하나를 결정하려고 한다고 가정해보라고 말하고 있다.

해설 이 글은 우리가 어떤 정보를 접하고, 그 정보가 틀렸다는 것을 나중에 알게 되어도 그것에 대한 생각을 바꾸기 힘들어하는 인지적 경향이 있다고 설명한다. 주어진 문장에서는, 독자에게 A, B의 두 가지 직장 중 하나를 결정하는 상황을 가정하고 있다. 이는 (C)에서 'both companies'의 표현으로 연결되며, (C)에서는 A사에 대한 부정적인 정보를 친구에게서 듣게 되는 내용이 제시된다. 이는 (B)에서 'Now'로 이어지며, 부정적인 정보를 듣게 된 이상 우리는 그 회사에 대해 자연스럽게 재고하게 된다는 것이 언급된다. 또한, (B)에서는 A사에 대한 부정적인 정보가 사실은 틀린 정보였다는 것이 밝혀지는데, 이는 (A)에서 거짓으로 알려진 원래의 지식은 없어지지 않고 판단에 지속적인 영향을 미친다는 내용으로 자연스럽게 이어진다. 따라서 주어진 글 다음에 이어질 글의 순서로 가장 적절한 것은 ④ (C)-(B)-(A)이다.

해석 사회적 판단에 관한 한 가지 인지적 착각은 우리가 나중에 거짓으로 판명된 정보를 무시하는 데 매우 어려움을 겪는 경향이 있다는 것이다. 당신이 A 직장과 B 직장 중 하나를 결정하려고 한다고 가정해보자. (C) 당신은 두 회사 모두 같은 임금으로 일자리를 제안 받았다. 당신은 조사를 시작하려는데, 당신의 친구가 당신에게 말하기를, A사 사람들은 매우 사귀기 힘들고, 게다가 회사 경영진을 상대로 한 직장 내 괴롭힘 소송이 여러 건 있었다고 한다. (B) 이제, A사에서 당신이 만났던 모든 사람들을 마음속으로 검토하기 시작하는 것은 매우 자연스러운 일이다. 누가 괴롭힘 주장에 연루되었을지 상상하려고 하면서 말이다. 며칠 후, 당신의 친구는 A사를 비슷한 이름의 다른 회사와 혼동했다며 사과한다. (A) 당신의 결론이 내려졌던 증거는 즉시 제거되었다. 그러나, 이제 거짓으로 알려진 원래의 지식은 여러분의 판단에 지속적인 영향을 미친다. 리셋 버튼을 누르는 것은 불가능하다.

어휘 cognitive 인지적 illusion 허상, 허구, 환상 judgment 판단 ignore 무시하다 false 잘못된, 틀린 suppose 가정하다 decide 결정하다 conclusion 결론 original 원래의 knowledge 지식 exert 행사하다, 발휘하다 linger (없어지지 않고) 남아 있다 influence 영향, 영향력 judgment 판단, 결정 impossible 불가능한 implicate 연루시키다 harassment 괴롭힘, 희롱 claim 주장, 요구, 청구 apologize 사과하다 confuse a with b a를 b로 혼동하다 inquiry 문의, 질문 get along with ~와 어울리다, 잘 지내다 a number of 많은 workplace harrassment 직장 내 괴롭힘 suit 소송, 고소

07

주어진 문장 주어진 문장은 보통, 우리는 삶의 어려움을 부정적이고 일을 지체시키는 것으로 여기고 우리는 그것들이 삶의 진보를 확인하고 목적지에 도달하는 것을 지연시킨다고 느끼지만 그것이 어려움에 대한 우리의 태도가 되어서는 안 된다고 말하고 있다.

해설 주어진 문장은 우리가 보통 삶의 어려움을 부정적이고 일을 지연시키는 것으로 여긴다고 말하며, 그러나 그것이 어려움에 대한 우리의 태도가 되어서는 안 된다고 말하고 있다. 이는 (C)에서 'For example'로 문장을 시작하며 구체적인 사례를 통해 조언을 전달하는 내용과 자연스럽게 연결된다. (C)에서는 비행기의 속도를 빨리 낮추는 통풍 조절판의 역할이 소개되는데, 이는 (A)에서 연결되며 분명히 항공기의 도착을 늦추는 역할을 하지만 바람직하고 긍정적인 것이라고 부연 설명된다. 또한 이러한 비행기의 비유는 끝으로 (B)에서 우리가 어떤 태도로 인생에서 일을 지연시키고 어려움을 유발하는 난관들을 바라보아야 할

지 제안하는 것으로 매끄럽게 마무리되고 있다. 따라서 주어진 글 다음에 이어질 글의 순서로 가장 적절한 것은 ③ (C)-(A)-(B)이다.

해석 보통, 우리는 삶의 어려움을 부정적이고 일을 지체시키는 것으로 여긴다. 우리는 그것들이 목표에 도달하는 것을 지연시킨다고 느낀다. 그러나 그것이 어려움에 대한 우리의 태도가 되어서는 안 된다. (C) 예를 들어보자. 비행기가 지상에 착륙하는 것을 생각해 보라. 착륙할 때는 속도가 상당히 빨라 속도를 빨리 낮춰야 한다. 이를 위해 통풍 조절판이 열려 비행기의 움직임에 저항한다. (A) 분명히 이것은 항공기의 목적지 도착을 지연시키는 부정적인 역할이다. 그러나 이 지연은 바람직하고 긍정적인 것이다. 속도를 줄이지 않으면 항공기는 아마도 목적지에 도달하지 못할 것이며 승객도 마찬가지일 것이다. 이것이 전달되고자 하는 메시지를 보여준다. (B) 만약 우리가 이러한 태도로 삶의 어려움을 본다면, 우리는 삶의 항해에서 항해를 보조하는 역할을 하는 어려움의 유용성을 이해할 것이다. 사전조치들은 우리의 움직임이 완전히 중단될 만큼 심하게 우리의 정신을 위축시키지 않을 것이다.

어휘 normally 일반적으로, 보통 consider 고려하다, 간주하다 negative 부정적인 retard 지체하다, 방해하다 progress 발전, 진보 delay 지연시키다 destination 목적지 attitude 태도 obviously 분명히 aeroplane 비행기 desirable 바람직한 reduce 줄이다, 감소시키다 passenger 탑승객 indicate 지시하다, 나타내다 utility 유용함 navigate 항해하다, 나아가다 aid 보조, 도움 voyage 여정 precaution 사전조치, 예방책 dampen 축축해지다, 기를 꺾다 altogether 완전히 land 착륙하다 resist 저항하다

08

주어진 문장 주어진 문장은 최근 수십 년간의 정치적, 사회적 변화의 결과로, 문화적 다원주의는 현재 일반적으로 우리 사회의 기본 원칙으로 인식되고 있다고 말하고 있다.

해설 이 글은 문화적 다원주의에 대한 글로서, 주어진 문장에서는 문화적 다원주의가 오늘날 우리 사회의 기본 원칙으로 인식된다고 언급한다. 이 내용은 (B)에서 문화적 다양성이 민족과 집단의 차이를 없애겠다는 관점의 '멜팅 팟' 개념과 다르다고 말하는 것으로 이어지며, 아이들은 다양성이 오히려 삶의 풍미를 높여준다고 교육받는다는 내용이 서술된다. 이때 (B)의 'children'은 (A)의 'They'로 받아지며, 아이들이 또한 어떤 수업을 받는지 부연설명이 제시된다. 한편 (A)에서는 미국의 문화가 형성된 과정을 덧붙여 말하는데, 이는 (C)에서 'That is'로 연결되며, 미국 문화의 다양성에 대한 추가적인 설명으로 자연스럽게 연결될 수 있다. 따라서 주어진 글 다음에 이어질 글의 순서로 가장 적절한 것은 ② (B)-(A)-(C)이다.

해석 최근 수십 년간의 정치적, 사회적 변화의 결과로, 문화적 다원주의는 현재 일반적으로 우리 사회의 기본 원칙으로 인식되고 있다. (B) 민족과 집단의 차이를 없애겠다고 약속했던 '멜팅 팟(많은 사람·사상 등을 함께 뒤섞는 용광로를 비유한 것)'에 대한 생각과 달리, 아이들은 이제 다양성이 삶의 향신료(풍미를 주는 것)라는 것을 배운다. 그들은 미국이 많은 다른 그룹들에게 안식처를 제공하고 그들이 그들의 문화유산

을 유지하도록 허용했다는 것을 배운다. (A) 그들은 또한 문화적 다원주의가 자유 사회의 규범 중 하나라는 것을 배운다. 실제로 미국의 독특한 특징은 미국의 흔한 문화가 그것에 속해 있는 문화들의 상호작용에 의해 형성되었다는 점이다. (C) 즉, 그것(미국의 문화)은 시간이 지남에 따라 이민자들, 아메리칸 인디언들, 아프리카인들 그리고 그들의 후손들에게 영향을 받은 문화이다. 미국의 음악, 예술, 문학, 언어, 음식, 의류, 스포츠, 휴일, 그리고 관습은 모두 한 나라에서 다양한 문화가 혼합되는 효과를 보여준다.

어휘 political 정치적인 social 사회적인 decade 10년 cultural 문화적, 문화의 pluralism 다원주의 recognize 인지하다, 알다 principle 원리, 원칙 norm 규범 common 흔한, 공통의 interaction 상호작용 subsidiary culture 종속 문화 in contrast to ~와 달리, ~와 반대로 melting pot 멜팅 팟(많은 사람·사상 등을 함께 뒤섞는 용광로를 비유한 것) promise 약속하다 erase 지우다 ethnic 민족의 variety 다양성 spice 향신료 haven 안식처 maintain 유지하다 heritage 유산 influence 영향을 주다 immigrant 이민자 descendant 후손 literature 문학 custom 관습 commingle 혼합되다 diverse 다양한

09

정답 ②

주어진 문장 주어진 문장은 태양은 이미 약 45억년 동안 존재해왔고, 핵융합을 통해, 태양은 끊임없이 태양의 중심핵에 있는 수소를 다 써버린다고 말하고 있다.

해설 이 글은 태양의 핵융합에 대한 글로서, 주어진 문장에서는 태양이 끊임없이 중심핵에 있는 수소를 다 써버린다고 말하고 있다. 이는 (B)에서 태양이 엄청난 양의 수소를 헬륨으로 융합하고 있으며, 대부분의 수소를 태워버릴 것이라고 설명하는 동일한 맥락의 내용으로 이어질 수 있다. 이 내용은 (C)에서 'So'로 이어지며, 수소가 없어진 대신 헬륨이 태양의 주 연료가 될 것이라는 내용이 (C)에 언급된다. 또한, (C)에서는 태양의 수소가 거의 사라지면 핵융합의 양이 증가할 것이라고 말하는데, 이 내용은 (A)에서 'this extra energy'의 표현으로 받아질 수 있으며, (A)에서는 태양이 그러한 에너지로부터 팽창하면서 무슨 일이 발생하는지 설명하고 있다. 따라서 주어진 글 다음에 이어질 글의 순서로 가장 적절한 것은 ② (B)-(C)-(A)이다.

해석 태양은 이미 약 45억년 동안 존재해왔다. 핵융합을 통해, 태양은 끊임없이 태양의 중심핵에 있는 수소를 다 써버린다. (B) 태양은 매 초마다 약 6억 2천만 미터 톤의 수소를 헬륨으로 융합한다. 태양의 삶의 이 단계에서 중심핵은 약 74%가 수소이다. 다음 50억년 동안, 태양은 대부분의 수소를 태워버릴 것이다. (C) 그래서, 헬륨이 그것의 주요 연료원이 될 것이다. 그 50억 년 동안, 태양은 "노란 난쟁이별"에서 "붉은 거성"으로 변할 것이다. 태양의 중심핵에 있는 거의 모든 수소가 소비되면, 중심핵은 수축하고 가열되어 일어나는 핵융합의 양이 증가할 것이다. (A) 태양의 바깥층은 이 여분의 에너지로부터 팽창할 것이다. 태양이 팽창함에 따라, 태양은 더 넓은 표면적으로 에너지를 분산시킬 것이고, 이것은 그 별에 전반적인 냉각 효과를 줄 것이다.

어휘 exist 존재하다 nuclear fusion 핵융합 constantly 끊임없이

hydrogen 수소 core 중심핵 expand 팽창하다, 확장하다 surface 표면 overall 전반적인 cooling 냉각 effect 효과 helium 헬륨 fuel 연료 dwarf 난쟁이별 consume 소비하다 contract 수축되다 take place 일어나다, 발생하다

10

정답 ③

주어진 문장 주어진 문장은 금권 정치는 직접적으로든, 간접적으로든 부유층에 의해 통치가 일어나는 체계라고 말하고 있다.

해설 이 글은 금권 정치에 대한 글로서, 주어진 문장이 글의 주제문에 해당한다. 즉, 금권정치란, 공식, 비공식적으로 부자들만이 권력을 소유하는 구조라고 설명하고 있고, 이것이, (C)의 That is를 통해서 구체적인 설명으로 이어지고 있다. 한편, 주제문에서 금권정치는 공식적으로 나타날 수도 비공식적으로도 나타날 수 있다고 했는데, 이 내용이 (A)와 (B)에서 순차적으로 제시되고 있다. 따라서, 정답은 ③ (C)-(A)-(B)를 고른다.

해석 금권 정치는 공식적으로, 혹은 비공식적으로 부유층에 의해 통치가 일어나는 체계이다. (C) 즉 일반적으로 말해서, 금권 정치는 부유한 사람들에게만 이익이 되도록 고안된 규제 체계와 프로그램의 형태를 취할 수 있다. 금권 정치에서 정치권력에 대한 접근은 제한적이며, 개인으로 하여금 부를 소유하거나 그들의 이익에 기꺼이 봉사함으로써 부유한 사람들의 지지를 받을 것을 요구한다. (A) 이것은 투표나 공직을 맡는 것과 같은 정치적 권한을 행사하기 위해 어떤 사람에게 특정 수준의 경제적 풍요를 갖도록 명시적으로 요구하는 공식적인 규칙과 제한의 문제일 수 있다. (B) 그러나 금권 정치는 비공식적으로 더 자주 발생하며, 암묵적으로 구현된다. 상당한 재산의 소유나 지출을 통해서만 충족될 수 있는 정치와 정치 생활에 대한 참여의 장벽을 만드는 헌법적, 법적 또는 규제적 조치 내에서 말이다.

어휘 plutocracy 금권 정치 rule 통치, 지배 matter 문제 official 공식적인 restriction 제한 explicitly 명시적으로, 명백하게 specify 명시하다, 특정하게 요구하다 economic 경제적인 affluence 풍요로움 exercise 행사하다 authority 권한 informally 비공식적으로 implicitly 암묵적으로 embody 구현하다 constitutional 헌법의, 헌법적인 legal 법적인 regulatory 규제적인, 규제의 measure 조치 barrier 장벽 participation 참여 possession 소유 expenditure 지출 significant 상당한 framework 기틀 access 접근 either Ⓐ or Ⓑ Ⓐ 또는 Ⓑ의 be willing to 기꺼이 ~하다, ~할 의향이 있다

11

정답 ③

주어진 문장 주어진 문장은 감정이입은 다른 사람의 부정적이거나 긍정적인 감정을 마치 자신의 감정인 것처럼 경험하는 것을 나타내며, 감정이입은 일반적으로 공감의 구성 요소이지만, 두 가지는 본질적으로 다르다고 말하고 있다.

해설 이 글은 감정이입에 대한 글로서, 주어진 문장에서는 감정이입이 일반적으로 공감에 포함되지만 두 가지는 다르다고 말하고 있다. 이는 (C)에서 감정이입과 공감의 차이를 서술하는 것으로 이어질 수 있다. 한편, 이 내용은 (A)에서 감정이입에는 두 가지 유형이 있다는 설명으로 이어질 수 있는데, (A)에서는 두 가지 유형 중 '감정적 감정이입'에 대해 먼저 서술하고 있다. 이는 (B)에서 'however'로 꺾이며, '인지적 감정이입'이 무엇인지 설명하는 것이 (B)에서 뒤따라야 흐름상 자연스럽다. 따라서 주어진 글에 이어질 글의 순서로 가장 적절한 것은 ③ (C)-(A)-(B)이다.

해석 감정이입은 다른 사람의 부정적이거나 긍정적인 감정을 마치 자신의 감정인 것처럼 경험하는 것을 말한다. 감정이입은 일반적으로 공감의 구성 요소이지만, 두 가지는 본질적으로 다르다. (C) 감정이입은 다른 사람의 고통을 느끼는 것이고, 반면 공감은 다른 사람의 고통을 덜어주기 위한 행동을 하는 것이다. 예를 들어, 감정이입하는 사람은 다른 사람의 감정을 받아들이고 경험할 때 공감적인 행동으로 반응할 수도 있고 그렇지 않을 수도 있다. (A) 감정이입에는 감정적 감정이입과 인지적 감정이입의 두 가지 유형이 있다. 감정적 감정이입은 본능적인 경험이다. 즉, 다른 사람과 같은 감정을 직접 느끼는 사람이다. (B) 그러나 인지적 감정이입은 조금 더 분리되어 있다. 사람은 단지 다른 사람이 겪고 있는 것을 인지적으로 이해할 뿐이지만 다른 감정적인 상태로 남아 있을 수 있다.

어휘 empathy 감정이입, 공감 generally 일반적으로 component 구성 요소 compassion 공감, 연민 essentially 본질적으로 cognitive 인지의, 인지적인 visceral 강한 감정에 따른, 본능적인 detach 분리하다 state 상태 relieve (고통 등을) 덜어주다, 완화하다 suffering 고통

12

정답 ④

해설 주어진 문장 이후 아이스크림 A를 고른 이유에 대한 설명이 (C)에서 이어지고 있다. 필자는 견과류가 있어 A를 더 좋아하지만 상대는 더 부드러운 아이스크림을 좋아한다고 했을 때, 필자는 좋은 아이스크림은 덩어리진 것이라는 정의를 가지고 있게 된다는 것을 설명하고 있다. 그러나 이어 (B)에서 가격이나 맛 등 다른 이유로 아이스크림을 정의하는 것에 대한 설명이 이어지고, 이러한 예시에 대한 일반적인 내용을 (A)에서 정리하며 논쟁을 할수록 우리가 두는 가치가 더욱 강해진다고 설명하고 있다. 따라서 주어진 내용에 이어질 글의 순서는 ④ (C)-(B)-(A)이다.

해석 당신과 내가 아이스크림 한 상자를 공유하게 될 것이라고 가정해 보자. 만약 내가 "A" 아이스크림이 "B" 아이스크림보다 더 좋다고 주장하면, 당신은 정반대를 주장할 수도 있다. (C) 그러면 나는 나의 주장에 대한 정당화, 즉 "A"에는 견과와 초콜릿 덩어리가 들어 있다는 사실을 제시할 수도 있다. 당신이 부드러운 아이스크림을 더 좋아한다고 응답을 하면, 나는 좋은 아이스크림에 대한 나의 정의가 덩어리진 상태에 기초하고 있음을 깨닫는다. (B) 이제 나는 모든 사람이 덩어리진 아이스크림을 좋아하는 것은 아니라는 사실을 알게 된다. 그래서 나는 "A"가 최고의 맛을 가지고 있다고 주장한다. 당신은 "B"가 "A"보다 훨씬 가격이 싸다고 반격을 한다. (A) 나는 아이스크림의 질에 더 많은 가치를 두는 반면에 당신은 적절한 구입 가격에 더 많은 가치를 둔다. 서로 논쟁을 더 많이 하면 할수록, 우리는 서로가 가지고 있는 가치와 우리가 얼마나 강하게 그것들에 매달리는지를 더 많이 알게 된다.

어휘 assert 주장하다, 단언하다 claim 주장하디 opposite 반대 value 가치 quality 질 affordability 구입 가능성 back and forth 앞뒤로, 왔다갔다 cling to ~에 매달리다, 집착하다 counter 반박하다 considerably 많이, 상당히 justification 정당화 chunk 덩어리 chunkiness 덩어리진 상태

13

정답 ④

주어진 문장 주어진 문장은 우리가 보통 어떤 종류의 자극을 느끼는지 고려할 때, 강도와 대비는 두 가지 중요한 요소라고 말하고 있다.

해설 주어진 문장은 우리가 알아차리는 자극의 종류를 고려할 때, 강도(intensity)와 대비(contrast)가 두 가지 중요한 요소라고 말한다. 이는 (C)의 'For example'로 연결되며, 시계 소리와 같은 강도가 낮은 소리는 우리에게 잘 들리지 않지만, 폭탄이 터지는 것과 같은 강도 높은 소리는 우리에게 잘 들린다는 내용이 주어진 문장 뒤에 나오는 것이 자연스럽다. 또한, 이러한 강도에 대한 내용은 (B)에서 'But, on the contrary'를 통해 하얀 카펫 위의 작은 피 한 방울과 같이 대비가 높은 것이 잘 인식되는 것으로 연결될 수 있다. (B)에서는 우리는 움직이는 물체에도 민감하다고 언급하는데, 이는 (A)에서 우리가 가만히 앉아 있다가 고개를 들어 움직이는 새에 주목한다는 내용으로 이어지는 것이 타당하다. 따라서 주어진 글 다음에 이어질 글의 순서로 가장 적절한 것은 ④ (C)-(B)-(A)이다.

해석 우리가 보통 어떤 종류의 자극을 느끼는지 고려할 때, 강도와 대비는 두 가지 중요한 요소이다. (C) 예를 들어, 똑딱거리는 시계는 때때로 들리지 않을 수도 있지만, 당신은 옆 건물에서 폭탄이 터진다면 그것은 들을 수 있을 것이다. 무늬가 있는 카펫 위에 작은 물체를 떨어뜨리면 그것을 다시 찾는 것은 때때로 어려울 수 있다. (B) 하지만, 반대로, 하얀 카펫 위의 작은 피 한 방울은 즉시 드러날 것이다. 좋은 진화적인 이유로, 우리는 움직이는 물체에도 또한 민감하다. 그것이 당신을 향해 움직이고 있을 수 있기 때문에, 그러한 물체는 잠재적인 위협을 나타내며 당신은 그것을 알아차릴 수 있는 것이다. (A) 창가의 책상에서 일하다 보면 갑자기 무언가가 당신의 주의를 끌 수 있는데, 그것은 당신이 자신도 모르게 고개를 들어 올려다보게 만들며, 그 결과로 잠시 후 당신은 멀리 있는 새가 나무 위로 지나가고 있다는 사실을 깨닫게 된다.

어휘 consider 고려하다, 여기다 stimuli 자극 notice 알아차리다 intensity 강도 contrast 대조, 대비 factor 요인, 요소 attention 주의, 주목, 집중 suddenly 갑자기 distant 멀리 떨어진 on the contrary 반대로 immediately 즉시 apparent 명백한, 눈에 띄는 evolutionary 진화적인 sensitive 예민한, 민감한 represent 나타내다, 제시하다 potential 잠재적인 threat 위협 tick (시계가) 째깍거리다 bomb 폭탄 explode 폭발하다, 터지다

14

정답 ①

주어진 문장 주어진 문장은 비대칭 디자인은 디자인의 한 유형으로서, 서로 다른 색상 체계, 다양한 모양, 그리고 불규칙한 레이아웃을 사용하여 디자인의 두 절반 부분 사이에 불평등을 만들어 낸다고 말하고 있다.

해설 이 글은 비대칭 디자인에 대한 글로서, 주어진 문장에서는 비대칭 디자인이 어떻게 디자인 속에서 불균형을 만들어 내는지 언급하고 있다. 이는 (A)에서 'Thus'로 이어지며, 비대칭 디자인이 'uneven display'를 만들어 낸다는 동일한 맥락으로 이어진다. 이러한 (A)의 내용은 (C)에서 'for example'과 함께 예시를 언급하는 것으로 이어지며, (C)에서는 비대칭의 한 가지 디자인 원리가 균형이라고 말한다. 이는 (B)에서 균형을 만드는 방법에 대한 부연 설명으로 이어진다. 따라서 주어진 글 다음에 이어질 글의 순서로 가장 적절한 것은 ① (A)-(C)-(B)이다.

해석 비대칭 디자인은 디자인의 한 유형으로서, 서로 다른 색상 체계, 다양한 모양, 그리고 불규칙한 레이아웃을 사용하여 디자인의 두 절반 부분 사이에 불균형을 만들어 낸다. (A) 따라서, 비대칭 디자인은 시각적 요소 전체에 걸쳐 대칭성이 부족하여 불균일한 전시를 만들어 낸다. 여러분은 비대칭 디자인 기법을 통합하여 동적이고 독특한 배열을 구축할 수 있다. (C) 예를 들어, 그래픽 디자인에서는 여러분이 비대칭성을 사용하여 매혹적인 웹 사이트 레이아웃, 브랜드 로고 및 광고를 개발할 수 있다. 비대칭의 주요 디자인 원리 중 하나는 균형이다. (B) 여러분은 색상을 자유롭게 쓰거나 타이포그래피를 변경하거나 디자인에서 움직임을 표현하여 균형을 만들어 낼 수 있다. 또한 여러분은 작은 객체의 그룹으로부터 건너편에 큰 단일 객체를 배치함으로써 디자인에서 균형을 만들 수도 있다.

어휘 asymmetrical 비대칭의, 비대칭적인 scheme 체계 varying 다양한 irregular 불규칙적인 layout 레이아웃, 배치, 구획 inequality 불평등, 불균형 lack 부족 element 요인, 요소 uneven 불균일한 incorporate 통합하다 dynamic 동적인 arrangement 배열 position 위치시키다 object 물체, 객체 captivate 매혹시키다, 사로잡다 advertisement 광고 principle 원리, 원칙

15

정답 ④

주어진 문장 주어진 문장은 사람들이 미래에 어떤 것의 가격이 오를 것이라고 예상할 때, 그들은 그 상품들을 더 많이 구매하는 경향이 있으며, 그 상품들에 대한 수요를 증가시킨다고 말하고 있다.

해설 이 글은 미래의 가격에 대한 예측이 어떻게 현재의 수요에 영향을 미치는지 설명하고 있다. 주어진 문장에서는 가격 상승에 대한 예측이 있는 경우를 언급하는데, 이는 (C)에서 'For example'로 이어지며 금값의 예시를 소개하는 것으로 이어진다. 한편, (C)에서는 주택 거품에 대해서도 언급하는데, 이는 (B)에서 사람들이 공격적으로 집을 샀다는 부연 설명으로 연결될 수 있다. 또한, (B)의 경기침체 관련 내용은 (A)에서 'then'과 함께 동일한 맥락으로 이어질 수 있다. 따라서 주어진 글 다음에 이어질 글의 순서로 적절한 것은 ④ (C)-(B)-(A)이다.

해석 사람들이 미래에 어떤 것의 가격이 오를 것이라고 예상할 때, 그들은 그 상품들을 더 많이 구매하는 경향이 있으며, 그 상품들에 대한 수요를 증가시킨다. (C) 예를 들어, 사람들이 금값이 오를 것으로 기대할 때, 그들은 점점 더 많은 금을 살 것이고 그 반대의 경우도 마찬가지이다. 집값이 올랐던 2015년 주택 거품 때도 같은 일이 일어났다. (B) 사람들은 공격적으로 집을 샀고, 그 결과 가계 저축률이 낮아졌다. 그러나, 경기침체로 이 과정이 무너지기 시작했을 때 사람들은 낮은 집값에도 불구하고 집을 사지 않았다. (A) 이어 경제 활동이 정체되었을 때 경제 위기가 뒤따랐고, 경기 순환의 위축, 수요 대비 상품의 공급 과잉, 재정 적자 증가 등이 있었다.

어휘 expect 예상하다 economic 경제의 crisis 위기 stagnant 정체된 contraction 위축, 수축 supply 공급 compared to ~에 비해 fiscal deficit 재정 적자 aggressively 공격적으로 result in 그 결과 ~가 일어나다 household 가계 saving 저축, 저축률 recession 침체 vice versa 반대의 경우도 마찬가지로

16

정답 ③

주어진 문장 주어진 문장은 강점은 지식과 기술로 뒷받침되고 강화된 타고난 재능에서 생기고, 재능은 선천적인 특징과 자연스럽게 반복되는 생각, 감정, 행동의 패턴으로 생각할 수 있다고 말하고 있다.

해설 이 글은 강점과 재능에 대한 글로서, 주어진 문장에서는 강점이 타고난 재능에서 비롯되며, 재능은 자연스럽게 반복되는 생각, 감정, 행동의 패턴이라고 말한다. 이러한 '타고난 재능'의 개념은 (B)에서 'for example'을 통해 사람들은 선천적으로 다른 재능을 지닐 수 있고, 이러한 재능은 의식적으로 발전, 향상시킴으로써 강점으로 바뀔 수 있다는 설명으로 부연된다. (B)는 재능이 강점이 되려면 의식적인 발전, 향상이 필요하다고 말하는데, 이는 'But, without those efforts'를 통해 (A)에서 '재능을 발달시키고 향상시키지 않는다면 재능은 잠재력의 한 측면에 불과할 뿐'이라고 말하는 반대의 가정으로 자연스럽게 연결된다. 또한, (A) 마지막에 제시된 인용구는 (C)의 'this quote from the philosophy'로 연결되며 강점을 극대화함으로써 우리가 인생에서 탁월해질 수 있다는 말로 이어질 수 있다. 따라서 주어진 글 다음에 이어질 글의 순서로 가장 적절한 것은 ③ (B)-(A)-(C)이다.

해석 강점은 지식과 기술로 뒷받침되고 강화된 타고난 재능에서 생긴다. 재능은 선천적인 특징과 자연스럽게 반복되는 생각, 감정, 행동의 패턴으로 여겨질 수 있다. (B) 예를 들어, 한 사람은 선천적으로 외향적이고 호기심이 많을 수 있고, 다른 사람은 조직적으로 정리하는 것에 천부적인 재능을 가지고 있을 수 있다. 일단 인식되면, 재능은 학습과 연습을 통해 의식적으로 발전되고 향상됨으로써 강점으로 바뀔 수 있다. (A) 하지만, 그런 노력이 없다면, 재능은 한 사람의 잠재력의 한 측면에 불과하다. 당신의 강점을 이해하는 데 있어 한 가지 깔끔한 점은 "당신의 약점이 아닌 당신의 강점에 집중하라"는 철학이다. (C) 이러한 철학으로부터의 인용구는 당신은 약점을 고치는 것이 아니라 강점을 극대화함으로써 인생에서 탁월해질 수 있다는 것을 의미한다. 당신이 당신의 강점으로부터 살고 일할 때, 당신은 더 동기부여가 되고, 유능해지며, 만족하게 된다.

어휘 **strength** 강점 **arise** 발생하다, 일어나다, 생기다 **talent** 재능 **support** 지지하다 **reinforce** 강화하다 **innate** 타고난 **trait** 특징, 특성 **recur** 반복되다 **merely** 불과 **aspect** 측면 **potential** 잠재적인, 잠재력(의) **neat** 깔끔한, 단정한 **philosophy** 철학 **concentrate** 집중하다 **outgoing** 외향적인 **recognize** 알다, 인지하다, 인정하다 **turn ⒶＡ into ⒷＢ** Ａ를 Ｂ로 바꾸다 **consciously** 의식적으로 **develop** 개발하다 **quote** 인용구 **excel** 탁월하다, 뛰어나다 **maximize** 극대화하다, 최대화하다 **innate** 타고난, 선천적인 **curious** 호기심이 많은

17

정답 ③

해설 이 글은 가축의 성장을 촉진하는 목적의 호르몬 사용에 대한 글로서, 호르몬이 투여된 가축이 인간에게 미칠 수 있는 영향에 대한 다양한 견해들을 제시하고 있다. 주어진 문장에서는 호르몬이 가축의 빠른 성장을 촉진한다고 말하는데, 이는 (B)에서 미국과 캐나다에서 농부들이 실제로 호르몬을 사용한다는 내용으로 이어진다. 또한, (B)에서는 유럽연합이 호르몬 처리된 쇠고기의 수입을 금지한다는 것이 언급되는데, 이러한 '호르몬의 위험성'을 우려하는 유럽연합의 관점이 (C)에서도 부연되고 있다. 이 내용은 (A)에서 'however'를 통해 꺾이며, 국제과학위원회의 조사 결과 쇠고기에서 발견된 호르몬의 극미량은 인체에 안전하다는 내용이 뒤따른다. 따라서 주어진 글 다음에 이어질 글의 순서로 가장 적절한 것은 ③ (B)-(C)-(A)이다.

해석 호르몬과 항생제의 사용은 동물의 성장률을 증가시킨다. 보통 귀 삽입물에 의해 투여되는 호르몬은 가축의 신체 기능을 조절하고 더 빠른 성장을 촉진한다. (B) 미국과 캐나다의 농부들이 호르몬을 사용하지만, 유럽연합(EU)은 현재 인간 소비자들의 건강상의 우려 때문에 호르몬 처리된 쇠고기의 수입을 전면 금지하고 있다. (C) 유럽연합의 규제 당국은 육류 및 육류 제품에서 미량 발견되는 이러한 호르몬 또는 호르몬의 분해 산물이 암을 유발하거나 어린 아이들의 성장에 영향을 미칠 수 있다고 암시하는 몇 가지 연구를 인용한다. (A) 그러나 1999년 국제과학위원회는 호르몬 문제를 자세히 조사했고 쇠고기에서 발견된 호르몬의 극미량은 인체의 정상 호르몬 농도에 비해 상당히 낮기 때문에 안전하다는 결론을 내렸다.

어휘 **hormone** 호르몬 **antibiotics** 항생제 **administer** 투여하다, 집행하다 **implant** 임플란트, 삽입물 **regulate** 조절하다, 규제하다 **livestock** 가축 **promote** 증진하다, 촉진하다 **examine** 조사하다, 검사하다 **conclude** 결론짓다 **trace** 미량, 극미량 **compared to** ~에 비해 **concentration** 농도 **ban** 금지하다, 막다 **import** 수입 **cite** 인용하다 **suggest** 시사하다, 암시하다, 제안하다 **breakdown** 분해, 붕괴 **cancer** 암

18

정답 ④

주어진 문장 주어진 문장에서는 Philadelphia Evening Bulletin은 나쁜 소문에 시달리고 있었다고 했으므로 주어진 문장 이후에는 그 나쁜 소문에 대한 내용이 바로 이어져야 하는 것을 알 수 있다.

해설 주어진 문장에 이어 (C)에서 그 나쁜 소문의 정체는 "광고가 너무 많아서 매력적이지 않다는 것이었음"을 드러내준다. 그리고 (B)에서 Bulletin지가 그 소문을 없애기 위해 정규 발간지를 다시 편집한 것을 설명하고 있다. 그리고 (A)에서 이 책을 One Day라고 이름 짓고 소문이 사실이 아니라는 것을 명확히 했다는 내용으로 글을 마무리하고 있다. 따라서 주어진 문장에 이어질 글의 순서로 가장 적절한 것은 ④ (C)-(B)-(A)이다.

해석 수년 전 필라델피아 Evening Bulletin 신문은 나쁜 소문에 시달리고 있었다. (C) 광고업자들은 그 신문이, 광고는 너무 많고 뉴스는 너무 적기 때문에 더 이상 독자들에게 매력적이지 않다는 말을 듣고 있었다. (B) Bulletin지는 그 소문을 진압하기 위해 즉각적인 행동을 취했다. 어떻게 했을까? Bulletin지는 그 정규 발행본의 어느 일상적인 하루의 모든 기사를 오리고 분류해서 그것을 책 한 권으로 발간했다. (A) 그 책은 One Day라고 이름 붙여졌다. 그것은 307쪽을 담고 있었는데 두꺼운 표지의 책만큼이나 많은 분량이었다. 그러나 Bulletin지는 하루 분량의 이 모든 뉴스와 특집 기사를 인쇄해서 몇 달러가 아닌 몇 센트에 팔았다. 그 책의 출판은 신문이 많은 읽을거리를 담고 있다는 사실을 극적으로 보여주었다. 그것은 단지 말이나 설명이 할 수 있었을 것보다 더 생생하고 인상적으로 그 사실을 전했다.

어휘 **suffer from** ~로부터 고통받다 **feature material** 특집 기사 **dramatize** 극적으로 보여주다 **vividly** 생생하게 **impressively** 인상적으로 **explanation** 설명, 해설 **immediate action** 즉각적인 조치 **gossip** 소문, 험담 **clipped** 짧게 잘린 **classify** 분류하다, 기밀 취급하다, 정하다 **advertiser** 광고주 **no longer** 더 이상 ~이 아닌 **attractive** 매력적인

19

정답 ④

주어진 문장 주어진 문장은 1860년, Robert Burke와 William Wills라는 두 명의 용감한 빅토리아 여왕 시대의 탐험가가 호주 대륙을 건너 남쪽의 멜버른에서 북쪽의 카펜타리아 만까지 2,000마일의 거리를 횡단하기 위한 탐험을 시작했다고 말하고 있다.

해설 이 글은 두 명의 탐험가가 호주 대륙을 횡단하는 탐험을 했던 것에 대해 서술하는 글로서, 그들이 왜 살아남을 수 없었는지 설명하고 있다. 주어진 문장에서는 Burke와 Wills라는 두 명의 탐험가가 처음 등장하는데, 이는 (C)에서 'They'라는 지칭으로 이어지고, 그들이 북쪽으로 가는 데는 성공했으나 돌아오는 길에 살아남지 못했다는 설명으로 흐름이 전개되며, The story goes as follows를 통해 뒤에 관련된 일화가 이어질 것임을 암시한다. 이는 (B)에서 'Initially'라는 표현을 통해 그들이 원래는 원주민들이 먹는 '나두(nardoo)'라는 식물을 똑같이 먹으며 살았으나 그 식물의 위험성을 몰랐다는 내용으로 이어진다. 이는 (A)에서 그들이 원주민의 요리 방식을 무시했기 때문에 일어난 일이라는 부연 설명으로 자연스럽게 연결된다. 따라서 주어진 글 다음에 이어질 글의 순서로 가장 적절한 것은 ④ (C)-(B)-(A)이다.

해석 1860년, Robert Burke와 William Wills라는 두 명의 용감한 빅토리아 여왕 시대의 탐험가가 호주 대륙을 건너 남쪽의 멜버른에서 북쪽의 카펜타리아 만까지 2,000마일의 거리를 횡단하기 위한 탐험을 시작했다. (C) 그들은 북쪽 해안에 도달하는 데 성공했지만, 돌아오는 여행에서 둘 다 배고픔에 굴복했다. Burke와 Wills는 교육을 받은 현대인이었지만, 아웃백(호주의 오지)에서 살아남는 방법을 알지는 못했다. 이야기는 다음과 같다. (B) 처음에는, 그들은 풍부한 민물 조개와 지역 원주민들이 먹는 '나두'라고 알려진 식물로 먹고 살고 있었다. 하지만, 두 가지 모두 생명에 필수적인 비타민 B1을 파괴하는 높은 수준의 효소를 포함하고 있다. (A) 조개를 굽고 습식 분쇄한 다음 '나두'를 굽는, 즉 독성 효소를 중화시키는 전통적인 원주민 방식을 무시함으로써, Burke와 Wills는 고대 문화의 원주민 지식을 활용하는 데 실패했던 것이다.

어휘 explorer 탐험가 expedition 탐험, 원정 cross 횡단하다, 건너다 continent 대륙 ignore 무시하다 traditional 전통적인 method 방법 roast 굽다, 익히다 shellfish 조개 grind 갈다, 분쇄하다 neutralize 중화하다 toxic 유독한, 독성의 enzyme 효소 capitalize ~를 자본화하다, 활용하다 ancient 고대의 aboriginal (호주) 원주민의, 토착민의 initially 처음에, 초기에 plentiful 풍부한 supply 공급 freshwater 민물 contain 포함하다, 함유하다 destroy 파괴하다 essential 필수적인 succumb to ~에 굴복하다 starvation 굶주림, 기아, 아사

20

정답 ④

주어진 문장 주어진 문장에서는 좋은 기회가 생겼을 때 긍정적 감정보다 스스로가 자격이 없다는 감정을 느낀 적이 있는지 묻고 있다.

해설 이 글은 가면 증후군(imposter syndrome)에 대한 글로서, 주어진 문장의 감정에 대한 내용은 (C)에서 가면 증후군의 증상이었을 수 있다는 내용으로 부연되며, (C)에 제시된 가면 증후군의 개념은 (B)에서의 부연 설명으로 이어질 수 있다. 또한, (B)에서는 가면 증후군이 느껴질 때 생각을 재구성하라고 조언하는데, 이는 (A)에서의 추가 설명으로 연결된다. 따라서 주어진 글 다음에 이어질 글의 순서로 적절한 것은 ④ (C)-(B)-(A)이다.

해석 당신은 새로운 일자리에 대한 제안과 같은 좋은 소식을 받았지만, 기쁨을 느끼는 대신, 그것을 받을 자격이 없다고 걱정하게 된 적이 있는가? 만약 그랬다면, (C) 당신은 가면 증후군을 경험했을 가능성이 있다. 가면 증후군은 개인이 자신에 대한 의구심과 타인이 그들을 사기꾼이라고 볼 것이라는 두려움을 경험하는 심리적 상태다. (B) 가면 증후군을 가진 누군가는 종종 그들의 성공을 그들 자신의 재능과 능력 대신에 좋은 타이밍이나 운과 같은 외부적인 요인들 덕분이라고 여긴다. 당신이 스스로가 가면을 쓴 것 같은 감정을 경험할 때, 여러분의 생각을 재구성하라. (A) 당신의 부정적인 생각을 재구성함으로써 사기꾼이 아닌 사람처럼 생각하도록 스스로를 훈련해라. 재구성은 당신의 관점을 바꾸어 그것에 더 긍정적인 의미를 부여하는 것을 포함한다.

어휘 offer 제안 deserve ~할 자격이 있다 imposter 사기꾼, 사칭하는 사람 reframe 재구성하다 involve 포함하다 alter 바꾸다 perspective 관점 syndrome 증후군 attribute Ⓐ to Ⓑ

Ⓐ를 Ⓑ의 탓으로 (원인으로) 돌리다, 기인하다 external 외부의, 외적인 factor 요인 psychological 심리적인 fraud 사기꾼

21

정답 ④

주어진 문장 주어진 문장은 우르미아 호수는 중동에서 가장 큰 소금물 호수로서 카스피 해 다음으로 큰 호수였으며, 새와 목욕자들의 안식처였다고 말하고 있다.

해설 이 글은 우르미아 호수의 환경이 파괴되고 있는 이유에 대해 설명하고 있다. 주어진 문장에서는 우르미아 호수가 원래 가장 큰 소금물 호수이며, 새와 목욕자들의 안식처였다고 말하고 있는데, 이는 (C)에서 'however'로 꺾이며, 이 지역은 점차 깎여나갔다는 내용이 (C)에 제시되고 있다. 또한, (C)에서 홍학이 이 지역에서 사라졌다는 내용은 (B)의 첫 문장으로 자연스럽게 연결될 수 있다. (B)에서는 이 지역에 일어난 기후변화를 설명하는데, 이는 (A)에서 'Yet'으로 꺾이고 'that'으로 받아지며, 기후변화 이외에도 많은 요인이 작용했을 것이라는 내용이 뒤따른다. 따라서 주어진 글 다음에 이어질 글의 순서로 가장 적절한 것은 ④ (C)-(B)-(A)이다.

해석 우르미아 호수는 중동에서 가장 큰 소금물 호수로서 카스피 해 다음으로 큰 호수였으며, 새와 목욕자들의 안식처였다. (C) 그러나 1970년대 초부터, 자연과 인간은 지난 30년 동안 이란 북서부에 밀려 있던 이 보석 같은 곳을 약 80%까지 줄이면서 조금씩 깎아내렸다. 이 유네스코 생물권 보호구역에서 새우를 즐겨 먹던 홍학은 대부분 사라졌다. (B) 펠리컨, 해오라기, 그리고 오리들도 마찬가지이다. 이 소중한 호수에 무슨 일이 일어난 것인가? 과학자들은 기후 변화가 가뭄을 심화시키고 더운 여름 기온을 상승시켜 증발을 가속화시켰다고 말한다. (A) 하지만, 그것은 이야기의 일부일 뿐이다. 기술자들과 물 전문가들은 이 반건조 지역의 호수가 수천 개의 불법 우물과 댐과 관개 사업의 급증으로 어려움을 겪고 있다고 지적한다.

어휘 lake 호수 haven 안식처 expert 전문가 semiarid 반건조의 region 지역 suffer from ~로부터 어려움을 겪다 illegal 불법의, 불법적인 well 우물 proliferation 증식, 급증 irrigation 관개 egret 해오라기 cherish 소중히 여기다 intensify 심화시키다 drought 가뭄 elevate 상승시키다 evaporation 증발 humanity 인간, 인류 chip away at ~를 조금씩 깎아내리다 gem 보석 tuck 밀어 넣다, (좁은 곳에) 쑤셔 넣다 feast 즐겨 먹다 biosphere 생물권 reserve 보호구역

22

정답 ④

주어진 문장 주어진 문장에서는 향수, 꽃 등의 냄새를 맡고 감수성이 풍부해진 적이 있는지에 대한 물음을 던지고 있다.

해설 주어진 문장에서 냄새를 맡고 감정이 촉발된 경험이 있는지에 대한 물음을 던지고 있는데, 이를 (C)에서는 If so(만약에 그렇다면)라는

표현을 사용해서 받아, 그런 경험을 해본 적이 있다면, 이미 냄새, 기억, 감정 간의 연관성을 파악하고 있는 것이라고 설명한다. 이후엔 냄새가 감정을 촉발하는 과정을 설명하는데, (C)의 전기 신호가 뇌의 한 부분으로 모인다고 설명하는 부분은 (B)에서 이 과정을 통해 뇌가 냄새를 인식한다는 내용으로 자연스럽게 이어진다. 또한 (B) 마지막 문장에 제시된 내용(전기 신호가 감정, 기억과 연관된 뇌의 부분을 통과함)은 (A)의 첫 문장 즉, 이것이 냄새가 기억과 감정을 유발하는 이유임을 설명하는 부분과 연결된다. 따라서 자연스러운 글의 순서는 ④ (C)-(B)-(A)이다.

해석 당신은 향수, 꽃, 또는 특정한 음식의 냄새를 맡은 후 감수성이 풍부해지는 것을 느낀 적이 있는가? (C) 만약 그렇다면, 당신은 냄새, 기억, 그리고 감정 사이의 연관성을 직접 알고 있다. 향기는 냄새 화학물질이 비강의 윗부분에 있는 후각 세포와 결합할 때 감지된다. 이것은 뇌의 후 신경구라고 불리는 부분으로 이동하는 전기 신호를 촉발하는데, 후 신경구에서는 신호가 뇌 내의 여러 경로를 따라 이동하기 전에 한데 모인다. (B) 그러고 나서 뇌는 뇌의 피질에서 향을 감지하고 인식하는데, 그 과정에서, 신호들은 감정과 특정한 종류의 기억과 관련된 뇌의 오래된 부분인 변연계를 통과한다. (A) 이것이 냄새가 기억과 감정을 유발하는 이유다. 그것이 향수를 매우 강력하게 만드는 이유이고, 빵집에서 나는 냄새가 제품을 팔기 위한 좋은 마케팅 도구인 이유이다.

어휘 particular 특정한   trigger 유발하다   sense 감지하다 perceive 인식하다   aroma 향   cortex 피질   ancient 아주 오래된, 고대의   involved with ~에 관련된   firsthand 직접, 바로   odor 냄새, 악취   bind to 결합하다, 묶다   olfactory 후각의   nasal cavity 비강   converge 모이다, 수렴하다   pathway 길, 경로

23

정답 ①

주어진 문장 주어진 문장은 잡식 동물은 식물, 동물, 조류, 균류를 포함한 다양한 물질을 정기적으로 섭취하는 유기체라고 말하고 있다.

해설 이 글은 잡식 동물에 대한 글로서, 주어진 문장에서는 잡식 동물이 다양한 물질을 정기적으로 섭취한다고 말하고 있다. 이는 (B)에서 'They'로 받아지며, 잡식 동물의 예시로 인간의 식성에 대한 내용이 (B)에 제시된다. 이는 (A)에서 동일한 내용의 부연 설명으로 이어지며, (A)에서는 곰 또한 잡식 동물이라고 말하고 있다. 이 내용은 (C)에서 'However'로 전환되며, 일반적으로 초식 동물로 생각되는 일부 동물들도 동물을 먹는 잡식 동물이라는 내용이 (C)에 언급되고 있다. 따라서 주어진 글 다음에 이어질 글의 순서로 가장 적절한 것은 ① (B)-(A)-(C)이다.

해석 잡식 동물은 식물, 동물, 조류, 균류를 포함한 다양한 물질을 정기적으로 섭취하는 유기체이다. (B) 그들의 크기는 개미와 같은 작은 곤충에서부터 사람과 같은 큰 생물에 이르기까지 다양하다. 인간은 잡식 동물이다. 사람들은 야채와 과일과 같은 식물을 먹는다. 우리는 고기로 요리되거나 우유나 계란과 같은 제품에 사용되는 동물을 먹는다. (A) 우리는 또한 버섯과 같은 곰팡이를 먹는다. 우리는 김과 같은 식용 해초의 형태로 해조류를 먹는다. 그것은 김밥을 싸는 데 사용되고, 샐러드에 들어가서 우리가 먹기도 한다. 곰들도 잡식 동물이다. 그들은 동물뿐만 아니라 식물도 먹는다. (C) 하지만, 일반적으로 초식 동물로 생각되는 일부 동물들도 동물을 먹는다. 예를 들어 다람쥐는 주로 견과류, 과일, 씨앗을 먹지만 가끔 곤충, 작은 새, 그리고 다른 생물들을 먹는다.

어휘 omnivore 잡식성(의), 잡식 동물   organism 유기체   a variety of 다양한   material 물질   fungi 균류   edible 식용의, 먹을 수 있는 seaweed 해초   insect 곤충   herbivore 초식 동물   squirrel 다람쥐 tiny 작은

24

정답 ②

주어진 문장 주어진 문장은 네트워크 효과의 정의는 복잡하게 들릴 수 있다고 말하고 있다.

해설 이 글은 네트워크 효과에 대한 글로서, 주어진 문장에서는 네트워크 효과의 정의가 복잡할 수 있다고 언급하고 있다. 이는 (B)에서 'But'으로 꺾이고, 'it'으로 개념이 받아지며, 네트워크 효과가 간단한 것이고 의미가 무엇인지 설명하는 것으로 이어질 수 있다. (B)에 제시된 사람들의 가입은 (C)에서 그러한 내용에 관한 부연 설명으로 연결되며, (C)에서 언급된 추가적인 가치나 경험, 전문성 등의 추가는 (A)에서 'this effect'의 표현과 그것의 의의에 대한 설명으로 연결된다. 따라서 주어진 글 다음에 이어질 글의 순서로 적절한 것은 ② (B)-(C)-(A)이다.

해석 네트워크 효과의 정의는 복잡하게 들릴 수 있다. (B) 하지만 그것은 간단한 개념이다. 이름에서 알 수 있듯이, 네트워크 효과는 점점 더 많은 사람들이 그룹이나 커뮤니티에 가입하고 제품이나 서비스에 투자할 때 발생한다. (C) 각각의 추가적인 사람들이 합류함에 따라, 다양한 관점과 제안과 함께 새로운 경험과 전문 지식이 추가되는 일이 생긴다. 이는 추가적인 가치나 투입물을 창출하거나 가져와 개선을 위한 공간을 만든다. (A) 창조적 공간에서 이러한 효과는 가치가 있다. 왜냐하면 이는 구성원 간의 네트워크를 통해 연결을 구축하는 데 도움을 주기 때문이다. 그 공동체는 새로운 사고와 아이디어를 제공할 것이다.

어휘 definition 정의   complex 복잡한   valuable 가치 있는 concept 개념   invest 투자하다   additional 추가적인   expertise 전문성, 전문 지식   perspective 관점   suggestion 제안   input 투입, 투입물   improvement 개선

25

정답 ②

주어진 문장 주어진 문장은 희소성은 경제학의 핵심 개념 중 하나이며, 이는 재화나 용역에 대한 수요가 재화나 용역의 이용 가능성보다 크다는 것을 의미한다고 말하고 있다.

해설 이 글은 희소성 개념에 대한 글로서, 주어진 문장에서는 희소성의 기본적인 개념을 서술하고 있다. 이는 (A)에서 'Therefore'의 표현으로 이어지며, 희소성이 소비자에게 미치는 영향을 언급하는 것으로 자연스럽게 연결될 수 있다. (A)에서 언급되는 재화나 서비스에 대한 평가는 (C)에서 희소한 것들이 더 가치 있게 여겨진다는 내용으로 이어지며, (C)에서 제시된 판매자의 관점에 대한 내용은 (B)에서 'These sellers'

의 표현과 추가적인 부연 설명으로 받아질 수 있다. 따라서 주어진 글 다음에 이어질 글의 순서로 가장 적절한 것은 ② (B)-(C)-(A)이다.

해석 희소성은 경제학의 핵심 개념 중 하나이다. 이는 재화나 용역에 대한 수요가 재화나 용역의 이용 가능성보다 크다는 것을 의미한다. (B) 그러므로, 희소성은 궁극적으로 경제를 구성하는 소비자들이 이용할 수 있는 선택지를 제한할 수 있다. 희소성은 재화와 용역이 어떻게 평가되는지를 이해하는 데 중요하다. (C) 금, 다이아몬드 또는 특정 종류의 지식과 같이 희소한 것들은 희소하기 때문에 더 가치가 있는데, 이러한 상품과 서비스의 판매자들이 더 높은 가격을 책정할 수 있기 때문이다. (A) 이 판매자들은 이용 가능한 재화와 용역보다 더 많은 사람들이 그들의 재화나 용역을 원하기 때문에, 더 높은 비용에 구매할 사람을 찾을 수 있다는 것을 알고 있다.

어휘 scarcity 희소성 concept 개념 economics 경제학 demand 수요 availability 이용 가능성 good 재화, 상품, 제품 service 용역, 서비스 consumer 소비자 make up 구성하다 value 가치를 매기다, 평가하다 certain 특정한

26

정답 ③

주어진 문장 주어진 문장은 발달이 천성에 의한 것인지 양육에 의한 것인지에 대한 의문을 드러내며, 그것이 천성에 의존한다는 설명을 우선적으로 제시한다.

해설 (B)로 시작하는 선지가 많으므로 (B)부터 살펴본다. 주어진 문장에서는 발달이 천성의 영향을 받는다는 견해를 소개하는데, (B)의 내용은 '유아들이 천성에 의해 비슷한 시기에 걷기 시작한다고' 설명하며 주어진 문장의 내용을 뒷받침한다. 이어 (C)에는 천성과 반대되는 설명인 '발달은 양육에 의한 것이다'라는 관점이 대안적 관점으로 제시되며, (A)에서는 이 관점을 this perspective로 받아 발달은 양육과 환경에 의해 영향을 받는다는 설명으로 뒷받침한다. 따라서 자연스러운 글의 순서는 ③ (B)-(C)-(A)이다.

해석 발달은 천성에 의한 것인가, 아니면 양육에 의한 것인가? 천성에 의존하는 설명은 선천적인 유전적 자질이나, 유전, 성숙 과정, 그리고 진화를 발달상의 변화의 원인으로 지목한다. (B) 예를 들어, 대부분의 유아들은 다른 유아들과 거의 비슷한 나이에 첫 걸음마를 떼며, 이는 발달에 있어 천성의 역할을 지지하는 추세를 시사한다. (C) 발달상의 변화에 대한 대안적인 설명은 개인들이 가정, 학교, 직장, 이웃, 사회를 포함하여 그들이 자란 물리적, 사회적 환경에 의해 형성된다는 견해인 양육이다. (A) 이러한 관점에서, 비록 대부분이 거의 같은 시기에 걷기 시작하지만, 환경상의 조건은 그 과정을 가속화하거나 늦출 수 있다. 영양실조를 경험하는 유아는 영양상태가 좋은 유아보다 늦게 걷게 될 수 있다.

어휘 nature 천성, 본성, 자연 nurture 양육, 육성 rely on 의존하다 inborn 선천적인 genetic endowment 유전적 자질 heredity 유전 maturational 성숙의 evolution 진화 perspective 관점 malnutrition 영양실조 well-nourished 영양상태가 좋은 take first steps 걸음마를 떼다 roughly 대략 alternative 대안적인 mold 주조하다, 만들다 workplace 직장 neighborhood 이웃

27

정답 ②

주어진 문장 주어진 문장은 냉장고의 발명 이전에 사람들이 얼음 저장고를 이용해 음식을 보관했다는 내용이다.

해설 주어진 문장에서는 옛날 사람들이 얼음 저장고에 음식을 보관했다고 설명한다. (A)의 His fellow workers와 (C)의 the men은 앞서 언급된 바가 없으므로 주어진 문장 뒤에 이어질 수 없다. 따라서 (B)가 주어진 문장 다음에 이어져야 한다. (B)에서는 한 남자가 저장고에서 일을 하다가 시계를 잃어버린 후 찾지 못한 상황을 제시한다. 이어 (A)에서는 그 남자의 동료들도 함께 시계를 찾아보았지만 성과가 없었고, 이를 들은 한 소년이 저장고에 들어가 시계를 찾아서 나왔다고 설명한다. (C)에서는 앞서 언급된 남자와 그의 동료들이 이에 놀라 소년에게 어떻게 시계를 찾았는지 물어보고 소년은 그 방법에 대해 알려준다. 따라서 ② (B)-(A)-(C)의 글의 흐름이 가장 자연스럽다.

해석 냉장고 이전에, 사람들은 음식을 보관하기 위해 얼음 저장고를 이용했다. 얼음 저장고들은 두꺼운 벽과 굳게 끼워진 문을 가지고 있었다. (B) 개울과 호수가 얼어붙은 겨울에는 커다란 얼음 덩어리를 잘라 얼음 저장고로 옮기고 톱밥으로 덮었다. 어느 날, 얼음 저장고에서 일하는 동안, 한 남자가 귀중한 시계를 잃어버렸다. 그는 톱밥을 꼼꼼히 뒤적거리면서 끈질기게 시계를 찾았지만 찾을 수 없었다. (A) 그의 동료들도 살펴보았지만, 그들의 노력 역시 성공하지 못했다. 결실 없는 수색 소식을 들은 동네의 한 작은 소년이 정오에 얼음 저장고로 들어가더니 곧 시계를 들고 나타났다. (C) 깜짝 놀란 남자들은 그에게 어떻게 그것을 찾았는지 물었다. "저는 문을 닫았어요," 소년이 대답했다, "저는 톱밥 속에 누워 매우 가만히, 그리고 조용히 있었습니다. 곧 저는 시계가 똑딱거리는 소리를 들었습니다."

어휘 refrigerator 냉장고 preserve 보관하다, 보존하다 tightly 꽉 fellow 동료의 unsuccessful 성공하지 못한 neighborhood 이웃, 근처 fruitless 결실 없는, 보람 없는 slip into 들어가다 emerge 나오다 stream 개울 lake 호수 sawdust 톱밥 valuable 소중한 relentlessly 끈질기게 lay down 눕다, 내려놓다 tick 똑딱거리다

28

정답 ②

주어진 문장 무의식이 우리에게 강력한 영향을 미칠 수 있다는 것에 대한 연구가 있다고 이야기했고, 비도덕적 행동을 떠올려 보도록 하는 연구가 진행되었으므로 이에 대한 과정과 그 결과가 주어진 문장 이후에 이어져야 하는 것을 알 수 있다.

해설 주어진 문장 이후 (B)에서 비도덕적 행동에 대한 느낌을 떠올리고 절반에게만 손을 씻게 하고 대학원생을 도울 것인지에 대해 묻는 실험 과정을 나열했다. 이어 (C)에서 손을 씻은 사람들은 무의식적으로 죄책감을 씻어버렸기 때문에 대학원생을 덜 도왔다는 (B)에 대한 결과를 제시했다. 이것이 시사하는 바를 (A)에서 드러내며 글을 마무리하고 있다. 따라서 주어진 문장에 이어질 글의 올바른 순서는 ② (B)-(C)-(A)이다.

해석 당신의 무의식이 얼마나 강력한 힘일 수 있는가에 대한 탁월한 예시는 Science 저널에 실린 2006년도 논문에서 연구자들에 의해 자세히 설명되었다. 그들은 연구를 진행했는데, 그 연구에서 사람들은 그들이 과거에 했던 심한 잘못 즉, 그들이 저지른 비도덕적인 무언가를 기억해 보라고 요청받았다. (B) 연구자들은 그들에게 그 기억이 어떤 느낌을 갖게 하는지를 설명해 보라고 요청했다. 그 다음에 그들은 절반의 참가자들에게 그들의 손을 씻을 기회를 주었다. 연구의 마지막 단계에서 그들은 피실험자들에게 그들이 절박한 처지에 놓여 있는 한 대학원생에게 호의를 베풀어 기꺼이 무료로 이후 연구에 참여해 줄지를 물어보았다. (C) 손을 씻지 않은 사람들은 이 상황에 74퍼센트가 돕는 것에 동의하였으나, 손을 씻은 사람들은 이 상황의 단지 41퍼센트만이 동의했다. 조사자들에 따르면, 한 집단의 사람들은 무의식적으로 그들의 죄책감을 씻어버렸고 그들의 잘못에 대한 빚을 갚을 필요를 덜 느꼈다. (A) 그 연구에서 사람들은 그들의 손 씻기를 그 행동과 관련된 온갖 청결의 개념으로 연결시켰고, 그래서 그러한 연상이 그들의 행동에 영향을 미쳤다.

어휘 potent 강력한, 센 unconscious 무의식의, 의식을 잃은 sin 죄, 죄를 짓다 unethical 비윤리적인, 윤리에 어긋나는 cleanliness 청결, 깨끗한 것을 좋아하기 associated with ~와 관련된 at the end of ~의 끝에, ~의 말에 be willing to 기꺼이 ~하다 take part in 참가하다, 참여하다 desperate 절망적인, 절실한, 필사적인 wash away 계속해서 씻다, 점점 마르다 guilt 죄책감, 유죄 pay the debt 빚을 갚다

29

정답 ②

해설 이 글에서는 아이들에게 유제품이 도움이 된다고 설명한다. 주어진 문장 다음으로는 (B)가 오는 것이 적절한데 그 이유는 (B)의 'They'가 주어진 문장의 'Children'을 의미하기 때문이다. (B) 다음으로 (A)가 오는 것이 적절하다. 그 이유는 (A)에서 'also'가 등장하면서 추가적인 우유의 긍정적 효과에 대해 서술하는데 (B) 마지막 부분에서 우유의 긍정적 효과에 대해서 서술하기 때문이다. (A) 다음으로는 (C)인데, (A)는 청소년기의 뼈 성장에 대해서 서술하는데 (C) 또한 청소년기의 좋은 식단이 뼈를 건강하게 만들어준다고 서술하면서 (A)와 비슷한 소재에 대해 서술하기 때문이다.

해석 아이들은 인생의 첫 5년 동안 빠르게 성장하고 높은 에너지 요구를 가지고 있다. (B) 그들은 작은 배만 가지고 있어서 성장 동안 그것들을 지탱하기 위해 영양소 밀도가 높은 음식이 필요하다. 전지 우유와 완전 지방 유제품은 성장과 발달을 지원하기 위해 유용한 에너지, 단백질, 비타민 그리고 미네랄을 제공한다. (A) 우유는 또한 성장과 발달을 위한 필수적인 영양소를 제공하고 치아 우식증으로부터 치아를 보호하는 것을 돕는다. 뼈는 청소년기에 최고 뼈 미네랄 함량의 40-60%가 내려오고, 18세까지 뼈의 80-90%가 형성되는 등, 10대에 빠르게 발달한다. (C) 10대에 좋은 식단은 뼈 미네랄 밀도를 증가시킬 수 있고, 이것은 나중에 성인 생활에서 건강한 뼈를 촉진시켜 골다공증과 같은 질환을 예방하는 것을 돕는다.

어휘 rapidly 빠르게 stomach 배 nutrient 영양소 sustain 유지하다 growth 성장 development 발달 essential 필수적인 protect 보호하다 dental 치아의 caries 충치 adolescence 청소년기 density 밀도 promote 증진시키다 prevent 예방하다 condition 질환 osteoporosis 골다공증

30

정답 ①

주어진 문장 주어진 문장은 유럽의 기후는 해양성 서해안과 지중해의 두 가지 범주에 속한다고 말하고 있다.

해설 이 글은 유럽의 두 가지 기후 유형에 대해 소개하는 글로서, 주어진 문장에서는 유럽의 기후가 해양성 서해안과 지중해의 두 가지 범주에 속한다고 말하고 있다. 이는 (A)에서 'Each of these climates'의 표현으로 받아지며, (A)에서는 해양성 서해안 기후의 특징에 대해 서술하고 있다. 이는 (C)에서 'this climate'의 표현으로 받아지며, (C)에서는 이러한 기후 지역에서 생산되는 제품을 소개하고 있다. 이 내용은 (B)에서 'thus'로 이어지며, (B)는 이 지역에서 좋은 치즈가 나온다고 말하고 있다. 지중해 기후에 대한 설명 또한 (B)에서 뒤이어 제시되고 있다. 따라서 주어진 글 다음에 이어질 글의 순서로 가장 적절한 것은 ① (A)-(C)-(B)이다.

해석 유럽의 기후는 해양성 서해안과 지중해의 두 가지 범주에 속한다. (A) 이러한 각각의 기후는 다양한 농산물을 지원한다. 해양성 서해안 기후는 스칸디나비아와 동독, 폴란드, 스위스의 산악 지대를 제외한 유럽 북서부의 대부분을 차지한다. (C) 여름과 겨울의 온화한 기온과 지속적인 강우량과 구름층이 이 기후의 특징이다. 주요 작물로는 밀, 감자가 있다. 양과 소와 같은 가축은 육류, 유제품, 양모 제품의 수입원이다. (B) 그래서 세계에서 가장 좋은 치즈들 중 일부는 이 기후 지역에서 나온다. 반면 지중해성 기후는 스페인, 포르투갈, 프랑스, 이탈리아, 그리스 등을 포함하여 대부분의 남부 유럽에 걸쳐 있으며, 주로 올리브와 포도를 생산한다.

어휘 climate 기후 marine 해양의, 해양성의 Mediterranean 지중해(의) a variety of 다양한 agricultural 농업의 mountainous 산악의 region 지역, 지대 temperature 온도 consistent 지속적인 rainfall 강우량 characterize 특징으로 하다 principal 주요의, 주된 crop 작물 wheat 밀 livestock 가축 import 수입 except for ~을 제외하고는

31

정답 ②

주어진 문장 주어진 문장은 1988년에 있었던 호주의 건국 200주년 기념일이 특별했다는 내용이다. 뒤에는 그 이유와 관련된 내용이 이어질 것임을 알 수 있다.

해설 일단 (A)의 a further supply fleet 그리고 (C)의 these harsh beginnings가 주어진 문장에 언급되어 있지 않기 때문에 주어진 문장 다음에 이어져야 할 문단은 (B)이다. (B)에서는 First Fleet을 타고 호주에 도착한 식민지 개척자들의 어려웠던 상황이 설명되어 있다. 호주는 개척자들의 모국에서 15,000마일이나 떨어진 미지의 세계였다는 내

용이다. 이어 (A)에서는 First Fleet에 이어 추가 보급 함대(a further supply fleet)가 도착하기까지 2년 반이 걸렸고, 더군다나 식민지 개척자들은 이미 정신적으로 학대받은 사람들이었다고 설명한다. (C)에서는 앞선 내용들을 these harsh beginnings로 받아, 이런 어려움에도 불구하고 그들이 살아남아 지금의 호주를 만들어낸 것이므로, 호주 국민들이 자부심을 느낄 만하다고 설명하며 글을 마무리한다. 따라서 자연스러운 글의 순서는 ② (B)-(A)-(C)이다.

해석 어떤 나라의 건국 기념일이든 그 나라에 살고 있는 사람들이 기념해야 하는 이유로 여겨지지만, 호주인들은 그들의 200주년인 1988년에 특별한 이유를 가지고 있었다. (B) 1788년 First Fleet을 타고 미래의 도시 시드니에 상륙한 몇몇 식민지 개척자들만큼 장애물에 직면했던 다른 식민지 개척자 집단은 거의 없었다. 호주는 여전히 미지의 땅이었다. 식민지 개척자들은 무엇을 기대해야 할지, 어떻게 살아남아야 할지 몰랐다. 그들은 8개월이 걸린(=8개월 동안) 15,000마일의 해상 항해로 인해 그들의 모국에서 분리되었다. (A) 영국에서 추가적인 보급품을 가져다 줄 함대가 도착할 때까지 2년 반의 기근이 계속되었다. 많은 정착민들은 잔인한 18세기 삶의 가장 잔인한 측면들에 의해 이미 정신적 학대를 받은 죄수들이었다. (C) 이러한 가혹한 시작에도 불구하고, 그들은 살아남았고, 번영했고, 대륙을 가득 채웠고, 민주주의를 건설했고, 독특한 국민성을 확립했다. 호주인들이 나라의 건국을 기념하면서 자부심을 느낀 것은 당연하다.

어휘 anniversary 기념일 founding 설립, 건국 inhabitant 거주자, 주민 celebrate 기념하다, 축하하다 bicentennial 200주년 starvation 기근, 굶주림 further 이상의, 추가의 supply fleet 보급 함대 settler 정착민 convict 죄수, 재소자 abused 학대 받은 brutal 잔혹한, 잔인한 colonist 식민지 개척자 face 마주하다, 직면하다 obstacle 장애물 land 상륙하다 unknown 미지의 voyage 항해 despite ~에도 불구하고 harsh 가혹한 prosper 번영하다, 번성하다 democracy 민주주의 distinctive 뚜렷한, 구별되는 national character 국민성 it is no wonder ~인 것은 놀랄 일이 아니다

32

정답 ④

해설 주어진 문장에 따르면 정서적 무효화는 누군가가 타인에게 그가 느끼는 감정이 타당하지 않고 불합리한 것이라고 말하는 상황을 의미한다. 이에 대한 예시가 (C)에 이어지는데, 이 예시에서 부모는 아이에게 '두려움'이라는 감정을 느끼는 것이 타당하지 않다고 이야기한다. 이에 대한 부연 설명이 (B)에 이어지고, 이어 '정서적 무효화'에 대한 대안적 방법과 그 예시가 제시된다. 타인의 감정을 있는 그대로 존중하고 설명하도록 하는 것이다. 이에 대해 (A)에서 부연 설명한다. 따라서 자연스러운 글의 순서는 ④ (C)-(B)-(A)이다.

해석 정서적 무효화는 누군가가 당신에게 당신의 감정이 타당하지 않거나 불합리하거나 비이성적이거나 그것이 숨겨져야 한다고 말할 때이다. (C) 예를 들어 아이가 두려워할 때, 부모는 "그렇게 애기처럼 굴지 마, 두려워할 거 없어."라고 말할 수 있다. 이것은 정서적 무효화를 유발하는 반응이다. (B) 그것은 아이에게 그의 감정이 타당하지 않다는 것을

전달할 뿐만 아니라 그런 감정을 가지고 있는 그가 나약하다는 것을 전달한다. 그 대신에, 부모들은 이렇게 대답할 수 있다. "네가 두려움을 느끼는 것을 이해해. 너를 두렵게 만드는 일이 무엇인지 말해봐." 이것은 (감정을) 인정하는 반응이다. (A) 이것은 그의 감정이 존중된다는 것을 아이에게 알려준다.

어휘 emotional 정서적인, 감정적인 invalidation 무효화 valid 타당한 unreasonable 불합리한 irrational 비이성적인 conceal 숨기다, 감추다 respect 존중하다 invalid 타당하지 않은 alternatively 그 대신에 afraid 두려워 하는 validate 인정하다, 인증하다

33

정답 ②

해설 주어진 문장에서 여행객 통제가 아프리카 보존의 방법이 아니라는 의미를 담고 있으므로 (B)에서 'However'를 중심으로 내용을 역전시키고 있으며, 오히려 사람들을 없애는 것이 종종 실패로 돌아간다고 설명한다. 이어서 (A)에서 사람과 환경은 유기적 관계이므로 친환경 관광 사업이 아프리카 보존의 해결책이 될 수 있다고 설명한다. 마지막으로 (C)에서 고릴라 자연 서식지의 예를 들면서 친환경 관광 사업이 아프리카 보존에 효과적이라는 주장을 뒷받침하며 글을 마무리하고 있다. 따라서 글의 순서로 ② (B)-(A)-(C)가 적절하다.

해석 지구상의 어떤 지역도 아프리카보다 환경적 개선을 필요로 하는 곳은 없다. 아프리카를 보존하는 최고의 방법은 여행객들을 오지 못하게 하는 것이라고 생각하는 사람이 있을지도 모른다. (B) 그러나 사람들을 그 경치 좋은 지역에서 몰아내고, 거기에 울타리를 치는 시스템은 종종 실패한다. (A) 인간은 지구에서 또 하나의 유기체에 불과하다. 땅은 치유를 위해 사람들이 필요하고, 사람은 생계를 유지하기 위해 땅이 필요하다. 이런 의미에서 친환경 관광산업은 아프리카 보호를 위한 해결책이 될 수 있다. (C) 예를 들어, 고릴라의 자연 서식지는 관광업을 통해 보호될 수 있는데, 왜냐하면 그 사업을 하기 위해 그 지역이 파괴되어서는 안 되기 때문이다. 혹은, 멸종 위기에 있는 초목을 보존하는 지역을 방문하는 것으로 당신은 환경 친화적인 여행을 할 수 있다. 왜냐하면 관광업을 통한 수입이 그 목적을 달성하는 데 쓰이기 때문이다.

어휘 preserve 보존하다 heal 치료하다, 치유하다 sustain 유지하다 livelihood 생계 eco-friendly 환경 친화적인 in this sense 이러한 의미(맥락)에서 habitat 서식지 preservation 보존, 지키기 puts a fence around 둘레에 울타리를 두다 run the business 사업을 운영하다 endangered 멸종위기에 처한 vegetation 초목 revenue 수입 stay away 비우다, 떨어져 있다 in order to ~하기 위해

34

정답 ④

주어진 문장 주어진 문장에서는 세계의 많은 사람들이 배고픔으로 죽지만, 전 세계의 음식 자체의 양은 충분하다고 말하고 있으므로 이 이후

에는 이에 대한 원인이 이어져야 함을 알 수 있다.

해설 주어진 문장 이후 (C)에서 음식이 충분하지만 굶주림이 존재하는 이유는 가난이라고 설명하고 있다. 이어 (B)에서 가난하기 때문에 음식을 먹지 못하고 그래서 일을 할 수 없게 되기 때문에 악순환이 계속된다고 설명한다. (A)에서는 이러한 악순환을 깨기 위한 프로그램을 설명하며 글을 마무리하고 있다. 따라서 주어진 문장에 이어질 글의 순서는 ④ (C)-(B)-(A)가 적절하다.

해석 UN에 따르면, 약 25,000명의 사람들이 매일 굶주림이나 그와 관련된 원인들로 인해 죽는다. 이것은 3.5초당 한 명 꼴이다. 그러나 세계에는 모든 사람들을 위한 충분한 식량이 있다. (C) 문제는 굶주린 사람들이 심각한 가난에 갇혀 있다는 것이다. 그들은 자신들에게 영양분을 주기에 충분한 음식을 살만한 돈이 부족하다. 끊임없는 영양 부족 상태로 인해 그들은 몸이 허약해지고 종종 아프게 된다. (B) 이것으로 인해 그들은 점점 일을 할 수 없게 되고, 그로 인해 더 가난하고 더 굶주리게 된다. 이러한 소용돌이는 종종 그들과 가족들이 죽음에 이르기까지 지속된다. (A) 이러한 소용돌이를 깨뜨리기 위한 효과적인 프로그램들이 존재한다. 성인들을 위해서, "food for work(일을 하기 위한 음식)"이라는 프로그램들이 있는데, 성인들은 학교를 짓고, 우물을 파고, 도로를 만들기 위해 음식으로 보수를 받게 된다.

어휘 hunger-related 굶주림과 관련된 spiral 소용돌이 나선상 진행 과정 dig 파다, 발굴하다 well 우물 and so on 기타 등등 downward 하향의, 이후의 be trapped 갇히다 severe 심각한 poverty 빈곤, 가난 nourish 영양분을 주다 constantly 계속, 끊임없이 malnourished 영양 부족의

35

정답 ②

주어진 문장 주어진 문장은 미국인의 3분의 2 이상이 매일 스트레스나 불안을 경험한다고 말한다고 서술한다.

해설 이 글에서는 스포츠가 스트레스와 불안을 줄여준다고 설명한다. 주어진 문장 다음으로는 (B)가 오는 것이 적절하다. (B)에는 'these problems'가 등장하는데 이는 주어진 문장의 'stress or anxiety'를 의미하기 때문이다. 다른 문장에서는 문제에 관련한 내용이 언급되지 않는다. (B) 다음으로는 (A)가 오는 것이 적절하다. (B) 마지막에 신경화학적인 수단과 행동적인 수단을 통해 스트레스를 퇴치한다고 서술했는데 (A)에서는 'For example'을 사용하면서 신경화학적인 수단으로 스트레스를 해소하는 방법에 대한 예시를 이야기하기 때문이다. 마지막으로는 (C)이다. (C)는 행동적인 수단을 통해 스트레스를 해소하는 방법을 서술한다. 따라서 주어진 문장이 들어가기에 가장 적절한 곳은 ② (B)-(A)-(C)이다.

해석 미국인의 3분의 2 이상이 매일 스트레스나 불안을 경험한다고 말한다. (B) 하지만 여러분은 스포츠 참여와 관련된 신체적 활동이 이러한 문제들을 줄일 수 있다는 연구들이 있다는 것을 알고 있었는가? 하버드 의대에 따르면, 운동은 신경화학적인 그리고 행동적인 수단들을 통해 스트레스를 퇴치한다. (A) 예를 들어, 유산소 운동은 기분 상승과 일반적인 안녕감을 제공하는 동시에 엔도르핀을 자극하고, 아드레날린과 코티졸과 같은 스트레스를 유발하는 호르몬들을 감소시킨다. (C) 행동적

인 이점들은 자신감, 활력 그리고 에너지 증가뿐만 아니라 몸무게를 줄이고 근력을 증가시키면서 더 나은 자아상을 포함한다.

어휘 anxiety 걱정 on a daily basis 매일 physical 신체적인 combat 퇴치하다, 싸우다 neurochemical 신경화학의 behavioral 행동의 aerobic exercise 유산소 운동 induce 유발하다 stimulate 자극하다 elevation 상승 general 일반적인 sense of well being 행복감 benefit 이점 include 포함하다 confidence 자신감 vigor 활력

36

정답 ③

주어진 문장 주어진 문장은 데이터 사이언스가 애플리케이션에 가치를 추가하려면 데이터 사이언티스트와 기타 이해관계자가 데이터 마이닝을 함으로써 무엇을 달성하고자 하는지 신중하게 고려하는 것이 중요하다고 말하고 있다.

해설 이 글은 데이터 사이언스에서 중요한 것은 의미를 파악하고 원래 달성하고자 했던 목표가 무엇이었는지 고려하는 것이 중요하다고 말하는 글로서, 주어진 문장에서 이 내용이 제시되고 있다. 이는 (C)에서 'This'로 이어지며, (C)에서는 데이터 마이닝의 결과가 사업의 목표와 연결되지 않는 경우들이 발생한다고 말하고 있다. 이는 (A)에서도 'This'로 이어지며 이러한 일은 어떤 통계치가 왜 올바르거나 의미 있는 것인지에 대한 설명이 없을 때 일어날 수 있다는 내용으로 이어진다. 한편 이러한 (A)에 언급된 지적은 (B)에서 'such criticism'의 표현으로 이어지며, (B)는 데이터 사이언스의 한계가 있더라도 그것을 섣불리 비판하면 안 된다고 주장한다. 따라서 주어진 글 다음에 이어질 글의 순서로 가장 적절한 것은 ③ (C)-(A)-(B)이다.

해석 데이터 사이언스가 애플리케이션에 가치를 추가하려면 데이터 사이언티스트와 기타 이해관계자가 데이터 마이닝을 함으로써 무엇을 달성하고자 하는지 신중하게 고려하는 것이 중요하다. (C) 이것은 명백하게 들리기 때문에, 그것이 얼마나 자주 무시되는지는 때때로 놀랍다. 데이터 사이언티스트들 자신과 그들과 함께 일하는 사람들은 종종 데이터를 마이닝한 결과를 사업의 목표로 되돌려 연결시키는 것을 피한다. (A) 이는 통계치가 왜 그것이 올바른 통계인지에 대한 명확한 이해 없이 통계치를 보고하거나 의미 있는 방법으로 성과를 측정하는 방법을 파악하지 못하는 경우에 스스로 나타날 수 있다. (B) 그러나 우리는 그러한 비판에 조심해야 한다. 예를 들어, 올바른 데이터를 수집하기에는 비용이 너무 많이 들거나 인과관계를 평가하기가 어렵기 때문에 최종 목표를 완벽하게 측정하는 것이 불가능한 경우가 많다.

어휘 stakeholder 이해관계자 mine (데이터를) 채굴하다, 마이닝하다 manifest 나타나다, 등장하다 statistic 통계, 통계치 measure 측정하다 performance 성과, 실적 criticism 비판 ultimate 최종의, 궁극적인 costly 비용이 많이 드는 assess 평가하다 causality 인과관계 obvious 명백한, 당연한 ignore 무시하다 undertaking 사업, 기업

37

정답 ②

해설 (B)로 시작하는 선지가 많으므로 (B)를 먼저 살펴본다. 주어진 문장 마지막에 언급된 scrambled sentences를 (B)에서 Each of them으로 받으며, 섞여 있는 문장이 무엇으로 구성되어 있는지, 참가자들이 수행해야 할 과제는 무엇이었는지 설명한다. (B)의 마지막 문장에서는 문장을 구성하는 단어 세트 각각이 특정 조건을 기반으로 선정되었다고 하는데, (A)에서는 이 조건을 The conditions로 받으며, 조건들에 대해 상세하게 설명한다. 한편 (A) 마지막 문장에서는 똑똑하다고 분류된 사람들이 더 성공적이었다는 연구 결과를 제시한다. 마지막으로 (C)에서는 '똑똑하다고 분류된 사람들'을 'They'로 받으며, 연구 결과와 결론에 대해 설명한다. 따라서 자연스러운 글의 순서는 ② (B)-(A)-(C)이다.

해석 심리학자 Sara Bengtsson은 놀라운 연구를 수행했다. 21명의 건강한 참가자들 각각은 한 번에 하나씩 일련의 (단어들이) 섞여 있는 문장을 받았다. (B) 각 문장은 6개의 단어로 구성되었고, 참가자들은 단어들이 문법적으로 올바른 문장으로 배열될 수 있는지 여부를 판단해야 했다. 그러나 참가자들이 단어 집합을 차례로 분석할 때 반전이 있었다. 각각의 단어 세트는 특정한 조건에 근거하여 선택되었고 그것과 직접적으로 연관되어 있었다. (A) 그 조건들은 "똑똑함", "멍청함", "행복함", 그리고 "슬픔"이었다. 따라서 피실험자들은 "똑똑한", "멍청한" 등으로 분류되었다. 연구원들이 발견한 것은 매우 흥미로웠다. 그 결과는 "똑똑한" 사람으로 분류된 사람들이 "멍청한" 사람으로 분류된 사람들보다 더 성공적이라는 것을 보여주었다. (C) 그들은 주어진 문장을 분석하는 동안 오류를 확인하는 데 더 많은 시간을 보낸 반면, "멍청한" 사람들은 (오류를 확인하는 데) 더 적은 시간을 보냈다. 다시 말해서, "똑똑한" 사람으로 분류되는 것은 유능하고, 총명하고, 숙련된 것과 같은 많은 자기 개념의 연관성을 불러일으킨다.

어휘 psychologist 심리학자 carry out 수행하다, 이행하다 scrambled 섞인 clever 똑똑한 subject 대상자, 피실험자 classify 분류하다 fascinating 흥미로운, 매력적인 consist of ~로 구성되다 arrange 배열하다 grammatically 문법적으로 correct 올바른, 옳은 twist 반전 analyze 분석하다 directly 직접적으로 evoke 유발하다, 불러일으키다 a number of 많은 association 연관(성) competent 유능한 bright 총명한, 밝은 skilled 숙련된

38

정답 ②

해설 주어진 문장에 나온 '본인을 지지해 주는 사람들'을 (B)에서는 'Those supporting people'로 받으며 지지해 주는 사람들이 많을지라도 소수의 비판자가 있으면 긍정적인 효과가 모두 상쇄돼 버린다고 설명하며 이유를 묻는다. 이에 대한 대답을 (C)에서 우리는 고통에 주의를 기울이는 경향이 있기 때문이라고 이야기한다. (A)에서는 (C) 마지막에 언급된 threats를 they로 받아, 게다가 그것은 없어지지 않고 남아 있다고 이야기하며 마무리한다. 따라서 알맞은 글의 순서는 ② (B)-(C)-(A)이다.

해석 당신의 현재 삶에서 당신의 능력을 믿고 격려해 주는 사람이 많이 있을 수 있다. (B) 당신을 '지지해 주는 사람들'이 수백 명 될 수도 있지만 만약 당신이 한두 명 비판하는 사람을 갖는다면 그러한 '시끄러운' 소수의 사람이 모든 긍정적인 지원의 효과를 없애버릴 것이 아주 확실하다. 왜 그런가? (C) 왜냐하면 거절당하거나 비판받고, 공격을 당하는 것은, 마음을 상하게 하고 당신은 고통에 주의를 기울이기 때문이다. 당신의 마음은 위협에 집중되고 당신은 다른 어떤 것보다도 당신의 자아상에 대한 그러한 위협들을 더 생생하고 더 기억할 수 있도록 보게 된다. (A) 게다가 그것들은 좀처럼 사라지지 않는데, 그러한 부정적인 것들은 여러 해 동안 당신에게 남아 있는 경향이 있다.

어휘 encourage 격려하다 linger 사라지지 않다, 잔존하다 bet 단언하다, 장담하다 drown out 없애버리다, 몰아내다 reject 거절하다, 거부하다 self-concept 자아상 vividly 선명하게, 생생하게 memorably 기억하기 쉽게

39

정답 ①

주어진 문장 주어진 문장은 독점은 고유한 제품이나 서비스를 판매하는 단일 판매자로 구성되고, 독점 기업은 시장에 대한 완전한 통제권을 가지고 있어서, 그 기업을 가격 수용자가 아니라 가격 결정자로 만든다고 말하고 있다.

해설 이 글은 독점에 대한 글로서, 주어진 문장에서는 독점과 독점 기업의 특징에 대해 서술하고 있다. 이는 (B)에서 독점이 고객의 선택을 제한할 수 있으며, 소비자에게 해로운 독점은 불법으로 간주된다는 내용으로 이어질 수 있다. 이러한 (B)의 내용은 'Therefore'를 통해 (A)로 이어지며, (B)에 언급된 불법 독점 또한 (A)의 'such monopolies'로 연결된다. 한편, (A)에서는 공공 부문의 정부 소유 독점을 언급하는데, 이러한 회사들은 (C)에서 'Such companies'로 받아지며, 정부 정책을 고수하는 독점은 불법이 아니라는 (C)의 내용으로 자연스럽게 이어진다. 따라서 주어진 글 다음에 이어질 글의 순서로 가장 적절한 것은 ① (B)-(A)-(C)이다.

해석 독점은 고유한 제품이나 서비스를 판매하는 단일 판매자로 구성된다. 독점 기업은 시장에 대한 완전한 통제권을 가지고 있어서, 그 기업을 가격 수용자가 아니라 가격 결정자로 만든다. (B) 소비자는 한 회사에서만 구매할 수 있기 때문에 독점은 고객의 선택을 제한할 수 있다. 극도로 높은 가격과 낮은 품질의 상품을 통해 고객을 사취하는 경향이 있는 독점은 불법으로 간주된다. (A) 그러므로, 그러한 독점은 정부의 개입에 의해 억제되고 해산된다. 그러나, 석유, 가스, 수도, 전기 등과 같은 공공 부문에서 활동하는 기업들은 정부 소유의 독점 기업들이다. (C) 그러한 기업들은 사업을 수행하면서 정부 정책을 고수할 필요가 있다. 그러므로, 이러한 독점은 불법이 아니다. 정부 독점의 한 가지 예로는 미국의 우편 서비스가 있다.

어휘 monopoly 독점 consist of ~로 구성되다 price maker 가격 결정자 price taker 가격 수용자(시장 지배력이 없어 가격 결정력이 없는 시장 참여자) discourage 억제하다, 낙담시키다 dissolve 해산시키다 government 정부 intervention 개입, 간섭 operate 작동하다, 운영하다, 활동하다 public sector 공공 부문 purchase

구매하다 **defraud** 사취하다 **inferior** 열등한, 낮은 **consider** 간주하다, 여기다 **illegal** 불법의 **adhere to** ~를 고수하다 **policy** 정책 **conduct** 수행하다

40

정답 ④

주어진 문장 주어진 문장에서는 컴퓨터 화면을 응시하는 것이 시력에 해로울 것인지 독자에게 질문을 하고 있다.

해설 이 글은 시력 건강에 대한 글로서, 주어진 문장은 (C)에서 최근의 연구 결과, TV나 컴퓨터와 같은 화면을 응시하는 것과 그렇지 않은 것에는 시력에 차이가 없었다는 간접적인 답변 내용으로 자연스럽게 연결될 수 있다. 이 내용은 (B)에서 'But'으로 꺾이며, (C)의 연구와 달리 '또 다른 연구(another study)'는 컴퓨터 사용의 유해함을 밝혔다는 내용이 제시된다. 또한, (B)에 언급된 녹내장은 (A)에서 'It'으로 받아지며, (A)에서는 녹내장의 증상과 조기발견에 대한 내용을 언급하며 글을 마무리한다. 따라서 글의 순서로 가장 적절한 것은 ④ (C)-(B)-(A)이다.

해석 컴퓨터 화면을 응시하는 것이 실제로 당신의 시력을 손상시킬까? (C) 최근 미국의 4,500명의 어린이들을 대상으로 한 20년간의 연구는 TV나 컴퓨터 앞에서 대부분의 시간을 보내는 사람들과 근시가 되는 사람들 사이에는 연관성이 없다는 결론을 내렸다. (B) 그러나 또 다른 연구는 컴퓨터 사용이 녹내장의 위험을 증가시킬 수 있다는 것을 발견했는데, 이는 특히 당신이 처음부터 이미 근시인 경우에 그러하다. 녹내장은 홍채에서 액체가 제대로 흘러나오지 않는 질환이다. (A) 그것은 눈의 압력을 증가시키고 결국 시신경을 손상시킨다. 그렇지만, 정기적인 시력 검사는 이것을 일찍 발견하기 마련이고, 이는 안약으로 꽤 쉽게 치료될 수 있다.

어휘 **stare at** ~를 응시하다 **damage** 손상시키다 **eyesight** 시력 **pressure** 압력, 압박 **optic nerve** 시신경 **regular** 정기적인 **treat** 치료하다 **eye drop** 안약 **shortsighted** 근시의 **to begin with** 처음부터, 애초부터 **properly** 적절히 **study** 연구 **conclude** 결론을 내리다 **link** 연관성

41

정답 ④

주어진 문장 이 글은 립밤에 대한 글로서, 주어진 문장에서는 립밤을 과도하게 사용할 경우 립밤에 포함된 성분으로 인해 피부에 자극이 갈 수 있다고 말한다.

해설 주어진 문장의 내용은 (C)에서 'But'으로 꺾이며, 립밤의 문제는 피부 자극이 아니라 립밤이 심리적 의존을 낳는다는 내용이 이어진다. 또한, 립밤에 대한 심리적 의존은 (B)에서 안절부절 못하는 신경질적 습관을 가진 사람들이 립밤을 많이 사용하는 사람들이었다는 내용으로 자연스럽게 연결된다. (B)에 제시된 신경질적 습관은 (A)에서 'compulsive behaviors'의 표현으로 반복 제시되며, (A)에서는 입술이 건조할 때 립밤을 바르는 것은 좋지만 그 행동에 중독될 정도로 바르

지 말라고 말하며 내용을 마무리하고 있다. 따라서 주어진 글 다음에 이어질 글의 순서로 가장 적절한 것은 ④ (C)-(B)-(A)이다.

해석 피부나 미용 전문가들은 립밤이 과도하게 사용될 경우 예민한 사람들의 피부에 자극을 줄 수 있는 성분들을 포함하고 있다고 지적한다. 예를 들면, 향료나 립밤이 (입술을) 시원하게 느끼게 만드는 멘톨(박하 맛이 나는 물질) 같은 성분이다. (C) 하지만 피부는 너무나 민감해서 일반 비누와 물을 포함하여 많은 것들이 피부를 자극할 수 있다. 립밤의 진짜 문제는 다른 것과 마찬가지로, 그것(립밤)이 심리적 의존(의 대상)이 될 수 있다는 것이다. (B) 립밤 회사의 한 사장은 그의 회사가 그들의 헤비 유저(가장 사용량이 많은 고객)들에 대한 포커스 그룹 인터뷰를 할 때, 그들은 필연적으로 연필을 깨물거나 손톱을 물어뜯는 다른 신경성 습관들을 가진 침착하지 못한 유형의 사람들이었다고 말했다. (A) 다시 말해, 립밤은 화학적으로 해가 되지는 않는다. 오히려, 립밤은 단지 강박적인 행동에 편리하다. 만약 입술이 건조하다면, 립밤을 문질러라. 그렇지 않을 것이라면, 그 행동에 중독되지 않도록 립밤 튜브를 주머니에 남겨두어라.

어휘 **expert** 전문가 **point out** 지적하다 **contain** 포함하다, 함유하다 **ingredient** 재료, 원료 **overuse** 과다 사용 **irritate** 자극을 주다 **sensitive** 민감한 **fragrance** 향료, 향수 **chemical** 화학적인 **damage** 손해, 손상 **handy** 간편한 **compulsive** 강박적인 **smear** 문지르기, 문지르다 **addicted** 중독된 **president** 회장 **focus group interview** 포커스 그룹 인터뷰(소규모의 사람들을 동시에 인터뷰하는 방법) **inevitably** 불가피하게 **psychological** 심리적 **dependency** 의존

42

정답 ④

주어진 문장 주어진 문장에서는 스티브 잡스가 스탠포드 대학교 졸업 연설에서 자신의 실패 경험을 언급했던 일화를 소개한다.

해설 주어진 문장에서 언급된 스티브 잡스의 실패 일화는 그가 대중적으로 보기엔 실패자였다는 내용의 (C)로 연결된다. (C)에서는 그럼에도 불구하고 그는 자신이 일을 사랑한다는 것을 깨닫고 다시 일어섰다고 설명하는데, 이어 (B)에서는 그는 다시 초심자가 되어 NeXT와 Pixar라는 회사를 설립했다는 정보를 제시한다. 마지막으로 (A)에서는 그가 설립한 두 회사가 성공을 거뒀음을 언급하며, 애플에서 해고되지 않았다면 이러한 업적을 이루지 못했을 것이라고 말하는 스티브 잡스의 평가로 글을 마무리한다. 따라서 자연스러운 글의 순서는 ④ (C)-(B)-(A)이다.

해석 여러분 중 많은 사람들은 아마도 2005년 스탠포드 대학에서의 스티브 잡스의 졸업식 연설을 들어봤을 것이다. 그는 자신이 설립했던 회사인 애플에서 해고된 것, 그리고 그 경험이 얼마나 파괴적이었는지를 설명했다. (C) 그는 매우 공개적인 실패자였지만, 그 후 무엇인가가 그에게 떠오르기 시작했다. 그는 여전히 그가 하는 일을 사랑했다. 그는 거절당했지만 여전히 (일과) 사랑에 빠져 있었다. 그래서 그는 다시 시작했다. (B) 점진적인 과정에서 성공의 무게는 다시 초심자가 되는 가벼움으로 대체되었다. 그는 그의 인생에서 가장 창의적인 시기 중 하나로 들어갔고, 그 기간 동안 그는 넥스트와 픽사를 설립했고, 나중에 그의 아

내가 된 여자를 찾았다. (A) 픽사는 세계에서 가장 성공적인 애니메이션 스튜디오가 되었고, 애플은 넥스트를 사들여 그것의 핵심 기술을 사용했다. 그리고 그는 로렌과 결혼했고 그들은 가정을 꾸렸다. 그는 애플에서 해고되지 않았다면 그런 일은 일어나지 않았을 것이라고 꽤 확신했다.

어휘 commencement speech 졸업 연설 get fired 해고되다 devastating 파괴적인 successful 성공적인 gradual 점진적인 heaviness 무거움, 막중함 be replaced by ~로 대체되다 lightness 가벼움 dawn on ~이 떠오르다 reject 거절하다, 거부하다

43

정답 ②

주어진 문장 주어진 문장은 외적인 동기 부여는 당신이 보상을 받거나 처벌을 피하는 것과 같은 외적인 요인에 의해 동기 부여를 받을 때 생기는 것이라고 말하고 있다.

해설 이 글은 외적 동기 부여(Extrinsic motivation)와 내적 동기 부여(Intrinsic motivation)에 대한 글로서, 주어진 문장에서는 외적인 동기 부여에 대해 먼저 소개하고 있다. 이 내용은 (B)에서 외적 보상에 대한 부연 설명을 제시하는 것으로 연결된다. 이러한 외적 동기 부여에 대한 설명은 (A)에서 'however'로 전환되며, 외적 동기 부여와 대조되는 내적인 동기 부여의 특징이 (A)에 제시된다. 이는 (C)에서 내적 동기 부여를 일으키는 요인에 대한 설명으로 자연스럽게 이어진다. 따라서 주어진 글 다음에 이어질 글의 순서로 적절한 것은 ② (B)-(A)-(C)이다.

해석 외적인 동기 부여는 당신이 보상을 받거나 처벌을 피하는 것과 같은 외적인 요인에 의해 동기 부여를 받을 때 생기는 것이다. (B) 가장 명백한 외적 보상은 월급을 받거나 좋은 점수를 받는 것과 같은 유형의 보상이지만, 칭찬이나 대중의 인정과 같은 무형의 보상도 많이 있다. (A) 그러나, 내적인 동기 부여는 당신이 활동의 즐거움과 같은 내적인 요인에 의해 동기 부여를 받을 때이다. 사람들은 어떤 보상을 위해서가 아니라 활동 그 자체를 위해서 업무나 활동을 하도록 동기를 부여받는다. (C) 가장 일반적인 내적 동기 부여 요인은 즐거움, 흥미 또는 어떤 활동을 성장하고 새로운 기술을 배울 수 있는 기회로 보는 것이다. 내적으로 동기가 부여되는 활동을 하는 것은 당신의 자존감과 행복감에 기여한다.

어휘 extrinsic 외적인, 외부의 motivation 동기 부여 punishment 처벌 intrinsic 내적인, 내부의 obvious 명백한 tangible 유형의, 실체가 있는 praise 칭찬 recognition 인정, 인지 contribute to ~에 기여하다 self-esteem 자존감 well-being 안녕, 행복 earn 벌다 paycheck 월급 external 외부의 internal 내부의

44

정답 ①

주어진 문장 주어진 문장에서는 과학자에 따르면 포옹이 따뜻한 느낌뿐만 아니라 다른 이점도 지닌다는 내용을 제시하고 있다.

해설 (B)는 포옹이 어떤 이점을 가지는지에 관한 과학자의 설명을 제시하고 있으며 (A)와 (C)는 포옹의 이점과 관련한 연구에 관한 내용을 제시하고 있다. 따라서 주어진 문장 다음으로는 (B)가 오는 것이 적절하고 (C)가 (A)에 있는 연구에 관한 결과이므로 (A) 다음 (C)가 오는 것이 적절하다. 따라서 정답은 ①이다.

해석 과학자들에 따르면, 포옹의 이점은 누군가를 당신의 팔에 안을 때 얻는 따뜻한 느낌을 넘어선다. (B) 과학자들은 손길을 통해 다른 사람을 지지하는 것이 위로받는 그 사람의 스트레스를 줄일 수 있다고 말한다. 그것은 심지어 위로를 해주는 그 사람의 스트레스도 줄일 수 있다. (A) 20쌍의 커플을 대상으로 한 신뢰할 수 있는 원천이라는 한 연구에서, 남자들은 불쾌한 전기 충격을 받았다. 그 충격 동안, 각 여자들은 그녀의 파트너(남자)의 팔을 잡았다. (C) 연구자들은 각 여자들의 뇌에서 스트레스와 관련된 부분들이 활동이 줄어든 반면, 모성 행동의 보상과 관련된 부분들은 더 많은 활동을 보인다는 것을 발견했다. 우리가 누군가를 위로하기 위해 안아줄 때, 우리 뇌의 이 부분들은 비슷한 반응을 보일 수 있다.

어휘 benefit 이점 beyond 넘어서다 unpleasant 불편한 comfort 위로하다 associate 연관짓다 maternal 모성의 response 반응

45

정답 ④

주어진 문장 주어진 문장은 직관이란 사람이 빠른 시간 안에 상황이나 사람을 가늠할 수 있는 본능적인 형태의 인식이며, 긴 숙고의 과정을 거치는 것보다, 당신의 평가를 내리기 위해 직감에 의존한다고 말하고 있다.

해설 이 글은 직관에 대한 글로서, 주어진 문장에서는 직관의 개념에 대해 설명하고 있다. 이때 주어진 문장에 제시된 'a gut feeling'은 (C)의 첫 문장에서 'These intuitive feelings'의 표현으로 연결되며, (C)에서는 직관에 대한 부연 설명이 제시되고 있다. 또한, (C)에서는 편견을 확인해보는 것도 필요하다고 언급하는데, 이는 (B)에서 '왜냐하면'의 의미인 접속사 for를 통해서, 직관이 때때로 불공평한 판단을 내릴 수도 있다는 내용으로 자연스럽게 이어진다. (B)에서는 직관에 대한 심리학자의 정의가 제시되는데, 이 내용은 (A)에서 구체적인 학자들을 언급하는 것으로 연결되는 것이 자연스럽다. 따라서 주어진 글 다음에 이어질 글의 순서로 가장 적절한 것은 ④ (C)-(B)-(A)이다.

해석 직관은 사람이 빠른 시간 안에 상황이나 사람을 가늠할 수 있는 본능적인 형태의 인식이다. 긴 숙고의 과정을 거치는 것보다, 당신은 평가를 내리기 위해 직감에 의존한다. (C) 이러한 직관적인 느낌은 종종 옳다. 비록 인간의 의식이 그렇게 예고 없이 그렇게 효과적인 결론에 도달하는 방식이 다소 신비롭게 남아 있긴 하지만 말이다. 당신의 편견을 확인하는 것도 중요하다. (B) 왜냐하면, 직관은 때때로 불공평한 판단을 내릴 수도 있기 때문이다. 직관에 대한 모든 심리학자들의 정의는 약간 다를 수 있지만, 거의 모든 사람들은 직관이 패턴 매칭의 한 형태라는 데 동의한다. (A) 직관에 대한 이러한 설명은 플라톤의 초기 철학에서부터 최고의 인지 심리학자 다니엘 카너먼의 현대 연구에 이르기까지 가장 인기 있는 것 중 하나로 남아 있다.

어휘 intuition 직관, 직감 instinctual 본능적인 form 형태 cognition 인지, 인식 size up 가늠하다 go through ~를 거치다,

겪다 lengthy 긴 process 과정 deliberation 숙고 rely on ~에 의존하다 gut feeling 직감 assessment 평가 philosophy 철학 contemporary 현대의, 동시대의 psychologist 심리학자 unfair 불공평한 judgment 판단, 평가 on short notice 예고 없이, 촉박하게 somewhat 다소 bias 편견, 편향

46

정답 ④

주어진 문장 주어진 문장에서는 비행기가 지구의 궤도를 유지할 정도로 빠르게 이동하지는 않는다고 말하고 있다.

해설 이 글은 비행기가 하늘에서 이동할 때 지구의 궤도에 도달하지 못한다고 설명하는 글로서, 주어진 문장의 내용은 (C)에서 'This'로 받아지며, 비행기의 속도가 느려지면 비행기는 지구로 당겨질 것이라는 부연 설명으로 이어진다. 한편, (C)에서는 위성은 연료를 소비하여 지구 주위의 궤도를 돌 필요가 없다고 말하는데, 이는 (B)에서 'This'로 함축되며, 그것의 이유가 (B)에 제시되어 있다. 또한, (B)에 언급된 'rotating object'는 (A)에서 'it'으로 받아지며, 비행기가 궤도에 도달하지 못하는 이유에 대한 부연 설명이 뒤따르고 있다. 따라서 주어진 글 다음에 이어질 글의 순서로 가장 적절한 것은 ④ (C)-(B)-(A)이다.

해석 비행기는 하늘에서 이동할 수 있지만 지구 궤도를 유지할 만큼 충분히 빠른 속도로 이동하지는 않는다. (C) 이것은 일단 비행기의 엔진이 꺼지면, 비행기는 속도가 느려지고 중력의 힘을 통해 지구로 다시 당겨질 것이라는 것을 의미한다. 대조적으로, 위성은 지구 주위의 궤도를 유지하기 위해 연료를 소비할 필요가 없다. (B) 이는 그러한 위성들이 중력의 힘을 무시하는 속도로 이동하기 때문이다. 그러나 궤도 속도는 회전하는 물체가 궤도를 그리며 도는 천체와의 거리에 따라 달라진다는 점에 유의해야 한다. (A) 그것이 표면에 더 가까이 있을 때, 중력의 힘을 상쇄하기 위해서는 더 큰 속도가 필요하다. 이와 같이, 비행기가 궤도에 도달하지 못하는 또 다른 이유는 비행기가 위성보다 지구 표면에 훨씬 더 가까이 날아가기 때문이다.

어휘 orbit 궤도, 궤도를 돌다, 궤도를 그리다 surface 표면 counteract 상쇄하다 gravity 중력 satellite 위성 override 무시하다, ~보다 우월하다 depending on ~에 따라 rotate 회전하다 object 물체 distance 거리 celestial body 천체 expend 소비하다 maintain 유지하다

47

정답 ④

해설 이 글은 공룡이 물과 육지에서 살아갈 수 있었는지에 대한 고생물학 분야의 연구 결과에 대한 내용으로서, 주어진 문장에서는 수십 년 동안 공룡이 물에 익숙하지 못했을 것이라고 언급하고 있다. 이는 (C)에서 'But'으로 꺾이며, 새로운 화석 증거들이 이러한 당연한 전제에 의문을 제시하고 있다는 내용이 제시된다. 이 내용은 (B)에서 'In fact'로 연결되며, 공룡의 수생 여부는 연구자들을 오랫동안 괴롭혔다는 내용과 물에 살았던 공룡 화석이 없었다는 내용이 (B)에 뒤따르는 것이 적절하

다. 이 내용은 (A)에서 'Now'로 꺾이며, 새로운 연구의 결과와 잠수하는 새들에게서 발견되는 유선형의 흔적이 공룡에게서 발견되었다는 내용으로 자연스럽게 연결된다. 따라서 주어진 글 다음에 이어질 글의 순서로 가장 적절한 것은 ④ (C)-(B)-(A)이다.

해석 수십 년 동안 고생물학자들은 공룡을 물에 익숙하지 못한 동물로 생각하는 것을 기본으로 두었었다. (C) 그러나 갈수록 더, 새로운 화석 증거들은 몇몇 고대 공룡들이 어떤 형태나 방식으로든 물과 육지 모두에서 잘 자랄 수 있었는지에 대한 질문을 다시 시작하고 있다. 많은 현대 생물들이 하는 것처럼 말이다. (B) 사실, 공룡이 어느 정도 "반 수생"이었는지에 대한 여부는 연구자들을 계속해서 괴롭혔는데, 이는 공룡 화석들 중에 물을 위해 몸의 형태를 만드는 진화를 명확하게 보여주는 골격 특징을 가진 것이 거의 없기 때문이다. (A) 이제, 새로운 연구는 또 다른 단서를 제공한다. 6천 8백만 년 이상 된 벨로키랍토르의 이빨이 있는 친척은 잠수하는 새들의 흉곽에서 보이는 유선형의 흔적을 보여준다.

어휘 paleontologist 고생물학자 default 기본으로 두다, 기본으로 생각하다 study 연구 offer 제공하다 clue 단서 toothy 이빨이 있는 relative 친척 streamline 유선형(의), 유선으로 하다 rib cage 흉곽 semiaquatic 반 수생적인, 반 수생의 vex 괴롭히다, 애태우다 fossil 화석 skeletal 골격의 feature 특징 unambiguously 명확하게, 모호하지 않게 evolution 진화 sculpt 형태를 만들다 evidence 증거 reopen 다시 시작하다, 재개하다 thrive 번성하다, 잘 자라다

48

정답 ③

주어진 문장 주어진 문장에서는 제조업의 침체가 불가피하게 신보호주의를 초래할 것이라고 주장하고 있다. 그러므로 뒤에 오는 내용에서 그러한 문제에 대한 대응책이나 구체적인 해결 사례를 설명할 것임을 유추할 수 있다.

해설 This, The 등 문장을 이끄는 지시사들을 통해 문장의 순서를 유추할 수 있다. 제조업의 침체가 불가피하게 신보호주의를 초래할 것이라는 도입부의 내용을 (B)에서는 폭풍우가 몰아치는 상황에 비유하여 설명하고 있다. (C)에서는 그 예로 멕시코를 소개하며 (A)에서는 보호주의를 취한 멕시코가 결국 실패했다는 내용을 언급하고 있다.

해석 제조업의 침체는 불가피하게 신보호주의를 초래할 것이다. (B) 폭풍우가 몰아칠 때 첫 번째 대응책은 바깥의 찬바람으로부터 자신의 정원을 보호해주는 담을 쌓도록 노력하는 것이다. 그러나 그러한 담들은 세계적 기준에 부합하지 못하는 기업들을 더 이상 보호하지 못한다. 그것은 그들을 좀 더 취약하게 만들 뿐이다. (C) 가장 좋은 예는 멕시코인데, 그 나라는 자국 경제를 외부 세계로부터 독립적으로 만들려는 의도적인 정책을 가지고 있었다. 멕시코는 외국의 경쟁 상대를 몰아내는 보호주의라는 높은 벽을 쌓을 뿐 아니라, 자국 회사들이 수출하는 것을 사실상 금지함으로써 이것을 실행하였다. (A) 순수한 멕시코만의 경제를 만들어 내고자 하는 이러한 시도는 실패하였다. 멕시코는 사실상 다른 나라로부터 수입에 점차 의존하게 되었다. 멕시코는 결국 외부 세계에 자신을 개방할 수밖에 없었다.

어휘 manufacturing 제조업에 종사하는, 제조업 inevitably 불가피하게, 필연적으로 bring about 초래하다 protectionism 보호 무역론, 보호무역주의 increasingly 점차적으로 dependent 의존하는, 종속의 import 수입, 수입하다 be obliged to do 어쩔 수 없이 ~하다 turbulence 대란, 동요, 난기류, 소란 shield 지키다, 보호하다 standard 표준, 기준 vulnerable 취약한, 영향 받기 쉬운 deliberate 의도적인 domestic 국내의, 가정의 independent 독립적인 practically 사실상, 실질적으로 forbid 금지하다 export 수출하다

49

정답 ②

주어진 문장 주어진 문장은 고기의 '육즙을 가두기' 위해 스테이크를 '굽는다'고 믿는 사람들의 통념에 대해 소개한다.

해설 (B)로 시작하는 선지가 많으므로, (B)부터 살펴본다. 주어진 문장에는 스테이크를 구우면 육즙이 가둬진다고 믿는 사람들의 통념이 제시되어 있는데, (B)에서는 이 통념이 완전히 틀린 것이라고 설명하며, 사실 스테이크를 구우면 고기 자체의 육즙 함량이 더 적어진다고 설명한다. (A)에서는 그럼에도 우리는 구워진 스테이크가 더 촉촉하다고 느끼는데, 이는 우리의 침 때문이라는 정보를 제시한다. 이어 (C)에서는 이 결과로(침이 분비되기 때문에) 고기는 더 촉촉하게 느껴진다고 설명하며 글을 마무리한다. 따라서 자연스러운 글의 순서는 ② (B)-(A)-(C)이다.

해석 대부분의 사람들은 우리가 "육즙을 가두기" 위해 스테이크를 굽는다고 생각한다. (B) 이것은 완전히 잘못된 생각이다. 엄밀히 말하면, 높은 온도에서 조리된 스테이크는 그 자체의 육즙을 덜 포함하고 있는데, 그 이유는 유혹적인 지글지글한 소리가 실제로 고기 자체의 육즙이 흔적도 없이 증발하는 소리이기 때문이다. (A) 그럼에도 불구하고, 잘 구워진 스테이크가 말 그대로 더 건조하더라도, 그것은 여전히 더 육즙이 많은 것 같은 맛이 난다. 이 착각에 대한 설명은 잘 구워진 스테이크가 우리로 하여금 기대감에 침을 흘리게 만든다는 것이다. (C) 결과적으로, 우리가 더 먹음직스럽지만 육즙은 덜한 스테이크를 먹을 때, 고기는 더 육즙이 많은 것처럼 보인다. 다시 말해서 우리가 실제로 느끼고 있는 것은 우리의 침인데, 이것은 뇌가 우리의 침샘으로 하여금 분비하도록 유도한 것이다.

어휘 assume 추정하다 sear 재빨리 굽다, 그슬다 seal 밀봉하다, 가두다 juice 육즙 nevertheless 그럼에도 불구하고 literally 말 그대로 juicy 육즙이 많은 illusion 착각 in anticipation 기대감에 차서 completely 완전히 technically speaking 엄밀히 말해서 alluring 유혹적인 sizzling 지글거리는 evaporate 증발하다 into thin air 흔적도 없이 appetizing 먹음직스러운 saliva 침 induce 유도하다 salivary gland 침샘 release 분비하다, 방출하다

50

정답 ①

주어진 문장 주어진 문장은 건조 식품은 건조 과정을 통해 수분 함량이 제거된 과일, 육류 및 기타 제품이라고 말하고 있다.

해설 이 글은 건조 식품에 대한 글로서, 주어진 문장에서는 건조 식품이 무엇인지 언급하고 있다. 이는 (B)에서 'In fact'의 표현으로 이어지며, 음식을 건조하는 것에 대한 부연 설명이 (B)에 제시되고 있다. (B)에 언급된 건조 방법들은 (A)에서 'among these'의 표현으로 받아지고 있으며, (A)에서는 건조 식품에 따라 식감이 다를 수 있다는 내용이 언급된다. 이러한 건조 식품에 따른 차이점은 (C)에서 'But'으로 전환되며, 모든 건조 식품은 지속 기간이 같다는 내용으로 연결된다. 따라서 주어진 글 다음에 이어질 글의 순서로 적절한 것은 ① (B)-(A)-(C)이다.

해석 건조 식품은 건조 과정을 통해 수분 함량이 제거된 과일, 육류 및 기타 제품이다. (B) 사실, 당신은 오븐, 탈수기, 그리고 더 역사적으로는, 태양의 힘으로 음식을 말릴 수 있다. 음식에서 수분을 제거하는 것은 그것들을(음식물을) 보존하고, 그것들의 맛을 농축시키면서 그것들의 유통 기한을 연장시킨다. (A) 이 중 당신이 어떤 방법을 사용하고 수분을 얼마나 제거하느냐에 따라 건조 식품의 식감은 쫄깃쫄깃함부터 바삭함까지 다양할 수 있다. 예를 들어, 건조된 과일은 쫄깃쫄깃한 반면, 건조된 채소는 바삭바삭하다. (C) 하지만 모든 건조된 음식은 음식을 저장하는 환경에 따라 4개월에서 12개월 정도 지속된다. 당신은 건조 식품을 상온에서 보관할 수 있지만 온도가 낮을수록 보관 시간이 길어진다.

어휘 dehydrate 탈수하다, 건조시키다 content 함량 depending on ~에 따라 method 방법 texture 질감 chewy 쫄깃쫄깃한, 질긴 crispy 바삭바삭한 preserve 보존하다 extend 연장시키다 concentrate 농축시키다 flavor 맛 last 지속되다 environment 환경 store 저장하다, 보관하다

060 조태정 영어 빈칸·삽입·순서·삭제

01

정답 ③

해설 삼천포로 빠진 문장 유형이다.

글에서는 "공감 피로"의 개념에 대해 소개하고 있다. ①은 But을 통해 앞선 내용인 이전에 공감 피로를 겪었던 사람들과 반대되는 현 상황(전 세계 사람들이 공감 피로를 겪는 상황)을 보여주고 있으며, ②는 공감 피로가 번아웃과 비슷하게 하나의 과정으로 진행된다고 설명 그리고 이 내용은 ④에서 어떤 과정인지 구체적으로 서술하고 있다. 하지만 ③은 "번아웃"을 겪고 있을 때의 증상을 설명하고 있으므로 과정을 설명하고 있는 ②와 ④ 사이에 위치하고 있는 것은 어색하다. 따라서 글의 흐름에 맞지 않는 문장은 ③이다.

해석 당신은 "공감 피로"라는 용어에 익숙하지 않을 수도 있지만, 아마도 그 이면에 있는 아이디어를 알고 있을 것이다: 그것은 당신이 더 이상 줄 수 있는 공감이 없다는 것이다. 공감 피로는 주로 의료 종사자, 응급 대응자, 법 집행관 및 가정 간병인에게 영향을 미쳤다. 그러나 팬데믹이 계속되고 24시간 뉴스 주기가 전 세계에서 고통을 겪고 있다는 끊임없는 뉴스를 제공함에 따라, 우리 모두는 공감 피로가 생길 위험에 처해 있다. 공감 피로는 번아웃과 비슷하다. 하지만 번아웃은 보통 너무 많은 일을 하거나 너무 많은 책임감에서 비롯된다. 공감 피로는 다른 사람들을 돕는 것에서 비롯된다. 번아웃과 마찬가지로, 공감 피로는 과정이다. (③ 한 연구에 따르면 번아웃을 겪는 사람들은 PTSD와 비슷한 증상을 경험할 수 있다고 한다.) 그것은 발달하는 데 시간이 걸린다. 그것은 당신의 삶에서 당신 자신이나 다른 사람들에 대해 신경 쓰지 않기 시작할 정도로, 계속 천천히 쌓인다. 당신은 결국 당신의 공감 기술과 비축물을 과도하게 사용하게 되고, 그래서 당신은 더이상 제공할 것이 별로 없다.

어휘 be familiar with 사람이 ~에 익숙하다 term 용어 compassion fatigue 공감 피로, 동정심의 감퇴 probably 아마도 no more 더 이상의 empathy 공감, 감정 이입 health care worker 의료계 종사자 first responder 응급 처치 요원 law enforcement officer 법 집행관 caregiver 간병인 pandemic 전국적인 유행병 continue 계속하다 nonstop 끊임없는, 도중에서 멈추지 않는 suffer from ~로 고통받다 at risk of ~의 위험에 처한 be similar to ~와 유사하다 burnout 번아웃, 극도의 피로 stem from ~에서 비롯된다, ~에서 기인하다 come from ~로부터 나오다 take time 시간이 걸리다 to a point ~의 지점으로 care about 신경 쓰다, 관심 갖다 end up 결국 ~되다 overuse 지나치게 쓰다, 남용하다 reserve 비축물, 저장 no longer 더 이상 ~않다 provide 제공하다

02

정답 ④

정답 해설 삼천포로 빠진 문장 유형이다.

이 글은 휴대폰에서 분리되어 있을 때 불안감이나 두려움을 느끼는 "노모포비아"에 관한 내용이다. 노모포비아가 확산하고 있는 상황이나 노모포비아의 원인을 내용으로 제시하고 있는 반면, ④는 휴대전화에 데이터 서비스만 있으면 어디서나 회의를 열 수 있다고 말하며 휴대폰의 장점에 대해 말하고 있다. 따라서 정답은 ④이다.

해석 노모포비아는 휴대폰에서 분리되어 있을 때 불안감이나 두려움을 느끼는 상태로, 이는 떨림을 유발한다. 지난 10년 동안, 특히 스마트폰이 도입된 후 휴대폰 사용이 지속적으로 급증하고 있다. 이러한 스마트 기기가 현대 생활의 중요한 부분이 되었다는 것은 부인할 수 없는 사실이다. 그리고 이로 인해 노모포비아라고 불리는 공포증이 빠르게 나타나고 있다. COVID-19 팬데믹은 사람들이 집을 떠나는 것이 허용되지 않고 통신, 오락 및 정보를 휴대폰에 의존해야 했기 때문에 휴대폰 사용 증가의 주요 원인이 되어 왔다. (④ 휴대전화에 모바일 데이터 서비스만 있으면 어디서나 직원 회의를 주재할 수 있는 것이 이제는 보편적이다.) 그리고 오래된 속담에 "모든 것이 과도하면 나쁘다"라는 말이 있다. 이는 스마트폰에도 적용된다. 노모포비아는 모든 연령대에 영향을 미치지만 십대들 사이에서 일반화되었다.

어휘 detached 분리된 shivers 떨림 continuously 지속적으로 skyrocket 급증하다 undeniable 부인할 수 없는 swiftly 신속히 rely on ~에 의존하다 chair 개회하다 proverb 속담

03

정답 ③

정답 해설 삼천포로 빠진 문장 유형이다.

본 글은 박물관을 방문했을 때의 장점에 관하여 서술하고 있다. 그런데, ③은 "산책의 건강상의 이점"에 대해 서술하고 있으므로, 삼천포에 빠진 문장에 해당한다. 따라서 흐름에 맞지 않다.

해석 전시물을 보며 산책하거나 잠시 멈춰 서서 관심 있는 분야를 여유롭게 즐겨라. 유명 관광지나 주요 전시회를 경험하기 위해 인근 지역을 가거나, 가장 가까운 대도시 미술관 또는 과학 센터로 여행을 가는 일정을 잡아라. 만약 당신이 박물관이 단지 예술과 역사에 관한 것이라고 생각한다면, 다시 생각해보라. 박물관은 무한히 다양하고, 많은 곳에서 직접 해 볼 수 있는 경험을 제공한다. 식물원, 동물원, 수족관을 거닐면서 당신의 감각을 자극하고 자연스러운 움직임을 즐겨라. (③ 하루 30분씩 산책하면 심혈관 건강을 높이고 뼈를 튼튼하게 하며 근력과 지구력을 높일 수 있다.) 관심 있는 분야가 있는가? 조각? 음악? 사진? 당신에게 어떤 것이 매력적이든, 당신의 상상력을 사로잡을 박물관이 있다. 세상은 그것들로 가득 차 있다.

어휘 exhibit 전시, 전람, 진열, 전시물 pause 잠시 멈추다 leisurely 느긋한, 유유한, 천천히, 여유롭게 metropolitan 대도시 high-profile 유명한, 세간의 이목을 끄는 infinitely 무한히 diverse 다양한 hands-on 직접 해 볼 수 있는 stimulate 자극하다 sense 감각 take a stroll 산책하다 botanical garden 식물원 sculpture 조각 captivate 사로잡다, 포착하다 contemporary 현대의, 동시대의 taste 취향 complete 완성시키다

04

정답 ④

해설 막연한 정의를 나타내는 문장 유형이다.

이 글은 나이와 행복의 관계에 대한 글로서, 대학생 나이에는 행복도가 매우 높지만, 45세 전후로 최저점에 도달하며, 노인의 연령이 되면 다시 매우 행복도가 높아지는 "U 곡선"의 추세를 갖는다고 설명하고 있다. 이러한 내용은 ①, ②, ③의 문장에서 모두 일관되게 제시되고 있다. 그러나, ④의 문장은 젊은이들에게 인생에서 의미나 목적을 갖는 것보다 행복이 덜 의미 있는 목표일 수 있다고 말함으로써, 나이와 행복의 상관관계가 아닌 일반적인 내용을 언급하고 있다. 따라서 흐름상 가장 어색한 문장은 ④이다.

해석 나이와 행복의 관계에 대한 수십 년의 연구가 있었고, 그 추세는 꽤 분명하다. 대학생 나이의 아이들은 매우 행복하고, 노인들도 마찬가지이다. 서양에서 행복은 전통적인 중년 위기 연령인 45세 전후로 최저점에 도달한다. 1990년대 이후, 연구원들은 이 추세를 "U 곡선"이라고 불렀다. 2009년 갤럽 여론조사에서 성인들에게 "어제 하루 중 행복이나 즐거움을 많이 경험했느냐"는 질문을 했을 때, 대학생들의 40%가 그렇다고 답했고, 그 숫자는 U 곡선의 최하점에 가까워지면서 20%까지 낮아졌다. 이 수치는 최저점을 찍은 후 다시 높아졌다. 이는 아마도 80대에는 더 이상 출세하려고 애쓰거나 환상에 불과한 미래의 행복을 상상하지 않기 때문일 것이다. (④ 젊은이들에게 있어서 행복은 삶에서 의미 혹은 목적을 갖는 것 보다 덜 의미있는 목표일 수도 있다.)

어휘 decade 10년 trend 추세 elderly 노인 reach 닿다, 도달하다 traditional 전통적인 midlife 중년, 중년의 crisis 위기 figure 수치, 형상 struggle 애쓰다, 노력하다 get ahead 앞서다, 출세하다 imagine 상상하다 illusory 환상에 불과한 meaningful 의미 있는 purpose 목적

05

정답 ④

정답 해설 삼천포로 빠진 문장 유형이다.

주어진 글은 상승기류 "updraft" 에 관한 설명문이다. 그런데, ④의 문장은 난기류에 관한 내용으로 바로 앞의 문장과는 연관성이 있다고 볼 수도 있으나, 전체 글의 주제와는 상관없는 "삼천포로 빠진 문장"이다. 따라서, ④를 정답으로 고른다.

해석 상승기류는 상승하는 공기의 기류를 만들면서, 공기가 낮은 곳에서 높은 곳으로 상승할 때 발생하는 현상이다. 상승기류는 기압, 온도, 습도 또는 풍향의 차이와 같은 다양한 요인에 의해 발생할 수 있다. 상승기류는 구름, 뇌우, 허리케인과 같은 기상 시스템에서 흔하다. 그것들은 또한 항공기와 다른 비행 물체의 움직임에 영향을 미칠 수 있다. 상승기류의 한 예는 대기 상층부에서 서쪽에서 동쪽으로 흐르는 빠르게 움직이는 공기 흐름인 제트 기류이다. 제트 기류는 600km/h(370 mph)의 속도에 도달할 수 있고 지상의 날씨 패턴에 영향을 미칠 수 있다. 때때로, 제트 기류는 물체를 공중으로 들어 올리거나 비행기에 난류를 일으킬 수 있는 강력한 상승기류를 생성할 수 있다. (④ 난기류는 비행 중에 흔히 발생하며 승객에게 불편함을 줄 수 있다.) 상승기류는 많은 자연적 과정과 인간 활동에 중요하다. 그들은 전세계에 열과 습기를 분배하고 기후를 조절하는 데 도움을 준다.

어휘 updraft 상승 기류 phenomenon 현상 occur 발생하다 current 기류 be caused by ~에 기인하다 air pressure 기압 temperature 온도 humidity 습도 wind direction 풍향 common 흔한 thunderstorm 뇌우 hurricane 허리케인 affect ~에게 영향을 주다 movement 움직임 aircraft 항공기 flying object 비행체 jet stream 제트 기류 upper 상부 atmosphere 대기 influence 영향 turbulence 난류, 난기류 common occurrence 흔한 사례, discomfort 불편함 passenger 승객 process 과정 distribute 분배하다 around the globe 전세계적으로 regulate 조절하다 climate 기후

06

정답 ③

해설 삼천포로 빠진 문장 유형이다.

글에서는 비언어적 의사소통 중 하나인 "터치에 의한 의사소통"의 중요성을 이야기한다. 하지만 ③은 이보다 더 포괄적 개념의 비언어적 커뮤니케이션 이해의 중요성을 이야기 하므로 글의 흐름에 맞지 않는다.

해석 터치에 의한 의사소통은 햅틱이라고 불린다. 터치는 우리의 감정이 그것을 이끌어가기 때문에 강력하다. 우리의 사회적 계층, 성별, 그리고 물론, 우리의 양육 모두가 우리가 터치에 어떻게 반응하는지를 결정한다. 여성은 일반적으로 보살핌과 걱정을 전달하기 위해 터치를 사용하는 반면, 남성은 통제력을 전달할 가능성이 더 높다. 심리학자 해리 할로우는 붉은털원숭이에 대한 터치의 영향을 연구하는 데 경력을 쌓았다. 어미로부터 신체적 접촉 없이 자란 원숭이들은 사회적 상호작용으로 어려움을 겪었다. (③ 비언어적 커뮤니케이션의 유형을 이해하는 것은 삶의 모든 영역에서 사람들과 연결되는데 도움이 될 것이다.) 우리는 이 효과를 우리의 선조들과 공유한다 – 어린 나이에 신체적 접촉은 우리가 나이가 들었을 때 우리의 사회성을 향상시킨다.

어휘 haptics 촉각학 upbringing 양육 determine 결정하다 dominance 지배감, 우월감 psychologist 심리학자 contact 접촉 struggle with ~로 고생하다 social interaction 사회적 의사소통 ancestor 조상

07

정답 ②

해설 삼천포로 빠진 문장 유형이다.

이 글은 민영화에 대한 글로서 민영화의 지지자들이 민영화에 대해 갖는 주장과 민영화 반대론자들의 주장을 소개하고 있다. 하지만 ②는 민영화가 되는 과정 중 하나인 매각 방식의 선택에 대한 설명을 하고 있으므로 민영화에 대한 찬반주장에 대한 글의 흐름에 맞지 않는다.

해석 민영화는 정부 소유의 사업, 운영 또는 재산이 민간의 비정부 당사자에 의해 소유될 때 발생한다. 민영화의 지지자들은 민간 기업들이 낭비적인 지출을 없애기 위해 이윤을 장려받기 때문에 더 경제적이고 효율적으로 사업을 운영한다고 주장한다. 게다가, 민간 단체들은 정부 단체들을 괴롭힐 수 있는 관료적 형식주의와 싸울 필요가 없다. (② 매각 방식의 선택은 자본 시장과 정치적, 기업 특유의 요인에 의해 영향을 받는다.) 반면에, 민영화 반대론자들은 전기, 물, 학교와 같은 필수품들이 시장의 힘에 취약하거나 이익에 의해 움직여서는 안 된다고 믿는다. 예를 들어, 일반적으로 특정 주와 지방자치단체에서는, 주류 상점과 기타 필수적이지 않은 것들의 사업은 공공 부문에 의해 운영된다. 수익을 창출하는 활동으로서 말이다.

어휘 privatization 민영화 government 정부 own 소유하다 property 자산, 재산 party 당사자 proponent 지지자, 옹호자 argue 주장하다 incentivize 장려하다 eliminate 제거하다 state 주 municipality 지방자치단체 essential 필수적인 revenue 수익 generate 창출하다, 산출하다 entity 단체, 독립체 contend with ~와 다투다, 싸우다 bureaucratic 관료적인, 관료제의 plague 괴롭히다 naysayer 반대론자 necessity 필수품 vulnerable 취약한

08

정답 ②

해설 삼천포로 빠진 문장 유형이다.

이 글은 독자에게 힘든 일의 결과로서 더 많은 것을 얻을 수 있도록, 자신의 노력이 자신을 위해 유익하게 쓰일 수 있게 만들라고 조언을 하고 있다. 이를 보다 구체적으로 설명하기 위해 앞에서 불어서 나아가지 못하게 하는 역풍, 뒤에서 불어서 더 잘 나아가게 도와주는 순풍의 개념이 등장하는데, 이 글은 역풍을 순풍으로 바꾸어 노력이 헛되지 않도록 더 유리한 흐름에서 일하라고 말한다. 그러나 ②는 이러한 역풍, 순풍에 대한 내용과 무관하게 과거보다 오늘날 사회적 능력이 성공에 있어서 더 중요하다고 말하고 있다. 따라서 본문의 흐름상 가장 어색한 문장은 ②이다.

해석 다른 사람들이 당신에 대해 가지고 있는 인식을 이끌어라. 당신만의 특권을 만들어라. 그것이 궁극적으로 당신의 고된 노동으로부터 더 많은 것을 얻는 방법이다. 투자 조언을 하는 사람들이 "당신의 돈이 당신을 위해 돈을 벌게 하라"고 말하는 것처럼, 우리는 우리의 노력이 우리를 위해 일하도록 해야 한다. 심리학자들은 이것을 역풍과 순풍으로 묘사한다. 당신은 당신의 수고를 더 효과적으로 이용할 수 있도록 돕는 순풍을 만들어야 한다. 역풍은 역효과를 내는 편견과 단점, 즉 우리나 다른 사람들이 앞서 나가기 어렵게 만드는 것들이다. (② 직장에서의 성공은 과거보다 오늘날 사회적 기술에 더 많이 의존한다.) 당신은 어쨌거나 목적지에 도착할 수도 있지만, 이는 훨씬 더 오래 걸릴 수도 있고, 더 고통스러울 수도 있고, 끝날 때쯤에는 지치고 좌절할 수도 있다. 당신에게 순풍을 주는 것이 어떻겠는가? 열심히 일한 보람이 있게 하라. 역풍을 순풍으로 바꾸어라.

어휘 guide 안내하다, 인도하다 perception 지각, 인식 privilege 특권 ultimately 궁극적으로 investment 투자 endeavor 노력 psychologist 심리학자 describe 묘사하다, 설명하다 capitalize 자본화하다, 잘 이용하다 bias 편향, 편견 disadvantage 단점, 불이익 opposite 반대의 get ahead 앞으로 나아가다 destination 목적지 turn a into b a를 b로 바꾸다

09

정답 ②

해설 삼천포로 빠진 문장 유형이다.

이 글은 "산화로 인해 노화가 일어나는 신체의 변화 과정"을 자세히 설명하고 있다. 이 글에 따르면, 체내의 산소 분자와 다른 산화성 물질은 큰 분자에서 단일 전자를 추출하여 다른 분자들의 반응도를 높이는데, 이 내용은 ①에서 '이렇게 활성화된 분자들(these activated molecules)'이라는 표현으로 자연스럽게 연결된다. 또한 ①에서 언급한 추가적인 변화들은 ③의 '이러한 변화들(these changes)'이라는 표현으로 이어지고, 이에 대한 반응으로 면역체계가 세포를 파괴한다는 ③의 내용은 ④에서 '이 행동(this action)'의 표현으로 부연설명 되고 있다. 따라서 체내의 변화 과정이 아닌 세포막의 기능만을 단순히 설명하고 있는 ②는 설명에 불필요한 문장이라고 볼 수 있기 때문에, 흐름상 가장 어색한 문장은 ②이다.

해석 많은 과학자들은 산화가 노화에 주요한 역할을 한다고 생각한다. 비록 산소는 생명에 필수적이지만, 이것은 해로운 영향 또한 미칠 수 있다. 체내의 산소 분자와 다른 산화성 물질은 세포막을 구성하는 큰 분자에서 단일 전자를 추출할 수 있으며, 따라서 그 분자들은 매우 반응도가 높아진다. 사실, 이렇게 활성화된 분자들은 세포막의 특성을 변화시키면서 서로 반응할 수 있다. (② 세포막은 모든 세포의 내부를 외부 환경으로부터 분리하고 그 환경으로부터 세포를 보호한다.) 이러한 변화들이 충분히 축적되면, 신체의 면역체계는 변화된 세포를 "이물질"로 보고 그것을 파괴한다. 이 작용은 신경 세포와 같이 관련된 세포가 대체 불가능한 경우에 특히 유기체에 해롭다. 그것이 바로 산화를 통해 노화가 일어나는 방법이다. 물론, 인간의 몸은 매우 복잡하기 때문에, 산화는 노화의 한 가지 가능한 원인일 뿐이다.

어휘 oxidation 산화 aging 노화 essential 필수적인 detrimental 해로운 molecule 분자 substance 물질 extract 추출하다, 뽑아내다 electron 전자 reactive 반응성이 있는 activate 활성화하다 each other 서로 서로 property 특징, 특성 separate 분리하다 interior 내부 accumulate 쌓이다, 누적되다 immune system 면역체계 come to-ⓥ ~하게 되다 foreign 이질적인, 이물질의, 외국의 destroy 파괴하다 particularly 특히 harmful 해로운 organism 유기체 involve 포함하다, 관련하다

irreplaceable 대체 불가능한   nerve cell 신경 세포   via ~를 통해, ~를 거쳐   complex 복잡한

10

정답 ②

해설 **삼천포로 빠진 문장 유형이다.**
이 글은 세 살짜리 아이들이 본인과 타인의 생각이 다르며, 그것이 사실이 아닐 수도 있다는 사실을 받아들이기 힘들어한다는 내용이다. ①은 아이들이 자신과 타인의 생각을 구별할 줄 알아야 한다는 내용, ③은 사람들이 사실이 아니라, 그저 본인들이 믿는 것에 따라 행동할 수 있다는 내용, ④는 앞 내용과 같이 사람들이 잘못된 믿음을 바탕으로 잘못된 행동을 할 수 있다는 내용이다. 이 흐름과는 다르게 ②에서는 지문에서 언급하고 있는 사실을 인식하는 데에 있어서의 자기중심주의가 아닌 아이들이 보일 수 있는 이기적인 행동에 대해 다루고 있으므로 어색하다.

해석 세 살짜리 아이들은 그들이 한때 사실이라고 생각했던 것과 그들이 현재 사실이라고 알고 있는 것을 구별하는 데 어려움을 겪는다. 그들은 지금 그들이 알고 있는 것이 그들이 항상 알고 있던 것이라고 확신한다. 정신 이론을 위해서는 아이는 자신이 사실이라고 "알고 있는" 것과 다른 사람이 사실이라고 "생각하고 있는" 것을 구분해야 한다. 피아제식 표현으로, 그들은 자기중심주의 경향을 포기해야 한다. (② 가장 전형적인 예는 자신의 장난감은 남에게 주지 않으면서 남의 장난감은 빼앗으려 하는 아이들이다.) 아이는 또한 사람들의 행동과 반응을 이끄는 것이 현실이라기보다는 그들이 '믿는' 것임을 이해해야 한다. 다시 말해, 그들은 사람들은 잘못된 것을 잘못 믿고 이 잘못된 지식을 바탕으로 행동할 수 있다는 것을 알아야 한다. 하지만 4세 이전의 아이들은 마음이 속을 수 있다거나 항상 정확한 것은 아니라는 것을 이해하지 못하기 때문에, 그러한 과제를 해결하는 데 거의 성공하지 못한다.

어휘 distinguish 구별하다   confident 확신하는   the theory of mind 마음이론   separate 구분하다   terms 표현·말하는 방식   tendency 경향   egocentrism 자기중심주의   typical 전형적인   take away ~을 빼앗다   response 반응   rather than ~보다   in other words 다시 말해서   mistakenly 잘못되어, 실수로   based on 바탕으로   knowledge 지식   prior 전의   accurate 정확한   successful 성공한   task 과제, 과업

11

정답 ④

해설 **삼천포로 빠진 문장 유형이다.**
이 글은 경험에 대한 개방성을 핵심 내용으로 다루고 있다. 이 글에 따르면, 개방성이 높은 사람들은 상상력이 풍부하고 창의적이며 새로운 아이디어를 거부하지 않고, 지적으로 호기심이 많다. 이러한 개방성은 리더에게도 중요한데, 리더들을 대상으로 한 연구에 따르면 어렸을 때의 여행 경험과 다른 문화에 대한 노출은 지도자들의 개방성을 결정하는 중요한 요소였다. 그러나 ④의 문장은 이러한 개방성, 수용성, 새로운 것에 대한 열린 마음이 아닌 문화 상대주의의 개념을 언급하여 맥락을 방해하

고 있다. 따라서 이 글의 흐름상 가장 어색한 문장은 ④이다.

해석 경험에 대한 개방성은 한 사람이 광범위한 범위의 관심사를 가지고 있고 상상력이 풍부하고 창의적이며 새로운 아이디어를 기꺼이 고려하는 정도이다. 이 사람들은 지적으로 호기심이 많고 종종 여행, 예술, 영화, 폭넓은 독서, 또는 다른 활동을 통해 새로운 경험을 찾는다. 이 차원이 낮은 사람들은 더 좁은 관심사를 가지고 있고, 이미 시도되어 참이라고 검증된 일 처리 방식을 고수하는 경향이 있다. 개방성은 리더에게 중요한데, 이는 리더십은 안정성보다는 변화에 관한 것이기 때문이다. 세 명의 19세기 지도자들을 대상으로 한 흥미로운 연구에서, 한 연구자는 어렸을 때의 여행 경험과 다른 생각과 문화에 대한 노출이 이러한 지도자들의 개방성 자질을 발전시키는 데 중요한 요소였음을 발견했다. (④ 문화 상대주의는 무엇이 옳고 그른지, 이상하거나 정상적인지에 대해서 우리 자신의 기준에 따라 문화를 판단하지 않는 것을 말한다.)

어휘 openness 개방성   broad 넓은, 광범위한   degree 정도, 수준   willing to-ⓥ ~할 의지가 있는   curious 호기심 많은   seek out 추구하다   dimension 차원   stick to ~를 고수하다   stability 안정성   exposure 노출   critical 중요한   element 요인, 요소   develop 발달시키다   quality 자질   cultural relativism 문화 상대주의   refer to ~를 가리키다, 일컫다   judge 판단하다, 평가하다   standard 기준   strange 이상한   normal 정상적인

12

정답 ③

해설 **삼천포로 빠진 문장 유형이다.**
이 글은 직원들을 평가하는 것에 대한 내용으로서, 평가 전반에 걸쳐 피드백을 주는 것이 중요하다고 말하고 있다. 이는 ①의 문장에서 평가자가 직원에게 어떤 성격의 피드백을 주어야 하는지 말하는 것으로 연결된다. 한편 ②의 문장에서는 직원들을 평가하는 평가자의 측면에서도 그들은 각 평가에 예시를 포함하도록 요구받아야 한다고 말하고 있는데, 이 내용은 ④에서 'this'로 연결되며 ④의 문장은 이렇게 하는 것이 중요한 이유를 서술하고 있다. 그러나 ③의 문장은 이러한 맥락과 무관하게, 직원들에게 긍정적인 강화와 인센티브, 보상을 주는 것이 동기부여에 좋다는 것을 말하고 있다. 따라서 흐름상 가장 어색한 문장은 ③이다.

해석 직원들이 평가 주기 전반에 걸쳐 피드백을 받는 것은 중요하며, 이는 공식적인 평가를 검토할 때가 되었을 때만 해당되는 것이 아니다. 정기적으로 평가자로부터 피드백을 받는 직원은 자신이 얼마나 일을 잘하고 있는지, 어떤 개선이 필요한지 알고 있다. 실적이 부진한 사람은 실적 개선을 위해 할 수 있는 일에 대한 피드백을 받고, 우수 직원은 실적이 우수하다는 긍정적인 평가를 받는다. 따라서, 평가자는 명확하고 서술적이며 직무와 관련되어 있고, 건설적이고 시기적절하며 현실적인 피드백을 제공해야 한다. 그러나, 공식적인 평가 도구를 완성하기 전에, 평가자들은 그들이 주는 각 평가를 명시적인 예시를 들어 타당성을 보여주어야만 한다. (③ 많은 직원들에게 긍정적인 강화, 인센티브 및 보상은 우수한 성과를 유지하도록 격려하는 강력한 동기 부여 요인이다.) 이는 평가의 직무 관련성을 입증하고 불공정, 편견, 편애 등의 의혹을 일축한다.

어휘 employee 직원   evaluation 평가   review 검토하다

formal 공식적인　rater 평가자　on a regular basis 정기적으로
perform 수행하다　improvement 향상, 개선　recognition
인정　clear 분명한　descriptive 묘사적인, 설명하는　related
관련된　constructive 건설적인　timely 시기적절한　realistic
현실적인　prior to ~에 앞서　instrument 도구　explicit 명백한,
분명한　reinforcement 강화, 보강　encourage 격려하다, 독려하다
sustain 유지하다, 지속하다　dismiss 무시하다, 일축하다, 쫓아내다,
해고하다　allegation 혐의　unfairness 불공평함　prejudice 편견
favoritism 편애

13

정답　③

해설　주제와 정반대로 제시된 경우이다.

이 글에서는 세계 최빈곤층의 경우 생존이 최우선의 고려사항이라 그들
에게는 환경에 대해 의식하고 신경 쓸 여유가 없다고 설명한다. ①은 최
빈곤층에게는 생존이 최우선 고려사항이라는 것에 대해, ②는 이러한
상황 때문에 그들은 환경을 신경 쓸 여유가 없다는 것에 대해, ④는 빈
곤한 국가들의 인당 자원 사용량은 많지 않지만, 그 나라들의 절대적인
인구수가 많은 탓에 결과적으로 그들이 환경에 미치는 영향이 크다는
것을 언급한다. 이 흐름과는 다르게 ③에서는 최빈곤국의 사람들이 최
근에 환경에 관심을 가지고, 다른 나라들로 하여금 보호 노력에 참여하
도록 촉구했다고 설명하므로 글의 내용과 반대된다.

해석　가난은 환경과 건강에 여러 가지 해로운 영향을 끼친다. 세계 최
빈곤층의 일상은 생존하기 위해 충분한 음식, 물, 연료를 얻는 데 초점이
맞춰져 있다. 단기적인 생존을 위해 필사적으로 애쓰는 이 개인들 중 일
부는 잠재적으로 재생 가능한 숲, 토양, 초원, 어장을 점점 더 빠르게 악
화시킨다. 그들은 장기적인 환경의 질이나 지속 가능성에 대해 걱정하
는 사치를 누리지 못한다. (③ 그들이 환경에 관심을 가지고 다른 나라
들로 하여금 환경 보호 행동에 참여하도록 촉구한 것은 최근의 일이다.)
저개발국가의 빈곤층은 어쩔 수 없이 1인당 자원을 적게 사용하긴 하지
만, 그들은 인구가 많기 때문에 전반적인 환경에 미치는 영향이 크다.

어휘　poverty 가난, 빈곤　fuel 연료　desperate 절박한, 필사적인
degrade 저하시키다　potentially 잠재적으로　renewable 재생
가능한　fishery 어장　luxury 사치　sustainability 지속 가능성
conscious 의식적인, 의식하는　urge 촉구하다　have no choice
but to 하는 수 없이 ~하다　lead to 초래하다　overall 전체적인,
전반적인

14

정답　②

해설　주제와 정반대로 제시된 경우이다.

이 글은 사람들을 더 각성하고 잠에서 깨게 만드는 화학 물질인 카페인
이 작동하는 방식에 대해 설명하고 있다. 이 글에 따르면, 카페인은 뇌에
서 나오는 아데노신의 수면 신호를 인위적으로 끔으로써 사람들을 깨게
하는데, ①, ③, ④의 문장들은 모두 일관되게 카페인이 아데노신의 수

면 신호를 어떻게 차단하는지 설명하고 있다. 그러나 ②의 문장은 카페
인이 뇌의 수용체를 차지하면, 아데노신으로 뇌의 부분을 자극하여 사
람을 덜 깨어 있도록, 즉 더 졸린 상태가 되도록 만든다고 반대로 서술
함으로써 이 글의 흐름을 방해하고 있다. 따라서 이 글의 흐름상 가장
어색한 문장은 ②이다.

해석　당신은 당신을 더 각성하고 깨어있게 만드는 화학 물질인 카페인
을 사용함으로써 뇌에서 나오는 아데노신의 수면 신호를 인위적으로 음
소거할 수 있다. 카페인은 세계에서 가장 널리 사용되고 남용되는 정신
활성 자극제이다. 카페인의 소비는 아마도 오직 술과 경쟁할 수 있는, 인
류에 대해 행해진 가장 오래되고 가장 큰 마약 연구 중 하나이며, 그것
은 오늘날까지 계속되고 있다. 카페인은 뇌에서 아데노신을 환영하는
부위나 수용체에 접근할 수 있는 특권을 두고 아데노신과 성공적으로
싸움으로써 작용한다. (② 일단 카페인이 이 수용체들을 차지하게 되면,
카페인은 아데노신으로 그 부분들을 자극하여 당신을 덜 깨어 있도록
만든다.) 결과적으로, 카페인은 소리를 차단하기 위해 손가락을 귀에 꽂
는 것과 같은 봉쇄제로 작용하면서 수용체를 차단하고 비활성화한다.
이러한 수용체를 납치하고 점유함으로써, 카페인은 아데노신에 의해 일
반적으로 뇌로 전달되는 졸음의 신호를 차단한다.

어휘　artificially 인공적으로　adenosine 아데노신　release 내뿜다,
방출하다　chemical 화학 물질　alert 각성한　awake 깨어 있는
abuse 남용하다　psychoactive 정신 활성의　stimulant 자극제
consumption 소비　conduct 수행하다, 실시하다　rival 경쟁하다,
필적하다　battle 싸우다　privilege 특권　latch on to ~에 달라붙다
site 장소, 위치　receptor 수용체　occupy 점유하다, 차지하다
stimulate 자극하다　block 차단하다　inactivate 비활성화하다
mask 가리다　hijack 납치하다　communicate 전달하다, 소통하다

15

정답　③

해설　삼천포로 빠진 문장 유형이다.

이 글은 행복한 상태 혹은 긍정적인 상태가 정직함에 영향을 미친다는
것을 연구를 통해 제시하는 글이다. 글의 초반부에 연구의 결과를 짧게
제시한 후에, 긍정적 감정의 효과가 직장 환경에도 적용된다면, 긍정적
인 직장 환경을 조성하는 것이 직원의 정직함 향상에 도움이 된다는 것
을 말하고 있다. ①, ②, ④은 모두 긍정적인 직장 문화에 관한 내용을
제시하고 있다. 그러나 ③은 거짓말이 대인관계에 부정적인 영향을 미
친다고 말하며, 긍정적 직장 환경을 조성하는 전략과는 관련이 없는 말
을 하고 있으므로 흐름상 적절하지 않다.

해석　우리는 사람들이 중립적인 상태보다 행복한 상태에서 더 정직하
다는 몇 가지 증거를 관찰한다. 실험실에서 감정은 윤리적 행동의 범위
에 영향을 미칠 수 있었다. 그 효과가 직장 환경으로 전이된다면, 그것은
보다 긍정적인 직장 환경을 조성하는 것이 직원들의 더 정직한 행동으
로 이어질 것이라는 것을 의미한다. 긍정적인 직장 문화를 만드는 방법
에 대한 연구가 잘 발달되어 있다. 이러한 전략에는 개인적인 차원에서
동료를 배려하고, 다른 사람들이 힘들 때 지원과 동정심을 제공하고, 비
난을 피하고, 실수를 용서하며, 수행되는 일의 의미를 강조하는 것이 포
함된다. (③ 다른 사람들에게 거짓말을 하는 것은 대인 관계에 해로운

영향을 미칠 수 있다.) 긍정적인 직장 환경을 만들기 위해 그러한 기술을 사용하는 것은 직장에서의 부정직함의 감소로 이어질 수 있다.

어휘 evidence 증거 honest 정직함 neutrality 중립성 laboratory 실험실 emotion 감정 extent 범위 ethical 윤리적인 behavior 행동 transfer 전이되다 strategy 전략 colleague 동료 compassion 동정 emphasize 강조하다 interpersonal 대인의 relationship 관계

16

정답 ②

해설 주제와 정반대로 제시된 경우이다.

주어진 글의 주제는 '필름 카메라의 몰락'이며 이를 예시 나열 방식으로 설명하고 있다. 즉, 필름 카메라는 디지털카메라가 갖고 있는 '뛰어난 접근성, 즉각성, 편리성, 저비용' 등으로 인해 사양길로 접어들었다고 설명하고 있다. 그런데, ②의 경우는 '뉴트로' 감성으로 대별되는 필름 카메라의 인기 회복을 설명하고 있어 흐름에 맞지 않는다. (정반대 진술) 즉, 주제의 부정성을 정반대로 긍정적으로 쓰고 있는 것이다. 따라서, ②를 정답으로 고른다.

해석 필름 카메라의 몰락은 디지털 기술의 등장에 의해 주도된 사진 산업에서의 중요한 변화를 나타낸다. 디지털 카메라가 더 저렴하고 접근 가능해짐에 따라, 소비자들은 사진을 촬영한 직후에 이미지를 즉시 확인할 수 있는 즉각적인 만족을 경험하게 되었다. 이러한 편리함과 디지털 저장 비용의 감소는 전통적인 필름 처리 과정을 번거롭고 덜 매력적으로 만들었다. ① 게다가, 고품질 이미지를 제공하고 광범위한 공유 기능을 갖춘 스마트폰 카메라의 부상은 필름 카메라의 중요성을 더욱 감소시켰다. (② 최근 젊은이들 사이에서 필름 카메라의 재유행은 아날로그 그 사진에 대한 늘어가는 인기를 반영하며, 이는 '뉴트로' 트렌드로 특징 지어진다.) ③ 많은 사진 작가들은 제공되는 유연성과 효율성에 끌려 디지털 포맷으로 전환하였다. ④ 결과적으로, 필름 산업은 상당한 도전에 직면하게 되었고, 이로 인해 필름 관련 제품의 생산과 가용성이 감소했다.

어휘 decline 감소하다, 감소 mark 나타내다, 표시하다 significant 중요한, 상당한 shift 변화, 전환 driven 주도된, 추진된 advent 출현, 도래 affordable 저렴한, 감당할 수 있는 accessible 접근 가능한, 이용할 수 있는 instant gratification 즉각적인 만족 review 검토하다; 재검토하다 image 이미지, 사진 capture 촬영하다, 포착하다 convenience 편리함, 용이함 coupled with ~와 결합하여 cost 비용, 경비 digital storage 디지털 저장 render 만들다, 되게 하다 traditional 전통적인 film processing 필름 처리 cumbersome 성가신, 번거로운 appealing 매력적인 rise 상승, 증가하다 provide 제공하다, 주다 extensive 광범위한, 대규모의 sharing capabilities 공유 기능 diminish 감소하다 relevance 중요성, 관련성 resurgence 재유행, 부활 be characterized as ~로 특징 지어지다 newtro trend 뉴트로 트렌드 reflect 반영하다, 반사하다 growing appreciation 증가하는 인기 transition 전환하다, 변화하다 be drawn by ~에 끌리다 flexibility 유연성, 탄력성 efficiency 효율성 face 직면하다 substantial 상당한, 중요한 challenges 도전, 난관 lead to ~로 이어지다 decrease 감소, 줄어들다

17

정답 ③

해설 삼천포로 빠진 문장 유형이다.

③ 이 글의 주된 내용은 관광이 해당 지역의 환경의 보존에 대한 근거를 제공하고, 환경의 개선을 가능하게 해준다는 관광이 가져올 수 있는 이점에 대한 것이다. ①은 관광 산업이 지역 특성 보존에 대한 경제적 정당성을 제공해준다는 내용이며, 이는 뒤의 예시를 통해 뒷받침된다. ②에서 이를 구체적으로 설명하는데, 관광 산업에서 나오는 수익으로 인해 지역의 환경을 보존할 수 있다는 내용이다. ④에서도 앞서 언급된 관광업을 통한 '환경 개선'의 장점을 보충 설명한다. 이런 긍정적인 글의 흐름과는 다르게 ③에서는 관광 산업이 결국은 부유하고 여유 있는 국가의 전유물이라는 부정적인 언급을 하므로 흐름상 어색하다.

해석 관광의 주된 환경적 이익은 보존에 대한 근거가 된다. 관광은 기본 명소로서 종종 오염되지 않은 자연 및 문화 환경에 의존한다. 관광은 이러한 환경의 특성과 온전함을 유지하는 데 필수적인 경제적 정당성을 제공할 수 있다. 그 관계의 고전적인 예들은 아프리카의 야생 동물 보호 지구이다. 관광업이 제공하는 경제적 수익이 없다면, 이 지역들은 환경을 크게 악화시키는 농업, 임업, 광업 또는 다른 형태의 개발로 전환될 수 있다. (③ 관광 산업은 결국 부유하고 여유 있는 나라의 전유물이다.) 관광의 두 번째 잠재적 혜택은 관광 개발과 관련될 수 있는 환경 개선이다. 다른 개발 형태와 마찬가지로, 관광은 환경의 질을 보호하고 심지어 향상시킬 수 있는 하수 처리 시설과 같은 현대적인 기술을 만들어낼 수 있다.

어휘 principal 주요한, 주된 conservation 보존, 보호 rely on 의존하다 unspoiled 오염되지 않은 attraction 명소 vital 필수적인 justification 정당성 maintain 유지하다 integrity 온전함, 완전한 상태, 무결성 classic 고전적인 wildlife 야생 convert 바꾸다, 전환시키다 forestry 임업 vastly 크게 alter 바꾸다 exclusive 전용의, 독점적인 property 소유물 affluent 부유한, 여유 있는 potential 잠재적인, 잠재력 be associated with ~와 연관되어 있다 sewage 하수 enhance 증진시키다, 향상시키다

18

정답 ③

해설 삼천포로 빠진 문장 유형이다.

이 글은 환경에 따라 인간의 발달 양상이 바뀔 수 있다는 개념인 '가소성'에 대해 설명한다. ①, ②, ④ 모두 어떤 환경에 놓이는지에 따라 인간의 성향이나 발달 양상이 바뀐다는 내용이다. 이에 반해 ③에서는 공격적인 아이들의 성향이 좀처럼 나아지지 않는다고(rarely improve) 설명하며 글의 전체적인 흐름과 반대되는 내용을 제시한다. 따라서 흐름상 가장 어색한 문장은 ③이다.

해석 가소성은 긍정적이거나 부정적인 삶의 경험에 반응하여 변화할 수 있는 능력을 말한다. 비록 우리가 발달을 지속적이고 누적적인 과정으로 묘사하고 과거의 사건들이 종종 미래에 대한 영향을 미친다고 언급해왔지만, 발달론자들은 한 사람의 삶의 중요한 측면이 바뀌면 발달

의 과정이 갑자기 바뀔 수 있다는 것을 알고 있다. 예를 들어, 삭막하고 (아이들을 돌봐줄) 인원이 부족한 고아원에 살고 있는 우울한 아기들은 사회적인 자극이 있는 입양 가정에 놓이면 종종 꽤 명랑하고 애틋해진다. (③ 또래들에게 심한 미움을 받는 매우 공격적인 아이들은 인기 있는 아이들이 보여주는 사회적 기술을 배우고 연습한 후에도 사회적 지위가 좀처럼 향상되지 않는다.) 인간의 발달이 그렇게 가소성이 있다는 것은 정말 다행스러운 일이다. 끔찍하게 (일생을) 시작하는 아이들은 종종 그들의 결핍을 극복하도록 도움을 받을 수 있기 때문이다.

어휘 plasticity 가소성 refer to 나타내다, 지칭하다 capacity 능력, 역량 in response to ~에 반응하여 continual 지속적인 cumulative 누적적인 implication 영향, 암시, 함축 abruptly 갑자기 somber 우울한, 침울한 barren 척박한, 삭막한 understaffed 인원이 부족한 orphanage 고아원 affectionate 애정 어린, 애틋한 adoptive 입양의 aggressive 공격적인 intensely 강렬하게, 극도로 dislike 싫어하다 peer 또래, 동료 display 나타내다, 내보이다 plastic 가소성이 좋은 overcome 극복하다 deficiency 부족, 결핍

19

정답 ④

해설 삼천포로 빠진 문장 유형이다.
이 글은 카페인 음료는 우리 몸속의 아데노신이라는 화학물질의 흐름을 방해한다는 카페인의 부정적인 내용을 설명하는 글이다. 아데노신은 우리가 쉬고 싶을 때 나오는데, 카페인은 이 흐름을 방해해서 우리가 쉬고 싶다는 신호를 받지 못하도록 한다는 것이다. 그러나 ④는 아데노신이 우리 몸속의 균형을 잡아준다는 내용을 설명하고 있으므로 글의 흐름에 적절하지 않다.

해석 당신이 진한 커피나 차 한 잔과 함께 하루를 시작한다면, 당신만 그런 것이 아니다. 미국인들은 매일 5억 3천만 잔의 커피에 해당하는 카페인을 섭취하고 있다. 카페인은 기분을 바꿔주는, 세상에서 가장 유명한 물질이며, 또한 가장 오래된 것 중의 하나이기도 하다. 고고학자들에 따르면 인간은 석기시대 이후로, 카페인이 포함된 식물을 이용해 음료를 만들었다. 카페인은 에너지를 공급함으로써 당신이 깨어 있도록 해주는 것이 아니라, 오히려 그것은 당신의 몸을 속여서 피곤하다고 생각하지 못하게 한다. 당신의 뇌가 피곤하고 쉬고 싶을 때, 뇌는 아데노신이라는 화학 물질을 배출한다. 아데노신은 수용체로 불리는 특별한 세포로 이동하여, 뇌를 자극하는 화학 물질의 분비를 방해한다. 카페인은 이 과정을 모방해서 감각기관을 막고, 아데노신의 흐름을 방해한다. (④ 아데노신은 뇌를 비롯해 우리 몸 곳곳에 존재하여 생명체가 극단으로 치우치지 않고 적당한 선을 유지하도록 하는 신경조절물질이다.) 그 결과 당신의 뇌는 쉬고 싶다는 신호를 받지 못하게 되고, 계속해서 자극물질을 축적하게 된다.

어휘 take in 섭취하다, 받아들이다 equivalent ~에 상응하는, ~와 동등한 가치의 mood-altering 기분을 바꿔주는 archeologist 고고학자 brew (술) 양조하다, 끓이다; 만들다, 꾸며지다 Stone Age 석기시대 supply 공급하다 fool 속이다, 놀리다 release 방출하다, 공개하다 receptor 수용기관, 수신기 counteract 방해하다

stimulate 자극하다 mimic 모방하다 process 과정, 공정 plug up 막히게 하다 neuroregulator 신경 조정 물질 appropriate 적절한, 적합한 be biased 치우치다 stimulant 자극, 흥분제

20

정답 ④

해설 삼천포로 빠진 문장 유형이다.
이 글의 주제는 반지의 전통과 유래에 관한 내용이다. 영원을 나타내기 위해 반지를 최초로 사용한 사람을 언급하며 이집트인들이 왜 반지를 사용하였는지 설명하고 있다. 그러나 ④는 결혼을 계획할 때 약혼 반지가 많은 관심을 받을 것이라고 말하며 같은 반지에 관한 내용이지만 글의 주제와 다른 내용을 제시하고 있다. 따라서 정답은 ④이다.

해석 반지를 교환하는 전통은 3,000년 전으로 거슬러 올라가는 반면, 최초의 다이아몬드 결혼 반지는 1417년에 세상을 떠난 미망인의 유언에 기록되어 있다. 영원을 나타내기 위해 반지를 최초로 사용한 사람은 이집트의 파라오였다. 원은 시작과 끝이 없고, 이집트인들이 숭배했던 해와 달의 모양을 반영하기 때문이다. 이집트인들은 또한 반지 가운데의 열린 공간이 미지의 세계로 가는 관문을 나타낸다고 생각했다. 이집트의 오로보로스(oor-uh-bour-ros) 반지는 뱀이 꼬리를 삼키는 것을 묘사했는데, 이것은 사물의 영원한 순환을 나타낸다. (④ 만약 당신이 결혼을 계획하고 있다면, 당신의 약혼 반지는 많은 관심을 받을 것이다.) 이 현대의 오로보로스 반지는 사파이어 눈을 가진 뱀과 꼬리에 다이아몬드가 박힌 것이 특징이다. 알렉산더 대왕이 이집트인들을 정복했을 때, 그리스인들은 헌신을 나타내기 위해 그들의 연인에게 반지를 주는 전통을 채택했다.

어휘 tradition 전통 record 기록하다 will 유언 widow 미망인 represent 나타내다 eternity 영원 reflect 반영하다 worship 숭배 portray 묘사하다 swallow 삼키다 eternal 영원한 engagement 약혼 feature 특징하다 conquer 정복하다 adopt 채택하다 devotion 헌신 unknown 미지의 세계 serpent 뱀 sapphire 사파이어

21

정답 ③

해설 삼천포로 빠진 문장 유형이다.
이 글은 사람들의 주목을 받는 사건들은 대부분 단순하고 부정적이며 짧다고 말하며, 개발도상국의 이미지는 이러한 뉴스의 특성으로 인해 위험하고 폭력적이고 원시적으로 묘사된다고 설명한다. ①, ②의 문장들은 모두 개발도상국이 미디어에서 어떻게 부정적으로 묘사되는지 설명하고 있으며, 그 결과 ④에서 언급하듯이 긍정적으로 다루어지는 엘리트 국가들과 부정적으로 다루어지는 낮은 위상의 국가들이 대조적으로 분류됨을 알 수 있다. 그러나 ③의 내용은 이러한 흐름과 상관없이 이야기의 뉴스 가치가 그것이 이야기되는 정도와 사람들에게 미치는 관련성에 의해 정해진다는 것을 말하고 있다. 따라서 흐름상 가장 어색한 문장은 ③이다.

해석 사람들의 주목을 받는 사건들은 대개 부정적이고 단순하며, 길이가 짧아서 국제 언론에서 뉴스가 될 가능성이 높아진다. 말할 필요도 없이, 이러한 뉴스 정의는 위험하고, 폭력적이며, 원시적인 개발도상국의 이미지를 만들어 내고 강화시킨다. 국제 미디어에서 뉴스를 수집하는 익숙한 방식(습관)으로 인해, 세계의 뉴스 소비자들은 개발도상국의 일상생활과 그것의 대중문화, 자유주의 경향, 예술, 건축, 시, 문학, 기술에 대해 거의 알지 못한다. (③ 이야기의 뉴스 가치는 그것이 이야기되는 정도와 그 이야기가 개인이나 집단에 미치는 관련성에 의해 결정된다.) 그 결과, 국제 미디어는 두 종류의 매우 다른 그룹을 만들어 낸다. 하나는 다양하고 긍정적인 이야기로 자주 다뤄지는 엘리트 국가이고, 다른 하나는 국제 언론에 의해 무시되고 주로 부정적이고 고정관념적인 보도를 받는 낮은 위상을 가진 국가들이다.

어휘 attention 관심, 주목, 주의 international 국제의, 국제적인 needless to say 말할 필요도 없이 definition 정의 construction 구성, 건설 reinforcement 강화 developing world 개발도상국 violent 폭력적인 primitive 원시적인 gather 모으다, 수집하다 audience 청중, 관객 determine 결정하다 degree 수준 relevance 관련성 cover 보도하다, 다루다 varied 다양한 status 지위 ignore 무시하다 stereotypical 고정관념이 있는

22

정답 ④

해설 주제와 정반대로 제시된 경우이다.

기후 변화와 플라스틱으로 인한 오염이 심해 생태계에 부정적인 영향을 미치고 있고, 이와 관련하여 버려진 낚시 도구를 예시를 들어 설명하고 있다. ④는 지문에서 피해자로 언급된 해양 생물이 진화적 이점을 가지고 있다는 반대 내용이므로 정답은 ④가 된다.

해석 심해는 인간 활동으로부터 자유로웠지만, 점점 더 증가하는 위협이 깊은 곳의 서식지들과 생물종들에 영향을 미치고 있다. 예를 들어, 기후 변화는 이러한 심해 생태계에 영향을 미치는 것으로 드러났다. 다른 위협들로는, 심해까지도 침투한 것으로 드러난 플라스틱을 포함하는 오염이 있다. 이러한 깊이에서 오래 사는 동물들은 성장과 번식도 느리게 하므로 그들이 적응하지 못한 교란이 생기게 되면, 그들이 회복하기는 정말 힘들다. 버려진 낚시 도구는 이러한 연약한 공동체들을 손상시킬 수 있고, 이러한 서식지들에 닿는 트롤 어업은 고착종 동물들과 회복에 수백 년이 걸릴 수도 있는 공동체들을 파괴할 수 있다. (④ 그것은 이 깊은 곳에 사는 동물들이 그들의 몸을 회복시키고 노년까지 강함을 유지할 수 있게 해주는 진화적 혜택을 가지고 있다는 것을 의미한다.)

어휘 habitat 서식지 climate change 기후 변화 ecosystem 생태계 penetrate 꿰뚫다, 침투하다 disturbance 소동, 방해, 교란 abandoned 버려진 reproduce 번식하다 disturbance 방해, 교란 adapt 적응하다 recover 회복하다 abandoned 버려진 fragile 부서지기 쉬운 trawl 트롤선, 저인망 sessile 꼭지 없는, 무병의, 고착성의 be equipped with ~을 갖추고 있다 evolutionary 진화의, 발달의

23

정답 ③

해설 삼천포로 빠진 문장 유형이다.

이 글은 꿀벌들이 자신이 착지하려고 하는 곳이 어디든지 상관없이 그들만의 전략으로 착지에 성공한다는 내용을 담은 글이다. 그러나 ③은 꿀벌이 침입종으로 어떤 지역에 들어갔을 때 토착종과 경쟁한다는 것을 설명하고 있으므로 글의 흐름과 맞지 않다.

해석 벌들은 피크닉 테이블로 가든지, 꽃잎 밑으로 가든지, 항상 자신만의 전략으로 착지한다. 설탕물을 사용하여 과학자들은 꿀벌들을 플랫폼으로 날아가도록 훈련시켰다. 벌을 촬영한 영상은 표면이 아무리 평평하거나 가파르더라도 벌들이 착지하려는 곳에서부터 13mm 떨어진 곳에서 속도를 낮추어 공중에서 맴도는 모습을 보여주었다. 그 표면이 평평하다면 벌들은 간단히 뒷다리부터 착지했다. 반면에 플랫폼이 수직인 상태와 뒤집혀진 상태 사이의 범주에서는 벌들은 더듬이를 먼저 대었다. (③ 꿀벌이 한 지역에 침입종으로 존재하면, 그들은 토착 꽃가루 매개자들과 꽃을 놓고 경쟁하는데, 이것은 실제로 토착종을 밀어낼 수 있다.) 그리고 나서 가운데 다리와 뒷다리를 표면에 대기 위하여 앞다리를 위로 끌어당겨 공중회전 동작으로 마무리했다. 뇌의 크기가 작음에도 불구하고 벌들은 거꾸로 부드럽게 착지하는 것과 같은 복잡한 일을 수행해 낸다.

어휘 petal 꽃잎 footage 장면, 전체 길이 steep 가파른, 급격한 hover 공중에 떠돎 settle 착지하다, 자리 잡다 antennae 더듬이, 안테나 invasive 침입하는, 간섭하는 pollinator 수분 매개체 push out 밀어내다, 해고하다 haul 끌어당기다 maneuver 술책, 책략 rear 뒷발로 서다, 우뚝 솟다, 뒤 complicated 복잡한 upside-down 거꾸로 된 touchdown 착륙, 터치다운

24

정답 ②

해설 삼천포로 빠진 문장 유형이다.

이 글은 자기 전 과한 알코올 섭취는 수면을 방해할 수 있다고 설명한다. ①에서는 알코올은 신체의 일주기 리듬을 방해하여 수면 주기에 영향을 미친다는 것을, ③에서는 알코올이 수면에 영향을 미친다는 것을 연구한 결과를 설명하고 있으며, ④에서는 이 결과를 바탕으로 알코올을 완전히 피하라는 것은 아니지만, 알코올이 숙면과 다음 날 휴식을 취하는 데 있어서 영향을 줄 수 있다고 설명하며 글을 마무리한다. 이 흐름과 다르게 ②에서는 알코올 과민증에 대한 치료법이 없다고 설명하며, 알코올 과민증에 관한 설명을 하고 있다. 즉, 삼천포로 빠지는 문장이다. 따라서, 흐름상 가장 어색한 문장은 ②이다.

해석 저녁에 와인 한 잔은 종종 당신을 졸리게 만들 수 있지만 자기 전에 너무 많이 마시는 것은 수면을 방해할 수 있다. 알코올은 처음에 졸음을 유발하지만, 그것은 신체의 자연스러운 일주기 리듬을 방해하여 수면 주기에 영향을 미치는 경향이 있다. 당신의 일주기 리듬은 신진대사, 에너지 수준, 면역 그리고 수면을 포함한 신체 활동을 조절하는 "마스터 시계"이다. (② 현재 알코올 과민증에 대한 치료법은 없다.) 알코올이 수면에 미치는 영향을 조사한 연구에서 연구자들은 적당한 알코올

섭취가 수면의 질을 24% 감소시켰으며, 과도한 알코올 섭취는 수면의 질을 최대 39.2% 낮추는 것으로 나타났다. 이것은 당신이 알코올을 완전히 피해야 한다는 의미는 아니지만, 적당히 마시더라도 그것이 당신이 숙면을 취하고 다음 날 편안함을 느끼는 능력에 타격을 줄 수 있다는 점을 당신은 알아야 한다.

어휘 a glass of 한 잔의 interrupt 방해하다 initially 처음에 lead to ~를 유발하다, 낳다 drowsiness 졸음 tend to ~하는 경향이 있다 impair 방해하다 cycle 주기, 체계 disrupt 방해하다 natural 자연스러운 circadian 일주기의 rhythm 리듬, 주기 regulate 조절하다 metabolism 신진대사 immunity 면역 currently 현재, 지금 intolerance 과민증 moderate 적당한 intake 섭취 reduce 감소시키다, 줄이다 quality 질, 품질 consumption 섭취 lower 낮추다 take a toll on ~에게 타격을 주다, 피해를 주다

25

정답 ④

해설 주제와 정반대로 제시된 경우이다.
이 글은 분노를 표출하기 전에 시간을 가지고 분노의 이유와 대상에 대해 파악하라고 조언한다. ①에서는 분노의 이유와 대상을 파악하는 것이 중요하다는 것을, ②, ③에서는 그 각각에 대한 이유를 제시한다. 이와 다르게 ④는 즉시 화를 표출하는 것이 정신의 성숙에 중요하다고 설명하며 글의 주제와 반대되는 내용을 제시한다. 따라서 흐름상 가장 어색한 문장은 ④이다.

해석 통념은 우리의 분노를 표현하기 전에 열까지 셀 것을 제안한다. 지연은 훌륭한 전략이다. 그러나 요점은 단순히 이 지연 시간 동안 (열까지) 헤아리는 것이 아니라 우리가 왜 그리고 누구에게 화가 났는지를 정의하는 것이다. 우리 분노의 이유를 정의하는 것은 우리로 하여금 문제에 더 부합하는 반응을 하게한다. 분노의 대상을 확인하는 것은 우리로 하여금 우리가 느끼는 분노를 다른 사람에게 분출하는 대신 적절한 사람에게 표출할 수 있게 한다. (④ 게다가, 화를 분출하는 것은 성숙하고 건전한 정신을 기르기 위한 필수적인 과정이다.)

어휘 conventional wisdom 통념 count 세다 delay 지연 define 정의하다 enable 가능하게 하다 congruent with ~와 일치하는, 부합하는 identify 확인하다 spew out 표출하다, 뿜어내다 wrath 분노 hold back 참다, 저지하다 essential 필수적인 mature 성숙한 sound 건강한

26

정답 ③

해설 주제와 정반대로 제시된 경우이다.
이 글은 주의력에 대한 글로서, 주의력은 우리가 환경의 어느 측면을 중요시해야 할지, 또는 무시해야 할지를 결정한다고 설명하고 있다. 이 글에 따르면, 수백만 개의 뉴런들은 우리가 집중해야 할 중요한 것들을 선택하고, 무의식적으로 중요하지 않다고 간주된 것은 머릿속에 등록되지

않게 함으로써 우리를 보호한다. 그러나 ③의 문장은 이러한 선별적 정보 선택 및 주의력을 통해 일어나는 정보 필터링과 반대로, 인간이 소리와 시각적 단서에 경각심을 갖고 경계를 기울여서 점점 더 많은 정보를 허용한 것이 인류를 생존하게 했다고 서술하고 있다. 즉, ③의 문장은 이 글의 맥락에 반하는 문장으로 글의 흐름에 맞지 않는다.

해석 주의력은 어떤 유기체에게도 가장 필수적인 정신적 자원이다. 이것은 환경의 어느 측면을 우리가 다뤄야 할지를 결정한다. 그리고 대부분의 경우, 다양한 자동적이고 잠재의식적인 과정은 우리의 의식적인 인식으로 통과될 수 있는 것에 대한 올바른 선택을 한다. 이 일이 일어나기 위해서는 수백만 개의 뉴런들이 끊임없이 우리가 집중해야 할 가장 중요한 것들을 선택하기 위해 환경을 감시하고 있다. 이 뉴런들은 집합적으로 주의력에 관한 필터이다. 그것들은 주로 우리의 의식에서 벗어난 배경에서 작용한다. 고속도로를 단숨에 몇 시간씩이나 달릴 때는 휙 지나가는 풍경이 별로 기억나지 않는 것도 이 때문이다. 당신의 주의력 시스템은 그것이 중요하지 않기 때문에 그것이 (기억에) 등록되지 않도록 당신을 보호한다. (③ 위협적인 소리와 시각적 단서에 대해 경각심을 갖고 경계하는 것은 인류가 생존할 수 있게 도운 것으로, 점점 더 많은 정보를 허용하게 한다.) 이러한 무의식적인 필터는 당신의 의식적인 인식에 어떤 것을 통과시킬지에 대한 특정한 원칙들을 따른다.

어휘 attention 주의, 주목, 집중 essential 필수적인 mental 정신적인 resource 자원 organism 유기체 determine 결정하다 aspect 측면 environment 환경 deal with ~를 다루다 various 다양한 automatic 자동적인 subconscious 무의식적인 awareness 인식 constantly 끊임없이 monitor 감시하다 select 선택하다, 선별하다 collectively 집단적으로 filter 필터, 거름망 background 배경 at a stretch 단숨에, 단번에 scenery 풍경 alert 경계하는, 방심하지 않는 vigilant 경계하는 threatening 위협적인 visual cue 시각적 단서 principle 원칙

27

정답 ②

해설 삼천포로 빠진 문장 유형이다.
이 글의 주제는 과거에 행해졌던 세탁과 관련된 내용이다. 고대 문화에서 세탁이 어떻게 이루어졌는지, 어떤 도구를 통해 세탁했는지 말하고 있다. 그러나 ②는 고객들의 요구로 인해 세탁 산업이 변화하고 있다고 말하며 글의 주제인 과거의 세탁이 아닌 세탁 산업에 관해 말하며 주제와 관련 없는 내용을 제시하고 있다. 따라서 정답은 ②이다.

해석 많은 고대 문화에서, 사람들은 돌에 옷을 찧거나 연마 모래로 문지르고 개울이나 강에서 먼지를 씻어냄으로써 그들의 옷을 빨았다. 로마인들은 희생된 동물들의 재와 지방을 함유한 잿물과 비슷한 원료 그대로의 비누를 발명했다. 식민지 시대에, 옷을 세탁하는 가장 흔한 방법은 큰 냄비나 가마솥에서 끓인 다음, 납작한 판자에 눕히고 돌리라고 불리는 막대기로 그것들을 두들기는 것이었다. (② 고객들이 점점 더 진정으로 프리미엄한 경험을 기대하기 때문에, 세탁 산업이 변화하고 있다.) 많은 사람들이 개척자의 삶과 연관시켜서 생각하는 금속 빨래판은 1833년쯤까지 발명되지 않았다. 그 전에는, 빨래판은 조각되고 톱니 모양의 세탁 표면을 포함하여, 전적으로 나무로 만들어졌다. 남북전쟁까

지만 해도, 세탁은 종종 공동의 의식이었고, 특히 강, 샘, 그리고 다른 수역 근처의 장소에서 세탁을 했다.

어휘 ancient 고대의 pound 치다 abrasive 연마용의 stream 개울 invent 발명하다, 만들어 내다 crude 원료 그대로의, 가공하지 않은 lye 잿물 contained 함유한 ash 재 sacrificed 희생 당한 colonial 식민지의 paddle 막대기 increasingly 점점 더 pioneer 개척자 ridged 톱니 모양의 communal 공동의 ritual 의식 civil war 남북전쟁 laundry 세탁

28

정답 ③

해설 삼천포로 빠진 문장 유형이다.
주어진 글은 '축구가 유럽에서 인기 있는 이유'를 예시 나열식으로 설명하고 있는 글이다. 즉, '역사적인 배경'과 '높은 수준의 경기력', 또한 '미디어의 광범위한 보도' 등이 인기의 이유로 차례로 제시되고 있다. 그런데 ③의 문장의 경우 '스포츠 자체에 대한 정의'를 내리는 문장으로 글의 흐름에 어색하다. ③을 배제하고 ④의 문장을 보면, '축구 자체의 접근성'을 또 하나의 인기 비결로 제시하고 있으므로, 정답을 ③으로 고르면 된다.

해석 축구는 유럽에서 여러 가지 이유로 엄청난 인기를 누리고 있다. 첫째, 이 스포츠는 대륙에 깊은 역사적 뿌리를 가지고 있으며, 많은 클럽이 100년 이상 된 역사를 가지고 있다. ① 또한, 잉글랜드 프리미어 리그와 라 리가와 같은 유럽의 축구 리그는 높은 수준의 경쟁을 보여주며, 플레이의 질을 향상시킨다. ② 게다가, 광범위한 미디어 보도와 마케팅 노력이 스포츠의 가시성을 높여 새로운 팬과 스폰서를 끌어들인다. (③ 스포츠란 경쟁, 기술, 정해진 규칙 준수를 포함하는 조직화된 신체 활동으로 정의될 수 있다.) ④ 마지막으로, 최소한의 장비로도 플레이할 수 있는 축구의 접근성은 모든 연령대의 사람들에게 매력적인 선택이 된다.

어휘 immense 엄청난, 거대한 popularity 인기, 대중성 compelling 매력적인, 설득력 있는 continent 대륙 dating back 거슬러 올라가는 showcase 전시하다, 드러내다 competition 경쟁 enhance 향상시키다, 개선하다 extensive 광범위한, 넓은 media coverage 미디어 보도 amplify 확대하다, 증가시키다 visibility 가시성, 보임 draw in 끌어들이다, 유치하다 define 정의하다, 명확히 하다 organized 조직된, 체계적인 physical activity 신체 활동 involve 포함하다, 연관되다 competition 경쟁 skill 기술, 능력 adherence 준수, 고수 established 정해진 accessibility 접근성 minimal 최소한의 appealing 매력적인

29

정답 ③

해설 삼천포로 빠진 문장 유형이다.
이 글은 우리가 마음이 편안하고 진정되어 있을 때 더 창의적인 생각을 할 수 있다는 내용을 담은 글이다. 그러나 ③은 우리의 심리적 상태에 따른 창의적인 통찰에 대해서 이야기하는 것이 아니라, 화학적인 호르

몬과 관련하여 창조적 추진력을 설명하고 있으므로 글의 흐름과 맞지 않다.

해석 우리의 마음이 편안할 때, 우리는 주의력의 집중을 보다 내부로, 우리 뇌의 우반구에서 나오는 먼 연상의 흐름 쪽으로 더 향하게 하는 경향이 있다. 대조적으로, 우리가 골똘히 무언가에 몰두해 있을 때, 우리의 주의력은 외부로, 우리가 해결하려고 하는 문제들의 세부적인 것들 쪽으로 향하는 경향이 있다. 이러한 유형의 주의력은 문제를 분석적으로 해결할 때 반드시 필요하지만, 실제로는 우리로 하여금 우리가 창의적인 통찰로 이어지는 연결 고리를 찾아내는 것을 방해한다. 저명한 심리학자 Subhra Bhattacharya는 "이 때문에 그렇게 많은 통찰이 따뜻한 물에 샤워를 하는 동안 일어난다. 많은 사람들에게 있어서 이때가 하루 중 가장 편안한 시간이다."라고 말한다. (③ 사람들은 변연계의 도파민 경로의 활성에 따라 창조적 추진력 수준의 면에 있어서 다르다.) 우리가 따뜻한 물로 마사지를 받고 있느라 이메일을 확인할 수 없는 때가 되어서야 마침내 통찰에 대해 우리에게 말을 건네는 우리의 머리 뒤편의 조용한 목소리를 들을 수 있게 된다.

어휘 be at ease 안심하다 spotlight ~에 주의를 돌리게 하다 inward 안으로 right hemisphere 우측반구 diligently 열심히, 근면하게 tend to ~하는 경향이 있다 outward 외부로 analytically 분석적으로 prevent Ⓐ from Ⓑ -ing Ⓐ를 Ⓑ하지 못하게 하다 detect 찾아내다, 감지하다 insight 통찰력, 이해, 식견 psychologist 심리학자, 정신과 의사 vary 다양하다, 달라지다 in terms of ~면에서, 관점에서 limbic system 변연계, 대뇌 변연계

30

정답 ③

해설 삼천포로 빠진 문장 유형이다.
이 글에서는 역사가 변화를 이해하는 데 도움을 준다고 설명한다. 하지만 ③은 법원에서의 사건의 사실을 재구성하는 것은 간단한 과정이 아니라고 서술하기 때문에 글의 흐름상 가장 어색하다.

해석 역사는 세상의 이야기를 바꾼 과도기로 가득 차 있다. 역사에 대한 지식을 쌓을 때, 무엇이 우리의 현재 사회를 만들었는지 더 많이 알게 된다. 미국의 시민 평등권 운동을 공부하는 것은, 당신에게 사람들이 억압적인 체제에 맞서 어떻게 성공적으로 조직을 만드는지 알 수 있다. 로마의 몰락에 대해 배우는 것은 가장 강력한 사회도 무너질 수 있다는 것과 그 붕괴를 야기하는 것이 무엇인지를 가르쳐 준다. (③ 배심원으로 일하거나 법원의 사건에 대해 읽어본 적이 있다면, 사건의 사실을 재구성하는 것은 간단한 과정이 아니라는 것을 알 것이다.) 여러 시대와 그 시대별 사건에 대해 배움으로써, 당신은 미래에 어떤 변화가 일어날 수 있고 어떤 것이 그 변화를 이끌지 알 수 있다.

어휘 transition 과도기 alter 바꾸다 oppressive 억압적인 crumbling 무너짐 jury 배심원 reconstruct 재구성하다 respective 각각의 drive 이끌다

31

정답 ④

해설 삼천포로 빠진 문장 유형이다.

이 글은 술의 시초와 관련한 역사를 다루는 글이다. ①, ②, ③은 모두 인간이 술을 소화하고 술에 취할 수 있는 능력이 어디서부터 비롯되었는지에 관한 내용인데, ④은 위스키와 보드카가 전 세계에서 가장 많이 팔리는 술 브랜드라고 말하며 글의 주제와는 연관 없는 내용을 제시하고 있다. 따라서 정답은 ④이다.

해석 굶주린 고대 인류가 부패하고 있는 과일을 한 줌 목구멍으로 집어넣고, 몇 초 뒤, 그의 기분이 최고라는 것을 깨닫는 일은 쉽게 상상할 수 있다. 하지만 인류가 술에 입문하게 된 이야기는, 멀리 떨어져 있는 인류가 존재하기 훨씬 전인 이전에 시작된다. 우리가 술을 대사시키고, 그렇게 해서 술에 취하는 능력은, 지구상 최초의 영장류들 중 일부에게서 비롯되었다. ADH4라는 효소는 우리(그리고 고릴라와 원숭이)가 술을 소화하게 해주는 역할을 하는데, 이 효소의 변형은, 우리 종들로 하여금 위스키 샤워에 들어있는 에탄올을 음미하게 해주는 역할을 약 천만 년 전에 처음으로 나타났다. 이는 인간보다 훨씬 더 오래 전부터 인류가 술을 마신 적이 있다는 것을 의미한다. (④ 위스키와 보드카는 전 세계에서 가장 많이 팔리는 술 브랜드 상위 15개 중 9개를 차지한다.)

어휘 starving 굶주리는 ancient 고대의 shovel 집어넣다 decomposing 부패하는 remotely 멀리 떨어진 exist 존재하다 metabolize 대사하다 primate 영장류 enzyme 효소 digest 소화하다 appreciate 음미하다 hominid 인류

32

정답 ③

해설 삼천포로 빠진 문장 유형이다.

이 글은 기사에 영향을 주는 편향 중 하나인 작가나 편집자의 편견에 대해 설명하고 있다. 이때 ①, ②, ④의 문장은 모두 기사에 영향을 미칠 수 있는 요인 또는 작가의 편견이 개입할 수 있는 가능성에 대해 서술하고 있다. 그러나 ③은 뉴스에는 사건 목격자의 설명이 포함될 수 있다고 말함으로써, 전체적인 흐름과 어긋나고 있다. 따라서 가장 어색한 문장은 ③이다.

해석 편향의 두 가지 원천이 기사에 영향을 미칠 수 있다. 그 중 하나는 작가나 편집자의 편견이다. 인간으로서, 그들은 그들만의 정치적, 사회적 의견을 가지고 있고, 진지한 저널리즘을 위해서는 이것들이 문 앞에 남겨져야 한다. 이것은 항상 쉽지만은 않다. 중립적인 뉴스 이야기를 준비하는 데 있어 한 가지 어려움은 많은 미묘함과 뉘앙스, 즉 짧은 요약에 깔끔하게 들어맞지 않는 이야기의 많은 부분이 있을 수 있다는 것이다. 기사의 어떤 부분을 생략할지에 대한 선택, 즉 이야기를 복잡하게 만드는 요소들에 대한 선택은 무엇을 포함할지 결정하는 것만큼이나 중요하다. (③ 뉴스 기사에는 발생한 사건에 대한 목격자의 설명이 포함될 수 있다.) 그리고 작가들과 편집자들의 의식적이거나 잠재의식적인 편견들은 이러한 선별 작업에서 작용할 수 있다.

어휘 source 원천 bias 편향 article 기사 political 정치적 social 사회적 opinion 의견 journalism 저널리즘, 언론 be

supposed to-v ~해야 한다, ~하기로 되어 있다 difficulty 어려움 prepare 준비하다 neutral 중립적인 subtlety 미묘함, 중요한 세부 요소들 nuance 뉘앙스 brief 짧은 summary 요약 leave out 생략하다, 빠트리다 element 요소 complicate 복잡하게 하다 account 설명, 이야기 eyewitness 목격자 conscious 의식적인 subconscious 잠재의식적인 come into play 작용하다, 작동하다

33

정답 ③

해설 삼천포로 빠진 문장 유형이다.

이 글은 거울에 반사된 것이 거꾸로 나타나는 것에 대해 설명하는 글로서, 실제로 거울은 앞뒤를 뒤집는 것이지만 우리는 좌우가 뒤바뀐다고 지각하는 경향이 있다고 언급한다. 또한 그것을 설명하기 위해 사례를 제시하고 있다. 그러나 ③의 문장은 거울에서 반사된 물체가 왜 거꾸로 나타나는지와 상관없이 반사의 한 가지 법칙은 입사각과 반사각이 같다는 것이라고 말함으로써 핵심 내용과 어긋나는 서술을 하고 있다. 따라서 흐름상 어색한 문장은 ③이다.

해석 거울에 반사된 것들이 거꾸로 나타나는 이유는 무엇일까? 거울은 우리의 인식 때문에 사물을 왼쪽에서 오른쪽으로 뒤집는 것처럼 보인다. 우리의 몸은 대략 대칭적인데, 따라서 여러분의 왼손이 반사된 것은 여러분의 오른손과 똑같이 보인다. 이러한 이유로, 우리는 거울이 왼쪽과 오른쪽을 거꾸로 만든다고 가정하는 경향이 있다. 그러나 만약 당신이 거울 앞에서 예를 들어 냄비와 같이 비대칭적인 물체를 들고 있다면, 왼쪽과 오른쪽은 뒤바뀌지 않는다. 냄비의 오른손 쪽 면, 예를 들어 손잡이는 여전히 오른쪽에 있고, 왼손 쪽 면은 왼쪽에 반사된다. (③ 반사의 한 가지 법칙은 입사각이 반사각과 같다는 것이다.) 대신, 거울은 앞뒤를 뒤집는다.

어휘 reflection 반사, 반사된 것 reversed 거꾸로 된, 뒤집힌 perception 인지, 지각 symmetrical 대칭의 assume 가정하다, 추정하다 object 물체, 대상, 사물 saucepan 냄비 law 법칙 angle of incidence 입사각 angle of reflection 반사각 invert 뒤집다

34

정답 ③

해설 삼천포로 빠진 문장 유형이다.

이 글은 다른 사람의 진실된 말에 감정적으로 반응하고 쉽게 상처를 받으면 상대로 하여금 진실을 말하기 어렵게 만든다는 것을 설명하는 글이다. 그러나 ③은 심적 갈등이 있을 때 일어나는 방어기제에 대해서 이야기하고 있으므로 글의 흐름과 적절하지 않다.

해석 어느 누구도 신뢰할 수 없다고 믿는 사람들이 있다. 그들은 대개 자신들의 행동이 다른 사람들로 하여금 그들에게 거짓말을 하도록 강요하기 때문에 이런 식으로 느끼는 것이다. 다시 말하면, 그들은 진실을 말하는 사람들에게 무례하거나 감정적으로 반응을 하기 때문에 다른 이들이 그들에게 진실을 말하는 것을 어렵게 만든다. 다른 이들이 당신에게

진실을 말할 때, 당신이 얼마나 화를 내며, 상처를 받고, 증오에 차는지를 알게 된다면, 그들은 무슨 일이 있어도 당신에게 그것을 말하는 것을 피할 것이다. (③ 방어기제는 무엇이 위협적인지 분명치 않은 상황이나 자아개념을 위협하는 심적 갈등이 있을 때 일어난다.) 당신이 쉽게 상처를 받는 사람으로 알려진다면, 당신의 부정적인 반응으로부터 벗어나기 위해 다른 사람들이 진실을 왜곡할 것이기 때문에, 다른 사람들이 실제로 생각하거나 느끼고 있는 것을 당신은 결코 알지 못할 것이다. 자녀들에게 진실을 말하도록 요구하고 나서 만족스럽지 않다고 그들에게 벌을 준다면, 당신은 자녀들에게 스스로를 보호하기 위해 거짓말을 하라고 가르치는 것이다.

어휘 compel 강제로 ~시키다, 강요하다 respond 응답하다, 대답하다, 반응하다 rudely 무례하게, 예의 없이 hateful 혐오스러운 reaction 반응, 반작용, 반동 punish 처벌하다, 벌주다 defense mechanisms 방어기제 self-concept 자아개념 be offended 불쾌한 be known as ~로서 알려지다 distort 왜곡하다, 비틀다 escape from ~에서 달아나다, 탈출하다 at all costs 무슨 수를 써서라도

35

정답 ③

해설 삼천포로 빠진 문장 유형이다.
이 글은 한때 서로를 경쟁자로 인식했던 회사들의 태도가 점차 협력의 이점을 발견하는 방향으로 바뀌었다고 설명하고 있다. 이 글에 따르면, 경쟁 우위를 함께 창출하는 '전략적 제휴(strategic alliance)'의 형성도 증가하고 있다. ①, ②, ④의 문장들은 모두 이 글의 핵심 소재와 일관된 내용을 다루고 있는 반면, ③의 문장은 벤처 캐피털의 자금 융통에 대한 내용을 서술함으로써 글의 전체 흐름과 어긋나고 있다. 따라서 흐름상 가장 어색한 문장은 ③이다.

해석 과거에, 회사들은 종종 공급자들을 그들이 가격을 치열하게 협상해야 하는 적대자로 간주해오며, 서로를 경쟁에서 내보내려 했다. 그러나 이러한 태도는 마케팅 담당자와 공급업체 모두 협력 관계의 이점을 발견함에 따라 급진적으로 변화했다. 전략적 제휴, 즉 경쟁 우위를 창출하는 파트너십의 형성도 증가하고 있다. 제휴는 다양한 형태를 취하는데, 연구 개발 및 마케팅을 위한 공동 비용을 수반하는 파트너십과 한 회사가 다른 회사에게 제품 또는 부품을 제공한 후 자신의 브랜드로 유통하거나 판매하는 수직 제휴 등이 포함된다. (③ 벤처 캐피털 자금 융통은 장기적인 성장 잠재력이 있다고 판단되는 스타트업 회사와 중소기업에 제공되는 자금이다.) 예를 들어, 코카콜라와 펩시는 마케팅 목적으로 Texas Longhorns 대학 축구팀을 함께 후원하기 위해 수천 달러를 지불했다.

어휘 supplier 공급업체 adversary 적대자 fiercely 강렬하게, 치열하게 negotiate 협상하다 price 가격 attitude 태도 both Ⓐ and Ⓑ Ⓐ와 Ⓑ 모두 discover 발견하다 benefit 이익, 이점, 혜택 collaborative 협력의, 협력적인 relationship 관계 formation 형성 strategic 전략적인 alliance 제휴, 동맹 competitive 경쟁적인, 경쟁의 advantage 우위 involve 수반하다, 포함하다, 관련시키다 research 연구 development 개발 vertical 수직적인

provide 제공하다 product 제품, 상품 component 부품, 성분, 구성 요소 firm 회사 distribute 유통하다, 분배하다 financing 자금 융통 funding 자금, 자금 조달 long-term 장기적인 growth 성장 potential 잠재력 sponsor 후원하다 for the purpose of ~을 목적으로

36

정답 ③

해설 삼천포로 빠진 문장 유형이다.
글에서 광고의 목적은 소비자들에게 상품이나 서비스에 대해 알리는 것이라고 이야기하고 있다. ①, ②, ④는 많은 나라에서 법에 따라 그들이 판매하는 제품에 상표를 붙여야 하며, 상표에 포함되어야 할 내용이 무엇인지에 대해 설명한다. 하지만 ③은 제조업자들이 같은 제품들을 여러 가게에서 보게 될 것이라는 동떨어진 내용이므로 글의 흐름과 맞지 않다.

해석 광고의 가장 명백한 목적은 소비자에게 이용 가능한 상품이나 서비스에 대해 알리는 것이다. 많은 나라에서는 법에 따라, 생산자들은 자신들의 상품에 상표를 붙여야 한다. 예를 들어, 식품의 상표는 그 식품의 영양분에 대한 정보를 포함해야만 한다. (③ 다시 말해서, 그들은 여러 제조자들이 만든 똑같은 물건들을 여러 가게에서 보게 된다.) 다른 상품에 있어서는, 포장 위의 그 상표들은 소비자들에게 상품 속의 재료를 말해준다. 상표는 또한 그것이 어디에서 만들어졌거나 재배 되었는지—그것이 코스타리카에서 온 바나나인지 중국에서 온 면화 타월인지를 포함해야 한다.

어휘 obvious 명백한 advertise 광고하다 inform 알리다 consumer 소비자 available 획득할 수 있는, 이용할 수 있는 manufacturer 생산자 nutrition 영양분 in other words 다시 말해서, 즉 material 재료

37

정답 ②

해설 삼천포로 빠진 문장 유형이다.
이 글은 고객의 불평, 불만에 관한 글로서, 고객이 기업에 불만을 표하는 것은 오히려 기업에게 득이 된다고 설명하고 있다. ①에서는 기업 입장에서 불만족스러운 고객을 중요시해야 하는 이유, ③에서는 고객의 만족 수준을 파악하고 평가할 수 있는 방법, ④에서는 고객들이 불만을 표현할 수 있게 하는 기업의 방식을 각각 언급하고 있다. 그러나 ②의 문장은 '고객의 불만족(또는 만족)'에 대한 것이 아니라, 고객으로부터 받은 스트레스를 잘 해소할 수 있어야 고객 응대 산업에서 성공할 수 있다고 설명하고 있다. 따라서 흐름상 가장 어색한 문장은 ②이다.

해석 고객 불만은 기업에게 문제를 극복하고 서비스에 대한 그들의 헌신을 증명할 수 있는 기회를 제공한다. 고객들이 불평을 더 쉽게 할 수 있는 어떠한 방법이든 실제로 회사에 이익이 된다. 불만족스러운 고객은 일반적으로 행복한 고객보다 구매 경험에 대해 더 많이 이야기하기 때문에 불만족에 대한 대가가 높을 수 있다. (② 만약 당신이 음식 및 음

료 또는 소매업과 같은 산업에서 흔히 볼 수 있는 고객 응대 직무에 종사하는 경우, 성공의 큰 부분은 고객과의 대면 소통 상황에서 받은 스트레스를 적절히 해소하는 당신의 능력에서 기인할 수 있다.) 그래서 많은 단체에서 고객의 만족도를 파악하기 위해 방문, 전화 또는 설문조사를 고객에게 발송하는 등 사전 예방적 방법을 사용하여 고객의 만족도를 평가한다. 기업은 고객이 자신들의 불만을 알리기 위한 방식으로 선불 우편 설문지, 전화 상담 서비스, 코멘트 카드, 그리고 사람들이 사업장을 떠날 때 대면 출구 조사하는 것 등을 포함하여 몇 가지 다른 방법을 제공함으로써 이익을 얻을 수 있다.

어휘 complaint 불평, 불만 offer 제공하다 firm 기업, 회사 opportunity 기회 overcome 극복하다 prove 증명하다 commitment 헌신, 전념, 몰두 method 방법 dissatisfaction 불만족 retail 소매 업체 attribute Ⓐ to Ⓑ Ⓐ를 Ⓑ의 원인으로 돌리다 properly 적절히 relieve 해소하다, 완화시키다 face-to-face 대면의 organization 조직, 기관, 단체 proactive 사전 예방적인, 선제적인 assess 평가하다 provide 제공하다 questionnaire 설문지 help line 전화 상담 서비스 premises 건물이 딸린 토지, 구내, 점포(내)

38

정답 ③

해설 삼천포로 빠진 문장 유형이다.
글의 주요 소재는 발달적 관점에서 본 아기들의 감정, 특히 '동정심'이다. ①, ②, ④는 모두 아기들이 발달 과정을 거치면서 느끼는 동정심에 대한 설명을 하고 있으나, ③은 아기의 감정(동정심)이 아닌 발달 시기에 따른 음식 섭취를 설명하고 있으므로 전체 글의 주제와 맞지 않는다.

해석 발달 심리학자들은 유아들은 자신들이 다른 사람들과 떨어져 존재한다는 것을 완전히 깨닫기도 전에 동정심을 갖는 고통을 느낀다는 것을 발견했다. 태어난 지 채 몇 달이 안 되어도 유아들은 다른 아이의 눈물을 볼 때 울면서 주변 사람들의 마음의 동요에 마치 자기 것인 것처럼 반응한다. 1년쯤 되면, 그들은 여전히 무엇을 해야 할지에 관해 어리둥절해 보이기는 하지만, 그 고통이 그들 자신의 고통이 아니라 다른 누군가의 고통이라는 것을 깨닫기 시작한다. 예를 들어, Martin L. Hoffman의 연구에서 한 살짜리 유아는 울고 있는 친구를 위로하기 위해서 역시 방 안에 있는 친구의 엄마는 무시한 채 자기 엄마를 데리고 왔다. (③ 아기는 비약적인 성장을 계속하고 있으며, 4개월에서 6개월 사이에 아기는 새로운 먹이 공급의 경계인 고체 섭취를 할 준비가 될 것이다.) 이러한 혼란은 한 살짜리 유아들이 아마도 그들이 느끼는 것을 더 잘 이해하기 위해서 다른 누군가의 고통을 흉내 낼 때도 보인다. 예를 들면, 또 다른 아기가 손가락을 다치면, 한 살짜리 유아는 자신도 아픈지를 알아보려고 자기 손가락을 입에 넣어 볼지도 모른다.

어휘 infant 신생아, 유아용의 sympathetic 동정어린, 공감하는 distress 고통, 괴로움 realize 깨닫다, 알다 exist 존재하다 apart from ~외에는, ~와 떨어진 disturbance 방해, 소란 misery 불행, (정신적) 고통, 비참한 신세 confused 혼란스러운 ignore 무시하다 continues to 계속 ~하다 leaps and bounds 급하게, 훨씬, 단연코 take on 떠맡다, 책임을 지다 feeding 먹이 주기 frontier 개척지,

경계 confusion 혼란 imitate 모방하다, 따라하다 possibly 아마 comprehend 이해하다

39

정답 ③

해설 삼천포로 빠진 문장 유형이다.
이 글은 검은 고양이에 대한 부정적인 태도, 더 넓게 검은색에 대한 부정적인 태도를 주제로 한 글이다. ①, ②, ④ 모두 검은색을 부정적으로 바라보는 문화적 현상을 설명하고 있다. 그러나 ③은 어두운 피부가 햇빛에 적응한다고 말하며 검은색을 부정적으로 묘사하는 이 글의 분위기와도 맞지 않고, 글의 주제와 관련이 있지도 않으므로 정답은 ③이다.

해석 검은 고양이는 악마의 일반적인 상징이며, 종종 마녀의 동반자로 나타난다. 이러한 부정적인 관점에서 볼 때, 사람들이 검은 고양이에 대한 편견을 갖는 경향이 있다는 것은 놀라운 일이 아닐 수 있다. 검은 고양이에 대한 부정적인 태도는 많은 문화권에서 흔하다. 검은 고양이는 종종 슬픔, 사악한 동기, 죽음의 표현으로 묘사된다. 더 넓게 말하면, 검은색은 주로 미신적인 믿음 체계에서 나타난다. 흰색이나 밝은 것은 좋은 것으로, 검은색은 나쁜 것으로 묘사되는 경우가 많다. (③ 어두운 피부는 햇빛에 적응하고 멜라닌이라 불리는 색소의 양을 증가시킨다.) 연구에 따르면 피부색이 어두운 사람들이 피부색이 밝은 사람들보다 종종 더 부정적이고 조심스럽게 보이는 등 피부색이 어두운 사람들에 대한 부정적인 다른 문화적 태도도 있는 것으로 나타났다.

어휘 common 일반적인 symbol 상징 companion 동반자 tend to ~하는 경향이 있다 bias 편견 attitude 태도 portray 묘사하다 representation 표현 sinister 악한 superstitious 미신적인 pigment 색소 wariness 신중함 counterpart 상대방

40

정답 ③

해설 삼천포로 빠진 문장 유형이다.
글에서는 수중 동물로서의 펭귄의 특징을 서술하고 있다. ①, ②, ④ 모두 이러한 펭귄의 특징으로 보여주고 있으나 ③은 수중 동물에 대한 설명이 아닌 새의 일반적인 신체 구조를 설명하고 있으므로 글의 흐름에서 벗어난다.

해석 많은 새들은 물속에서 수영함으로써 먹이를 쫓지만 아무것도 펭귄만큼 그 일에 그렇게 훌륭하게 적응되지 않았다. 펭귄 날개의 전체 구조는 변경되어서 그것은 돌고래의 그것(지느러미)처럼 딱딱하고, 노와 같은 지느러미이다. 지상에서는 불편하기 때문에, 다른 새들이 그들의 날개를 비행에 효과적으로 사용하는 것처럼 펭귄들은 수중의 추진력을 위해 그들의 날개를 효과적으로 사용한다. (③ 비록 모든 새들이 대개 비슷한 신체 구조를 공유하지만 삶의 매우 다양한 방식들에 적응하면서 사이즈와 비율에서 그것들은 매우 다양하다.) 대부분의 다른 수중 동물들, 이를테면 아비새, 가마우지, 일부 오리들은 비록 몇몇은 균형을 잡기 위해 그들의 날개를 이용할지라도 그들의 힘 센 발을 사용하면서 나아간다.

어휘 superbly 최고로, 훌륭하게 anatomy (해부학적) 구조 modify 바꾸다 flipper 지느러미; 물갈퀴 propulsion 추진력 loon 아비새 cormorant 가마우지 propel 나아가게 하다 pursue 추구하다 proportion 비율 prey 먹이 stiff 딱딱한 awkward 어색한, 곤란한

41

정답 ③

해설 **삼천포로 빠진 문장 유형이다.**
이 글은 스트레스와 변비에 관한 내용이다. ①, ②, ④은 모두 스트레스와 변비가 아이와 학생들에게 미치는 영향에 관한 내용인데 ③은 특별한 식이요법이 필요한 사람은 전문가의 조언을 구해야 한다고 말하며 이 글의 주제와 관련 없는 내용을 제시하고 있다. 따라서 정답은 ③이다.

해석 심리적인 스트레스가 물리적인 증상으로 이어질 때, 그것들은 신체적인 증상으로 알려져 있다. 스트레스 호르몬이 신체에 미치는 영향은 변비를 일으킬 수 있다. 게다가, 사람이 스트레스를 받을 때, 그들은 건강하지 않은 식단을 더 많이 먹거나, 운동이나 수면을 덜 취하거나, 수분을 유지하는 것을 잊어버릴 가능성이 있다. 이러한 요인들은 변비로 이어질 수 있다. 스트레스와 변비는 어린이들에게도 영향을 미칠 수 있다. 학령기 어린이들에 대한 연구에서, 연구원들은 스트레스가 많은 생활 사건에 대한 노출과 변비 사이의 관련성을 발견했다. (③ 특별한 식이요법이 필요하거나 질병이 있는 사람들은 의사나 공인 영양사에 조언을 구해야 한다.) 연구원들은 심각한 질병이나 시험에 실패하거나 돌보는 사람의 직업을 잃는 것과 같은 생활 스트레스를 경험한 젊은이들이 변비를 보고할 가능성이 더 높다는 것을 발견했다.

어휘 psychological 심리적인 symptom 증상 somatic 신체의 constipation 변비 hydrated 수분을 유지한 exposure 노출 dietary 식이요법 dietitian 영양사 severe 심각한 illness 질병

42

정답 ②

해설 **주제와 정반대로 제시된 경우이다.**
이 글에서는 담배가 불안을 악화시킨다고 설명한다. 하지만 ②는 담배의 니코틴이 우리를 진정되게 만들어준다고 설명하며 긍정적으로 서술하기 때문에 글의 흐름상 가장 어색하다.

해석 흡연자들은 종종 스트레스가 많은 시간 동안 담배에 손을 뻗는다. 그러나, 술을 마시는 것과 같이, 당신이 스트레스를 받을 때 담배를 한 모금 하는 것은 시간이 지남에 따라 불안을 더 악화시킬 수 있는 빠른 해결책이다. 연구에 따르면 당신이 삶에서 일찍 담배를 피우기 시작할수록, 나중에 불안 장애가 발생할 위험이 높아진다고 한다. (② 많은 사람들이 불안할 때 담배를 피고, 니코틴의 생리학적인 효과는 진정감을 만들 수 있다.) 연구는 또한 담배 연기에 있는 니코틴과 다른 화학 물질이 불안과 연결된 뇌의 경로를 악화시킨다고 제시한다. 만약 당신이 그만두기를 고려하고 있다면, 당신이 시작할 수 있는 많은 다양한 방법들이 있다. 미국 질병통제예방센터(CDC)는 이쑤시개와 같은 담배의 안전한 대체품을 찾는 것을 권장하고 있다.

어휘 cigarette 담배 worsen 악화시키다 anxiety 걱정 develop 생기다 disorder 장애 physiological 생리학적인 sensation 감각 alter 바꾸다 pathway 경로

43

정답 ②

해설 **삼천포로 빠진 문장 유형이다.**
이 글은 설탕의 위험성과 지나치게 높아진 혈당이 어떻게 인체에 유해한지를 설명하며 독자에게 그 위험성을 경고하고 있다. ②의 앞부분에 따르면, 고혈당의 장기화로 인해 실명, 신경 질환, 신부전, 고혈압 등에 걸릴 수 있으며 제2형 당뇨병 또한 혈당 관련 질환 중 하나임을 제시하고 있다. 또한, ②의 뒷부분에서는 포도당을 막아주는 역할을 하는 인슐린 호르몬이 어떻게 잘못되어 포도당 수치가 높아지는지 설명되어 있다. 그러나 ②의 문장은 당뇨병과 비만으로 인한 의료비용이 높다는 것을 언급함으로써, 전체적인 맥락을 방해하고 있다. 따라서 흐름상 가장 어색한 문장은 ②이다.

해석 설탕은 위험하다. 수 주 또는 수년에 걸쳐 혈당 또는 포도당 수치가 지나치게 높으면 당신의 몸의 조직과 장기에 놀라운 해를 끼치고, 건강을 악화시키고, 수명을 단축시킨다. 실명까지 이어질 수 있는 눈 질환, 흔히 절단으로 이어지는 신경 질환, 투석이나 이식을 필요로 하는 신부전 등은 고혈압과 심장 질환과 마찬가지로 모두 고혈당의 장기화에 따른 결과이다. 그러나 제2형 당뇨병은 가장 흔하고 직접적으로 조절되지 않은 혈당과 관련되어 있는 질환이다. (② 당뇨병으로 인한 전 세계 건강 비용은 연간 3,750억 달러이지만, 비만으로 인한 비용은 2조 달러 이상이다.) 건강한 사람에게는, 인슐린 호르몬은 당신의 몸 세포를 자극하여 빠르게 혈류로부터 포도당을 흡수하게 할 것이다. 식사 후에 일어나는 것과 같이 만약 포도당이 증가한다면 말이다. 하지만 당신 몸의 세포가 인슐린에 반응하지 않게 되면 혈액에서 포도당을 효율적으로 흡수할 수 없게 된다.

어휘 excessively 과도하게 blood sugar 혈당 glucose 포도당 inflict 가하다, 괴롭히다 tissue 조직 organ 장기 worsen 악화시키다 shorten 줄이다 life span 수명 result in ~의 결과를 낳다 necessitate 필요로 하다, 수반하다 transplant 이식 immediately 즉시 diabetes 당뇨 obesity 비만 individual 개인 trigger 유발하다, 촉발하다 cell 세포 swiftly 빠르게 absorb 흡수하다 bloodstream 혈류 respond 반응하다 efficiently 효율적으로

44

정답 ③

해설 **삼천포로 빠진 문장 유형이다.**
이 글은 죽음의 미스터리에 대한 글로서, 죽음이 무엇을 포함하거나 예고하는지 누구도 알 수 없다고 설명하는 글이다. 이러한 죽음에 대해 밝혀지지 않은 것들과 수수께끼와 같은 특성들은 ①과 ②에서 부연되고 있다. 또한 ④의 문장도 모든 사람이 동일하게 예상되는 죽음을 맞이한

다가거나 죽음의 일반적인 특성이 존재하는 것이 아니고, 저마다 개인적이고 특별하게 준비해야 하는 것이라고 언급함으로써 핵심 내용과 일관되는 서술을 하고 있다. 그러나 ③의 문장은 사랑하는 사람이 죽었을 때 어떻게 대응해야 하는지 설명함으로써 이 글의 핵심 내용과 어긋난 내용을 말하고 있다. 따라서 흐름상 가장 어색한 문장은 ③이다.

해석 죽음은 우리의 공통적인 미스터리이다. 탄생과 사랑처럼, 그것은 우리 모두를 하나로 묶는 유대이다. 하지만 우리 중 누구도 그것이 무엇을 포함하고 있는지 또는 무엇을 예고하는지 확실히 알 수 없다. 우리는 임상적 죽음을 경험하고 돌아와서 그들이 본 것을 말했던 사람들로부터 (죽음을) 언뜻 이해할 수 있다. 티벳 사자의 서와 이집트 사자의 서와 같은 위대한 종교적 서적으로부터 말이다. 그리고 우리는 모든 신앙과 종교로부터 받은 약속을 가지고 있다. 우리는 만약에 그것들 중 사실이 있다고 치더라도 어떤 것이 사실인지는 확실히 알 수 없다. (③ 사랑하는 사람의 갑작스러운 죽음으로 어려움을 겪고 있을 때, 다른 사람들과 소통하는 것은 매우 유익할 수 있다.) 모든 사람은 홀로 죽음을 맞이해야 하기 때문에, 그것은 우리 각자에게 가장 사적이고 특유한 준비(의 요소)로 남아 있다.

어휘 common 흔한 bond 유대, 결속 unite 묶다, 통합하다 for certain 확실히 contain 포함하다 presage 예고하다 glimpse 흘끗 봄, 언뜻 봄, 희미한 감지 return 돌아오다 religious 종교적인 tract 논문, 책자, 서적 struggle 어려움을 겪다, 고군분투하다 sudden 갑작스러운 beneficial 유익한 private 사적인 particular 특별한, 특유의, 특정한 preparation 준비

45

정답 ③

해설 삼천포로 빠진 문장 유형이다.

이 글에서는 변형 기술이 이용 가능해지면 에너지 체계가 변화되는데 이 과정에서 화석 연료와 같이 비용이 낮고 편리한 것들은 빠지게 되며, 이 빠진 것에 대한 기술이 개발되면 화석 연료와 같은 사업들이 결국 위협을 받을 것임을 ①, ②에서 설명하고 있고, ④에서는 ①, ②로 인한 결과를 제시하고 있다. 하지만 ③에는 앞의 내용에서는 확인할 수 없는 'five key'를 바로 받고 있으므로 ②와 ④ 사이에 ③의 내용은 적합하지 않다.

해석 재생 가능한 에너지의 기술은 빠르게 진보했지만, 변형 기술은 아직 이용 가능하지 않다. 이 진술은 중복적인 진술인데 정의상 변형 기술이 이용 가능해지면 그것은 우리의 에너지 체계를 변형시킬 것이기 때문이다. 가장 큰 잠재력을 갖는 최근의 기술들은 태양광 전지와 에너지 저장 배터리로 보인다. 개선된 배터리 기술은 간헐적인 태양 및 풍력 에너지를 극복하고 전기 차량을 실행 가능하게 만든다. 여기에서 빠진 것은 비용이 낮고 더 편리하며 최소한 화석 연료처럼 믿을 만한 기술이다. 그러한 기술이 개발되면, 화석 연료 사업은 지장을 받을 것이고 그 산업에 대한 손실은 깊고 위태롭게 할 것이다. (③ 이는 다섯 개의 핵심 요소들에 따라 크고 복잡한 노력이 될 것이고, 그것의 어려움은 과소평가되어서는 안 된다.) 이러한 전환의 두려움은 화석 연료 산업을 그러한 전환을 지연시킬 수 있는 거대한 정치 동원으로 밀어 넣고 있지만, 그러한 움직임이 그것을 막진 못할 것이다.

어휘 renewable 재생 가능한 transformative 변화시키는, 변형의 tautological 동의어 중복의, 중언부언하는 current 현재의 intermittent 간헐적인 feasible 실행할 수 있는 convenient 편리한 reliable 믿을만한, 신뢰할 수 있는 disrupt 방해하다, 신뢰하다 destabilize 불안정하게하다 massive 거대한 endeavor 노력 component 구성

46

정답 ③

해설 막연한 정의나 정리 문장이다.

이 글은 효과적인 리더십과 효과적인 의사소통 사이에는 밀접한 관련이 있다는 것을 설명하는 글이다. ①은 좋은 리더는 다양한 방식의 소통에 능숙하다고 설명하고 있고, ②는 조직 내 리더 간의 소통 또한 사업 전략에 중요하다고 설명한다. ④는 리더로서 조직 문화를 개선하기 위해 효과적으로 의사소통하는 방법을 배우라고 이야기하고 있다. 그러나 ③은 사업 전략이 무엇인지에 대한 막연한 정의를 제시하고 있으므로 글의 흐름에 맞지 않다.

해석 효과적인 리더십과 효과적인 소통은 얽혀 있다. 최고의 리더는 정보를 전달하는 것에서부터 다른 사람들에게 영감을 주는 것, 직접 보고서를 코칭하는 것 등 다양한 방법으로 소통할 수 있는 숙련된 커뮤니케이션 능력자이다. 그리고 리더는 역할, 지역, 사회적 정체성 등을 초월하여 다양한 사람들의 이야기를 듣고 그들과 소통할 수 있어야 한다. 조직 내 리더 간의 커뮤니케이션 품질과 효과는 사업 전략의 성공에도 직접적인 영향을 미친다. (③ 사업 전략은 회사가 목적과 목표에 도달하기 위해 계획하는 행동과 결정의 윤곽선이다.) 효과적인 커뮤니케이션과 더 나은 대화가 당신이 이끄는 조직의 문화를 실제로 개선할 수 있는 방법에 대해 알아보아라.

어휘 effective 효과적인 leadership 리더십, 이끄는 힘 communication 소통, 통신 intertwined 얽혀 있는, 꼬여 있는 skilled 숙련된 in a variety of 다양한, 여러 가지의 transmit 전달하다, 전송하다 inspire 영감을 주다 direct 직접적인 a wide range of 다양한, 여러 분야에 걸친 geography 지역, 거주지 social identity 사회적 정체성 effectiveness 효과, 효율성 outline 윤곽, 개요 objective 목표, 목적

47

정답 ④

해설 삼천포로 빠진 문장 유형이다.

글에서는 꿈을 꾸다가 일어나는지, 시간이 얼마간 지나고 일어나는지에 따라 생각나는 색이 다를 것이라고 설명하고 있다. 따라서, ④에 나와 있는 '청각적 자극'은 본 내용의 흐름과 무관하다.

해석 누구나 색깔이 들어간 꿈을 꾼다. 꿈을 꾸는 도중에 깨어나면, 당신은 그것을 밝고 선명한 색채의 꿈으로 보고할 것이다. 하지만 당신이 꿈을 기억한다고 가정하고 꿈을 꾼 후 15분 뒤에 깨어난다면, 당신은 그것을 흑백으로 보고할 것이다. 꿈을 꾼 후에 시간이 지나면 지날수록 색

은 바래진다. (④ 따라서 당신이 지난밤에 청각적 자극을 포함한 꿈을 생생하게 기억한다면, 그것은 밤 동안에 푹 잠을 자지 못했음을 의미한다.)

어휘 awaken 깨다, 깨우다 brilliant 눈부신 technicolor (비유) 선명한 색채 given (that) ~라는 점을 고려하면 elapse 경과하다, 지나다 fade 바래지다 vividly 선명하게, 생생하게 sound 건강한, 깊은

48

정답 ②

해설 주제와 정반대로 제시된 경우이다.
글에서는 'slow starters'에 대한 설명이 계속 이어지고 있는데, ② 문장은 '이러한 개인들은 변화나 도전에 신속하게 적응하고, 신속하게 결정하거나 행동하는 능력이 뛰어난 사람들이다'라고 언급하며, 오히려 'fast starters'와 관련된 특성을 설명하고 있다. 즉, slow starters의 특징과 대조되는 내용을 담고 있어 글의 주제에서 벗어난다.

해석 '슬로우 스타터' 개념은 과제를 시작하거나 능력을 나타내는 데 시간이 더 걸릴 수 있지만, 종종 시간이 지남에 따라 성공을 이루는 개인을 지칭한다. 연구에 따르면 이러한 개인들은 점진적인 학습 접근 방식의 혜택을 보며, 이는 정보의 깊은 처리에 참여하게 하여 복잡한 개념을 더 잘 이해하게 된다. (② 이들은 변화나 도전에 신속하게 적응하고, 신속하게 결정하거나 행동하는 능력이 뛰어난 사람들이다.) 그들의 끈기는 장기적으로 상당한 개선과 성과를 가져올 수 있다. 개인화된 학습 속도를 허용하는 교육 환경은 슬로우 스타터가 성장할 수 있도록 도와주며, 과제에 추가 시간을 제공하거나 일대일 지원을 제공하는 등의 전략을 사용할 수 있다. 또한, 성장 마인드를 촉진하면 이들이 도전을 장애물이 아니라 성장의 기회로 여길 수 있도록 한다. 슬로우 스타터의 강점을 이해하면 보다 효과적인 교수 방법과 개선된 학습 결과로 이어질 수 있다.

어휘 concept 개념, 관념 initiate 시작하다, 착수하다 demonstrate 보여주다, 증명하다 abilitiy 능력, 재능 indicate 나타내다, 지시하다 benefit from ~로부터 혜택을 받다 gradual 점진적인, 서서히 일어나는 approach 접근 방식, 방법 engage in 참여하다, 몰두하다 processing 처리, 가공 adept 능숙한, 숙련된 take action 행동하다 persistence 끈기, 지속 result in ~을 초래하다, ~로 끝나다 improvement 개선, 향상 personalized 개인화된 strategy 전략, 계획 one-on-one support 일대일 지원 empower 권한을 주다, 힘을 주다 obstacle 장애물 teaching method 교수 방법

49

정답 ③

해설 삼천포로 빠진 문장 유형이다.
주어진 글은 각종 세균 관련 질병이 미국인들에게 가하는 타격이 크다는 내용이다. 나머지 선지는 모두 세균 관련 질병이 초래한 피해 또는 구체적인 사망자 수에 대해 얘기하고 있는 반면 ③은 우리 모두가 전염

병의 확산을 막는 데 기여할 수 있다는 긍정적인 내용이므로 글의 흐름과 맞지 않다.

해석 백만 명의 미국인들을 순식간에 죽일 수 있는 것은 핵전쟁과 생물학적 사건, 이 단 두 가지 뿐일 것이다. 하지만 재앙적인 자연적 혹은 인공적 공격 없이도, 그리고 지난 세기에 우리가 만들어낸 엄청난 진보에도 불구하고, 세균들은 계속해서 우리에게 치명적인 타격을 주고 있다. 매년, 75,000명의 미국인들이 병원에서 걸린 감염으로 죽어가고 수만 명의 미국인들이 인플루엔자와 폐렴으로 죽는다. (③ 이러한 흔한(그러나 치명적인) 전염병에 있어서, 우리 모두는 그것의 확산을 막는 데 주요한 역할을 할 수 있다.) 더욱이, 인플루엔자는 종종 심장 발작을 야기한다. 또 다른 20,000명의 미국인들은 C형 간염으로 사망하고 10,000에서 15,000명 이상이 HIV로 사망한다.

어휘 probably 아마도, 아마 nuclear 핵의, 중심의 biological 생물학의 catastrophic 비참한, 비극적인 man-made 인공의 enormous 거대한, 막대한, 엄청난 microbe 세균, 미생물 take a toll 타격을 주다 deadly 치명적인 pandemic 전국적 유행병 infection 전염 influenza 독감 pneumonia 폐렴 trigger 촉발하다, 유발하다, 일으키다 hepatitis 간염

50

정답 ②

해설 삼천포로 빠진 문장 유형이다.
이 글에서는 수분이 피부에서 중요한 이유에 대해서 설명한다. 하지만 ②는 물의 중요성에 대해서 설명하는데 그것이 온도 조절이나 소화에 대한 내용이므로 글의 흐름상 적절하지 않다.

해석 수분의 이점은 피부를 위해서 제일 중요하다. 여기에 가장 중요한 이점들이 있다: 수분은 주름과 미세한 선의 발생을 줄일 수 있는 피부 탄력 개선을 도울 수 있다. 건조한 피부는 햇빛에 심하게 탈 가능성이 있고, 다른 형태의 자외선 손상에 더 쉬울 수 있다. 수분은 태양의 유해한 광선으로부터 피부를 보호하는 것을 도울 수 있다. (② 물은 당신의 온도를 조절하는 것부터 음식을 소화시키는 것까지 몸의 모든 과정에 필요하다.) 그것은 또한 기름 생성을 조절하는 것을 도와 여드름 발생 가능성을 줄일 수 있다. 수분은 당신의 피부 세포를 건강하게 유지하도록 도와주며, 젊은 혈색을 촉진시킨다. 수분이 당신의 피부 질을 향상시킬 수 있는 몇 가지 방법이 있다.

어휘 benefit 이점 hydration 수분 second-to-none 제일 prominent 중요한, 현저한 elasticity 탄력 appearance 발생 wrinkle 주름 be prone to ~하는 경향이 있는 sunburn 햇빛에 심하게 탐 regulate 규제하다 emperature 온도 digest 소화하다 likelihood 가능성 breakouts 피부 트러블 complexion 혈색